Six Seasons

"신선한 것을 먹는 일에 관한 우리의 생각을 영원히 바꿔놓을 책이다."

pan·n·pen

Six Seasons

자연의 흐름에 따라 일 년을 여섯 계절로
나누어 보여주는 채소의 맛

조슈아 맥퍼든은 열심히 노력하는 채소 이야기꾼이다.
계절의 흐름에 따라 자연을 어떻게 느끼며, 보내야 하는지 이해하는 사람이다.
그는 225개의 단순하고 창의적인 레시피를 통해 절정기에 이른 채소를
완전히 사용할 수 있는 갖가지 방법을 우리에게 알려준다.
이 책을 통해 요리사이자 농부로서의 열정과 전문성을 모두와 공유하는 중이다.
책에 실린 음식은 그야말로 일종의 폭로나 다름없이 새롭고 놀랍다.

Contents

10
들어가는 글

14
나는 흙을 밟으면서
마침내 요리사가 되었다

18
이 책은 어떻게 당신을
더 나은 요리사로
이끌 수 있을까

24
조슈아와 책을
만들며 배운 것

436
감사의 인사

438
P.S. 겨울에는 토마토를
사지 마세요

440
인덱스

26
나의 식품 저장고

소금	28
검은 통후추	29
향신료와 마른 허브	30
엑스트라 버진 올리브 오일	31
식초	32
마른 콩	34
곡물	36
밀가루	37
파스타	38
통조림 토마토	39
치즈	40
피클	44
견과류	45
마른 과일	46
절임 생선	46
피시소스와 콜라투라	48
고추류	49
올리브와 케이퍼	50

이 책의 계량기준은 **1컵 250ml, 1큰술 15ml, 1작은술 5ml** 입니다. 1컵은 미국에서 사용하는 기준을 그대로 따랐습니다. 레시피에 혼돈을 방지하기 위해 한국식(1컵 200ml)으로 변환하지 않았습니다.

52

맛의 뿌리가 되는
필수 레시피

씹는 맛 살리는 것들
손으로 찢어 만든 크루통	54
직접 만드는 브레드크럼	55
절인 아몬드 구이	56
구운 견과류와 씨앗	57
프리코	58

크림처럼 부드러운 것들
알라 디아볼라 버터	59
카치오 에 페페 버터	62
풋마늘 버터	63
머시룸 버터	64
더블 머시룸 버터	65
채소 피클 버터	65
물냉이 버터	66
브라운 버터	67
피스타치오 버터	68
리코타 치즈 크림	69
페타 치즈 크림	69

소스, 딥 그리고 드레싱
케이퍼 레이즌 비네그레트	70
판체타 비네그레트	72
시트러스 비네그레트	73
잣 비네그레트	74
레몬 크림	75
그린 허브 마요네즈	76
아티초크 마요네즈	77
채소 피클 마요네즈	78
스파이시 피시소스	79
스파이시 그린 소스	80
클래식 살사 베르데	82
톤나토	83

빵, 페이스트리, 곡물 종류
통밀로 만든 카르타 디 무지카	84
톡 쏘는 맛의 플랫브레드	86
피칸 반죽	87
결이 살아 있는 페이스트리 반죽	88
파로 조리하기	89
프리카 조리하기	90
쿠스쿠스 조리하기	90
채소 튀김에 최적인 묽은 반죽	91

부수적이지만 필수적인 것들
완벽한 반숙 달걀	92
마늘 내리치기	93
오일에 마늘 익히기	93
쪽파를 순하고 아삭하게 만들기	93

샐러드 드레싱 기술
	94

96
**유리병 속에 담긴
여섯 계절**

채소 피클을 위한
기본 초절임물　　　　　97
차가운 초절임물을 이용해
만드는 다양한 피클　　　100
뜨거운 초절임물을 이용해
만드는 다양한 피클　　　101

102
첫 번째 계절, 봄

아티초크	107
아스파라거스	114
완두콩	124
누에콩(잠두콩)	132
상추 같은 잎채소,	
어린 잎 채소	140
어린 양파 종류	148
래디시	154
슈가 스냅	160

168
두 번째 계절, 초여름

어린 비트	173
어린 당근	178
셀러리	186
펜넬	198
어린 감자	204
초여름 순무	209

214
세 번째 계절, 한여름

브로콜리	219
콜리플라워	230
오이	239
줄기콩	246
여름 호박	253

260
네 번째 계절, 늦여름

옥수수	265
가지	277
파프리카와 고추	288
강낭콩	299
토마토	308

320
다섯 번째 계절, 가을

완숙한 비트	325
방울다다기양배추	330
완숙한 당근	336
근대	344
콜라드	350
케일	354
버섯	362

372
여섯 번째 계절, 겨울

양배추	377
셀러리악	386
말린 옥수수와 폴렌타	393
콜라비	396
저장 양파	400
파스닙	406
완숙한 감자	412
루타바가	416
완숙한 순무	420
겨울 호박	426

들어가는 글

2008년 가을, 우리 농장은 비밀리에 조슈아 맥퍼든을 영입했다. 그는 뉴욕에 있는 댄 바버의 블루힐 레스토랑이라는 정말 좋은 곳에서 일하고 있었다. 댄 바버는 이 일을 용서하긴 했으나 그에게는 손실이었고, 우리에게는 확실한 이득이 된 게 사실이다. 이듬해 2월에 우리는 농장의 헛간을 수리하여야 했기에 조슈아와 열정적인 직원 한 명에게 작물이 자라는 대부분 기간 동안의 농장 운영을 맡겼다.

이들은 농장 직원으로 일할 두 명의 요리사를 데려 왔고 마치 비틀즈의 존, 폴, 링고, 조지가 차고를 작업실로 썼던 것처럼 다함께 새로운 일의 싹을 틔우기 시작했다. 당시 우리는 제대로 된 상업용 주방을 갖기 전이었으므로, 가장 큰 온실의 콘크리트 바닥은 이내 많은 조리도구들로 채워졌다. 다행히 '브로드웨이 팬핸들러(Broadway Panhandler)'보다는 조금 적었다. 근처 과수원에 있는 우리 농장의 작물 판매대는 주말이면 레스토랑으로 바뀌었다. 사과나무에 매달린 작은 백열전구는 마치 축제를 벌이는 집시 캠프의 모습을 떠오르게 했다.

농부와 요리사는 타고난 협력자이다. 하루 중 다른 시간대에 일을 하지만 정말 많은 시간 동안 일을 하며 보낸다는 점은 같다. 일하는 동안에 그들은 모두 땅이 베푸는 식재료들에 경의를 표한다. 요리사는 농부가 제공하는 멋진 재료에 감사를 보내고 그들의 손끝을 통해 그 재료의 가치가 끌어올려질 때 농부는 요리사를 사랑하게 된다. 하물며 요리사들이 식재료에 관하여 까다롭게 굴고, 별스러울 때조차도 그렇다. 오히려 별스러움이 특별할 때 더욱 더 말이다. 요리사에게 농장 일을 맡기면 정말 놀라운 일이 일어난다.

그해 여름 조슈아와 동료들은 셀터스(Celtuce)에서 솔트워트(Saltwort)까지 그야말로 '모든 작물'을 키워냈다. 조슈아는 컴컴한 야외에서 그릴에 재료를 굽거나 공들여 준비한 샐러드에 한 움큼의 통 허브들을 뿌려 넣으면서 더더욱 대담한 요리사가 되어갔다. 최근에 조슈아가 영감을 받은 재료들은 웨스트 코스트(West Coast) 지역의 땅과 물에서 얻은 것들이지만 실은 이전부터 사람들은 조슈아의 요리를 맛보기 위해 모여들었고 지금까지도 마찬가지이다. 우리에게 조슈아가 만든 근래의 요리들을 맛볼 수 있다는 것은 크나큰 행운이며, 더욱 기쁜 것은 어떻게 그가 그런 음식들을 만들 수 있었는지를 보여주는 이 근사한 책이 바로 지금 우리 손에 놓였다는 것이다.

조슈아는 포시즌 농장(Four Season Farm)의 흙먼지 속에서 일하며 계절의 변화에 대해 깊이 이해하게 되었다. 그리고 그 결과 『식스 시즌(Six Seasons)』은 많은 레시피로 가득 채워질 수 있었으며, 우리는 그 사실에 너무나 행복할 따름이다. 사실 우리는 1년이 365개의 계절을 가진다고 말하곤 한다. 어떤 특정 작물들은 각각이 지닌 최상의 상태가 하루하루 달라지기 때문이다. 하지만 이 책에서는 계몽주의 지표에 따른 4계절에 두 개의 계절을 더한 여섯 계절로 나누기로 했다.

우리 모두가 기분 좋게 말할 수 있는 것은 요즘의 많은 요리책들이 채소에 대한 찬양을 가득 담고 있는데 비해 조슈아의 책은 채소를 준비하는 보다 놀랍고 비범한 선물들로 채워져 있으며 누구라도 똑같이 따라할 수 있도록 쉽게 설명하고 있다는 점이다. 그의 요리법에 대한 사항들은 매우 명료하며 무엇보다도 현실성 있게 시도해 볼 수 있다는 것이 장점이다. 게다가 이 책은 그의 머릿속에 있는 재료와 요리에 대한 보물창고에서 온갖 창의적인 생각들을 꺼내 당신에게 준다고 해도 과언이 아닐 것이다.

우리 모두는 바쁜 사람들이며 미칠 것 같은 고뇌를 하면서까지 멋들어진 식사를 만들고 싶어 하지는 않다는 것을 조슈아는 아는 듯하다. 서둘러 해보고 싶은 '간단한 홈메이드 브레드크럼(Homemade Breadcrumbs)' 같은 양질의 요리 아이템으로 가득한 부식 찬장을 소유한다는 것은 얼마나 바람직한 일인가. 헬만스(Hellman's)의 마요네즈 덩어리를 쓰든, 거품기로 노른자를 휘젓든 무엇이든 시작해 볼 수 있다. 바로 그렇게 시작하면 된다. 그의 뒤에 설 수 있어 기쁘다. 그가 있어서, 우리만이 아니어서 다행이었다. 조슈아의 기막힌 크루통(Croutons)처럼 삶이란 단단함만을 가지고 있어서는 안 되며 "가슴 속 한가운데 부드러움도 품어야 할 것이다".

포시즌 농장의
바바라 댐로쉬와 엘리엇 콜맨

나는 흙을 밟으면서 마침내 요리사가 되었다

나는 위스콘신 주의 외곽 시골에서 자랐는데, 큰 농장들이 있으며 아름다운 시골 정서로 가득한 곳이었다. 그렇지만 우리집 음식은 대체로 먹을 만한 게 없었다. 단, 일요일 저녁과 휴가철 파티 때는 예외였다. 다양한 채소 샐러드가 준비되고, 산처럼 쌓아 둔 옥수수에는 버터와 치즈를 곁들였다. 그릴 위에는 버거, 스테이크, 소시지가 하루 종일 구워졌다. 연말이면 손수 만든 피클이나 저장식품을 준비해오는 친척들도 있었다. 그러나 우리집 주방에는 여전히 맥앤치즈, 가공식품 그리고 철 지난 채소나 과일 등이 있을 뿐이었다.

이웃들의 정원을 둘러보며 깨달은 것이 있다. 그곳에는 찬장보다 더 많은 먹을거리들이 있다는 사실이다. 아주 오래 전, 나의 미각에 아로새겨진 순간들이 있는데 이는 내 영혼에 새겨진 것과 같다고 할 수 있다. 한 손에 소금통을 들고, 태양의 온기를 품고 있는 토마토를 넝쿨에서 바로 따던 순간, 땅에서 뽑은 루바브의 지저분한 부분을 털어낸 다음 설탕을 찍어 먹기 위해 통에 푹 넣었던 순간 등이 그렇다. 땅에서 바로 얻는 음식이 주는 근본적인 즐거움을 알게 된 것이다. 대부분의 사람들이 학교와 일터에서 경험하는 것과 마찬가지로 나도 시카고에서 영화 공부를 시작할 때 약간의 방황기를 거쳤다. 하지만 나는 영화 속 이야기보다 매일 밤 레스토랑에서 일어나는 일들에 더 관심이 생겼다. 바로 그곳이 내가 있어야할 곳임을 깨닫고, 나는 오레건주 포틀랜드에 있는 르 코르동 블루에 입학하여 2001년까지 공부했다. 강사들의 가르침을 숙지하며 책을 읽고, 맛보면서 몇 달을 보냈다. 물론, 내가 필요한 만큼 배우기에는 충분치 않았다. 그럼에도 나는 바로 프로의 세계로 뛰어들었다.

나의 기술은 부족하였다. 그러나 나의 에너지와 열정만큼은 확고하였기에 나는 대도시에 있는 큰 식당에서 나의 방식대로 일하였다. 베이(Bay)에 있는 락 크릭 호텔(Lark Creek Inn)과 록산나(Roxanne's), 시카고의 노스 폰드(North Pond), 뉴욕의 모모후쿠(Momofuku), 루파(Lupa), 블루 힐(Blue Hill) 등이다.

이런 과정을 거치며 나는 주방에서 능숙하게 일할 수 있게 되었다. 더불어 마법 같은 일들은 레스토랑이 아닌 농장에서 일어난다는 사실도 함께 알게 되었다. 과수원이나 바닷가, 숲 속의 이끼 낀 흙 같은 자연 안에서 말이다.

진정으로 어떤 일에 열정적일 때 다른 인생이 펼쳐지는 것처럼, 나 역시 엘리엇 콜맨(Eliot Coleman)이 운영하는 메인(Maine)주의 해안에 있는 포시즌 농장(Four Season Farm)에서 일할 수 있게 되었다. 엘리엇과 그의 아내 바바라 댐로쉬(Barbara Damrosch)는 전설적인 인물들이다. 바바라는 뛰어난 정원사이자 작가이며, 유기농법과 농업의 선구자로서 1년 내내 농장을 가꾼다. 혹독한 기후의 메인주에서는 그 자체가 대단한 일이다.

엘리엇 역시 작가로 활동 중이다. 부부는 음식과 관련된 삶을 사는 이들을 농장의 인턴으로 받아들여 가르치고, 나누는 과정을 통해 사람들을 양성하는 것을 즐긴다. 나는 한동안 농장 매니저로 지내며 그동안 농장 운영의 일부로써 요리까지 선보일 수 있게 되었다. 나는 주말마다 농장 판매대에 촛불을 밝혀 두고 디너 테이블을 차렸다. 우리는 해질 무렵에 손님들을 온실로 초대하여 제철 재료로 만든 칵테일을 건넸다. 사람들은 오이, 토마토, 각종 허브 사이에 앉아 함께 어울리며 저녁 식사를 즐겼다.

나에게는 결코 잊을 수 없는 시간들이다. 농장으로 향하는 길에는 "진정한 농장, 진정한 음식"이라는 글귀가 적혀 있다. 흙길을 따라 걸어서 이 농장에 처음 왔을 때, 나는 그 순간 새롭고 커다란 발걸음을 뗀 것과 다름없다. 음식을 완전히 새로운 방식으로 이해하게 되었으며, 작은 씨앗이 음식으로 바뀌는 과정은 단순히 맛과 영양의 문제가 아닌 삶의 형태에 영향을 미치는 일임을 깨달았다. 내 인생이 완전히 바뀐 것과 마찬가지로 말이다.

아메리칸 아카데미(American Academy)에 소속된 앨리스 워터스(Alice Waters, 로컬 식재료와 유기농 재배에 관심을 가지고 있는 미국의 유명 요리사이자 레스토랑 오너, 작가)가 주관하는 프로젝트에 참여하기 위해 나는 이탈리아 로마로 날아간 적이 있다. 이탈리아에서 이탈리아의 식재료로 요리하는 일이었다. 당시 나는 제철에 수확한 재료로 만드는 진정성 있으면서 단순한 음식에 대한 공부가 필요했기에 이는 운명 같은 기회였다. 그로인해 결국 나는 포틀랜드(Portland)에 정학하여 '아바 진스(Ava Gene's)'의 오너 셰프가 되었다. 이만하면 충분히 멋진 인생의 연결고리를 가진 셈이 아닌가?

이 책은 어떻게 당신을
더 나은 요리사로 이끌 수 있을까

　책을 쓴다는 것은 어렵고도 많은 시간이 소요되는 작업이므로 나는 이 책을 결코 재미삼아 작업하지 않았다(그러나, 집필하는 내내 꽤나 즐거웠다). 이 책을 시작하게 된 원래의 목적은 제철에 나는 지역 산물을 먹고자 하되, 저마다 다른 요리 기술을 가지고 있는 이들을 격려하고 응원하기 위해 쓴 것이다. 이를테면 당신도 포함된다. 나는 그저 8월의 토마토와 4월의 콩, 차창에 성에가 낄 무렵의 버터넛 스쿼시를 어떻게 먹으면 좋을지 보여주고 싶다. 가장 맛있는 때에 제철 채소를 즐기고, 그 계절이 다시 돌아올 때까지의 기다림까지도 즐겨보자. 이는 여러분의 부엌은 물론 여러분이 속한 공동체에까지 심오한 영향을 미치는 파장을 미치게 될 것이다.

　제철 음식을 먹는 가장 최선의 방법은 지역 산물을 판매하는 농장과 시장, 그리고 식료품점을 자주 방문하여 그들을 지지하는 것이다. 이것이야말로 멋진 인생을 만들기 위한 간단한 실천의 선순환이라고 할 수 있다.

　이 책에는 여러분이 농장을 소유하고 있지 않는 상황에서 선택할 수 있는 최상의 재료들을 생산하는 소규모 농장들을 응원하고 있다. 산업화된 농업의 병폐를 보여주는 농장들도 물론 많지만 이 책에서 따로 언급하지는 않았다. 내가 책을 펴내는 이유는 지난 20여 년간 이뤄낸 긍정적인 변화를 찬양하고 축하하고 싶은 마음뿐이기 때문이다. 정직하고 신선한 음식을 갈망하는 소비자들에게 화답하듯, 소규모 농장을 비롯해 '농부 시장'의 부흥 및 대형 식료품 체인들이 폭발적으로 증가하고 있다. 식재료를 키우고 음식을 소비하는 새로운 길을 향해 가는 성실하고, 정중하며 맛있는 혁명이라 봐도 좋을 것 같다.

　따라서 여러분이 원할 때마다 이 책에 있는 레시피로 자유롭게 요리를 하는 동안, 계절에 맞는 음식을 마음껏 즐기기를 나는 간절히 바란다. 신선하고 잘 익은 재료를 가지고 시작해본다면 당신의 요리 실력은 곧바로 향상될 것이니 걱정하지 말자.

　그런데 계절이란 과연 무엇일까? 누군가 정해 놓은 겨울, 봄, 여름 그리고 가을은 들판에서 자라는 곡물과 채소의 상태를 적절하게 반영한다고 볼 수 없다. 그래서 나는 전통적인 사계절 대신 계절을 6개로 나누기로 했다. 이 책에서 여름은 무려 3개로 나뉘었는데, 여름이 되면 불과 몇 주마다 새로운 채소의 종들이 성장하는, 마치 마이크로-시즌(계절 속의 작은 계절) 같은 미세한 시간들이 존재하기 때문이다. 6월에는 신선하고 연한 초록부터 아이보리 혹은 노란색을 띠는 채소들이 자라나는 덕분에, 8월의 장바구니는 빨강과 오렌지, 자주색 빛깔로 화사하게 물들 것이다. 물론 여러분이 살고 있는 지역이 모두 다른 만큼 그곳의 위도, 토양, 기후를 고려해 리드미컬하게 적용할 필요는 있다.

봄이 되면 꽁꽁 얼었던 땅이 녹으며 날 것 그대로 먹을 수 있는 신선하고 연한 채소를 자주 마주하게 된다. 여기에 올리브 오일 한 줄기와 약간의 소금만 뿌리면 녹색 채소의 장점을 최대한 즐길 수 있는 요리가 된다. 잉글리시 피를 듬뿍 준비하면 신선한 치즈와 그릴에 구운 빵만 있어도 된다. 슬라이스한 생 아스파라거스는 호두와 파르미지아노 치즈, 그리고 올리브 오일과 혼합하면 아삭한 맛을 만끽할 수 있다. 이들은 모두 한 세대를 지나 다시 돌아온 봄의 땅에서 제일 먼저 먹고 싶어지는 것들이다.

태양 빛이 강렬해지면서 더 많은 채소들이 축제에 참여할 준비를 한다. 쿠스쿠스 알갱이처럼 바스러지는 콜리플라워의 봉오리에 달콤하고 매콤하면서도 짭짤한 드레싱을 더하면 도저히 멈출 수 없을 정도로 맛있어진다. 꿀결처럼 크리미한 참치 소스와 곁들이는 숯불에 구운 브로콜리도 있다. 세련된 펜넬을 얼음처럼 아삭아삭하게 준비한 다음 크렘 프레슈 드레싱을 두르고 자연산 해산물을 가니시로 올리면 더할 나위 없다.

늦여름의 황금기는 한마디로 채소의 에덴동산이다. 초여름에 등장한 채소들은 여전히 먹음직스럽고, 모든 지중해식 채소들이 감미로워질 뿐만 아니라 다양한 허브와 핵과일(Stone Fruits 단단한 씨가 들어 있는 과일), 멜론 계열 등의 맛있는 과채들까지 절정을 이룬다. 형형색색의 잘 익은 토마토에 듬성듬성 썬 멜론을 넣고, 상큼한 향이 피어나는 바질을 손으로 찢어 넣는다. 여기에 부드러운 부라타 치즈와 맛을 한 단계 끌어올려줄 매콤한 칠리를 조금 넣는다. 야외에서 즐길 저녁식사로 완벽한 메뉴이다.

계절의 모든 단계

마이크로 시즌이 시작될 때마다 나는 수분이 많고 아삭거리면서 그 자체만으로 맛의 에센스가 전해지는 새로운 채소들을 생(生)으로 이용하고 싶은 충동이 일어난다. 많은 사람들에게 이 방법을 적극 추천하는 이유는 조리하지 않고는 도저히 먹을 수 없을 거라고 생각했던 어떤 채소가 주는 놀라움과 짜릿함이 있기 때문이다. 예를 들면, 얇게 썬 겨울 호박에 브라운 버터(Brown Butter 갈색이 될 때까지 끓인 버터로 맛을 강화하기 위해 사용되는 용해 버터)를 뿌리고 피칸과 커런트를 살짝 넣어 버무려 먹어보자. 그 맛은…! 여러분도 꼭 한 번 시도해 보길 바란다. 몇 주가 지나고 나면 나는 열기를 이용해 요리하기 시작한다. 그릴에 굽거나 가볍게 태우기도 할 텐데, 그릴이나 숯불을 이용해 직화로 재료를 구울 때는 절대로 기름을 바르지 않아야 한다. 그래야 채소에서 나오는 당분이 자연스럽게 캐러멜라이징 되고, 기름이 탈 때 재료에 배는 이상한 풍미도 깃들지 않는다.

재료의 모든 부분

요리사라면 육류의 머리부터 꼬리까지 어떤 부위가 됐든 결코 낭비하지 않고 모든 부산물들을 사용하는 오래된 농가의 미덕을 알고 있다. 나 역시 가급적 많은 채소들의 뿌리부터 이파리까지 남김없이 먹는 것이 목적이다. 만약 당근이라고 하면 여러분은 주황색 부위만 떠올릴지 모르지만 나는 녹색의 잎사귀까지 모두 고려한다. 해마다 연초가 되면 당근이 가장 맛있는 때이니 '당근 줄기 살사에 버무린 구운 오징어와 당근, 아보카도(p.182)'와 같은 요리를 만들어 먹으면 좋겠다. 모든 뿌리채소는 먹을 수 있는 녹색의 잎을 갖고 있지만, 이 부위가 부드러운 시기일 때 이용하는 것이 좋다.

나의 시그니처

이 책에 담긴 레시피는 모두 쉬운 편이지만 다루기에 다소 까다롭거나 복잡한 채소들의 특징을 고스란히 담고 있다. 나는 모든 요리가 달콤함, 새콤함, 매콤함, 짭짤함, 부드러움과 바삭함 사이에서 팽팽한 긴장감을 이루며 균형감 이상의 무언가를 만들어 낼 수 있도록 만들었다. 나는 구운 브레드크럼, 견과류, 크루통처럼 질감을 가진 재료를 잘 사용하는 편이며, 풍미를 위해서는 마른 과일, 케이퍼, 피클을 선택한다. 또한 신선한 시트러스 종류의 즙과 질 좋은 식초로부터 얻는 화사한 새콤함 역시 아주 중요하다. 이 같은 재료들은 내 요리의 전형적인 특징이며, 평범한 채소를 비범하게 만드는 비결이기도 하다.

절대적인 존재들

이쯤에서 오일과 식초에 대해 이야기해보자. 진정한 엑스트라 버진 올리브 오일은 재료 이상의 의미를 가진다. 만약 이것이 없었다면 나는 요리사가 될 수 없었을 지도 모르겠다. 게다가, 두 말 할 나위 없이 건강한 재료이므로(식물영양소와 단일불포화지방산으로 가득하다) 올리브 오일과 인간은 뗄 수 없는 관계라 해도 과언이 아니다. 또한, 다른 재료의 풍미를 이끌어내고 촉촉함을 더하며 올리브 오일을 넣는 것만으로도 요리를 마무리하는 역할까지 한다. 여러분은 나와 공동 저자인 마사 홈버그(Martha Holmberg)의 섹션(25쪽 참조)을 통해 내가 어떻게 올리브 오일로 마지막 풍미를 조율하는지 알 수 있다.

한 마디로 최상의 품질을 가진 엑스트라 버진 올리브 오일은 요리를 좌우하는 가장 결정적인 요소라고 할 수 있다. 미국의 경우 올리브 오일의 규제와 단속이 잘 이뤄지지 않고 있어 시장의 혼란이 가중되어 솔직히 엉터리들도 참으로 많다. 나는 알버트 카츠(Albert Katz)가 제조하는 캘리포니아 엑스트라 버진 올리브 오일을 사용한다. 주방에서 하는 모든 조리, 즉 볶고, 튀기고, 요리에 뿌리는 소스를 만드는 작업에 모두 사용한다. 심지어 아주 맛있는 케이크(409쪽의 레몬 글레이즈를 뿌린 파스닙 케이크 참조)를 만들 때도 말이다. 알버트는 수많은 시행착오를 거친 마법사 같은 인물로 캘리포니아에서는 좋은 올리브 오일 생산이 불가능하다는 사람들의 편견을 깨뜨렸다. 그는 자신의 신념을 고집스럽게 지키는 농부이자, 수익을 높이기 보다는 더 좋은 올리브 오일을 만들고자 하는 사람이다. 그의 오일은 대량 생산보다는 과수원에서 적당량을 수확해 소량 생산한다. 오일 가격이 결코 저렴하지는 않지만 충분히 구매할 가치가 있다(www.katzfarm.com).

한편, 올리브 오일이 나의 음(陰)이라면 나의 양(陽)은 바로 식초이다. 그 무엇보다 품질이 가장 중요하기 때문에 나는 역시 알버트 카츠가 만든 식초를 이용한다. 그가 만드는 식초의 대부분은 달콤하면서도 새콤한 캐릭터를 갖고 있으며, 이탈리아 사람들은 이를 일컬어 '아그로돌체(Agrodolce)'라고 부른다. 앞서 이야기 했듯이 단맛과 신맛 사이에서 이루어지는 음식의 긴장감은 내 요리의 열쇠로, 특히 채소와 식초는 환상적인 조화를 이룬다. 채소가 식초와 섞이면 원래 갖고 있던 흙내가 사라지고 본연의 자연스러운 단맛이 확 살아난다. 마치 채소가 감춰진 실력 발휘를 한다고 해야 할까? 참고로, 나의 식품 저장고(26쪽 참조) 내용을 보면 여러분이 카츠의 올리브 오일이나 식초를 구할 수 없을 때 그 대용으로 쓸 만한 몇 개의 브랜드를 추천해 놓았다.

최고의 채소 만찬을 위해 당신에게 필요한 모든 것

대부분의 레시피는 간단한 편이지만 조리 시간은 필요하다. 그러나 미리 준비하고 어떤 순서로 작업할지 계획한다면 시간의 소모는 당연히 줄어들 수 있다. '나의 식품저장고(26쪽 참조)' 섹션에서 나는 주방에 꼭 필요한 재료들을 추천해 놓았다. 이를테면, 앤초비라든가 치즈, 통조림 참치 등은 어느 브랜드 제품이 좋은지, 어떤 형태로 판매되는지 알 수 있도록 설명했다. '맛의 뿌리가 되는 필수 레시피(52쪽 참조)' 섹션의 경우, 다른 요리에 필요한 기본 레시피들을 모아 놓았다.

크루통이나 아몬드 로스팅 말고도 풋마늘 버터, 리코타 치즈 크림, 케이퍼레이즌 비네그레트, 살사 베르데 그리고 피스타치오 버터 등이 있다. 이 섹션에 나오는 요리들은 활용도가 높고 저장기간도 상당히 긴 편이어서 책에 소개된 레시피들보다 더 자주 일상에 응용해보기를 제안한다. 더불어, 피클 또한 잊어서는 안 되는 중요한 요리이다. 부엌에 있는 재료를 활용해 손쉽게 만들 수 있는 냉장용 피클 중 개인적으로 정말 좋아하는 피클 제조법(97쪽 참조) 몇 가지를 여러분을 위해 공개한다.

각자 원하는 방식대로

채소에 관한 놀라운 사실은 '할라페뇨를 넣은 적근대 오픈 토스트(p.344)'와 같은 애피타이저부터 '레몬 크림 로메인 샐러드(p.142)'와 같은 샐러드 그리고 여러분이 부디 만들어보면 좋을 '피스타치오와 건포도를 넣은 비트 슬로우(p.174)' 같은 콜슬로우 종류까지 그 어떤 음식에서도 각 재료의 특징을 살릴 수 있다는 점이다. 이를 제대로 인지하고 실천한다면 여러분의 일상은 바뀔 수도 있다. 채식주의자들의 메인 디시라 할 수 있는 제철 수프나 그렇지 않은 수프(몇몇 레시피에 나는 고기와 해산물을 사용하기도 하고, 앤초비와 피시소스를 넣기도 한다) 이외에도 전에 언급했던 파스닙 케이크와 완벽한 추수감사절을 위한 '피칸 크러스트 당근 파이(p.342)' 같은 디저트에도 해당된다.

나는 여러분이 내 요리를 좋아하기를 바람과 동시에 채소들이 얼마나 맛있는지를 발견하고 더 나아가서는 몰랐던 것들을 알아가기를 바란다. 예를 들면, 여러분이 누에콩과 피스타치오를 가지고 페스토를 만들고, 스테이크와 셀러리 뿌리는 서로 아주 잘 어울리며, 구운 풋토마토와 수박이 아주 잘 어울린다는 사실 등이다. 더불어, 여러분이 이를 까다롭거나 복잡하게 여기지 않았으면 한다. 내가 요리사들이 쓴 전문서를 싫어하는 이유이기도 하다. 그런 책은 주로 집에서 요리할 때 시간과 돈, 어느 정도의 기교가 필요한, 한 마디로 레스토랑 스타일을 그대로 복제해서 레시피에 대한 환상을 요구한다. 설거지 담당 직원들의 원망은 말할 것도 없고!

이 책에 실린 상당수의 레시피는 오레곤 주 포틀랜드에 위치한 나의 레스토랑인 〈아바 진스, Ava Gene's〉에서 제공하는 메뉴들로 기술과 재료는 대체로 평범하다. 여러분은 준비 과정을 포함해 조리와 시즈닝을 하게 되며, 나머지는 땅과 비, 태양이 알아서 해줄 것이다. 계절을 받아들인다면 멋진 요리는 자연스럽게 따라올 것이다.

요리 가이드 라인

- 파머스 마켓에 종종 방문하여 농부들에게 궁금한 점들을 항상 물어본다.
- 같은 계절에 나오는 재료들은 요리할 때 함께 사용하면 매우 잘 어울린다.
- 생 채소부터 시작해보자. 요리하기 전에 각 채소들이 어떤 맛인지 직접 먹어보고 이해하도록 한다. 이를 계절이 바뀔 때마다 하고, 그때마다 채소들이 어떻게 변화하는지를 학습하는 과정을 경험해본다.
- 여러분이 아직 '나의 식품 저장고' 섹션을 읽어보지 않았다면, 지금 한 번 읽어보고 할 수 있는 것들 먼저 해보길 바란다. 자신만의 저장 공간을 채워갈수록 여러분의 요리는 훨씬 더 신속해지고 능숙해질 것이다.
- 레시피의 노예가 되지 않는다. 원하는 허브를 마음껏 넣어도 좋고, 새로운 양념을 추가해도 괜찮다. 좋아하지 않는 재료가 있다면 과감히 빼도 상관없다. 여러분 자신이 바로 음식의 주인이니까 말이다.
- 작업의 순서와 요령이 중요한데 요리를 하기 전에 레시피를 먼저 꼼꼼히 읽어보고, 재료들을 확인한다. 준비 과정은 언제나 복잡하기 마련이지만 그렇다고 주변을 지저분하게 해서는 안 된다. 매 순간 청결을 유지하도록 하자! 분명 당신의 음식은 아주 맛있을 것이다.
- 눈대중으로 가늠해 보자. 계량컵과 숟가락 없이 요리하는 것에 익숙해지도록 노력해야 한다. 그렇게 하다 보면 당신의 입과 코, 그리고 눈과 손이 알아서 적정량을 말해 줄 것이다.
- 조리시간은 단순한 가이드라인에 불과하다. 상식을 동반한 자신의 감각을 이용한다.
- 나초를 만들 때처럼 결과물에 다양한 레이어를 주도록 한다. 접시 바닥에 어떤 재료를 살포시 숨겨놓거나 요리 위에 원하는 재료를 뿌려놓는 식이다.
- 멋진 요리를 만들고 싶다면 손으로 갈아 쓰는 통후추를 사용하자.
- 요리에 청량한 허브를 최대한 첨가한다. 나는 식사하는 이들이 허브의 강렬한 풍미를 즐기기를 원한다.
- 요리의 질감이나 식감은 절대적인 요소이다. 브레드크럼과 견과류, 씨앗들을 자유롭게 활용하자.
- 얼마든지 실수해라. 소금을 많이 넣어도 좋고 비니거를 왕창 뿌려도 괜찮다. 아주 맵게 조리해도 상관없고 재료를 태워도 된다. 대신, 두 번의 실수는 없도록 할 것. 이것이 바로 요리를 배우는 방법이다.
- 요리할 때, 두려움 대신 즐거움을 찾아볼 것.

조슈아와 책을 만들며 배운 것

**가장 중요한 개념은 의외로 매우 간단했다.
바로, 음식에 간을 하는 방법이다.**

나는 스스로 언제나 '간'을 참 잘 맞춘다고 생각했다. 프랑스에서 요리를 우연히 배운 적이 있었는데, 프랑스인들은 그 어느 누구도 음식에 소금이나 지방, 향신료를 마음껏 추가하는 것을 전혀 두려워하지 않았다. 한편, 이 책을 위해 주방에서 조슈아와 작업하는 동안 나는 그의 결과물이 내 것보다 항상 더 맛있다고 생각했다. 그는 내 요리를 맛본 뒤 곧장 뭔가를 돌려 갈고 뿌리고 짜고 강판에 또 갈아 넣고 재료들을 뒤섞곤 했다. 그리고는 다시 내 요리를 맛보면 어느 순간 더 선명한 맛이 느껴지고 훨씬 맛있어져 있었다.

이제부터 내가 조슈아로부터 배운 것들을 소개할까 한다.
우선, 기름기 있는 재료를 넣기 전에 먼저(일반적으로 소금과 검은 통후추, 칠리 플레이크, 몇몇 식초로)간을 한다. 참고로, 책에 수록된 레시피의 95%는 올리브 오일을 사용한다. 음식을 맛본 뒤 간이 좀 부족하다 싶으면 더 채우고 다시 맛보고, 다시 조율하는 과정을 반복함으로써 조정하면 된다. 조슈아가 말하는 요리의 목표는 음식의 간을 맞출 때 마치 '감자튀김처럼' 되도록 만드는 것이라고 설명한다. 그러니까, 한 번 손을 대면 멈출 수 없는 맛이 나야 한다는 의미이다.

음식의 짠맛과 단맛, 맵고 생기발랄한 재료들 사이에서 맛의 완벽한 긴장감을 제어하는 신의 한 수는 다름 아닌 오일이다. 이는 고유의 풍미를 갖고 있을 뿐만 아니라 재료에 촉촉함을 더해주고, 많은 재료들이 수월하게 섞일 수 있도록 해주는 윤활유 같은 역할을 한다. 나는 정신없이 바쁠 때조차 가급적 마지막 시즈닝은 신중하게 하려고 훈련 중이다. 음식의 맛에 최대한 집중하고, 입안에서 느껴지는 식감을 고려해 예리하고 선명한 맛을 주기 위해 조율하고 수정한다. 비록 단순한 단계이지만 제대로 하면 당신의 요리는 몰라보게 맛있어질 것이다. 그리고 이것이야 말로 주방에서 일하는 나의 목표이기도 하다.

마사 홈버그

나의 식품 저장고

요리는 쇼핑과 함께 시작된다고 해도 과언이 아닌데, 셰프들은 이를 '소싱(Sourcing 구매)'이라고 부르길 즐긴다. 만약 우수한 품질을 가진, 다목적으로 쓸 수 있는 기본 재료들로 여러분의 팬트리를 채워 놓는다면 장을 보러 가지 않고도 멋진 음식을 만들 수 있다. 여기에서 나의 추천 품목들을 소개하겠다.

Salt
소금

기초 상식! 소금은 음식의 맛을 증폭시킨다. 이는 누구도 반박할 수 없는 명백한 사실로 소금이야말로 우리들의 팬트리에 반드시 필요한 재료임에 틀림없다. 소금은 적절하게 사용하기만 해도 다른 재료들이 가진 본래의 풍미를 이끌어낼 뿐만 아니라 그 풍미 이상의 맛을 만들어내기도 한다.

소금을 색깔과 종류별로 수집하는 것은 일종의 즐거움이기도 한데, 최소한 코셔 솔트와 음식을 마무리할 때 쓰는 비정제 소금은 따로 구비해두는 게 좋다. 코셔 솔트는 재료를 데쳐낼 때, 파스타를 삶을 때 그리고 모든 요리의 간을 맞출 때 사용하기 적합하다. 마무리용 소금은 요리 마지막 단계에서 간을 딱 맞추는 용으로 쓰고, 때로는 음식에 바삭함 같은 색다른 식감을 주고 싶을 때 넣을 수 있다.

캐비닛에 보관 중인 내 소금들을 보면 하얀색부터 회색에 이르기까지 무채색을 띠는 것이 대부분이지만 간혹 핑크와 블랙도 있다. 소금의 색깔은 미네랄 함유량에 따라 결정되며 정제 과정을 얼마나 거쳤는지를 가늠할 수 있는 척도이기도 하다. 개인적으로는 각각의 소금이 가진 풍미와 그 소금들이 요리에 어떤 맛을 내는지가 더 큰 관심사라 소금의 색깔에는 크게 연연하지는 않는 편이다. 코셔 솔트의 경우 어디에서나 쉽게 구할 수 있는 다이아몬드 크리스털(Diamond Crystal) 제품을 선호한다. 몰튼(Morton) 브랜드 역시 코셔 솔트를 생산하지만 다이아몬드 크리스털 소금이 더 굵고 으깨기 좋아 원하는 양으로 조절하기 훨씬 용이한 장점이 있다. 마무리용 소금 즉, 비정제 소금은 피라미드 모양을 가진 섬세한 플레이크 타입의 말돈(www.maldonsalt.co.uk) 제품이 훌륭하다. 나는 거의 모든 요리에 야콥센(Jacobsen's, www.jacobsensalt.com)의 순수 플레이크 솔트를 넣는다. 왜냐하면 내가 살고 있는 오레곤에서 생산하는 제품이기 때문이다. 프랑스 제품인 셀그리스(Selgris)는 굵고 모래알 같은 거친 질감을 가지고 있지만 육류 요리에 굉장히 잘 어울린다.

참고로, 상황에 맞는 소금을 찾는데 도움이 되는 사이트(www.themeadow.com)를 이용해보길 바란다.

저장법 소금의 유통기한은 그야말로 '영원히'이다. 나는 언제든 손가락으로 집어 쓸 수 있도록 소금을 작은 유리병이나 소금 전용 통에 넣어 보관한다. 되도록 자주 사용하는 페퍼 밀(통후추 갈이) 옆에 늘 소금 통을 두는 게 아주 좋다. 식탁 위의 커플처럼 존재하는 소금과 후추는 정작 조리할 때 전혀 도움이 되지 않는다. 요리하는 중에는 손가락으로 소금을 집어서 사용해야 무엇이 얼마만큼 들어가는지 제대로 인지할 수 있다.

Black Pepper

검은 통후추

부엌에서 아주 중요한 재료 중 하나가 바로 검은 통후추이다. 좋은 후추가 든 페퍼 밀을 몇 번만 돌려 음식 위에 뿌려도 그 맛이 달라진다. 검은 통후추의 백미가 잘 드러나는 예로는 파스타 요리인 카치오 에 페페(Cacio e Pepe)가 있다. 솔직히, 파스타에 들어가는 '소스'라고 해봐야 고작 검은 통후추와 페코리노 치즈(Pecorino Cheese), 그리고 파스타 삶은 면수가 전부지만 그 맛은 은은하다. 검은 통후추의 '킥'이 제대로 들어간 맛을 보려면 '카치오 에 페페 버터(Cacio e Pepe Butter)' 레시피를 확인(62쪽 참조) 해 보면 된다.

모든 향신료가 그렇듯 후추도 신선함이 생명이다. 따라서 믿을 수 있는 재료를 구매하고 떨어지면 재빨리 보충해야 한다. 개인적으로 텔리체리(Tellicherry) 브랜드의 통후추를 선호하는 이유는 과수원에서 완벽하게 잘 익은 후추 열매가 갖는 특유의 톡 쏘는 맛과 함께 풍미 가득한 향을 지니고 있기 때문이다. 집과 레스토랑에서 쓰는 후추들은 모두 릴럭턴트 트레이딩(Reluctant Trading, www.reluctanttrading.com)을 통해 주문한다.

여러분과 내가 요리할 때 사용하는 페퍼 밀은 상당히 중요한 도구인데, 입자를 고운 것에서부터 굵은 것까지 자유롭게 조절 수 있는 기능이 있는 것이 좋다. 강렬한 맛과 함께 즉석에서 빻거나 갈아 넣은 후추의 진한 아로마를 원한다면 절대로 미리 분쇄된 후추나 으깨진 후추는 사지 말 것! 참고로, 나는 요리의 간을 맞추기 위해 굵게 간 후추를 뿌리는데, 이는 살짝 굵은 알갱이가 더 강렬한 맛과 향을 내기 때문이다.

플레처 밀(Fletchers' Mill, www.fletchersmill.com)에서 판매하는 제품들을 추천한다. 무엇보다 굵기를 다양하게 조절할 수 있고 한번 사면 평생 쓸 수 있을 정도로 매우 튼튼하다.

저장법 통후추는 밀폐된 유리통에 보관해야 하고 일반적인 식품 저장용 유리면 상관없다. 사용할 때는 유리병에서 필요한 만큼 꺼낸 뒤 신속히 갈아 사용하도록 한다.

Spices and Dried Herbs

향신료와 마른 허브

사실 나는 향신료 대신 싱싱한 허브를 더 애용하는 편이지만, 여러분도 알다시피 향신료는 고유의 맛을 내는 장점이 있다. 내가 몇몇 샐러드에 펜넬 씨를 넣고, 피클을 만들 때 구운 고수 씨를 넣는 이유이다. 물론 마른 허브도 종종 사용한다. 그중에서 마른 월계수 잎과 마른 오레가노는 신선한 허브들만큼이나 즐겨 사용한다. 특히, 오레가노는 토마토와 궁합이 아주 좋아 조리해 익혀 먹든 날로 먹든 아주 맛있다. 내 경우 콩 요리와 수프, 국물을 만들 때에는 그윽하고도 깊은 맛을 내는 마른 월계수 잎을 넣는다. 단, 서브하기 전에 월계수 잎은 잊지 말고 반드시 빼내도록!

나는 언제나 모든 향신료를 팬에 미리 살짝 구운 다음 저장한다. 사용은 필요할 때마다 향신료 전용으로 정한 커피 그라인더로 조금씩 갈아 쓰는데, 다소 굵은 입자를 원할 때면 절구에 넣고 빻는다. 요리할 때는 조리 시작할 때 향신료를 뿌리고 끝날 무렵에 맛을 본 다음 다시 한 번 더 넣을지 말지를 결정한다.

나는 펜넬 꽃가루를 제외하고는 향신료를 요리 위에 직접 뿌리지는 않지만, 어떤 셰프들은 향신료를 요리에 직접 뿌리는 방법을 종종 사용하기도 한다. 펜넬 꽃가루는 아니스와 비슷한 느낌을 더하며, 향미는 섬세한데, 반해 다른 재료들이 가진 풍미를 살려주는 놀라운 능력을 갖고 있다.

가장 좋아하는 양질의 향신료와 말린 허브 구매처는 펜지스(Penzeys, www.penzeys.com)와 릴럭턴트 트레이딩이 있다.

저장법 한 번에 소량씩 구입하여 작은 유리병에 넣어 저장하고, 소진되면 다시 사서 채운다. 플라스틱 용기에 향신료를 넣어 보관하면 향신료의 오일 성분이 용기에 흡수되어 풍미가 변질될 수 있으니 주의해야 한다.

Extra-Virgin Olive Oil
엑스트라 버진 올리브 오일

내가 요리에 흠뻑 빠지게 된 결정적인 이유가 바로 올리브 오일이다. 올리브 오일이 빠진 맛있는 요리는 상상할 수조차 없다. 심지어 나는 가끔씩 병째 들고 한 모금 마시기도 한다.

오일의 풍미도 와인처럼 원재료인 올리브의 품종, 재배된 곳의 기후와 토양, 가공 방법, 그리고 오일의 '빈티지(특정 지역에서 생산된 오일의 수확 연도)'에 따라 천차만별이다.

누구라도 나의 레시피를 보면 볶음과 튀김 요리를 포함해 정말 곳곳에 올리브 오일을 사용하고 있음을 알게 될 것이다. 올리브 오일이 다른 종류의 오일보다 상대적으로 가격이 약간 비싸긴 하지만 여러 재료가 조화롭게 어우러진 완성 요리의 품질을 생각하면 마음에 들지 않는 저가의 오일을 과연 사용할 수 있을까?

나는 적당한 가격대의 올리브 오일은 대체로 조리할 때 이용하고 드레싱이나 마지막에 뿌리는 용도로는 비싼 제품을 쓰는 편이다. 어떤 요리사들은 엑스트라 버진 올리브 오일이 높은 온도에서 분해된다고 걱정하지만, 과학적으로 엑스트라 버진 올리브 오일의 발연점은 약 200℃이다. 대부분의 튀김은 190℃에서 이루어지기 때문에 크게 문제 삼지 않아도 된다. 오히려 올리브 오일을 생산하는 농부들을 지지하는 일이 더 중요하다. 캘리포니아에서 농부로 일하고 있는 알버트 카츠는 나의 소중한 친구로, 나는 그가 공들여 만든 올리브 오일과 비니거(www.katzfarm.com)를 수년째 사용하고 있다. 그 말고도 다른 명망 높은 캘리포니아 출신의 소규모 생산자들을 소개하자면, 그럼피고츠 팜(www.grumpygoatsfarm.com), 본돌리오 올리브 오일(www.bondolio.com), 퍼시픽선(www.pacificsunoliveoil.com), 그리고 엔조 올리브 오일(www.enzooliveoil.com) 등이 있다. 이외에도 캘리포니아 올리브 랜치(California Olive Ranch)나 코르티 브라더스(Corti Brothers), 스페인산인 우니오(Unio) 등이 있으며, 이 세 개의 브랜드는 식료품점에서 쉽게 구할 수 있다.

저장법 올리브 오일은 빛과 열로부터 멀리해야 하고 공기와의 접촉을 가급적 피해야 한다. 바꿔 말하면 몇 달 동안 두고 별로 사용하지 않을 거라면 대용량을 사지 말라는 의미이다. 굳이 용량이 큰 것을 사야 한다면 오일을 작은 용기에 덜어 붓고 나머지는 서늘한 그늘에 두길 바란다. 또한, 많은 사람들이 조리 열원(스토브, 가스레인지, 인덕션 등) 상단 혹은 가까이에 오일을 두는 경우가 많은데, 요리할 때마다 나오는 뜨거운 열기가 오일의 상태를 빨리 악화시킨다. 물론 나만큼 오일을 많이 사용한다면 수일 내로 오일 병이 텅 빌 테니 크게 상관없다. 가능한 가장 어린 올리브에서 얻은 오일을 구매하도록 하고, 수확 시기는 늦가을과 이른 겨울이 좋다. 제조 일자는 라벨에 표기돼 있으니 꼭 확인할 것.

Vinegar 식초

나는 식초를 엄청나게 사용한다. 왜냐하면 식초는 내 음식에서 그만큼 중요한 역할을 하기 때문이다. 게다가 지금까지 어느 누구도 내 음식에서 식초의 맛이 너무 도드라진다고 말한 사람은 없다. 어떤 종류의 초산을 막론하고 분별력 있게 사용한다면 식초는 음식을 더욱 맛있고 선명하게 만들어 준다.

나는 드레싱과 비네그레트, 샐러드를 만들 때 뿐 아니라 마른 과일을 담가 놓는 용으로도 식초를 사용한다. 그리고 어떤 음식도 예외 없이 마지막에 검토하는 것은 식초 또는 시트러스 맛의 균형이다. 내가 다른 요리사들과 달리 살짝 달콤한 맛이 나는 식초를 선호하는 이유는 아그로돌체(Agrodolce 이탈리안 요리에서 사용되는 달콤하고 새콤한 맛의 소스)의 특징과 가벼운 맛을 좋아하기 때문이다. 달콤한 식초는 특히 채소 요리와 잘 어울린다.

카즈(www.katzfarm.com)의 식초는 올리브 오일과 마찬가지로 매우 우수한 품질이며, 나는 이를 최고로 꼽는다. 이곳의 식초는 전통적인 방법으로 생산되는데, 늦게 수확하여 높은 당도(Brix)를 가진 포도와 발효를 증진하는 공기 중의 자연 박테리아를 이용해 만든다.

스페인에서 수입하는 우니오(Unio) 또한 매우 훌륭한 제품으로 널리 알려져 있으며 가격마저 합리적이다. 단, 우니오의 식초가 모두 달콤새콤하지는 않기 때문에 메를로, 리즐링, 모스카텔을 포함한 '아그리둘체(Agridulce)'라고 표기된 상품 라인을 찾아야 한다. 만약 식료품점에서 우니오를 찾을 수 없다면 코르티 브라더스(www.cortibrothers.com) 사이트에서 주문할 수 있다. 이탈리아 산인 볼파이아 식초(Volpaia vinegar)의 경우 달콤하진 않지만 상당히 좋은 제품이니 마니카레티(www.manicaretti.com)를 둘러보길 바란다. 식초를 만들기 위해서는 훌륭한 포도와 숙련된 기술이 필요하다. 식초 역시 올리브 오일처럼 대량 생산되다보니 정말 좋은 품질의 식초를 만나는 것이 쉬운 일이 아니다. 그렇지만 잘 고른 뛰어난 품질의 식초는 여러분의 요리가 좋은 방향으로 영원히 달라질 수 있음을 의미한다.

Balsamic 발사믹 식초

당연히 식초의 전설이라 불릴 만하다. 최고급 발사믹은 절대 조리에 쓰지 않는다. 그건 귀중한 것을 마구 낭비하는 것과 같다. 나는 전통적으로 숙성된 발사믹 식초를 레스토랑에서는 아주 드물게 사용하는데 완성한 요리 위에 마지막으로 살짝 뿌리는 정도로만 쓴다. 이럴 때 가장 즐겨 쓰는 제품은 빌라 마노도리(Villa Manodori)이다. 하루도 빠짐없이 요리에 사용하는 것으로는 루치니(Lucini)가 가장 좋으며 가격도 합리적이다. 실은 전통적인 방식으로 만들어진 제품이 아닌 '발사믹 스타일'의 식초이지만 충분히 쓸 만하다.

Saba 사바 식초

사바는 발효되기 전의 포도즙과 껍질을 익혀서 만든 이탈리아의 시럽이다. 향기가 발사믹 식초와 비슷하지만 더 달고, 포도 맛이 진하며, 새콤한 맛은 덜하다. 숙성을 거치지 않아 가격이 비싸지 않다. 치즈, 견과류, 쌉쌀한 맛이 나는 잎채소, 그리고 구운 채소와 환상적인 궁합을 이룬다.

저장법 판매 용기에 담겨 있는 그대로 어둡고 서늘한 장소에 보관한다. 그러면 시간이 지날수록 더욱 숙성될 것이다. 날이 따뜻해지면 식초를 사랑하는 초파리들이 찾아오기 시작한다. 절대 뚜껑을 열어 두어서는 안 된다.

Dried Beans

마른 콩

콩을 끓여 만든 국물과 건강한 엑스트라 버진 올리브 오일을 듬뿍 얹은 잘 조리된 콩 요리는 어디에도 비할 바 없는 완전한 한 그릇이다. 내 식품 저장고에는 아래 소개할 네 가지 콩들을 포함해 항상 다양한 종류의 콩들이 있다.

Chickpea, Garbanzos 병아리콩

콩 중에서 가장 쓸모가 많은 종류로 퓌레로 만들어 후무스 같은 디핑 소스를 만들기도 하고 파스타 면과 버무려 먹기도 한다. 그리고 샐러드에 넣으면 훌륭한 단백질 공급원이 된다. 바삭하게 튀겨 소금을 살짝 뿌린 병아리콩은 정말 끝내주게 맛있는 스낵이다.

Borlotti, Cranberry Bean 강낭콩

내가 아주 좋아하는 콩으로 부드러운 껍질을 가지고 있으며 고기처럼 찰지면서도 크림 같은 부드러움도 갖고 있다. 별다른 재료 없이 그냥 올리브 오일만 곁들여도 맛있다. 나는 강낭콩을 파스타, 수프, 스튜에 주로 이용하는데, 생선요리에 함께 내는 걸 가장 즐긴다. 접시 위에 따뜻한 강낭콩과 레몬을 곁들여 그 위에 굽거나, 볶거나, 찌는 등의 방식으로 조리한 생선을 올려 낸다.

Dried Fava Beans 마른 누에콩

미국에서 흔한 재료는 아니지만 개인적으로 참 좋아한다. 중동 지역 사람들이 주로 먹는 팔라펠(Falafel)이란 음식은 누에콩을 갈아 만든 것으로 어쩌면 여러분도 한 번쯤은 먹어봤을 수 있다. 한편, 로마에서도 마른 누에콩을 이용해 수프와 파스타를 자주 해먹는데, 마늘을 문질러 구운 빵 위에 으깬 콩을 발라 먹는 방식이다. 내가 좋아하는 방법은 퓌레를 만들어 살짝 데친 쌉싸래한 채소를 그 위에 올려 내는 것이다.

Black Turtle Beans 검정 거북콩

내가 좋아하는 검정콩으로 단단하면서도 특유의 흙 내음 같은 풍미를 가지고 있다. 콩 샐러드만큼이나 굽거나 삶은 콩을 좋아하는데, 두 번 튀긴 콩을 여름용 살사에 넣는 것도 즐긴다.

콩을 구입할 때는 언제 수확했는지 반드시 확인해야 한다. 너무 오래된 콩은 고르게 익지 않으며, 심지어 익어도 부드러워지지 않을 수도 있다. 만약 봉지에 든 콩을 산다면 콩 자체나 껍질이 갈라진 것은 없는지, 지저분하지는 않은지 세심하게 살펴보아야 한다. 반드시 수확한지 1년 미만의 콩을 골라야 한다. 물론 아주 오래된 콩의 쓸모도 있다. 바로 파이지를 구울 때 무게추로 활용하는 것이다.

여러분이 갓 수확한 콩을 구입하지 않는 이상 실제로 콩의 나이를 아는 일은 까다롭다. 따라서 가능하면 콩 농사를 짓는 농부와 거래하는 게 제일 좋은 방법이다. 제철이라면 연하고 부드러운 콩을 구할 수 있으니까. 나는 아주 훌륭한 품질의 콩을 재배하는 농부들과 논녹한 관계를 맺고 있어 얼마나 다행인지 모르겠다. 신선하고, 풍미를 가진 좋은 콩을 구하고 싶다면 대체로 양질의 제품을 판매하는 구매처에 직접 문의하는 것도 하나의 방법이다. 두 곳을 소개하자면 랜초 고르도(www.ranchogordo.com)와 주르선 아이다호 에어룸 빈즈(www.zursun-beans.com) 등이다.

콩은 요리하기 전에 물에 담가 밤새 불려야 하므로 미리 계획을 세워야 한다. 물론 갓 수확한 콩을 물에 불리지 않고 재빨리 요리할 생각이라면 예외이다. 나의 콩 요리 비법을 적어 놓은 섹션을 보면 완벽하게 삶은 강낭콩 요리(300쪽 참조)가 자세히 나와 있다. 근거 없는 요리 상식들과 달리 소금은 콩을 조리하는 동안 부드럽게 만드는 데 전혀 방해가 되지 않는다. 나는 요리할 때 처음부터 물에 소금을 살짝 넣음으로써 소금이 모든 콩에 침투할 수 있도록 한다. 그런 다음 마지막 준비를 하는 동안에도 소금을 알맞게 조절해 첨가한다. 콩을 질기고 딱딱하게 만드는 건 소금이 아닌 산(酸)이므로 와인에 콩을 삶거나 익히지 않도록 해야 한다. 산성 성분이 있는 토마토도 마찬가지이다. 개인적으로 콩과 토마토의 조화를 사랑하지만 토마토는 제한적으로 사용한다. 콩이 완전히 부드러워진 다음에 토마토를 넣는 식이다. 콩을 삶아 낸 다음 남은 '액체'는 그야말로 환상적인데, 풍미와 바디감으로 충만하다. 이것으로 수프를 끓이거나 파스타를 촉촉하게 만드는 용으로 한 번 사용해보길 바란다. 또한 콩으로 만든 요리를 데울 때에도 사용할 수 있다. 늘 콩 요리에는 그 삶은 물을 함께 쓴다고 보면 된다. 나는 콩을 삶고 나면 삶은 물에 담가 그대로 식힌 후 역시 그 채로 냉장고에 보관한다.

저장법 마른 콩은 밀폐 용기에 넣어 서늘하고 건조한 장소에 보관해야 한다. 콩을 사면 구매한 날짜를 용기에 적어 두고, 나중에 요리할 때 언제 산 콩인지 알 수 있도록 하자. 수확한 지 얼마 안 된 콩은 냉동하거나 페이퍼 백에 넣어 느슨하게 묶은 다음 환기가 잘 되는 곳에 두어 골고루 건조될 수 있도록 한다.

Grains
곡물

요즘 들어 부쩍 레스토랑 메뉴판과 일반 가정에서도 파로(Farro), 프리카(Freekeh), 카샤(Kasha), 퀴노아(Quinoa), 그리고 보리와 같은 곡물을 볼 수 있어서 기분이 좋다. 또한 기존 곡물들도 더 다양해지는 추세이며 가뭄에 강한 곡물들의 성장세도 보이고 있는 점도 나를 행복하게 한다. 이는 건강한 음식에 대한 미래를 생각할 때 아주 중요한 일이다. 통곡물은 몸에 좋은 영양소를 공급해줄 뿐만 아니라 구하기 쉽고 아주 맛있는 재료임에 틀림없다.

너무나 좋아하는 곡물인 파로는 내 식품 저장고에 항상 있다. 주말에 파로를 이용한 밑재료를 많이 만들어 놓고 일주일 내내 이용하기도 하는데, 주로 샐러드 베이스로, 수프나 스튜에 넣거나 아니면 정말 간단하게 올리브 오일만 쓱 뿌려 먹기도 한다. 파로의 '최종 목적지'가 어디이든 내가 파로를 이용해 요리하는 방법은 동일하다. 바로 최상의 풍미와 기분 좋게 씹히는 질감을 만들어내는 것이다(기본 레시피, 89쪽 참조).

통곡물을 판매하는 소규모 제분소들은 통곡물을 갈아 가루로 만들곤 하는데, 전국적으로 널리 형성되어 있다. 따라서 여러분이 사는 지역을 한번 훑어보길 바란다. 내 경우 워싱턴에 있는 블루버드 그레인 팜(www.bluebirdgrainfarms.com)을 통해서 파로와 호밀 그리고 밀알 등을 주문하고 있다. 이외에 사우스캐롤라이나에 있는 앤슨 밀스(www.ansonmills.com)에서 다양한 곡물들을 주문할 수 있으며, 최상의 품질을 자랑하는 마른 옥수수, 쌀, 밀, 귀리 등을 판매한다.

저장법 통곡물은 곱게 갈은 가루보다 유통기한이 더 길다. 구입하자마자 바로 밀폐 용기에 담아 서늘한 곳에 둬야 한다. 대략 6개월 정도는 문제 없고, 심지어 냉동실에 보관하면 더 오래 두고 먹을 수 있다. 나는 곡물의 수확시기를 고려하는 편이라 그때에 맞춰 매년 햇곡물을 보충해 놓는다.

Flours
밀가루

다목적 밀가루는 그 이름이 암시하듯 밀가루 계에서 제일 열심히 뛰는 선수이다. 단백질 함량이 중간 정도라 어떤 것이든 무리 없이 만들 수 있다. 예를 들면, 쫄깃한 식빵, 바삭한 쿠키, 촉촉한 케이크 등이 모두 가능하다. 나는 늘 표백하지 않은 다목적 밀가루만을 사용하는데, 표백한 밀가루보다 덜 정제되어 영양소와 단백질 함량이 조금 더 높다.

나는 통밀가루가 주는 깊은 풍미를 좋아한다. 통밀가루는 밀 알갱이 전체로 만들어지는 반면 곱게 빻은 흰 밀가루는 오직 곡물의 배젖으로만 가공된다. 당연히 통밀의 경우 흰 밀가루에 비해 더 많은 영양소와 섬유질을 갖게 된다. 이런 이유 말고도 특유의 풍미가 있어 나는 플랫브레드와 크래커에는 통밀을 이용한다. 밀가루가 들어가는 레시피가 무엇이든 밀가루를 계량하는 방법은 매우 중요한데, 베이킹을 할 때는 특히 그렇다. 그래서 나는 재료의 질량을 확인할 수 있는 저울을 반드시 사용한다. 여러분이 만약 계량컵으로 양을 측정한다면 밀가루를 컵에 담은 뒤 맨 위 표면을 평평하게 해야 한다. 밀가루 봉지에 계량컵을 바로 넣는다면 밀가루를 꼭꼭 눌러 담길 바란다. 이 책에 소개된 베이킹 레시피는 무게 단위로 표시해 놓았다.

신선한 밀가루 제분으로 소비자에게 공급하는, 정말 믿을 만한 구매처 확보만으로도 여러분의 삶은 바뀔 수도 있다. 한 발 더 나아가 밀가루를 아주 신중하게 고르는 편이라면 집에서 사용할 수 있는 작은 제분기를 사는 것도 방법이다. 물론 식료품점에서 사는 것이 훨씬 편리하며 로컬 고객에 충실한 매장이라면 지역 제분소에서 생산되는 양질의 밀가루를 구비해 놓았을 것이다. 어느 곳에서 구매하든 유통 기한을 확인한 뒤 가장 신선한 밀가루를 고르자. 애리조나에 공장을 둔 헤이든 밀스(www.haydenflourmills.com)에서 최상의 품질을 가진 밀가루를 주문할 수 있고, 사우스캐롤라이나에 있는 앤슨 밀스(www.ansonmills.com)에서도 훌륭한 밀가루를 팔고 있다. 미시건에 있는 선라이즈 플라워 밀(www.sunriseflourmill.com) 역시 신뢰할 수 있는 또 다른 공급처이며, 유타에 있는 센트럴 밀링(www.centralmilling.com)도 엄청나게 다양한 종류의 밀가루 품목을 가진 최대, 최고의 브랜드이니 참조할 것.

저장법 밀가루는 밀폐 용기에 담아 반드시 서늘하고 어두운 곳에 두어야 한다. 흰 밀가루는 통밀가루보다 더 오래 보관이 가능한데, 그 이유는 통밀의 경우 맥아에 들어 있는 지방 성분으로 인해 빨리 산패되기 때문이다. 어차피 시간이 지나면 모든 종류의 밀가루는 그 고유의 맛을 잃어버린다. 따라서 많이 사서 오래도록 팬트리에 두는 것보다 소량으로 자주 구매해 보충해 주는 게 좋다. 통밀가루는 앞서 설명한 바와 같이 상대적으로 유통기한이 짧은 편이니 냉동실이나 냉장실에 넣어두자. 이는 밀가루에 벌레가 생기는 것을 막는 방법이기도 하다.

Pasta
파스타

파스타는 삶의 커다란 기쁨 중 하나이다. 나의 식품 저장고에는 길고 짧은 건면이 항상 존재한다. 스파게티, 부카티니, 링귀니를 비롯해 디탈리니, 펜네, 리가토니까지 있는데 이들은 모두 빠르고 간편하게 만족스러운 식사로 뚝딱 변신할 수 있다. 누구나 만족하는 파스타 요리로 변신할 준비가 되어 있다. 더불어서 나는 파스타를 수프와 스튜에 넣어 먹는 것도 굉장히 좋아한다. 성공적인 파스타 요리라고 하면 적당량의 소스 혹은 양념과 파스타를 잘 어우러지게 하는 것을 의미하기도 하지만, 파스타를 제대로 익히는 것을 말하기도 한다. 이는 단순히 파스타를 끓는 물에 넣어 삶는 것 이상의 의미를 가진다.

여러분이 첫 번째로 해야 할 일은 커다란 냄비를 준비하는 것이다. 파스타를 넣어도 끊임없이 끓어오를 수 있을 만큼의 충분한 양의 물이 들어가야 한다. 두 번째는 파스타 삶는 물이 바닷물이라고 느껴질 정도로 짜야 한다. 이 정도면 되겠다 싶은 양보다 훨씬 더 많은 양의 소금을 넣어야 한다. 이렇게 해도 파스타는 소금을 거의 흡수하지 않으니 안심하자. 소금은 단지 물 속에서 재료의 수분을 잡아주는 역할을 하고 파스타 특유의 밀 향을 확 올려줄 것이다. 타이밍에 대해 한 마디 하자면, 삶는 시간은 파스타 포장지에 적혀 있는 시간과 다를 수 있으니 무조건 따르지는 말아야 한다. 만약 설명서에 10분이 걸린다고 써 있다면, 나는 7분으로 타이머를 세팅하고 맛을 보기 시작한다. 맛을 봄으로써 얼마나 더 오래 파스타를 삶을지 판단할 수 있고 언제 소스를 넣어야할지를 알 수 있기 때문이다. 나는 소스에 파스타를 옮긴 후 적어도 1분 동안 조리하지만, 일반적으로 2분 정도면 충분하고 언제나 파스타 삶은 물을 소스 팬에 약간 넣어 마무리한다. 파스타가 익는 동안 빠져나간 녹말 성분만큼 소금을 추가하는 과정이고, 이는 미미하지만 요리에 풍성함과 무게감을 주면서 모든 재료의 풍미가 잘 어우러지도록 도와주는 역할도 한다.

내가 가장 선호하는 미국산 파스타 구매처라면 오클라호마 출신의 델라 테라(www.dellaterrapasta.com)를 꼽을 수 있는데, 집과 레스토랑에서 쓰는 모든 파스타는 이곳에서 산다. 또한, 이탈리아에서 수입되는 루스티켈라 다브루초(Rustichellad'Abruzzo) 브랜드도 좋아한다.

저장법 파스타는 밀폐 용기에 담아 보관하고 되도록 빨리 사용해야 한다. 건면 파스타가 오랜 기간 멀쩡해 보여도 개봉한 뒤 두어 달이 지나면 고유의 풍미는 거의 사라지므로 파스타를 자주 먹는 것이 가장 좋은 방법이다.

Canned Tomato Products
통조림 토마토

똑같이 쓸모가 많은 제철 토마토와 토마토 통조림. 특히 토마토 통조림은 크기와 농도에 따라 몇 가지 형태로 출시되고 있으며, 각각의 사용 목적이 다르다. 다시 말해, 수프에 새콤한 맛을 내고 싶을 때, 라구 소스의 묵직한 풍미를 만들고자 할 때, 소스의 단맛을 원할 때 넣는 종류가 따로 있다는 이야기이다. 여러분은 최소한 집에 토마토 페이스트와 껍질 벗긴 홀 통조림 토마토 정도는 있어야 한다. 홀 토마토는 식감을 자유롭게 조절할 수 있어 좋다. 이를 테면 늠성늠성 자른 덩어리에서부터 작은 조각, 매끈한 퓌레까지 모두 만들 수 있다.

오랜 시간 조리해야 하는 라구 소스와 마찬가지로 파스타를 재빨리 완성할 때에도 통조림 토마토를 이용하고, 수프와 스튜, 그리고 피자를 만들 때에도 자주 쓰인다. 내 경우 장시간 끓일 때에는 뮤어 글렌 오가닉 토마토(Muir Glen Organic Tomatoes)를, 피자와 파스타 등의 빠른 요리를 할 때에는 비앙코 디 나폴리(Bianco Di Napoli)를 선택한다.

구매 시에는 통조림에 토마토 이외에는 아무 것도 들어가지 않은 제품을 사는 게 좋다. 가끔 허브나 다른 시즈닝이 들어간 제품을 고르는 사람도 있는데, 오직 순수한 토마토가 들어간 통조림만을 추천한다. 토마토 페이스트의 경우 자신만의 콘서바(318쪽 참조)를 만들어 보는 것도 좋을 듯.

저장법 별 다른 기술도 필요 없다. 그저 통조림을 안전하게 팬트리 선반에 올려놓기만 하면 끝! 만약 통조림을 사용하고 남았다면 내용물은 지퍼락에 옮겨 담아 냉동실에 보관한다.

Cheese
치즈

정육점과 마찬가지로 치즈 가게 역시 최근 들어 다시 인기를 얻고 있는 추세인지, 물건을 제법 많이 가져다 놓는 식료품점에 가면 좋은 치즈를 만날 수 있다. 치즈를 직접 제조하여 판매하는 곳을 찾았다면 다양한 치즈의 맛을 보고 제조자에게 궁금한 것들을 질문해보자. 아래 소개되는 치즈들은 개인적으로 몹시 좋아하는 종류로 우리집 냉장고에 언제나 구비되어 있는 것들이다.

Hard Cheeses 하드 치즈
냉장고에 방치된 것처럼 보이는 치즈를 발견하면 나는 예외 없이 재빨리 파스타를 만들기도 하고 간 다음에 굽거나 볶은 채소 위에 뿌린다. 아니면 치즈를 가득 넣은 살사 스타일의 토핑을 만들기도 하는데, 특히 두툼한 파르메산 치즈 덩어리는 다양한 수프와 라구 등에 사용한다. 내 식품 저장고에는 파르미지아노 레지아노(Parmigiano-Reggiano)를 비롯해 사르베키오 파르메산(SarVecchio Parmesan), 페코리노 로마노(Pecorino Romano), 프로볼로네(Provolone), 그리고 숙성된 체다 치즈가 늘 있다.

파르미지아노 레지아노로 말할 것 같으면, 미국의 유명한 요리사인 마리오 바탈리(Mario Batali)가 붙인 별명처럼 "반론의 여지가 없는 치즈의 왕"이다. 단맛과 짠맛은 물론 진한 크림과 함께 텍스처가 완벽히 조화를 이루는 데다 12개월 숙성된 파르미지아노의 경우 약간 촉촉하면서도 균일한 밀도감이 살아 있다. 이보다 더 오래 숙성되면 표면이 거칠어지고 결정화되면서 부스러지기 쉬워지지만 진한 금빛 색감과 맛은 더욱 깊어진다. 따라서 음식의 토핑으로 올리기보다는 조리해 먹는 편이 더 좋은 방법이다.

위스콘신에서 제조, 생산되는 사르베키오 파르메산은 미국이 만드는 파르미지아노로 그 풍미가 정통 치즈와 가장 가까운 덕에 이탈리아에서도 그 가치를 인정하고 있다. 이탈리아 로마에 뿌리를 둔 페코리노 로마노는 질감이 단단하고 엄청나게 짠맛을 가진 치즈로 양의 젖으로 만든다. 나는 주로 좀 더 짠 맛이 필요하고, 톡 쏘는 맛은 있되 단맛은 적은 요리를 해야 할 때 사용한다. 주로 단맛이 나는 채소나 봄에 재배되는 콩, 누에콩 그리고 비트와 로메인 같은 여린 상추과의 재료들과 함께 쓴다.

프로볼로네는 숙성된 젖소의 우유로 만드는데, 개인적으로는 이탈리아의 맛이라고 생각하는 치즈이다. 매콤한 맛이 나는 피칸테(Picante)를 추천한다. 나는 잎채소 샐러드를 비롯해 그릴에 굽거나 그냥 구운 채소 샐러드, 곡물 샐러드, 물론 피자 위에도 프로볼로네를 갈아서 뿌려 먹는다. 품질이 좋은 우유로 만든 체다는 최소 1년은 숙성해야 한다. 잘 숙성되면 기분 좋은 알싸함과 톡 쏘는 치즈 특유의 냄새, 만지면 살짝 부서지는 질감 등의 특징을 갖게 된다.

나는 그라프톤 빌리지 치즈(Grafton Village Cheese), 카봇(Cabot), 그리고 틸라묵(Tillamook) 농장에서 만드는 숙성 치즈들을 사랑한다. 위스콘신에 있는 업랜드 치즈 컴퍼니(Uplands Cheese Co.)의 숙성 치즈인 플레전트 릿지 리저브(Pleasant Ridge Reserve)라는 브랜드도 있는데, 이곳은 그뤼에르 같은 알프스 지방의 정통 치즈 제조 방식을 고수하고 있다. 그렇게 만들어진 치즈의 맛은 굉장히 깊고 달콤하며 그윽한데 짭짤한 풀맛이 날 정도로 섬세하다.

Soft Cheeses 소프트 치즈
내가 자주 사용하는 소프트 치즈로는 모차렐라, 부라타, 리코타가 있다. 신선한 모차렐라는 순수하고 달콤한 우유가 만들어내는 최고의 선물이다. 토마토와 곁들여 콜드 샐러드를 만들거나 파스타와 함께 오븐 요리에 넣기도 한다.

모차렐라의 크림 버전이라 할 수 있는, 싱싱한 타원형의 모차렐라와 크림의 부들부들한 특징을 모두 가진 부라타는 엑스트라 버진 올리브 오일과 약간의 소금만으로 완벽한 음식이 된다. 부라타에 몇 가지 양념을 더하고, 채소로 만든 퓌레를 더해 그대로 서빙해도 된다. 그렇지만 내가 재료를 있는 그대로 쓰는 성격은 아닌지라 부라타를 손으로 씻은 뒤 멜론, 토마토와 함께 섞어 내거나, 피자 토핑으로 사용한다.

최고의 품질을 가진 진정한 부라타로 불리는 부라타 디 부팔라(Burrata di Bufala)의 경우 안타깝지만 아직 미국에서 생산되지 않는 탓에 구할 수가 없다. 평범한 젖소가 아닌 물소의 젖을 이용해 만드는 치즈로 지방 함량이 매우 높아 아주 유들유들한 반면, 굉장히 쉽게 상하기 때문에 만들자마자 거의 바로 먹어야 하는 단점도 있다. 수입된 부라타는 맛이 좋을리 없고 실제로 상한 것들도 더러 있다. 이렇다 보니, 나는 이탈리아로 날아가 이 치즈를 즐길 수 있는 기회를 엿보든, 어서 빨리 미국 내에서도 버팔로 모차렐라를 만들어내는 누군가가 나타나길 간절히 기원한다.

부라타는 흘러내리는 액체를 닦아내는 걸 제외하고 별도의 준비가 필요 없다. 구이 요리에 모차렐라를 사용한다면 키친타월 사이에 치즈를 올려놓고 슬라이스 해서 물기가 빠져나가도록 몇 분간 꾹 누른다. 이렇게 하면 치즈가 녹을 때 그나마 조금 덜 질겨진다는 점을 발견했다. 부라타와 모차렐라 모두 상온에서 제공되어야 좋으며 절대 차갑게 유지해서는 안 된다. 이태리어로 '다시 조리한(re-cooked)'의 의미를 지닌 리코타는 응고의 원리를 이용해 만드는 쫀쫀한 커드 형태로 네덜란드가 원산지인 코티지 치즈와 유사하다. 내게 리코타는 생으로 먹는 치즈가 아닌 요리의 재료로 느껴진다. 그럼에도, 꿀과 곁들여 먹는 순수 리코타 치즈 한 그릇은 그야말로 멋진 아침식사가 된다.

재료의 입장으로 돌아와 리코타를 이야기해보겠다. 라자냐를 만들 때 리코타를 레이어로 넣기도 하고, 기포가 풍성해지고 크리미해질 때까지 거품기로 휘평한 다음 허브와 올리브 오일로 시즈닝 한다. 그 다음 싱싱한 채소 샐러드의 베이스로 넉넉히 그릇에 펴 바른다. 이처럼 나는 상큼한 샐러드와 조화를 이루는 진한 유제품의 맛이 고스란히 전달되는 음식을 사랑한다. 리코타가 가진 부드러운 풍미에 집중하기 위해서는 리코타의 수분은 반드시, 잘 제거해야 한다. 참고로, 나의 치즈 구매처는 서던 캘리포니아에 있는 디스테파노(www.distefano-cheese.com)이다.

하드 치즈 저장법 마치 생물처럼 살아 있는 치즈는 숨을 쉬어야하므로 왁스 페이퍼나 특별히 제작된 치즈 페이퍼로 감싸서 두어야 한다. 만약 플라스틱 랩 같은 재질을 사용할 수밖에 없다면 덜어 먹고 새로 감쌀 때마다 새 랩으로 포장해야 한다. 나는 냉장고 안에 있는 작은 서랍에 치즈를 저장(혹은 플라스틱 저장 용기에 담아 냉장실에 저장)한다. 한편, 치즈는 다른 냄새를 흡수하기 때문에 양파나 초절임한 올리브와 같이 강한 향을 가진 음식과는 거리를 두어야 하는 점도 잊지 말자.

소프트 치즈 저장법 부라타, 리코타, 모차렐라는 상하기 쉬우므로 필요한 양만큼 사야 한다. 그 다음에는 액체 안에 담겨 있는 용기 그대로 저장해야 한다.

Pickles
피클

모든 사람들이 좋아하는 피클! 맛과 색깔, 식감에 따라 가지각색인 피클은 그 재료의 범위도 매우 넓은데 당근이나 배는 물론 껍질콩과 비트 등 정말 헤아릴 수 없이 아주 많다. 내 경우 피클은 가벼운 스낵이자 양념이고 살사와 비네그레트, 그리고 간단한 소스에 섞어 넣기도 하는 재료이기도 하다. 종종 질감과 식감을 위해 브레드크럼을 요리에 넣는 것과 비슷하게 살사나 소스에 들어간 피클 역시 재료의 풍미를 한층 극대화한다.

나는 여러분이 자신만의 피클(피클:유리병 속에 담긴 여섯 계절, 97쪽 참조)을 꼭 손수 만들어 보기를 권한다. 왜냐하면 피클을 담가보는 만족감을 느낄 수 있으며, 피클이 계절의 산물을 보존하는 놀라운 방법이란 점을 깨달을 수 있다. 무엇보다 홈메이드 피클이야 말로 다양한 재료를 통제하는 가장 좋은 방법이기 때문이다. 그래도 집에서 피클 만들기가 꺼려지면 다양하고 흥미로운 피클들을 사서 선반을 꽉꽉 채워 놓자.

저장법 초절임물에 담가 만들지만 피클의 안정성과 아삭아삭한 식감을 위해 냉장고에 보관해야 한다.

Nuts
견과류

견과류는 내게 없어서는 안 될 중요한 재료로 요리에 탁월한 맛과 식감, 깊이 등을 더해주고 보기에도 좋을 뿐만 아니라 우리 몸에도 매우 이롭다. 개인적으로는 헤이즐넛, 아몬드, 캐슈넛, 그리고 호두를 매우 좋아하는데, 채소의 경우 생으로 사용해도 상관없지만 견과류를 그대로 쓰는 일은 거의 없다. 일단 오븐에서 굽고, 거칠게 썰어 샐러드와 파스타 위에 뿌리거나 살사에 넣는 게 일반적이다. 가끔은 피스타치오 버터(68쪽 참조)와 같은 퓌레를 만들고 잣 비네그레트(74쪽 참조)의 베이스로 사용하기도 한다. 견과류로 만든 퓌레는 유제품이 포함되지 않는 대신 놀랄 만큼이나 맛과 향이 진하고 크리미한 특징이 있다.

견과류를 구울 때에는 어떠한 오일도 필요 없으며 160~175°C 사이의 비교적 낮은 온도에서 오래 구워야 한다. 오일을 첨가하지 않고 굽는, 깔끔한 맛을 좋아하는 이유는 다른 요리에 넣을 때 훨씬 더 다양한 방법으로 사용할 수 있기 때문이다. 아몬드의 경우는 좀 특별해서 오븐에 굽기 전에 초절임물에 살짝 담가 둔다(56쪽 참조).

모든 견과류는 마치 상추의 잎이나 바질의 잔가지처럼 신선도가 생명이다. 예민한 재료들처럼 금방 상하지는 않아도 여러분이 생각하는 만큼 유통기한이 그리 길지는 않다. 결국, 재료의 회전율이 빠르고 믿을 만한 판매처에서 구매하는 것이 중요하며, 관리가 정말 잘 되는 상점이라면 대용량 사이즈라도 괜찮을 것이다.

저장법 견과류를 대량으로 살 수밖에 없을 때에는 밀폐 용기에 담아 냉장고에 보관한다. 그러면 대략 한 달까지는 무난하다. 냉동실에 넣어두면 유통기한이 연장되지만 그래봐야 6개월을 넘기지 못할 뿐만 아니라 심지어 냉동된 견과류는 서서히 맛이 변질되어 오히려 권장하지 않는다. 여러분도 나처럼 이상한 맛이 나는 견과류 때문에 정성스레 만든 요리를 망치고 싶지는 않을테니 말이다. 아울러, 일반 지퍼락보다는 다소 묵직한 저장 용기를 사용하는 것이 현명하다. 지방 성분이 많은 재료들은 주변의 냄새를 흡수하는 경향이 있어 이를 철저하게 방지해야 하기 때문이다.

Dried Fruit
마른 과일

Preserved Fish
절임 생선

마른 과일은 그 자체로 훌륭한 스낵이자 샐러드와 살사, 비네그레트에 새콤달콤한 맛을 내고 싶을 때 자주 사용된다. 따라서 내 식품 저장고에는 건포도를 비롯해 마른 살구와 마른 크랜베리, 마른 무화과, 대추야자라고도 불리는 마른 대추(Dates)가 항상 구비돼 있다.

이들을 본격적으로 사용하려면 준비 과정이 필요한데, 비니거를 살짝 떨어뜨린 물에 사용하고자 하는 마른 과일을 담가 빠져나간 수분을 다시 보충해주기만 하면 된다. 만약, 이렇게 하지 않으면 질기고 딱딱하다. 물에 비니거를 넣는 이유는 과일이 원래 가지고 있던 산성 성분을 끌어올리고 풍미를 한결 북돋아주는 역할을 하기 때문이다. 참고로, 물에 담그기 전에 원하는 크기로 자르면 더 좋다. 마른 과일의 경우 견과류와 마찬가지로 한 번에 대량 구매해도 괜찮은데, 대형 식료품점의 대용량 판매대에 가면 찾을 수 있다. 이외에 마른 과일을 직접 판매하는 농부나 농장을 방문하는 것도 좋은 방법이다.

저장법 밀폐 용기에 담겨 서늘한 장소에 있다면 마른 과일의 유통 기한은 오래 지속될 것이다. 이는 대부분의 과일이 건조되면서 발생하는 황성분 덕분으로, 마른 과일의 보관 기간을 늘려주며, 고유의 색도 지켜준다. 만약 여러분이 황에 민감하다면 이 성분이 제거된 과일을 따로 찾아보길 바란다.

내 식품 저장고의 선반에는 다양한 방법으로 처리된 생선 저장 식품들이 늘 놓여 있다. 이를테면 소금이나 올리브 오일에 절인 앤초비, 참치 통조림, 정어리 통조림, 그리고 소금에 절인 대구 등이다.

샐러드에는 주로 앤초비를 넣는데, 엑스트라 버진 올리브 오일에 담겨 있는 앤초비라면 파스타 요리의 스타터로, 채소를 구울 때에는 마리네이드 소스로 앤초비를 첨가한다. 튜브에 담긴 앤초비 페이스트는 특별히 뭔가를 만들기보다 단순히 앤초비의 감칠맛을 내고 싶을 때 사용하는 편이다.

선반 위의 정어리와 참치 통조림은 파스타에 이용하거나 콩 요리에 곁들여 내기도 하고, 소스들을 만들 때도 넣고, 그릴에 구운 바삭한 빵 위에 올려 먹는다. 개인적으로 소금에 절인 대구는 자주 이용하는 편이다. 건조해서 가공한 유일한 생선으로 이를 제대로 요리하려면 별도의 준비가 필요한데, 물에 담가 수분을 흡수시키면 된다. 물을 빨아들인 대구살이 다시 통통해지고 신선해지면 나는 수프나 콩 요리에 넣거나 혹은 캐서롤에 다른 재료와 함께 채워 담고 오븐에 구워 만드는 브랑다드(Brandade 소금에 절인 대구를 데친 뒤 오일과 크림이나 우유로 만든 요리)를 할 것이다.

소금에 절인 앤초비는 강한 풍미와 육질이 남다르므로 사용할 때 주의해야 한다. 뼈와 지느러미 등이 그대로인 채로 커다란 캔에 들어가 있기 때문이다.

소금으로 뒤범벅 된 몇 생선을 조심스럽게 손으로 잡아 꺼내서 흐르는 물에 헹군 다음 부드러워질 때까지 몇 분간 물에 담가 둔다. 물기를 닦아내고 꼬리 끝에서부터 살만 천천히 발라낸다. 굵은 뼈는 떼어 내고 창자와 지느러미, 잔뼈까지 모두 제거한 다음 키친타월 위에 놓고 물기를 완전히 없앤다. 올리브 오일을 꼼꼼하게 발라 냉장 보관한다. 남은 앤초비 통조림에는 소금을 더 넣고 뚜껑을 닫아 공기와의 접촉을 막은 뒤 냉장고에 보관한다.

소금에 절인 대구는 사용하기 최소 하루 전에 준비를 하는 게 좋다. 엄청난 양의 소금 때문에 짠맛으로 가득한 대구를 미리 손질하려면, 일단 대구 표면에 있는 소금을 흐르는 물에 씻고 차가운 물에 24시간 동안 담가 둬야 한다. 워낙 많은 소금에 절인 재료이다 보니 물은 최소 5번 정도 갈아줘야 하며, 소금기가 제거되는 대로 끓는 우유나 육수 혹은 물에 넣어 살이 부서지지 않도록 조심스럽게 삶는다.

소금에 절인 앤초비 브랜드 중에는 이탈리아 기업인 스칼리아(Scalia) 제품을 가장 좋아하고, 오일 절임으로는 스페인 기업인 오리츠(Ortiz)가 있다. 또 다른 스페인 기업인 마티즈(Matiz)는 최상의 정어리 통조림을 생산한다. 여러분은 이 제품들을 여러 식료품점과 수많은 온라인 숍에서 살 수 있다. 참치의 경우 캔이나 유리병에 담겨 있고, 손질 과정에서 소금이나 기름이 아닌 자연스럽게 생성된 육즙에 담긴 제품들을 선호한다. 많은 참치과의 생선이 과도하게 포획되고 있기 때문에 나는 가급적 오래도록 지속가능한 기업이 잡은 참치인지 반드시 확인한다. 지역적으로 살펴보면, 날개 다랑어는 오레곤과 워싱턴 해안에서 잡히며 소량으로 가공되고 있다. 또한, 광범위한 마켓을 거느린 와일드 플래닛(Wild Planet)과 아메리칸 튜나(American Tuna) 브랜드는 둘 다 지속가능한 어획을 추구하는 기업으로 알려져 있다. 소금에 절인 대구는 특별히 부활절 기간 중에 대거 등장하는데, 대체로 이탈리안 마켓에서 쉽게 구할 수 있다.

저장법 통조림에 담긴 음식은 딱히 유통기한이 없을 정도로, 거의 무기한으로 오래 두어도 상관 없다. 반면, 소금에 절인 앤초비는 뚜껑을 여는 순간부터 냉장실에 보관해야 하며, 이때 남아 있는 앤초비는 반드시 소금을 더해 덮어야 한다. 소금에 절인 대구는 종종 작은 나무상자에 담겨 있는데 건조하고 차가운 장소에 보관하면 된다.

Fish Sauce and Colatura

피시소스와 콜라투라

동양인들이 즐겨 먹는 피시소스는 소금에 절여 발효시킨, 앤초비처럼 작은 생선으로 만들며 개인적으로 좋아하는 식재료 중 하나이다. 지독한 냄새(부디 쏟지 말 것!)로 인해 싫어하는 사람도 있지만 짭조름하면서도 달콤한 감칠맛은 단조로운 음식을 특별하게 만드는 힘이 있다. 마리네이드 소스를 비롯해 비네그레트, 그리고 그릴에 구운 고기와 채소를 찍어 먹을 때 필요한 디핑 소스(피시소스를 이용한 매콤한 소스를 만들어 보자. 79쪽 참조. 단, 언제나 냉장고에 보관한다)에 몇 방울만 넣어 보면 내 말이 무슨 뜻인지 알게 될 것이다.

내가 좋아하는 브랜드인 레드 보트(Red Boat)의 경우 200년이 넘는 장인의 비법에 따라 생산되는 제품으로 맛의 균형이 굉장히 뛰어나다. 이외 쓰리 크랩(Three Crabs)도 매우 훌륭하다.

콜라투라 디 알리치(Colatura di Alici)라 불리는 이탈리아 스타일의 피시소스는 조금 더 정제된 양념으로 꽤나 비싼 편이지만 그 값어치를 하는 고급 재료로 손꼽힌다. 동양의 피시소스보다 훨씬 농축되어 있어 음식에 조금만 넣어도 향과 맛이 깊고 오래 남는다. 시저 샐러드 드레싱에 콜라투라를 한 번 넣어보길 바란다. 결코 잊지 못할 놀라운 맛을 경험하게 될 테니까.

저장법 뚜껑을 따지 않은 피시소스나 콜라투라는 찬장에서 2년 정도는 끄덕없지만 일단 오픈한 뒤에는 냉장실에 넣어 두며 먹는 것이 좋다. 사용한 다음 실온에 두면 상하지 않을 수는 있지만, 냉장실에 두어야 특유의 맛과 향이 신선하게 유지되기 때문이다. 오픈하면 1년 이내에 사용하길 바란다.

Chiles: Dried, Pickled, and Preserved 고추류 : 말린 것, 절인 것, 피클

열매채소인 고추 종류는 단순히 맵기만 한 것이 아니라 과일의 풍부한 즙과 향기로운 면모도 가지고 있어 거의 모든 요리에 빠지지 않고 등장한다. 당연히 내 식품 저장고에도 여러 가지 통고추를 말린 것과 빻은 것, 피클로 담근 것, 오일에 절인 것 등이 즐비하다. 말린 고추의 대표 격인 칠리 드 아르볼(Chile de Árbol)의 활용도가 제일 높다. 검붉은색을 띠고 있으며, 길이 5~7cm 사이의 매운 고추이지만 혀끝이 얼얼할 만큼 심하게 자극적이지는 않다. 아르볼은 콩요리나 수프에 통으로 넣어 맛과 향을 내거나, 이를 부숴 거칠게 잘라 플레이크 형태로도 만든다.

나는 칠리 플레이크를 대부분의 음식에 이용한다. 디저트를 제외하고 파스타, 수프, 샐러드, 드레싱에 항상 넣는다. 상점의 향신료 코너에 가면 찾을 수 있는 짓눌러 으깬 고춧가루(마른 칠리 플레이크)는 집에서 잘게 썬 고춧가루를 대신할 수 있는 완벽한 대안이 될 것이다. 만약 알레포 페퍼(Aleppo Pepper) 혹은 피멘트 디에스플레트(Piment d'Espelette)를 찾을 수 있다면, 이 제품들을 개인 취향에 따라 다양한 방법으로 이용해 보길 바란다.

음식을 만들 때, 나는 요리의 첫 단계로 올리브 오일에 말린 칠리 플레이크를 약간 넣고 먼저 볶는다. 이렇게 하면 맛과 향이 좋아지며 다른 재료를 부드럽게 만든다. 샐러드와 같은 차가운 요리에 사용한다면 검은 통후추(Calabrian Chiles)와 더불어 칠리 플레이크를 흩뿌리는데, 여기에 레몬이나 비니거 같은 산성 물질을 넣는다. 그러면 기름에 볶을 때와 마찬가지로 칠리 플레이크의 풍미가 확 살아나면서 음식의 맛을 더욱 확고하고 선명하게 만들어 준다. 간을 맞추듯 처음에는 적은 양을 넣고 몇 분 뒤에 맛을 보아야 정확하게 알 수 있다.

개인적으로 고추 피클을 매우 좋아하면서도 우리에게 익숙한 샐러드 바에 흔히 등장하는 페페론치노 또한 거리낌 없이 사용한다. 고추 피클을 음식에 넣으면 알싸함과 매콤한 기운이 감돈다. 기름에 절인 칼라브라이언 칠리는 굉장히 매운 이탈리아 고추로 붉은 색이 아주 짙다. 간단한 살사와 파스타, 라구, 스튜 등의 요리에 적합하다. 고추를 퓌레 타입으로 만든 다음 그릴링 중인 고기 위에 바르거나 그냥 잘게 잘라 비네그레트에 넣어 잘 섞어보자.

저장법 밀폐 용기에 담겨 있는 마른 고추라면 상온에서 아주 오랫동안 보관할 수 있다. 하지만 고추를 좋아하는 화랑곡나방에 의해 오염될 수 있으니 지퍼백에 담아 바로 냉동하길 바란다. 고추 피클 혹은 절인 고추의 경우 병뚜껑을 열고 난 뒤에는 무조건 냉장고에 넣어야 한다.

Olives and Capers
올리브와 케이퍼

p.179
프리코를 곁들인 대추야자
올리브 당근 샐러드

만약 으깬 올리브와 케이퍼가 있다면 나는 재빠르게 살사를 만들 것이다. 그리고 싱싱한 채소 샐러드에서부터 그릴에 굽는 고기 요리에 이르기까지 모두 곁들일 테다. 케이퍼와 파슬리, 그리고 레몬을 넣은 고전적인 브라운 버터 소스를 싫어할 사람은 없을 듯하다. 또한, 다양한 종류의 올리브를 펜넬씨, 고수, 마른 칠리 플레이크, 시트러스 제스트를 비롯해 어울릴 만한 각종 재료와 함께 엑스트라 버진 올리브 오일에 몽땅 넣고 우려낼 수도 있다.

Olives 올리브

커다란 그린 체리뇰라(Cerignola) 올리브는 향긋하면서 달콤한 맛을 지니고 있는데, 블랙 체리뇰라는 이보다 더 달콤하다. 카스텔베트라노(Castelvetranos)는 선명한 녹색을 지닌 제품으로 상큼하고 깔끔하며 아삭거리는 식감이 매우 도드라진다. 이탈리아 출신인 타기아스카(Taggiasca)는 작은 검은 올리브로 프랑스에서 재배되는 니수아즈(Niçoise)와 유사한 품종이다. 이 둘은 맛의 균형이 잘 잡혀 있어 완벽한 올리브라 해도 과언이 아닌데 송송 올리브 오일로 만들어지기도 한다. 그리스에서 온 칼라마타(Kalamata)의 경우 친근한 올리브 종으로 깊고 진한 맛과 특유의 초목 향이 나며 다른 품종들에 비해 쌉쌀하나 그 쓰임새는 아주 다양하다.

개인적으로 올리브 안에 씨가 그대로 들어 있는 걸 더 좋아하는데, 그 이유는 엄지손가락이나 작은 그릇을 이용해 바닥에 놓고 올리브를 으깨며 씨를 재빨리 빼낼 때마다 이상하게 마음이 안정되고 진정되는 느낌이 들기 때문이다. 한편, 대형 식료품점에서 쉽게 볼 수 있는 올리브 바(The Olive Bar 다채로운 올리브를 종류별로 분류해 판매하는 코너)를 누가 생각해냈는지 모르지만 만든 이에게 경의를 표하고 싶다. 왜냐하면 올리브가 필요할 때마다 그곳은 나의 훌륭한 '거래처'가 되어주기 때문이다.

Capers 케이퍼

개인적으로 소금물에 절인 것보다 소금에 절인 케이퍼를 더 좋아한다. 소금에 절인 케이퍼가 더 상큼하고 살짝 채소 같은 느낌이 들 뿐 아니라 맛도 과하지 않기 때문이다. 소금에 파묻힌 케이퍼는 소금을 반드시 제거해야 한다. 흐르는 물로 헹군 다음 차가운 물을 여러 번 바꿔가며 소금기를 뺀다. 정해진 횟수는 없으며 물을 교체할 때마다 맛을 보면서 자신이 좋아하는 염도가 될 때까지 반복한다. 여러분은 식료품점 진열대에 절임물에 담긴 케이퍼가 올리브와 함께 놓여 있는 것을 자연스럽게 발견할 텐데, 이는 마케팅 전략으로 소비자의 구매를 부추기는 효과가 있다. 소금에 담긴 케이퍼는 마트의 양념 코너에 있거나 온라인으로 주문하면 된다.

저장법 절임물에 담긴 올리브와 케이퍼는 그 상태 그대로 냉장고에 보관하면 몇 주 정도는 사용할 수 있다. 소금과 함께 담겨 있는 케이퍼는 뚜껑을 열기 전까지는 실내 선반 위에 두어도 아무런 상관이 없지만 개봉 이후에는 냉장고에 넣어두자.

맛의 뿌리가 되는 필수 레시피

이 책에서 소개하는 여러 요리를 제대로 완성하기 위해 만들어 두면 좋을 기본 레시피를 소개한다. 이제부터 소개할 것들은 요리의 맛과 식감을 좋게 하고, 부족한 부분을 채우며, 색감까지 살려낸다. 게다가 이 간단한 것들과 신선한 채소를 조합하기만 해도 멋진 한 그릇 요리를 만들 수 있다. 어느 조용한 일요일에 몇 시간만 들이면 여러분 냉장고와 찬장에 이것들을 채워 넣을 수 있다. 그러면 놀랍도록 근사한 식사와 즐거움을 평일에 누릴 수 있다. 대부분 냉동이 가능하여 오랫동안 보관하며 사용할 수 있다. 그러나 여러 음식과 곁들여 먹기에 아주 좋은 것들이어서 생각보다 빨리 바닥이 날 것이다. 기본적인 레시피 외에도 몇 가지 '유용한 아이디어'도 함께 소개하겠다.

p.54
손으로 찢어 만든
크루통

Crunchy Things 씹는 맛 살리는 것들

손으로 찢어 만든 크루통

Torn Croutons

크루통을 만들기 위해 빵을 손질할 때 완벽한 사각형 모양으로 썰 필요가 전혀 없다는 사실을 아는가! 오히려 손으로 빵을 찢어 크루통을 만들면 더 쉽고 재미있는 데다가 맛까지 훨씬 좋아진다. 찢어진 빵은 열과 닿는 표면적이 넓어지므로 바삭해지는 부분이 늘어나고, 심지어 뾰족한 모서리 부분들이 살짝 타면서 향긋한 빵 냄새와 식감을 살려주기 때문이다. 결국 칼로 썰지 않은 빵이라야 바삭하면서도 풍부한 맛과 향, 더불어 경쾌한 질감까지 만끽할 수 있을 것이다. 다만 모든 사람이 겉과 속이 딱딱하기만 한 크루통을 좋아하는 것은 아니다. 크루통을 즐기는 사람 중 최소 1/3정도는 빵의 가운데가 살짝 쫄깃하기를 기대할 수 있는데 이때 일정하지 않은 빵의 모양이 이런 식감을 만들어 낸다. 채소에서 나오는 즙과 엑스트라 버진 올리브 오일, 비네그레트의 풍미가 담긴 액체는 모두 크루통의 찢어진 가장자리를 통해 흡수된다. 이만하면 크루통을 만들 때 빵 찢기는 선택이 아닌 필수가 아닐까 싶다. 분명히 스낵으로도 자주 먹게 될 것이므로 이 레시피에서 제시한 양보다 더 많이 만들 것을 권한다.

» 2컵 분량

호밀빵(또는 통곡물빵) 약 110g
엑스트라 버진 올리브 오일 2큰술
코셔 솔트
검은 통후추

오븐을 약 204°C로 예열한다.

빵 준비
두툼하게 잘라 2장으로 만든 다음 한 입 크기에 맞춰 손으로 찢는다. 올리브 오일에 찢은 빵을 골고루 버무리고 소금과 통후추를 바로 갈아서 살짝 뿌린다.

빵 굽기
베이킹 시트에 오일에 버무린 빵을 올리고 뭉치지 않게 평평하게 잘 펼친 다음 예열한 오븐에 넣고 먹음직한 갈색이 될 때까지 굽는다. 이때 4-5분마다 오븐을 열고 바깥쪽에 있는 크루통을 가운데로 옮기는 등 모든 빵들이 균일하게 구워지도록 한다. 굽는 시간은 대략 10-20분 정도가 걸린다. 단, 크루통의 가운데는 어느 정도 쫄깃하고, 전체적으로 너무 딱딱해지지 않도록 주의한다.

완성
넓은 쟁반에 키친타월을 깔고 잘 구운 크루통을 옮긴다. 남은 기름을 흡수하게 잠시 둔 뒤 다시 소금과 후추로 간을 한다.

보관
완전히 식은 크루통은 밀폐 용기에 넣어 보관한다.

직접 만드는 브레드크럼

Dried Breadcrumbs

나는 어떤 요리에 질감(식감)과 맛을 추가하고 싶을 때 이 브레드크럼을 활용한다. 한 번에 많이 만든 다음 저장해 놓고 필요할 때마다 쓰면 된다. 파스타, 샐러드, 그라탱 그리고 바삭한 식감이 필요한 모든 음식의 마지막에 추가하면 된다.

≫ 원하는 만큼의 분량

오븐을 가장 낮은 온도로 세팅한다.
보통 120°C 내외이다.

빵 준비
좋은 빵일수록 크림의 질이 좋아지는 것은 당연하다. 개인적으로 좋아하는 크림 재료는 통밀빵이다. 크림을 만들 때에는 빵의 바삭한 부분이나 가장자리를 제외하고, 한 덩어리의 빵을 약 1.3cm의 두께로 썬다. 다시 정육면체의 큐브 형태로 썬다.

빵 굽기
베이킹 시트에 손질한 빵을 평평하게 잘 펼쳐 깐다. 만약 만들고자 하는 분량이 많다면 베이킹 시트를 여러 개 준비하는 것이 좋고, 하나를 사용한다면 양을 나눠서 여러 번 구워내는 게 좋다. 빵 전체의 무게가 340g 정도라면 베이킹 시트 하나로도 충분하다. 오븐에 넣어 빵 조각을 바싹 구워 말린다. 단, 빵이 갈색으로 변하지 않도록 주의 깊게 살펴야 한다. 이처럼 낮은 온도에서 한 판을 완성하기까지는 대략 1시간에서 1시간 조금 넘게 걸리며, 이는 빵의 수분 함량과 밀도에 따라 달라진다.

분쇄
구운 빵이 완전히 식으면 푸드 프로세서에 넣고 몇 차례 끊어 가면서 분쇄한다. 포도 씨 크기의 굵은 알갱이들이 군데군데 보여도 상관은 없으나 가능하면 균일하고 작은 알갱이가 되도록 간다. 너무 곱게 갈리는 것도 좋지는 않으니 한두 번 정도는 갈기를 멈춰서 입자가 고운 크럼은 체 등을 활용해 먼저 걸러 낸다. 남아 있는 굵직한 빵조각은 계속해서 푸드 프로세서에 다시 넣어 간다.

보관
브레드크럼은 밀폐 용기에 담아 보관한다. 완벽하게 건조된 상태라면 3~4주 정도는 신선한 상태가 유지된다.

절인 아몬드 구이
Brined and Roasted Almonds

그야말로 최고의 맛으로 인정받는 아몬드이다. 이탈리아 로마에 있던 시절, '아메리칸 아카데미'에서 일하는 동안 배운 이 요리는 이후 내 팬트리에 없어서는 안 될 주요한 음식이 되었다. 조리법 또한 매우 간단해서 거의 무게만 재면 되는 식이다. 다만 양이 많을수록 오븐의 수분이 증가하므로 조리 시간은 다소 오래 걸린다.

≫ 약 1½컵 분량

물 1컵
코셔 솔트 ⅓컵
생 아몬드 1½컵(약 230g)

아몬드 절이기
소스팬에 물을 넣고 끓인다. 소금을 넣고 녹을 때까지 젓는다. 뜨거운 소금물에 아몬드를 넣고 바로 불에서 팬을 내린 뒤 30분 동안 그대로 둔다.

오븐을 약 190℃로 예열한다.

아몬드 굽기
아몬드를 건져 물기를 완전히 뺀 다음 베이킹 시트에(펼치기에 부족하면 2개를 이용하자) 아몬드를 올리고 겹치지 않고 평평하게 펼친다. 가볍게 굽는 방식이므로 아몬드 향이 올라올 때까지 오븐에서 구우면 되는데, 대략 12분 정도 걸린다. 오븐을 열고 시험 삼아 아몬드 하나를 집어 맛을 본다. 이때쯤이면 아몬드 안쪽은 거의 '갈색 봉투' 같은 색을 띠며, 식감은 여전히 부드러운 상태일 것이다. 그러면 오븐에서 꺼낸다. 아몬드가 완전히 식으면 기분 좋은 짭짤한 맛이 나며 매우 바삭해진다.

보관
완전히 식혀서 밀폐 용기에 보관한다.
2주까지는 문제없다.

*너무 맛있어서 여러분이 빨리 먹는다면 물론 금방 없어지겠지만!

구운 견과류와 씨앗

Toasted Nuts and Seeds

여러분은 견과류와 각종 씨앗들을 다양한 방법으로 노릇노릇하게 구울 수 있다. 오븐을 이용하거나, 프라이팬에 넣고 센 불 혹은 약불에서 볶아도 된다. '절인 아몬드 구이(56쪽)'처럼 소금물에 담가 두었다가 구워도 좋다. 어떤 식으로 굽든 본질적이며 자연스러운 맛부터 부드러움, 향긋함과 바삭함까지 모두 얻게 될 것이다. 단, 잣은 아무리 구워도 살짝 연한 질감을 그대로 갖고 있다. 굽기 전의 것보다 색깔은 더 진해지는데 가장자리만 어두워지는 게 아니라 골고루 색이 나야한다는 것을 잊지 말자.

》 원하는 만큼의 분량

오븐을 약 180°C정도로 예열한다.

굽기
견과류 혹은 씨앗을 오븐팬 위에 올려 평평하게 펼친다.

*양이 적다면 파이용 팬을 이용해도 좋고 반대로 많다면 가장자리가 살짝 올라온 베이킹 시트가 적당하다.

견과류 특유의 향이 느껴지면서 색깔이 약간 진해질 때까지 오븐에서 대략 6-8분 정도 굽는다. 잣을 비롯해 미리 쪼개 놓았거나 깨진 견과류라면 크기가 작기 때문에 시간이 덜 걸릴 수 있다. 크기가 작은 씨앗일 경우 굽는 시간이 길지 않으니 자주 들여다보며 색깔과 냄새를 확인하자.

완성하기
다 구웠으면 뜨거운 팬에 두지 말고 바로 다른 넓은 그릇으로 옮긴다. 이때 완벽하게 구워졌는지 정확하게 판단하기가 쉽지 않은데, 그 이유는 다 식을 때까지 조리가 끝난 게 아니기 때문이다. 따라서 구운 직후에 여러분이 할 수 있는 일은 색깔과 풍미를 잘 관찰하는 것이다.
가장 안전한 방법은 오븐에서 꺼내어 식히는 동안 한두 개 맛을 보고 뭔가 부족하다 싶으면 다시 오븐에 넣고 조금 더 구우면 된다.

프리코

Frico

프리코(Frico)는 이탈리아 프리울리(Friuli) 지역의 음식으로 '치즈 크리스피'의 일종이다. 전통적으로는 몬타지오(Montasio) 치즈를 쓰지만 나는 파르미지아노 레지아노를 사용한다. 프리코는 채소 샐러드와 잘 어울려서 통째로 넣거나 잘게 깨뜨린 다음 뿌리기도 한다. 치즈는 오븐에서 뜨거워졌다가 상온에서 식는 동안 바삭해지며 매우 부서지기 쉬워진다. 나는 프리코의 둥글납작한 일반적인 형태를 좋아한다. 어떤 이들은 원통 모양을 좋아해서 '튀일(Tuile)'처럼 만들기 위해 뜨거운 치즈를 늘어뜨려 놓고 밀대 같은 것을 활용해 둥글린다.

만약 프리코를 제대로 굽지 않으면 바삭거리는 대신 질겨진다. 반대로 너무 오래 구우면 씁쓸한 맛이 난다. 따라서 완성되기 마지막 몇 분간은 주의 깊게 살펴보아야 한다. 치즈가 넉넉하다면 시험 삼아 미리 한 번 구워 봐도 즐거운 경험이 되지 않을까 싶다. 프리코는 본격적인 요리를 하기 전에 미리 만들어 놓는 게 좋다. 아울러 프리코는 쉽게 부서지는 특징이 있음을 요리할 때 반드시 기억하자.

≫ 넓은 것 4장 분량

오븐을 약 200°C로 예열한다.

치즈 준비
파르미지아노 레지아노 치즈를 갈아 1컵을 만든다.

*가능하면 커다란 구멍이 있는 강판을 이용해 간다. 베이킹 시트(혹은 달라붙지 않는 논스틱 베이킹 시트)에 실리콘 매트 혹은 오븐용 유산지를 펼쳐 놓는다.

시트 위에 간 치즈를 4등분하여 둥그렇게 쌓아 올린다. 이때 둥글게 쌓은 덩어리끼리의 간격을 충분히 넓게 준다. 손가락이나 포크를 이용해 각각의 치즈 가루 더미들을 평평하게 만드는데, 대략 10cm의 지름으로 맞춘다.

굽기
오븐에 넣고 치즈가 완전히 녹으면서 살짝 기포가 생기고 연한 갈색으로 변할 때까지, 약 6~8분 동안 굽는다.

모양 잡기
오븐에서 꺼낸 뒤 구운 치즈의 형태가 안정될 수 있도록 잠시 그대로 둔다. 아주 얇은 스패출라를 이용해 베이킹 시트에서 떠낸 뒤 그물망으로 조심스레 옮겨 완전히 식힌다.

보관
틴 케이스에 담되 보관할 때에는 사이사이에 키친타월을 깔아 겹쳐 둔다.

유용한 아이디어
▶ 치즈 코스 요리에 곁들이는 사이드 메뉴로 서브한다.
▶ 푸릇푸릇한 샐러드 위에 프리코를 잘게 부수어 흩트려 보자.
▶ 샴페인과 어울리는 스낵으로 제안한다.

Creamy Things 크림처럼 부드러운 것들

알라 디아볼라 버터

Alla Diavola Butter

이탈리아 요리 중에는 종종 '알라 디아볼라(Alla Diavola)'라고 불리는 것들이 있는데 이는 '악마의 스타일'이란 의미로 미치도록 매운 음식을 일컫는다. 나는 매콤한 맛은 물론이며 몇 가지의 맛좋은 칠리와 후추의 풍미까지 느껴지도록 이 디아볼라 스타일의 버터를 만들었다. 매운 맛은 여러분이 그 강도를 조절할 수 있다.

» 차고 넘치는 1컵 분량

부드러운 무염 버터 230g
페페론치노 ¼컵
훈제한 파프리카 가루 1큰술
칠리 플레이크 1큰술
으깬 검은 통후추 1큰술
코셔 솔트 ½작은술
타바스코(핫소스) 1큰술

재료 준비

버터는 부드러워지도록 상온에 미리 꺼내둔다. 페페론치노는 다져서 씨를 골라 버린 다음 키친타월에 올려 손으로 톡톡 쳐서 물기를 제거한다.

만들기

부드러운 버터에 모든 재료를 넣고 나무나 고무로 된 주걱으로 잘 섞는다.

보관

여러분이 서브하고 싶거나 저장하려는 용기에 이를 담는다. 모든 재료를 머금은 버터가 단단해질 때까지, 최소 1시간 이상은 차갑게 둔다. 그래야 풍미가 서로 배이고 혼합된다.

부엌에서

베이킹 전용 종이인 파치먼트 페이퍼나 왁스 페이퍼 위에 숟가락을 이용해 버터를 길쭉하게 놓은 다음, 원통 모양으로 돌돌 말아 보관하는 방법이 가장 용이하고 깔끔하다. 종이에 말은 버터를 플라스틱 랩으로 다시 잘 말거나 냉동실 전용 지퍼백에 넣어 냉동 보관한다. 필요할 때에 꺼내서 원하는 양만큼 잘라서 쓰고 나머지는 다시 냉동실에 넣는다.

시장에서

시판 훈연한 파프리카 가루는 매우 훌륭한 향신료이자 모든 사람의 팬트리에 항상 있어야 하는 필수품이라 할 수 있다. 일반 마트보다는 식품 종류가 좀 더 다양하게 구비된 전문 식료품점에서 쉽게 찾을 수 있다. 달콤한 맛(dulce), 중간 정도의 단맛과 매운맛이 섞인 것(agridulce), 그리고 아주 매운맛(picante) 등으로 분류된다.

유용한 아이디어

▶ 닭가슴살 가운데에 칼집을 내고 이 버터를 넣은 뒤 오븐에 굽는다.
▶ 토마토 수프를 끓일 때 넣어보자.
▶ 갈매기살이나 치맛살을 그릴에 구울 때 바른다.

갈매기살 스테이크 위에 올린 버터들: 물냉이, 채소 피클 그리고 머시룸 버터.

카치오 에 페페 버터

Cacio e Pepe Butter

페코리노 로마노 치즈(Pecorino Romano)와 검은 통후추를 넣은 클래식한 로만 파스타 요리인 '카치오 에 페페(Cacio e Pepe)에서 영감을 받은 것이다. 나는 주요한 두 가지 재료 외에도 페코리노 치즈의 맛을 조금 더 은은하게 만들기 위해 파르미지아노 레지아노를 첨가했다. 완성한 버터는 냉장고에서 몇 주 동안 보관할 수 있다.

≫ 약 1½컵 분량

검은 통후추 2큰술
페코리노 로마노 치즈 ¾컵
곱게 간 것
파르미지아노 레지아노 치즈
¾컵 곱게 간 것

무염 버터 230g
상온의 부드러운 것

후추 준비
작은 팬에 통후추를 넣고 후추 향이 날 때까지 중간 불에서 굽는다. 팬의 두께와 크기에 따라 조금씩 다르지만 대략 2~3분 정도면 된다. 이때 팬을 계속 흔들고 휘저어가며 열기가 골고루 전달되도록 해야 한다. 구운 후추는 다른 그릇에 옮겨 담고 완전히 식을 때까지 그대로 둔다. 향신료 그라인더(혹은 향신료 전용으로 사용하는 커피 그라인더)나 절구와 공이를 이용해 후추 알갱이를 으깨어 간다. 균일한 입자의 가루로 만들 필요는 없으며, 오히려 고운 가루부터 거친 알갱이들이 보이도록 일정하지 않은 것이 더 좋다.

만들기
분쇄한 후추와 준비한 치즈를 부드러운 버터에 모두 넣어 나무나 고무로 된 주걱으로 잘 섞는다.

보관
여러분이 서브하고 싶거나 저장하려는 용기에 담는다. 모든 재료를 머금은 버터가 단단해질 때까지 최소 1시간 이상 차갑게 둔다. 그래야 풍미가 서로 배이고 혼합된다.

유용한 아이디어
- 뜨거운 현미밥이나 조리한 퀴노아에 넣어 먹는다.
- 파스타, 삶은 완두콩 혹은 으깬 감자에 한 숟가락 크게 떠서 넣고 섞는다.
- 스파게티나 앤젤헤어로 만든 간단한 파스타 요리에 넣어도 좋다.
- 고급 필레 미뇽 스테이크 위에 올려도 훌륭하다.
- 따뜻한 오믈렛 위에 놓으면 반짝거리는 금빛 질감을 즐길 수 있다.

풋마늘 버터

Green Garlic Butter

풋마늘은 마늘이 완전히 익어서 낱개로 갈라지기 전의 아직 덜 자란 마늘을 일컫는다. 뿌리가 두툼한 파나 봄양파처럼 보이지만 맛과 향은 이들보다 훨씬 강력해서 그 이름처럼 마늘에 가깝다. 풋마늘 외에도 이처럼 버터를 만들 수 있는 재료가 있다. 마늘의 알뿌리와 가까운 줄기(초봄에 마늘에서 나오는 구부러진 새싹들로 어리고 부드러운 맛과 식감을 가지고 있어서 먹기에 좋은데, 오래 두면 불쾌한 나무향이 나서 먹을 수 없다), 봄양파 혹은 파를 이용하면 된다.

≫ 약 1컵 분량

무염 버터 230g
상온의 부드러운 것
풋마늘 1묶음(약 6줄기)
코셔 솔트 ½작은술

풋마늘 준비
이파리 끝을 1.3cm 정도 잘라 다듬은 다음 아주 가늘게 썬다.

만들기
버터 한 숟가락을 덜어 팬에 넣어 녹인 다음 손질한 풋마늘과 소금을 넣어 중약불에서 볶는다. 세게 조리하는 게 아니라 재료가 갈색으로 변할 때까지 부드럽게 만들고 풍미를 좋게 하는 단계이므로 대략 10분 내외면 충분하다. 볶은 풋마늘은 충분히 식힌다. 나무나 고무 주걱으로 남은 버터에 볶은 풋마늘을 넣고 함께 잘 섞는다.

보관
여러분이 서브하고 싶거나 저장하려는 용기에 담는다. 버터가 단단해질 때까지 최소 1시간 이상 차갑게 두어야 한다. 그래야 풍미가 서로 배이고 혼합된다.

유용한 아이디어
▶ 신선한 래디시, 굵은 소금과 함께 서브한다.
▶ 맛있는 빵 위에 충분히 펴 발라 구우면 최고의 갈릭 브레드가 될 것이다.
▶ 껍질째 먹는 완두콩의 일종인 슈거 스냅(sugar snap)이나 스노우 피(snow pea)와 함께 볶아도 맛있다.

머시룸 버터

Mushroom Butter

다른 풍미 버터에 비해 만들기 다소 복잡한 편이다. 그러나 버섯 줄기를 알뜰하게 사용하는 매우 좋은 방법이자 제철 버섯을 저장할 수 있는 멋진 아이디어이기도 하다. 버섯 줄기와 다듬고 남은 버섯 자투리를 사용하는 머시룸 버터는 재료를 절약하는 의미도 있다. 요리하고 남은 버섯 줄기는 냉동해두면 머시룸 버터를 만들거나, 채소국물을 낼 때 등 언제든 사용할 수 있다.

≫ 차고 넘치는 1컵 분량

버섯 줄기 2컵
마늘 1쪽
타임 가지 1개
무염 버터 230g
상온의 부드러운 것
신선한 파슬리 1큰술
곱게 썬 것

로즈메리 1작은술
잘게 다진 것
칠리 플레이크 ¼작은술
코셔 솔트 ½작은술

버섯 준비
좋아하는 버섯을 골라 잔여물이나 흙 등을 제거한 다음 줄기를 떼어낸다.

버섯 조리
중간 크기의 냄비에 버섯 줄기와 자투리를 넣는다. 마늘을 대강 으깨 타임과 함께 넣고 모든 재료가 잠길 만큼 대략 재료 위로 1.5cm 정도 물을 부은 다음 팔팔 끓인다. 불을 조금 줄이고, 버섯이 완전히 익고 그윽한 향이 날 때까지(시험 삼아 맛을 먼저 봐도 좋다) 약 1시간 정도 천천히 끓인다. 큰 그릇에 버섯 끓인 물을 담고, 버섯은 따로 건져 둔다.

완성
버섯 끓인 물을 팬에 붓고 약 2큰술 정도로 양이 줄 때까지 졸여 글레이즈를 만든다.
버섯 글레이즈를 식힌 다음 부드러운 상태의 버터에 뿌린다. 파슬리, 로즈메리, 칠리 플레이크, 소금을 넣고 나무나 고무 주걱으로 골고루 섞는다.

보관
여러분이 서브하고 싶거나 저장하려는 용기에 담는다. 버터가 단단해질 때까지 최소 1시간 이상 차갑게 두어야 한다. 그래야 풍미가 서로 배이고 혼합된다.

더블 머시룸 버터

스테이크 요리에 환상적으로 어울리는 토핑이자 풍미가 한결 진한 머시룸 버터이다.

버섯 230g
올리브 오일 2큰술
상온의 머시룸 버터 원하는 만큼

오븐을 200℃로 예열한다.

버섯 준비
깨끗하게 손질한 버섯을 올리브 오일에 버무린다. 오븐 팬에 펼쳐 담고 오븐에 넣어 약 20분간 굽는다. 특유의 향이 응축되고 진하게 퍼질 때까지 구워야 하는데 버섯이 가진 수분의 양에 따라 시간은 달라질 수 있다.

완성
오븐에서 꺼낸 다음에는 충분히 식혀서 잘게 다진다. 제대로 구웠다면 대략 ½컵 정도로 부피가 줄어든다. 부드러운 상태의 머시룸 버터에 구워 다진 버섯을 넣고 버섯 글레이즈와 원하는 시즈닝(허브, 스파이스, 소금 등)을 추가해 골고루 섞는다.

보관
머시룸 버터와 같은 방법으로 보관한다.

유용한 아이디어(두 가지 머시룸 버터 모두에 해당)
▶ 스크램블드 에그를 만들 때 사용할 수 있으며 이때 신선한 쪽파를 다져 넣어 완성한다.
▶ 그릴드 립 아이 스테이크를 잘라 그 위에 바르는 용으로 사용한다.
▶ 크리미한 폴렌타를 끓일 때 섞는다.

채소 피클 버터

Pickled Vegetable Butter

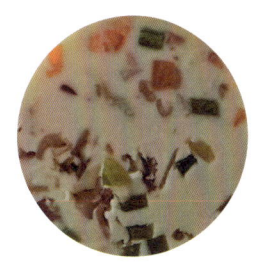

피클이라고 하면 떠오르는 오이와 양파로 만든 클래식한 피클은 잠시 접어두고, 대신 다양한 채소가 들어가는 피클에 집중해보자. 예를 들어, 당근과 껍질콩, 펜넬, 래디시, 순무, 콜리플라워, 방울양배추가 혼합된 피클은 풍부한 맛과 복합적인 특징을 가지고 있다. 매콤한 맛을 내고 싶다면 여기에 페퍼 피클을 넣으면 된다.

≫ 약 1½컵 분량

채소 피클 1컵 대강 썬 것
무염 버터 230g 상온의 부드러운 것

피클 준비
키친타월에 올려 피클의 물기를 최대한 잘 제거한다. 푸드 프로세서에 넣어 몇 번씩 끊어서 아주 작은 조각이 될 때까지 간다. 칼로 다져도 상관없다. 단, 퓌레 같은 상태가 되지 않도록 각별히 주의해야 한다.

완성
잘게 자른 피클을 부드러운 상태의 버터에 넣고 나무나 고무 주걱으로 잘 섞는다.

보관
여러분이 서브하고 싶거나 저장하려는 용기에 담는다. 모든 재료를 머금은 버터가 단단해질 때까지 최소 1시간 이상 차갑게 둔다. 그래야 풍미가 서로 배이고 혼합된다.

유용한 아이디어
▶ 프랑스식 전채요리이자 싱싱한 야채를 한데 모은 플래터인 크루디테(crudité)와 함께 내면 좋다.
▶ 그릴드 치즈 샌드위치를 만들 때 빵 안쪽에 발라 구워 보자.
▶ 찐 대구나 광어로 만드는 요리 위에 올려 조리한다.

물냉이 버터

Watercress Butter

나는 물냉이(Watercress)가 갖고 있는 후추 향과 알싸함을 좋아해서 이 버터를 만든다. 여러분 역시 각자의 취향대로 부드럽고 향긋한 허브를 선택해 얼마든지 맛있는 버터를 만들 수 있다.

≫ 약 1 ½컵 분량

물냉이 1뭉치(약 60g) 레몬 제스트 1작은술
마늘 3쪽 코셔 솔트
무염 버터 230g
상온의 부드러운 것

물냉이 준비
물기를 잘 제거하여 대강 썬다.

마늘 준비
푸드 프로세서에 넣고 곱게 간다. 가는 동안 두어 번 정도는 멈추어 용기에 달라붙은 마늘을 떼어내면서 균일하게 간다. 마늘이 든 푸드 프로세서에 버터와 레몬 제스트를 넣고 크림 같은 상태가 될 때까지 갈고, 섞는다. 이때 너무 여러 번 짧게 끊어 가면서 섞으면 오히려 버터가 분리될 수 있으므로 주의한다.

완성
물냉이와 소금 1 꼬집을 넣고 물냉이가 균일하게 섞일 때까지 다시 푸드 프로세스를 작동한다. 고운 물냉이 입자가 보일 때까지 작동해야 하며 퓌레 타입으로 만들어서는 절대 안 된다. 맛을 본 뒤 필요하면 소금을 넣고 잘 섞는다.

보관
여러분이 서브하고 싶거나 저장하려는 용기에 담는다. 모든 재료를 머금은 버터가 단단해질 때까지 최소 1시간 이상 차갑게 두어야 한다. 그래야 풍미가 서로 배이고 혼합된다.

유용한 아이디어
▶ 뜨거운 감자에 넣고 으깬다.
▶ 치킨 샌드위치를 만들 때 빵 안쪽에 바른다.
▶ 콩 수프를 끓일 때 넣는다.

브라운 버터

Brown Butter

버터에 견과류의 향미를 한가득 부여할 수 있는 아주 좋은 방법이다. 이 버터는 크레페와 팬케이크 반죽에 넣는 것은 물론이며 생선 요리와 퓌레 타입의 채소 수프 위에 살짝 뿌리는 것만으로도 놀라운 효과를 가져 온다.

≫ **원하는 만큼의 분량**

무염 버터 원하는 만큼

버터 끓이기
작은 소스팬에 버터를 넣고 중간 불에서 녹인다. 몇 초 간격으로 계속 저어가며 녹은 버터의 액체가 모두 증발하고, 바닥에 있는 유고형분(乳固形粉)이 진한 금색이 나며 향기로운 냄새가 진동할 때까지 끓인다. 이 과정까지 대략 3-5분이 걸리지만 여러분이 만들고자하는 버터의 양과 팬의 상태에 따라 시간이 더 걸릴 수도 있다.

완성
완성된 버터는 더 이상 조리되지 않도록 바로 불에서 내려 다른 용기에 옮겨야 한다.
어떤 이들은 순수한 유지방만 추출하지만 그것을 의도적으로 요리에 사용할 게 아니라면 구워진 우유 고형분(탔다고 하더라고)까지 모두 사용하는 걸 즐긴다.

피스타치오 버터

Pistachio Butter

유제품이 전혀 들어가지 않는 진정한 견과류 버터이다. 뉴욕에 있는 레스토랑 '루파(Lupa)'에서 일할 당시 유명한 메뉴 중에 '비트와 피스타치오 버터 샐러드'가 있었는데, 감히 리스트에서 뺄 수 없을 정도로 그 인기가 정말 대단했다. 여기에서 영감을 받아 나만의 레시피를 만들었고 신기할 정도로 그 쓰임은 아주 다양하다. 기본적으로 맛과 향이 굉장히 깊은데 라임이나 레몬즙이 더해지면 무척이나 맛있다.

≫ 1컵 분량

구운 피스타치오 1컵
(약 140g) *31쪽 참고
물 ⅓컵
레드 와인 식초 1큰술
코셔 솔트 1작은술
**엑스트라 버진 올리브 오일
3큰술**

완성

푸드 프로세서에 피스타치오를 넣고 최대한 곱게 간다. 기기가 돌아가는 동안 물과 와인 식초, 소금을 첨가하여 부드러워질 때까지 계속 작동한다. 다만 프로세서를 두어 번 멈추고 벽에 붙은 재료를 주걱으로 긁어 섞으면서 갈아야 균일한 밀도로 완성할 수 있다.
뚜껑을 닫고 작동시키면서 올리브 오일을 천천히 붓는다. 맛을 보고 필요하다면 소금과 와인 식초로 조절한다.

유용한 아이디어

▶ 애피타이저로 셀러리 스틱을 선택했다면 그 위에 바르거나 조금씩 얹어 서브하자.
▶ 접시에 버터를 두르고 구운 뿌리채소를 올려 먹는다.
▶ 바스마티 라이스(basmati rice)를 곁들인 양고기 미트볼 위에 뿌려볼 것.

리코타 치즈 크림

Whipped Ricotta

크리미하게 완성한 리코타 치즈 크림은 어느 음식과도 잘 어울리는 풍미 가득한 스프레드로 특히 토마토 샐러드와 기막히게 어울린다. 또한, 이 책에 소개된 플랫브레드에 그냥 발라만 먹어도 훌륭하다. 또한 살짝 데치거나 볶거나 구운 채소 혹은 잎채소들과 곁들이면 완벽한 조합을 이룬다. 쓰고 남으면 냉장고에 넣어 보관하면 되는데, 여러분은 아마도 어디에든 이걸 쓰고 싶어서 안달이 날 것이다.

≫ 1½컵 분량

리코타 치즈 1½컵
코셔 솔트 ½작은술
검은 통후추
엑스트라 버진 올리브 오일
¼컵 *필요하면 추가

완성

리코타 치즈와 소금 그리고 통후추를 20번 정도 갈아 푸드 프로세서에 넣고 작동한다. 작동하는 동안 올리브 오일을 천천히 가늘게 부으며 중간 중간 작동을 멈춰 벽에 붙은 재료를 긁어 섞은 다음 다시 작동한다. 결과물은 완벽한 크림 상태가 되어야 한다. 맛을 본 뒤 입맛에 따라 소금과 후추를 더 넣는다. 올리브 오일도 상황에 따라 더 넣을 수 있는데, 리코타 만큼이나 오일의 맛도 농시에 느껴져야 하기 때문이다.

페타 치즈 크림

리코트 치즈 크림과 동일한 방법을 적용하되 푸드 프로세서를 돌릴 때 레몬즙 2큰술과 올리브 오일을 약간 더 넣는다. 질감이나 풍미는 오일과 레몬즙으로 조절하면 된다.

유용한 아이디어 (리코타, 페타 모두)

▶ 맛있는 빵 위에 크림을 바르고 그 위에 앤초비, 토마토, 양파, 피망으로 만든 이탈리아 소스인 페페로나타(peperonata), 살사 베르데 등의 풍미 좋은 것들을 함께 올려 먹는다.
▶ 그릴에 구운 채소의 디핑 소스로는 최고다.

Sauces, Dips, And Dressings
소스, 딥 그리고 드레싱

케이퍼 레이즌 비네그레트
Caper-Raisin Vinaigrette

이 레시피는 호주 멜버른 출신의 맷 윌킨슨(Matt Wilkinson) 셰프의 요리책『미스터 윌킨슨의 채소 Mr. Wilkinson's Vegetables』로부터 영향을 받아 만들었다. 아주 다양한 재료들과 마치 마법처럼 잘 어울리는 소스이지만 특히 순무와 아스파라거스, 브로콜리 그리고 콜리플라워와의 조화가 일품이다. 냉장고에서 대략 3주까지 보관이 가능하며, 늘 곁에 두고 사용하기에 좋은 소스이니 원하는 재료와 곁들여보자.

≫ 약 ¾컵 분량

케이퍼 3큰술
노랑 건포도 ⅓컵
발사믹 식초 2큰술 + 1작은술
마늘 3쪽
앤초비 필레 55~60g
파슬리 잎 ¾컵
살짝 눌러 담은 정도
엑스트라 버진 올리브 오일 ⅓컵
코셔 솔트

케이퍼·건포도 준비
케이퍼는 물에 가볍게 헹궈 물기를 빼고, 건포도는 작은 그릇에 담고 발사믹 식초를 뿌려 통통하게 부풀어 오를 때까지 약 30분 동안 불린다.

마늘 및 기타 재료 갈기
푸드 프로세서에 마늘을 넣고 곱게 다진 상태가 될 때까지 작동한다. 중간 중간 벽에 붙은 마늘을 떼어내고 섞어 균일한 입자가 되도록 한다. 케이퍼와 앤초비를 추가해 거친 페이스트 상태가 되도록 푸드 프로세스를 작동한다. 파슬리를 넣고 완전히 다져질 때까지 다시 작동한다. 중간 중간 벽에 붙은 재료를 긁어내리고 섞으며 작동한다.

완성
마지막으로 건포도와 발사믹 식초를 푸드 프로세서에 부어 재료가 잘 섞이고(곱게 가는 것이 아니라) 굵은 입자가 될 때까지 짧게 여러 번 작동한다. 다른 그릇으로 옮긴 뒤 올리브 오일을 넣고 휘저으면 살짝살짝 작은 덩어리가 있는 드레싱으로 완성된다. 맛을 본 뒤 필요에 따라 소금이나 오일을 더 넣을 수 있다.

유용한 아이디어
▶ 그릴에 구운 가지 슬라이스에 한 숟가락 떠서 올려본다.
▶ 라타투이에 넣어 섞는다.
▶ 브로콜리나 라피니(Rapini)로 불리는 순무의 재배종인 브로콜리 라브를 찐 다음 소스와 버무려 먹는다.

판체타 비네그레트

Pancetta Vinaigrette

견고한 잎을 가진 에스카롤(Escarole)이나 프리세(Frisée)와 같은 꽃상추 종류의 채소를 따뜻하게 요리한 다음 이 판체타 비네그레트를 드레싱으로 뿌리면 더할 나위 없다. 또한, 찰기 있는 으깬 감자나 콩 요리 등에 곁들여 먹어도 굉장히 맛있다. 토마토와 버터 레터스 샐러드에 드레싱으로 사용한다면 당신만의 색다른 'BLT'를 만들 수 있을 것이다.

≫ 약 1컵 분량

쪽파(또는 실파) 3줄기
마늘 2쪽
판체타 85g
엑스트라 버진 올리브 오일
레드 와인 식초 ¼컵
코셔 솔트
검은 통후추

쪽파·마늘·판체타 준비

쪽파는 줄기 끝을 1.3cm 정도 잘라버리고 가늘게 썰고, 마늘은 편 썬다. 판체타는 곱게 다진다.

재료 볶기

작은 팬에 올리브 오일을 적당히 두르고 중불로 맞춘 뒤 판체타를 넣는다. 자주 저어주되 천천히 조리하면서 판체타의 지방을 빼야 한다. 이때 바삭한 식감이 거의 나지 않도록 주의하며 약 7~9분 정도 볶는다.

팬을 불에서 내리고 기름이 더 이상 지글거리지 않으면 쪽파와 마늘을 넣고 3~4분가량 부드러워질 때까지 섞는다.

완성

레드 와인 식초를 넣어 섞은 다음 소금과 통후추를 갈아 뿌린다. 올리브 오일 ¼컵을 부어 잘 섞고 맛을 본 다음 필요하면 오일과 소금, 후추를 더 넣는다. 코끝이 찡하게 강한 풍미가 올라오되 기침이 나올 정도는 아니어야 한다.

보관 및 사용

냉장고에서 3~4주 정도는 저장할 수 있으며 지방층이 있는 윗부분은 굳어지므로 사용 전 미리 꺼내 실온에서 녹인다. 숟가락이나 포크를 이용해 굳어 있던 재료를 풀어주면 다시 원상태로 돌아온다.

유용한 아이디어

- 꽃상추와 수란이 들어가는 리오네즈(Lyonnaise) 샐러드에 뿌리면 맛을 한층 높여준다.
- 포크커틀릿을 재빨리 튀겨낸 다음 팬에 비네그레트를 넣어 디글레이징 한다.
- 따뜻한 핀토 콩(Pinto Beans) 혹은 얼룩덜룩한 강낭콩과 듬성듬성 자른 토마토에 소스로 넣어 버무려 먹는다.

시트러스 비네그레트

Citrus Vinaigrette

블러드 오렌지 시즌이 되면 이 시트러스 비네그레트를 만든다. 이 드레싱은 차가워야 맛있지만 따뜻하게 먹어도 좋다. 만들어서 냉장고에 두면 2주 정도는 충분히 두고 먹을 수 있다. 잎채소 샐러드와 뿌리채소, 셀러리, 브로콜리와 곁들여 먹거나 배추과에 속하는 모든 채소들, 아스파라거스, 껍질콩, 완두콩, 펜넬, 해산물, 곡물 베이스의 샐러드 등 정말 수많은 종류의 재료와 잘 어울린다.

> 1½컵 분량

오렌지 1개
레몬 1개
라임 1개
샴페인 식초(또는 화이트 와인 식초) 1큰술
꿀 1½큰술
코셔 솔트
검은 통후추
엑스트라 버진 올리브 오일 ¾컵

시트러스 준비

홈이 촘촘한 그레이터을 이용해 오렌지·레몬·라임 껍질을 갈아 그릇에 담는다. 오렌지, 레몬, 라임은 모두 반으로 잘라 즙을 짠다. 과일마다 분리하지 않고 모두 한데 섞고 씨만 골라낸다.

완성

위에 샴페인 식초, 꿀, 소금 1작은술과 통후추를 여러 번 갈아 넣고 고루 휘젓는다. 맛을 보고 맛과 향이 선명하지 않게 느껴지면 꿀과 샴페인 식초, 소금, 후추를 더 넣어 조절한다. 올리브 오일은 한 번에 몇 방울만 떨어뜨리면서 계속 젓는다. 또는 블렌더 혹은 푸드 프로세서에 넣고 작동시키면서 올리브 오일을 천천히 부어가며 섞어도 된다. 기기를 이용할 경우 비네그레트는 유화가 잘 되어 훨씬 부드러워지는 게 장점이다.

유용한 아이디어

▶ 얇게 썬 펜넬과 셀러리를 섞은 샐러드의 드레싱으로 이용한다.
▶ 팬에 볶거나 그릴에 구운 새우 위에 솔솔 뿌려보자.
▶ 구운 비트, 굵게 다진 호두와 함께 뒤섞는다.

부엌에서

한 번 사용하고 난 뒤 냉장고에서 잠들어 버린 비네그레트를 깨우는 방법을 알려주겠다. 신선한 레몬이나 라임 혹은 오렌지즙 그리고 소금 1꼬집을 넣어 섞어 보자.

잣 비네그레트

Pine Nut Vinaigrette

지금 소개하는 이 레시피는 뉴욕 브루클린에 있는 레스토랑 프래니(Franny's)에서 일 할 때 만든 것이다. 훌륭한 소스로 심플하지만 뛰어나게 맛이 좋은 비네그레트이다. 아시아 땅콩 소스의 이탈리아 버전이라고 할 수 있겠다. 특히 다양한 맛과 향을 지니고 있어 각종 채소와 여러 채소 잎 샐러드의 드레싱으로도 매우 잘 어울린다. 좀 더 강력한 맛을 내고 싶다면 신선한 레몬이나 라임 주스를 약간 섞어보자. 냉장고에서 1주일까지 보관할 수 있다.

≫ 1컵 분량

레드 와인 식초 ¼컵
피시소스 1큰술
물 2큰술
구운 잣 113g *57쪽 참조
마늘 ½쪽 내리쳐 으깸
칠리 플레이크 ½작은술
엑스트라 버진 올리브 오일 ¼컵

식초 믹스 준비

작은 그릇에 레드 와인 식초, 피시소스, 물을 붓고 섞어 식초 믹스를 만든다.

재료 갈기

푸드 프로세서에 잣과 마늘, 칠리 플레이크, 섞어 둔 식초 믹스의 반을 넣고 매끄러운 퓌레 상태가 될 때까지 작동한다. 중간 중간 멈춰 벽에 붙은 재료를 긁어내린 다음 다시 작동하기를 두어 번 반복한다.

완성

모터가 돌아가는 동안 올리브 오일을 조금씩 천천히 부어가며 남은 식초 믹스까지 모두 넣어 섞는다. 골고루 섞여 단단한 크림 상태가 되어야 하는데 쏟아서 부을 수 있을 정도면 된다. 푸드 프로세서에서 꺼내기 전에 맛을 본다. 이때 칼날을 조심하면서 입맛에 따라 식초, 피시소스 혹은 칠리 플레이크를 더 넣는다. 너무 뻑뻑하고 되직하다 싶으면 물을 조금 더 넣고 푸드 프로세스를 작동하여 조절한다.

유용한 아이디어

▶ 잣 비네그레트를 담은 접시 위에 그릴이나 팬에 구운 아스파라거스 또는 브로콜리를 올려 먹어보자.
▶ 강판에 간 당근과 버무린다.
▶ 볶은 옥수수 알갱이 위에 듬뿍 뿌린다.

레몬 크림

Lemon Cream

간단한 봄상추 샐러드를 비롯해 여러 채소들과 아주 잘 어울리는, 친화력이 뛰어난 산뜻하고 향긋한 드레싱이다. 만들어서 냉장고에 보관하기보다는 하루 이내로 전부 사용하는 게 좋다.

≫ ¾컵 분량

마늘 4쪽
생크림 ½컵
코셔 솔트
검은 통후추

레몬 제스트 ½작은술
레몬즙 2큰술
엑스트라 버진 올리브 오일 2큰술

마늘 준비
중간 크기의 그릇에 마늘을 대강 으깨 넣고 생크림을 부어 마늘의 풍미가 크림에 은은하게 스며들도록 2시간 동안 냉장고에 둔다.

완성
생크림에서 마늘을 건져 내고 생크림에 약간의 소금과 통후추를 많이 갈아 넣어 간을 맞춘 다음 레몬 제스트를 넣는다. 거품기로 저어 어느 정도 단단해지면 레몬즙과 올리브 오일을 넣는다. 모든 재료가 섞여 가벼운 크림 상태가 될 때까지 거품기로 계속 젓는다. 장식용 크림처럼 단단하지 않아도 되며, 부드러운 크림 질감이 날 정도면 된다. 맛을 보고 필요하면 소금이나 후추, 레몬즙으로 맛을 조절한다.

유용한 아이디어
▶ 어떤 종류의 그린 샐러드와도 잘 어울린다.
▶ 삶은 새우나 가리비를 차갑게 식힌 다음 이 드레싱을 뿌려보자.
▶ 얇게 썬 오이와 버무린다.

그린 허브 마요네즈

Green Herb Mayonnaise

공장 제품이 아닌 순수한 마요네즈를 사랑하지만 홈메이드 마요네즈의 단점이라면 수분이 많고 올리브 오일이 많이 들어간다는 사실이다. 결국 식료품점에서 파는 프리미엄급 마요네즈를 구매해 달걀노른자와 약간의 오일을 더해 풍미를 올리는 것이 어쩌면 가장 합리적인 선택이자 시간까지 절약할 수 있는 방법일 수 있다. 한 가지 제안하건데 여러분이 원하는 신선한 허브와 섞어서 만들어보자. 냉장고에서 2주까지 보관할 수 있다.

≫ 1½컵 분량

파슬리 작은 1줌
잎과 줄기 섞어서

바질 잎 작은 1줌

민트 잎 크게 1꼬집

타라곤 잎 크게 1꼬집

딜 잎 크게 1꼬집

마요네즈 1컵
*헬만(Hellmann's) 혹은 베스트푸드(Best Foods) 브랜드

달걀노른자 1개 분량

레몬즙 1작은술
즉석에서 짠 것

코셔 솔트 ½작은술

검은 통후추

엑스트라 버진 올리브 오일 ¼컵

허브 준비

푸드 프로세서에 파슬리, 바질, 민트, 타라곤, 딜을 넣고 중간에 3~4번 끊어가면서 작동해 작은 입자로 만든다.

완성

위에 마요네즈를 넣고 허브와 골고루 섞일 때까지 몇 번 더 끊어가며 섞는다. 달걀노른자, 레몬즙, 소금, 통후추를 6~7번 정도 갈아서 넣고 다시 섞는다. 계속 작동하며 올리브 오일을 조금씩 부어가며 크림 상태로 살짝 부풀어 오를 때까지 섞는다. 이때 중간 중간 기기를 멈추고 두어 번 벽에 붙은 재료를 긁어 섞는다. 맛을 보고 필요하면 소금, 후추, 레몬즙으로 맛을 조절한 다음 보관 용기에 담는다.

유용한 아이디어

▶ 삶은 감자로 샐러드를 만들 때 넣는다.
▶ 치킨을 꼬치에 끼워 오랜 시간 구운 다음 허브 마요네즈를 발라 랩 샌드위치를 만들어 보자.
▶ 참치 샌드위치를 만들 때 일반 마요네즈 대신이 허브 마요네즈를 빵에 바른다.

아티초크 마요네즈
Artichoke Mayonnaise

아티초크와 마요네즈의 풍미를 사랑하지만 이 마요네즈를 만들기 위해 싱싱한 아티초크를 사다가 손질하는 과정은 그리 효율적이지 않다고 생각하는 게 솔직한 내 마음이다. 따라서, 최상의 품질을 가진, 손질된 아티초크를 구입하는 것이 좋은 방법이다. 냉장고에서 2주까지 보관할 수 있다.

» 약 2컵 분량

아티초크 하트 6개
*시판 제품의 물을 빼고 사용
바질 잎 작게 1줌
민트 잎(중간 크기) 6장
마요네즈 1컵
*헬만(Hellmann's) 혹은 베스트푸드(Best Foods) 브랜드

달걀노른자 1개 분량
레몬즙 약 1큰술
코셔 솔트 ½작은술
검은 통후추
엑스트라 버진 올리브 오일 ¼컵

아티초크 · 허브 준비
푸드 프로세서에 아티초크 하트, 바질, 민트를 넣고 3~4번 끊어가며 작동하여 듬성듬성 자른다.

완성
위에 마요네즈를 넣고 3~4번 끊어가며 작동하여 섞는다. 달걀노른자, 레몬즙, 소금과 통후추를 6~7번 갈아 넣는다. 올리브 오일을 천천히 부으며 크림 상태로 살짝 부풀어 오를 때까지 작동한다. 이때, 중간 중간 기기를 멈추고 두어 번 벽에 붙은 재료를 바닥으로 긁어 섞는다. 맛을 보고 필요하면 소금, 후추, 레몬즙으로 간을 맞춰 보관 용기에 옮겨 담는다.

유용한 아이디어
▶ 맛있는 빵 위에 아티초크 마요네즈를 넉넉히 펴 바른 다음 파를 잘게 다져 위에 뿌리면 유명한 요리사인 제임스 비어드(James Beard)가 고안한 '양파 샌드위치'의 새로운 버전을 만들어 볼 수 있다. 그가 만든 오리지널 샌드위치는 플레인 마요네즈를 빵에 바르고 그 위에 얇게 썬 양파를 올린 다음 가장자리에 다시 마요네즈를 바른 다음 다진 파슬리를 묻힌 것이다. 만들기 쉽지만 맛은 의외로 끝내주는 샌드위치이다.
▶ 아티초크 마요네즈 위에 파르미지아노 레지아노 치즈와 브레드크럼을 뿌려 고온에서 재빨리 굽는다. 감자칩을 찍어 먹는 색다르고 뜨거운 디핑 소스가 만들어질 것이다.
▶ 생선 살 위에 바른 다음 오븐에서 구워 보자.

채소 피클 마요네즈

Pickled Vegetable Mayonnaise

이 마요네즈를 만들 때 피클을 더하면 할수록 기분이 더욱 좋아지지만 색과 풍미의 조화가 더 중요하다. 나는 제일 흔한 오이 피클은 사용하지 않지만, 여러분은 오이 피클을 비롯하여 좋아하는 채소 피클은 무엇이든 사용해도 상관없다. 냉장고에서 2주까지 보관할 수 있다.

≫ 차고 넘치는 2컵 분량

케이퍼 1큰술
채소 피클(여러 가지) 1컵
마요네즈 1컵
*헬만(Hellmann's) 혹은 베스트푸드(Best Foods) 브랜드

달걀노른자 1개 분량
레몬 제스트 1작은술
레몬즙 1큰술
코셔 솔트
검은 통후추

케이퍼·채소 피클 준비

케이퍼와 피클은 물기를 빼고 각각 다진다. 너무 곱게 다지지 않는다.

완성

푸드 프로세서에 마요네즈, 달걀노른자, 레몬 제스트, 레몬즙을 넣고 재료가 완전히 섞일 때까지 여러 번 끊어가며 작동한다. 올리브 오일을 천천히 부으며 크림처럼 가볍게 부풀어 오를 때까지 섞는다. 다진 피클과 케이퍼를 넣고 섞되 곱게 다져지지 않도록 한다. 식감을 위해 피클 덩어리를 남겨두는 것이다. 맛을 보고 필요하면 소금, 후추, 레몬즙으로 간을 맞춘다.

유용한 아이디어

▶ 타르타르 소스 대신 생선 튀김 요리에 이 마요네즈를 함께 서브한다.
▶ 로스트 비프 샌드위치를 만들 때 호밀빵 위에 듬뿍 발라보자.
▶ 최고의 데빌드 에그(deviled eggs)를 만들고 싶다면 이 마요네즈를 사용해 볼 것.

스파이시 피시소스

Spicy Fish-Sauce Sauce

뉴욕에 살 때 동료 요리사들과 함께 퀸스(Queens)에 있는 타이 레스토랑 '스리프라파이(SriPraPhai)'에 가곤 했다. 그곳에 가면 늘 매콤하고 마늘 향 가득한 타이 피시 소스 드레싱을 두른 튀긴 물냉이 샐러드를 먹을 수 있었다. 내게 큰 영향을 준 음식이다. 내가 사용하는 피시소스는 레드 보트(Red Boat) 브랜드로 맛있고 가격도 합리적이다. 게다가 대량 생산되는 공장 제품보다는 장인이 만든 특산품 느낌을 주니 이 정도면 아주 만족스럽다. 1~2개월 정도 냉장보관할 수 있다.

≫ 약 1¼컵 분량

매운 고추(다진 것) ¼컵
*색깔별로 준비
마늘 4쪽
피시소스 ½컵
물 ¼컵
화이트 와인 식초 ¼컵
설탕 2큰술

고추 · 마늘 준비
매운 고추는 꼭지를 떼어내고 씨를 제거한 뒤 다져서 ¼컵을 준비한다. 마늘도 칼로 굵직하게 다진다.

완성
작은 그릇에 모든 재료를 넣고 설탕이 녹을 때까지 젓는다. 강렬하게 달콤하고 짭조름하면서도 새콤하며, 매운 맛이 균형을 이루도록 재료를 넣어가며 맛을 조율한다. 이 소스를 사용할 계획이라면 하루 전에 미리 만들어 놓는 것이 가장 이상적이다. 사용하기 직전에 다시 간을 맞춰야 한다. 이때, 고추의 매콤함은 숙성되면서 더 진해질 것이다.

유용한 아이디어
▶ 생선이나 채소를 그릴에 구워 그 위에 뿌려 보자.
▶ 샐러드 롤이나 상추쌈을 먹을 때 디핑 소스로 이용한다.
▶ 그릴에 두부를 구워 단단하게 익힌다. 이 피시소스와 약간의 오일과 혼합해 두부를 잰다.

스파이시 그린 소스

Spiced Green Sauce

중동 지역에서 먹는 클래식한 칠리소스인 '스쿠그(Skhug)'와 유사한 스타일로 달콤한 향신료와 매콤한 칠리를 동시에 즐길 수 있는 맛있는 소스이다. 나의 친한 친구이자 요리사인 사무엘 스미스(Samuel Smith)가 '아바 진스(Ava Gene's)' 레스토랑에서 채소, 그릴에 구운 고기, 모든 종류의 스낵 요리에 사용하던 레시피를 토대로 발전시켜보았다. 굉장히 유연한 소스로 셀 수 없을 정도로 다양한 요리에 적용할 수 있다. 칠리의 풍미는 유지하면서 매운맛은 줄이고 싶다면 아나헴(Anaheim)이나 파블라노(Poblano)와 같은 칠리를 이용해도 좋다. 냉장고에서 일주일까지 보관이 가능하다.

≫ 1컵 분량

그린 칠리 2~4개
*세라노 같은 신선한 것
고수씨 ½작은술
큐민씨 1작은술
그린 혹은 블랙 카다멈 4알에서 나온 씨
마늘 1~3쪽
고수 잎 2컵
살짝 눌러 담은 정도
파슬리 잎 2컵
살짝 눌러 담은 정도
클로브 파우더 1꼬집
레몬 제스트 1작은술
레몬즙 1큰술
코셔 솔트
검은 통후추
엑스트라 버진 올리브 오일 ½컵

그린 칠리 · 마늘 준비

그린 칠리는 꼭지를 떼고 씨를 제거한 뒤 듬성듬성 썰어 ½컵 분량을 만든다. 마늘은 대강 으깨 둔다.

씨앗 굽기

마른 팬에 고수씨, 큐민씨, 카다멈씨를 모두 넣고 중불에서 굽는다. 팬을 자주 흔들어 열기를 골고루 분산시키며 향신료의 향이 진하게 퍼질 때까지 4분 정도 가볍게 볶듯이 굽는다. 다른 그릇으로 옮겨 담아 완전히 식힌 다음 향신료 그라인더나 절구 등을 이용해 곱게 빻는다.

완성

푸드 프로세서에 칠리와 마늘을 넣고 곱게 갈릴 때까지 몇 차례 끊어가며 작동한다. 고수 잎, 파슬리 잎, 준비한 씨, 클로브 파우더, 레몬 제스트, 레몬즙, 소금 1작은술을 넣고 서너 번 돌려 섞는다. 통후추를 갈아 넣고 거친 퓌레 타입이 될 때까지 몇 차례 끊어가며 작동한다. 이때 올리브 오일을 천천히 붓는다. 재료가 완전히 섞이고, 너무 부드러운 상태가 되기 직전에 기기를 멈춘다. 약간의 알갱이들이 남아 있어야 맛과 식감이 더 좋기 때문이다. 마지막에 소스의 맛을 보고 필요하면 소금과 후추, 레몬즙 혹은 다른 향신료를 더 넣으면 된다. 다만 향신료의 풍미가 압도적이기 때문에 정확한 판단이 어려울 수도 있다.

유용한 아이디어

- 포켓 샌드위치를 만들 때 사용하는 피타 브레드에 양고기 다리 부위를 슬라이스 해서 넣은 뒤 스파이시 그린 소스를 뿌려 보자.
- 플랫브레드를 그릴에 구워 따뜻할 때 이 소스를 스프레드 한다.
- 구운 빨간 피망 위에 흩트려 뿌리고 그 위에 페타 치즈 크럼블을 올린다.

시장에서

풍미는 좋으면서 너무 맵지 않은 고추를 사용하고 싶다면 아나헴(Anaheim)이나 파블라노(Poblano)를 선택한다. 세라노와 할라피뇨보다 매운 맛이 덜하다.

클래식 살사 베르데

Classic Salsa Verde and a Couple of Variations

이탈리아 사람들의 관점에서 볼 때 제대로 만든 살사 베르데는 허브가 충분히 잠기고 촉촉하게 휴지될 수 있게 오일이 충분히 들어가야 하는 게 맞다. 그렇지만 오일이 너무 많아져도 안 된다. 산성 재료와 소금이 들어가면 허브는 신선함을 잃으며 '조리(cook)'되기 시작한다. 만약 여러분이 파티에 쓰려고 이 소스를 미리 만들어 놓는다면 재료 손질만 해둔 뒤에 레몬과 소금은 서빙하기 직전에 넣어야 한다. 나는 클래식 살사 베르데를 좋아해서 변형 없이, 그대로 만들어 쓰는 편이다. 이를 바탕삼아 여러 가지 색다른 살사나 소스를 만들어 볼 수 있다. 살사 베르데는 당일 만들어 모두 소진하는 것이 가장 좋지만 냉장고에 두면 3일까지 보관이 가능하다.

≫ 약 1½컵 분량

파슬리 1묶음
쪽파 1단
케이퍼 2큰술
엑스트라 버진 올리브 오일 ½컵
레몬 1개
검은 통후추
코셔 솔트

파슬리 · 쪽파 · 케이퍼 준비

파슬리는 잎은 떼서 대강 다지고, 두꺼운 줄기 중 절반 분량은 끄트머리의 지저분하거나 질긴 부분을 잘라 낸 다음 아주 곱게 다진다. 쪽파는 끝을 1.5cm 정도 잘라 내고 가늘게 썰고, 케이퍼는 물에 가볍게 헹궈 대강 다진다.

완성

작은 그릇에 다진 파슬리 줄기와 잎, 쪽파를 넣고 올리브 오일을 붓는다. 레몬 제스트를 바로 갈아 넣고 케이퍼를 섞는다. 통후추를 넉넉히 갈아 놓고 가볍게 섞는다. 먹기 직전에 제스트를 만들고 남은 레몬의 즙을 짜서 2큰술 정도를 넣는다. 마지막으로 소금을 넣고 간을 맞춘다.

[피클 살사 베르데 만들기]

클래식 살사 베르데에 다른 채소 피클(예를 들면, 당근 피클) ¼컵과 달콤하고 매콤한 고추 피클인 페퍼듀(Peppadews) 2개를 잘게 다져 넣은 뒤 혼합한다.

[래디시, 민트 살사 베르데 만들기]

클래식 살사 베르데에 래디시 3개를 얇게 슬라이스 해서 넣고 신선한 민트 ½컵을 다져 넣고 잘 섞는다.

유용한 아이디어(모든 유형의 살사 베르데)

▶ 오븐이나 팬에 구운 돼지고기(식어도 상관없음)를 먹기 좋게 썰어 그 위에 올린다.
▶ 찐 감자 위에 살짝 뿌린다.
▶ 연어 혹은 참치처럼 지방이 많은 생선과 함께 서브한다.

톤나토

Tonnato

톤나토(Tonnato)는 진정한 이탈리아 요리라고 할 수 있다. 먹어 보면 아마도 여러분이 어린 시절 참치 샌드위치를 먹었을 때 맡았던 맛과 향이 느껴질 것이다. 그릴에 구운 채소를 비롯해 채소 피클 혹은 신선한 채소와 그냥 곁들이기만 해도 잘 어울린다. 냉장고에서 일주일까지 보관할 수 있다.

≫ 1½컵 분량

통조림 참치 2캔(약 285g)
코셔 솔트 ¼작은술
마요네즈 ⅓컵
*헬만(Hellmann) 혹은 베스트푸드(Best Foods) 브랜드

엑스트라 버진 올리브 오일 ¼컵
레몬즙 1큰술

통조림 참치 준비
체에 올려 기름을 뺀다.

완성
푸드 프로세서에 참치와 소금을 넣고 골고루 섞일 때까지 몇 번씩 끊어가며 작동한다. 준비한 마요네즈의 ⅓ 분량을 넣고 재료가 어우러져 크리미해질 때까지 섞는다. 올리브 오일과 레몬즙을 넣으며 계속 기계를 작동하여 전체가 매끈한 크림 상태가 될 때까지 섞는다.
맛을 보고 필요하면 마요네즈나 올리브 오일, 레몬즙 혹은 소금을 넣어 조절한다.

유용한 아이디어
▶ 생으로 혹은 그릴, 팬, 오븐 등에 구운 각종 채소의 디핑 소스로 이용해보자.
▶ 차갑게 식은 돼지고기나 송아지 구이 슬라이스 위에 바른다.
▶ 레몬즙을 조금 더 넣은 다음 으깬 감자나 로메인 샐러드와 섞어 먹는다.
▶ 빵 위에 한 숟가락 크게 떠서 올려 바르고 반숙 달걀(92쪽 참조)과 토마토, 케이퍼를 추가한다.
▶ 그을리도록 구운 브로콜리 요리(226쪽 참조)의 디핑 소스로 사용한다.

Breads, Pastries, And Grains
빵, 페이스트리, 곡물 종류

통밀로 만든 카르타 디 무지카
Whole-Grain Carta di Musica

카르타 디 무지카(Carta di Musica)는 이탈리아 사르데냐(Sardinia) 지방의 플랫브레드로 '악보(sheet of music)'라는 의미를 가지고 있다. 둘 다 매우 얇고 잘 구부러지는 특징을 갖고 있다. 내가 운영하는 레스토랑에서는 하루도 빠지지 않고 이 빵을 만든다. 다만 전통 방식으로 만드는 것은 아니다. 지금 소개하는 플랫브레드는 중독될 만큼 매력적이며, 만들기도 아주 쉽고 재미있다. 이 책 속에 있는 몇몇 레시피에서 이 빵을 활용하며, 여러분 나름대로의 다양한 활용법도 찾을 수 있을 것이다. 게다가 이 빵은 올리브 오일과 플레이크 타입의 소금만으로도 맛있는 스낵이 된다. 만약 이 빵을 만들기 위해 적은 양의 호밀가루를 구입하기 꺼려지거나, 구하기 힘들다면 그냥 통밀가루를 더 많이 사용하면 된다.

» 큰 사이즈 12개의 분량

통밀가루 1¾컵(227g)   **코셔 솔트 1 ½작은술**
+ 덧가루   **물 1컵**
호밀가루 ¼컵(28g)   **엑스트라 버진 올리브**
세몰리나 ¾컵(113g)   **오일 ¼컵**

여러분이 가진 가장 무거운 베이킹 시트를 오븐에 넣고 약 230°C로 예열한다. 만약 피자 스톤이 있다면 완벽하다.

반죽하기
커다란 그릇에 통밀가루, 호밀가루, 세몰리나, 소금을 넣고 모든 가루가 골고루 섞일 때까지 섞은 다음 물과 기름을 넣는다. 이때, 가루 재료에 액상 재료를 천천히 부으며, 저어가면서 넣는다. 잘 혼합하면 부드러운 반죽 덩어리가 완성된다. 반죽을 꺼내 작업대 위에 놓고 부드럽게 치대며 서로 잘 뭉치도록 한다. 표면이 부드러운, 공 모양이 될 때까지 둥글리기를 하고 가볍게 누르면서 조심스레 다룬다. 이 동작은 1~2분이면 충분하다. 만약 반죽이 많이 끈적거린다면 통밀가루(덧가루)를 충분히 뿌려서 작업한다.

반죽 나누기
반죽을 두툼한 통나무 형태로 만든 다음 12개로 등분한다. 손바닥에 놓고 반죽을 둥글려 작은 공 모양으로 만든다. 귀여운 공 모양으로 만든 반죽이 마르지 않도록 키친타월로 덮는다. 반죽을 분할한 다음부터는 재빠르게 움직여야 한다. 그 이유는 납작하게 밀어 오븐에 들어가면 생각보다 재빨리 완성되므로 다음 차례가 금방 돌아오기 때문이다.

반죽 밀기

반죽을 지그시 누르면서 할 수 있는 만큼 둥글넓적하게 편다. 이때, 모양에 너무 신경 쓰는 대신 균일한 두께로 펼치는 게 중요하다. 작업대에 밀가루가 없어야 더 작업하기 쉽지만 혹시 반죽이 끈적이며 붙는다면 통밀가루(덧가루)를 살짝 뿌린다. 밀대로 반죽을 가능한 최대한 둥그렇고 얇게 민다. 밀대로 반죽을 바깥쪽으로 부드럽게 밀어내고, 틈틈이 반죽 아래에 손가락을 집어넣어 반죽이 작업대에 달라붙지 않도록 하며 여러 번 잡아당기듯 늘려 크게 만든다. 반죽이 너무 얇아지면 오븐에서 탈 우려가 있기 때문에 주의한다. 그렇지만 몇 군데 정도는 타도 괜찮다. 혹시 반죽에 구멍이 생기면 손으로 잘 눌러 형태를 잡는다. 아무래도 얇은 빵 반죽은 연습이 필요하다. 처음 1~2개는 시험 삼아 해본다고 생각하자. 재료들이 그리 비싸지 않으니 걱정하지 말고 만드는 과정을 오히려 즐기길 바란다. 만약 다른 반죽까지 모두 망쳐도 개의치 말고 그냥 진행한다.

굽기

커다란 반죽 하나를 완성했다면 오븐에서 아주 뜨겁게 달궈진 베이킹 시트를 꺼낸다. 즉시 반죽 둘레를 잡고 바닥에서부터 들어 올려 베이킹 시트로 옮긴다. 실수로 약간의 주름이 잡혀도 상관없으니 멈추지 않는다. 베이킹 시트를 오븐에 바로 넣고 반죽 바닥이 먹음직스러운 갈색으로 변하면서 살짝 부풀어 오를 때까지 약 1~2분 정도 굽는다. 집게를 이용해 뒤집고 반대쪽도 갈색이 될 때까지 굽는다. 여러분은 가급적 전체가 골고루 갈색이 나길 바라겠지만 어느 부분은 너무 까맣고 또 어느 부분은 반대로 아주 연하게 나오는 게 현실이다. 사실 어떻게 되든 모두 괜찮다. 다만, 약하게 구워서 바삭하지 않은 것보다는 몇 군데 탄 반점이 있더라도 바삭거리는 크래커가 맛있다는 점만 잊지 말자. 오븐에서 꺼낸 크래커는 랙에 올려 식힌다. 다음 크래커 반죽을 밀고 준비할 동안 베이킹 시트를 다시 오븐에 넣는다. 만드는 과정이 다소 까다롭고 이것저것 해야 하는 일이 많아 보이긴 해도 두어 번 하다 보면 무척 재미있어지고 점차 적응이 될 것이다. 또한, 완성도가 높아지는 빵을 만드는 자신을 보며 자신감도 상승할 것이다. 크래커는 2일 정도 바삭한 상태가 유지된다. 이후 카운터 위에 올려 두거나 장소가 습하다면 밀폐 용기에 넣고 보관한다.

부엌에서

찢어지기 쉬운 반죽을 작업대에서 베이킹 시트로 옮길 때 반죽의 끝자락을 밀대에 대고 조심스럽게 둘둘 말아 올려 보자. 그 다음 반죽 올린 밀대를 뜨거운 팬에 잘 맞춰 재빨리 풀어 준다. 이 순간 살짝 주름이 잡혀도 상관없다.

톡 쏘는 맛의 플랫브레드

Slightly Tangy Flatbreads

이 레시피는 쉽고 빨리 만들 수 있는데다가 파티에 완벽한 빵이다. 여러분은 이 플랫브레드에 어울리는 채소 요리와 소스를 준비하면 되고, 만약 빵의 인기가 너무 좋아 모자랄 경우 바로바로 구워낼 수 있을 정도로 편리하기까지 하다. 모든 빵이 그렇지만 갓 구워 제공될 때 가장 맛있는데, 미리 만들어진 걸 데워야 한다면 올리브 오일을 발라 뜨거운 오븐에 구워 보자. 가장자리가 살짝 바삭해지면서 색다르게 즐길 수 있을 것이다.

> 6개 분량

표백하지 않은 중력분
1컵(128g) + 덧가루
통밀가루 1컵(128g)
코셔 솔트 2작은술
설탕 ½작은술
베이킹파우더 ½작은술
우유(혹은 저지방 요거트 단, 그릭 요거트는 안됨) 1컵
+ 필요하면 추가

반죽하기

커다란 반죽 그릇을 준비해 중력분, 통밀가루, 소금, 설탕, 베이킹파우더 등의 가루 재료를 모두 넣고 골고루 저어 섞는다. 가루 재료 가운데에 작은 우물처럼 홈을 판 다음 우유(또는 요거트)를 붓는다. 손이나 고무 주걱을 이용해 재료가 잘 섞이도록 비비듯 젓는다. 반죽이 너무 마르면 우유(또는 요거트)를 1숟가락 정도 넣어 농도를 맞춘다.

분할하기, 모양 잡기

우유와 가루 재료가 완벽히 뭉쳐졌다 싶으면 작업대 위에 덧가루를 살짝 뿌리고 반죽을 올려 표면이 부드러워질 때까지 약 30초간 주무른다. 6개의 조각으로 나눈 뒤 밀대와 손을 이용해 보기 좋은 둥그런 반죽을 만든다. 두께는 대략 2cm로 한다. 완벽하게 동그란 반죽이 되지 않아도 되니 너무 신경 쓰지 말자.

굽기

무쇠 팬이나 그리들을 아주 뜨겁게 가열한다. 사용하는 팬의 크기에 맞춰 한 번에 1-2개 정도의 플랫브레드 반죽을 올린다. 살짝 부풀어 오르고 갈색으로 변하기 시작하면서 몇 군데 탄다 싶을 때까지 굽는다. 보통 한 면을 구울 때 약 1분 정도 걸린다. 이 빵의 경우 덜 굽는 것보다 더 굽는 것이 풍미 관점에서 더 좋으니 참고하자. 빵 안쪽이 다 익기도 전에 겉이 너무 타는 것 같으면 온도를 살짝 낮춘다. 다음 반죽을 올리기 전에는 팬 안쪽을 깨끗이 닦아 타버린 반죽 찌꺼기 등은 제거한다. 구운 빵은 식힘망에 올려 식힌다. 조리 후 1-2시간 이내로 먹어야 최고의 맛을 볼 수 있다.

피칸 반죽

Pecan Dough

밀가루에 비해 버터가 상당히 많이 들어가는 반죽이라 기름지며 매우 묵직하다. 견과류가 들어 있어 반죽을 제대로 둥글리기가 까다롭고 만들 때 번잡하고 어려운 편이다. 그렇지만 결과물이 너무 맛있어 충분히 감내할 만하다. 피칸 대신 다른 견과류를 같은 분량 넣어 만들어도 된다. 완성한 반죽은 냉장실에서는 2일 동안 보관할 수 있으며 냉동실에 두면 3개월 이상 저장 가능하다. 단, 만들기 하루 전에 냉장실로 옮겨 해동한다.

≫ 지름 23cm 파이 크러스트 분량

피칸 ½컵
표백하지 않은 중력분 1⅔컵(206g) + 덧가루
설탕 ¼컵 + 1큰술
코셔 솔트 1작은술
아주 차가운 무염 버터 113g
아주 차가운 물 2큰술

반죽하기

버터는 사용 직전에 칼로 8등분 한다. 차가운 물이 없으면 얼음물을 준비해 물만 쓴다.
푸드 프로세서에 피칸을 넣고 일정하고 고운 알갱이가 될 때까지 몇 번씩 끊어가며 간다. 단, 너무 곱게 갈아 버터처럼 엉겨 붙지 않도록 주의한다.
밀가루와 설탕, 소금을 넣고 작동하여 섞는다.
차가운 버터를 넣고 반죽이 콩알만 한 크기가 될 때까지 몇 번씩 끊어가며 섞는다.
푸드 프로세서가 돌아가는 동안 물을 천천히 붓고 재료들이 기기에 달라붙을 때까지 돌린다. 뚜껑을 열고 반죽을 조금 떼어 여전히 건조하고 겉도는지 아니면 촉촉하고 서로 잘 뭉쳐지는지 확인한다. 만약 전자라면 물을 몇 방울 더 떨어뜨린 뒤 몇 번씩 끊어가며 반죽해 농도를 맞춘다.

모양 잡기

마침내 반죽이 탄력 있게, 잘 뭉쳐진다면 덧가루 뿌린 작업대 위로 옮긴다. 반죽을 손으로 잘 굴려 공 모양으로 만든다. 손바닥을 이용해 둥글리기를 하고 반죽이 바닥에 붙거나 떨어져 나가면 제빵용 스크래퍼나 두께가 얇은 고무 스패출라를 이용해 쓸어 담아 다시 뭉친다.
이음선 없이 매끈한 반죽이 될 때까지 손으로 작업하면서 중간 중간 반죽을 작업대에 던져 충격을 주며 반복해 작업한다. 한편 너무 오래 치대면 오히려 문제가 될 수 있으니 주의한다.
둥글 넓적하게 모양을 만들어 랩으로 감싸 30분간 냉장고에 넣어 차갑게 한다. 만약 너무 오래 냉장고에 두었다면 상온에 미리 꺼내 두었다가, 성형 및 굽기를 해야 한다. 그렇지 않으면 반죽을 밀 때 금이 가거나 깨질 수 있다.

결이 살아 있는 페이스트리 반죽

Very Flaky Pastry Dough

개인적으로 식사용 파이와 갈레트를 만들어야 할 때 이 반죽을 즐겨 사용한다. 풍부한 버터의 맛과 향을 온전하게 즐길 수 있으면서 다루기도 굉장히 쉬운 장점을 갖고 있다. 여러분은 레시피 분량보다 두 배로 만들고, 남은 절반의 반죽은 냉동실에 보관하면 3개월까지 문제 없다.

> ≫ 지름 23cm 타르트 크러스트 분량(혹은 8개의 핸드 파이, 384쪽 참조)

무염 버터 113g
표백하지 않은 중력분 1½컵(190g) + 덧가루
코셔 솔트 ½작은술
얼음물 ¼컵

버터는 1.5cm 크기의 정육면체로 썬 다음 서로 붙지 않게 그릇에 담아 냉동실에 넣어 15분 정도 얼린다. 이렇게 하면 굉장히 차가운 상태이지만 돌처럼 딱딱해지지는 않는다.

믹서로 반죽하는 법
스탠드 믹서에 패들 모양의 훅을 꽂고 밀가루와 소금, 버터를 넣은 다음 버터가 약간 으스러지며 절반 크기가 될 때까지 저속으로 작동한다. 버터의 크기가 균일하지 않아도 상관없다. 믹서가 돌아가는 동안 얼음물의 절반 분량을 천천히 흘려 넣는다. 이러면 반죽이 다소 거칠고 울퉁불퉁하게 보일 것이다. 반죽을 손으로 눌렀을 때 서로 쫀쫀하게 뭉쳐지면 물은 더 넣지 않아도 된다. 만약 건조하고 가루처럼 우수수 떨어진다면 물을 조금 추가하며 섞는다. 몇 방울씩 떨어뜨리는 식으로 넣으며 반죽 상태를 확인한다. 밀가루 상태에 따라 얼음물을 ¼컵 보다 더 넣어야 할 수도 있다.

손으로 반죽하는 법
커다란 반죽 그릇에 밀가루, 소금, 버터를 넣어 잘 버무려 섞고 제빵용 스크래퍼나 작은 나이프를 이용해 버터를 작은 크기로 자른다. 혼합된 재료를 손가락으로 누르고 꼬집어가며 버터가 납작해지도록 힘을 주어 골고루 섞는다. 얼음물을 ½ 분량 정도 넣고 포크를 이용해 액체가 가루에 골고루 분산될 수 있도록 젓는다. 이때 물을 한꺼번에 넣지 말고 조금씩 넣는다. 반죽을 조금 떼서 눌러봤을 때 서로 쫀쫀하게 뭉쳐지면 더 이상의 물은 넣지 않아도 된다. 그러나 표면이 건조하고 가루처럼 떨어지면 물을 조금만 흘려 넣은 뒤 다시 반죽하여 상태를 확인한다. 밀가루 상태에 따라 얼음물을 ¼컵 보다 더 넣어야 할 수도 있다.

믹서와 손을 모두 사용해 반죽하는 법
믹서로 대강 섞은 반죽을 덧가루 뿌린 작업대 위에 올려놓고 커다랗고 둥근 형태로 잡는다. 손바닥 안쪽의 평평한 부분으로 반죽 덩어리를 눌러 평평하게 만들고 살짝 보이는 버터 알갱이들은 밀가루 속으로 스며들도록 지긋이 누른다. 스크래퍼로 가장자리에서 중앙으로 반죽을 끌어오면서 접고 올리기를 반복한다. 이 과정은 반죽의 한 단계이자 플레이키한 반죽을 위해 버터로 층을 만들고, 그 층을 켜켜이 쌓는 방법이기도 하다.
반죽이 더 이상 우둘투둘하지 않으면서 표면이 매끄럽고 끈적거리지 않을 때까지 재료를 눌러가며 버터를 안으로 스며들게 하고, 접는 동작을 대략 5~6번 정도 반복한다. 이 시점에서 반죽이 부드러워진다면 쿠킹 랩으로 감싼 뒤 냉장고에서 20~40동안 차갑게 둔다. 이 반죽은 미리 만들어 놓아도 나중에 쓸 수 있고 냉동실에서 3개월까지 저장이 가능하다. 사용하기 하루 전날 밤에 냉장실로 옮겨 해동해야 한다.

파로 조리하기

Farro

파로(Farro)를 요리하기 전에 반드시 팬에 볶을 필요는 없다. 하지만 아래의 방법으로 만든 파로의 맛을 경험한다면 그 전으로는 도저히 돌아갈 수 없을 것이다. 아주 기본적인 방법으로 고작 3~5분 밖에 걸리지 않지만 인내심을 갖고 시간을 할애한다면 파로를 더 제대로 볶을 수 있다. 한 눈 팔지 않고 그저 꾸준히 저어 주기만 해도 파로의 풍미는 증폭될 것이다.

≫ 약 2컵 분량

엑스트라 버진 올리브 오일
마늘 2쪽
칠리 플레이크 ½작은술
파로 1컵
물 4컵
월계수 잎 1개
코셔 솔트 2작은술

마늘 볶기

뚜껑이 달린 커다란 팬을 중불에 올리고 올리브 오일을 충분히 두른다. 마늘을 대강 으깨 넣고 칠리 플레이크도 넣은 뒤 천천히 볶는다. 마늘이 부드러워지면서 향이 나고, 천천히 먹음직스러운 갈색이 될 때까지 약 3분간 조리한다.

중불을 유지한 채 파로를 넣고 골고루 열이 가도록 계속 저으면서 약 3~5분 동안 볶는다. 어느 시점이 되면 살짝 색이 진해지고 선명한 향이 올라올 것이다.

파로 익히기

이때 물과 월계수 잎, 소금을 넣고 끓인다. 뚜껑을 덮고 파로가 부드럽게 익을 때까지 뭉근하게 끓인다. 너무 지나치게 익혀서도 안 된다. 파로가 통통해지고 곡물 알갱이가 팝콘처럼 터질 정도면 된다. 만약 너무 오래 조리하면 파로는 곤죽이 되니 주의하자. 파로의 상태에 따라 15~30분 정도가 평균이나 그 이상 소요될 수 있다.

완성

잘 익은 파로는 체에 걸러 물기를 뺀다. 파로를 뜨겁게 이용할 것이라면 이대로 쓰면 된다. 샐러드용 등으로 차가운 상태가 필요하며 베이킹 시트에 부어 올리브 오일 1큰술을 넣고 잘 버무린 다음 평평하게 펴서 식힌다.

프리카 조리하기
Freekeh

프리카(Freekeh)는 밀알처럼 주로 통곡물로 먹는 밀의 한 종류이다. 어떤 조리법은 마치 불구르(Bulgur 듀럼밀을 비롯한 밀을 데쳐서 빻은 것)처럼 프리카를 말리고 깨뜨려 이용한다. 사실 프리카는 밀이 불에 타는 동안 생성된 결과물이라는 사실을 아는가? 프리카의 전통적인 수확 방법을 보면, 덜 여문, 녹색의 겨울 밀을 거두어 밭 위에서 줄기를 태워 겉껍질을 벗긴다. 그러면 그 안의 곡물이 빠져나온다. 이것이 바로 달콤하고 고소한 맛이 나면서 매력적이고 미묘한 풍미를 가진 프리카이다.

> 3컵 분량

프리카 1컵
코셔 솔트
월계수 잎 1개
기호에 따라 준비

마른 칠리 1개
기호에 따라 준비

프리카 삶기
소스 팬에 프리카를 넣고 프리카 위로 5cm 올라오게 물을 부은 뒤 팔팔 끓인다. 여기에 소금 1작은술, 월계수 잎, 칠리를 모두 넣는다. 뚜껑을 닫고 불을 약하게 줄여 은근하게 계속 끓인다.

프리카 간하기
익힐 때 약간의 인내심이 필요한데 곡물 알갱이마다 상태에 따라 익는 속도가 다르기 때문이다. 20분 정도 지나면 맛을 보기 시작하고 필요하면 소금을 조금 더 넣는다. 계속 맛을 확인하면서 아작거리는 느낌보다는 질겅질겅 씹는 식감이 느껴질 때까지 조리한다.

완성
잘 익은 프리카는 체에 걸러 물기를 뺀다. 프리카를 따뜻한 상태에서 바로 이용하거나, 베이킹 시트에 부어 올리브 오일을 2-3큰술 정도 부은 뒤 상온에서 식힌 다음 요리에 사용한다.

쿠스쿠스 조리하기
Couscous

쿠스쿠스(Couscous)는 엄격히 말해 곡물의 낱알은 아니지만 이들과 비슷하게 생긴 탓에 거의 동일한 종류로 취급되고 있다. 사실 쿠스쿠스는 밀가루와 물로 만든 특정 형태의 파스타이다. 그러나 전통적인 아프리카 북부의 쿠스쿠스의 경우 실제 매우 작은 곡물로서 으깬 밀알과 유사한 것 또한 사실이다. 이스라엘 혹은 진주 쿠스쿠스로 불리는 것들은 통후추 크기만큼 큼직한데 과거와 달리 지금은 어렵지 않게 구할 수 있다.

아주 작은 쿠스쿠스
미세한 알갱이 같은 쿠스쿠스를 익히는 가장 최고의 방법은 수분 흡수이다. 움푹한 그릇이나 소스 팬에 마른 쿠스쿠스와 동량(각 1컵씩)의 끓은 물, 코셔 솔트 ½작은술(1컵 당)을 모두 넣고 뚜껑을 닫는다. 쿠스쿠스가 수분을 모두 흡수할 때까지 5~10분 정도 기다린다. 소금을 조금 더 넣고 포크로 저어 잘 섞는다. 필요하다면 검은 통후추를 갈아 넣고 올리브 오일 혹은 버터를 적당히 추가해 섞는다.

크고 굵은 쿠스쿠스
일반 파스타와 동일하게 끓는 물에 소금을 넉넉히 뿌리고 쿠스쿠스를 넣어 익힌 뒤 체에 걸러 물기를 제거한다.

시장에서
이스라엘 쿠스쿠스를 대체할 만한 제품으로 프레골라(Fregola)를 추천한다. 이탈리아 사르데냐(Sardinian) 버전이며 구워서 나오기 때문에 맛과 향이 풍부하고 쿠스쿠스보다 투박한 질감이다.

채소 튀김에 최적인 묽은 반죽

Batter for Fried Vegetables

이 튀김 반죽(batter)은 누구라도 손쉽게 금방 만들 수 있으며 매우 얇은 튀김옷이 특징이다. 무엇보다 채소 본연의 색과 풍미가 그대로 느껴지는 완벽한 반죽이라 할 수 있다.

>> 약 450g의 채소를 충분히 튀길 수 있는 분량

옥수수 가루 ½컵
밀가루(중력분) ½컵
칠리 플레이크 ¼작은술
코셔 솔트
검은 통후추
탄산수 약 1컵

완성

커다란 그릇에 옥수수 가루, 밀가루, 칠리 플레이크, 소금, 통후추를 넉넉히 갈아 넣은 뒤 포크나 거품기로 섞는다. 탄산수를 붓고 얇은 팬케이크 반죽처럼 균일하고 멍울이 없는 상태가 될 때까지 섞는다. 만든지 한두 시간 이내에는 사용하도록 한다.

Other 부수적이지만 필수적인 것들

완벽한 반숙 달걀
Soft-Cooked Eggs

반숙 달걀은 샐러드에 아주 이상적인 재료이다. 흰자는 부드럽고 크림 같은 노른자는 살짝 흘러내려 접시 위의 다른 재료를 자연스럽게 적신다. 이 책에 수록된 레시피 작업을 하면서 친구이자 요리책 저자, 푸드 스타일리스트인 안드레아 슬론커(Andrea Slonecker)에게 훌륭한 달걀 조리법을 전수받았다. 안드레아는 끓고 있는 물에 달걀을 넣어야 껍질로부터 표피가 분리되기 수월하다고 했다. 그가 알려준 방법대로 하면 쉽게 벗겨지지 않았던 달걀껍질이 정말 스르르 벗겨지는 것은 물론이며, 최고의 식감을 자랑하는 달걀 요리를 만들 수 있다.

》 **만들고 싶은 만큼의 분량**

냉장고에서 꺼낸 달걀의 온도가 상온이 되도록 둔다. 팬에 물을 부어 끓인다. 끓는 상태는 유지하되 부글부글 거세게 끓지 않도록 조절한다. 달걀을 조심스럽게 끓는 물에 넣는다. 6분간 끓이고 꺼낸 다음 아주 차가운 얼음물에 즉시 담근다. 따뜻한 상태를 원하면 껍질이 어느 정도 식어서 손을 댈 수 있을 때 꺼내고, 아니라면 차가워질 때까지 기다린다. 당장 사용할 거라면 바로 껍질을 벗기고, 그렇지 않다면 냉장고에 보관한다. 대신 삶은 달걀의 저장 기간은 하루를 넘기지 않도록 하자.

마늘 내리치기

나는 정말 많은 양의 마늘을 사용한다. 그리고 종종 '마늘을 세게 내리쳐서 껍질을 벗기라'고 제안한다. 조리대 위에 마늘을 놓고 일격을 가할 때에는 부엌칼이 편리하다. 주방용 망치나 무거운 냄비 바닥을 이용해도 괜찮다. 여기서 포인트는 강렬한 한 방을 제대로 날리는 것이다.

이 방법의 좋은 점이 세 가지 있다. 첫째, 마늘에 밀착해 감싸고 있는 아주 얇은 껍질을 깨뜨려 공간을 벌어지게 하므로 쉽게 제거할 수 있다. 두 번째, 마늘이 품고 있는 풍미를 최대한 유지할 수 있다. 이렇게 내리쳐서 살짝 으깬 마늘을 올리브 오일에 구우면, 확장된 마늘 표면 덕에 오일이 잘 스며들 뿐만 아니라 향도 증가한다. 셋째, 마늘을 자르거나 곱게 다지는 일이 훨씬 쉬워진다. 왜냐하면 내리친 마늘은 이미 어느 정도 평평한 상태가 되어있기 때문이다.

오일에 마늘 익히기

이 책을 보면 수많은 마늘을 올리브 오일에 볶는 과정이 레시피에 포함되어 있다. 이는 오일에 마늘의 풍미를 스며들게 하면서 마늘을 부드럽게 만들기 위한 단계이다. 더불어 부서지고 쪼개진 마늘은 요리의 다른 재료와 자연스럽게 섞일 수 있게 된다. 가볍게 볶기만 해도 마늘의 맛과 향이 은은하게 퍼진다.

마늘을 볶으려면 우선 프라이팬에 올리브 오일을 적절히(약 2큰술) 두르고 내리쳐 으깬 마늘을 넣고 중불로 맞춘다. 마늘이 아주 부드러워지고 향기를 풍기며 먹음직한 진한 금빛이 될 때까지 (태우지 않도록 조심) 약 5분간 천천히 조리한다.

쪽파를 순하고 아삭하게 만들기

가장 먼저 명심해야 할 일은 쪽파 이파리의 끝을 성큼 자르지 않는 것이다. 1.3cm 정도만 잘라 다듬으면 된다. 반대편의 잔털이 붙은 뿌리 부분은 그 부위만 제거하면 된다. 만약 파의 겉껍질이 너무 건조하거나 점액질이 묻어나면 이를 벗기고 사선 방향으로 길고 얇게 썬다. 파를 샐러드에 넣을 경우 얇게 썬 파를 얼음물에 약 20분 동안 담가 두었다가 물을 버리고 키친타월로 물기를 완전히 제거한다. 이렇게 하면 알싸함이 누그러지고 아삭거리는 식감이 살아나면서 상쾌한 느낌까지 준다. 불로 익힐 것이라면 얼음물에 담그는 과정은 생략하고 제시된 레시피에 따라 손질하면 된다.

How To Dress a Salad

샐러드 드레싱 기술

레스토랑에서 지켜야 하는 몇 가지 일들에 대해 나는 거의 광적이다시피 집착하는 편이다. 예를 들어, 콩이 완벽하게 삶아졌는지, 파스타가 알덴테로 익었는지, 허브가 제대로 저장되고 있는지, 그리고 샐러드와 드레싱이 적합하게 매치되는지 등이다. 특히, 마지막에 언급한 드레싱의 중요함은 이루 말할 수가 없다.

샐러드는 반드시 싱싱해야 하고 아삭하여야 한다. 채소 본연의 맛이 느껴져야 하고 통 샐러드라면 컬러풀하고 보기에도 좋아야 한다. 나는 자주 '숨을 곳이 없다'라는 말을 하는데, 이는 채소를 비롯해 허브, 식초, 엑스트라 버진 올리브 오일 등 어느 하나 빠질 것 없이 똑같이 소중하다는 의미이다. 이처럼 샐러드 요리에는 모든 재료의 개성이 다 드러날 수밖에 없다.

레스토랑에서는 비네그레트를 다양하게 만들지 않고 보통 서너 가지를 미리 만들어 놓는데, 각 소스를 사용할 때마다 반드시 맛을 보고 다시 조율하는 방법으로 관리한다. 한편, 개인적으로 좀 아쉬운 점이라면 대부분의 사람들은 직접 소스의 맛을 보고 뭘 더 넣어야 할지 판단하기보다 오일과 식초를 3대 1의 비율로 섞는 고전적인 방법에 지나치게 의존한다는 사실이다.

이 책에 소개된 대부분의 샐러드 레시피를 보면 드레싱 재료를 섞은 뒤 맛을 꼭 보고, 필요하면 재료를 조금 더 추가하라고 설명해 놓았다. 이런 방식으로 간을 맞추다 보면 시즈닝이 과해져 재료들을 압도하는 일은 발생하지 않는다. 상추의 아름다운 잎이나 허브의 신선한 맛을 온전히 느끼고 싶거나 그것도 아니라면 오직 더 맛있는 풍미를 원할테니 말이다.

자, 그렇다면 여기 샐러드 만드는 방법을 숙지하자.

* 손으로 자유롭게 뒤섞을 수 있어야 하므로 공간의 여유가 있는 커다란 그릇에 채소와 허브를 담는다. 그 어느 누구도 접시 위의 샐러드 상태가 안 좋아 보이는 것은 원치 않으니 채소들의 상태를 주의 깊게 살피고 골라 낼 것들을 빼낸다.
* 식초를 채소에 뿌리는 동안 다른 한 손은 채소를 골고루 잘 섞는다. 이때, 식초를 흠뻑 넣지 않도록 조심할 것! 적당량을 넣은 뒤 맛을 본다. 이때, 채소와 식초의 맛이 둘 다 느껴져야 한다.
* 소금과 검은 통후추를 갈아 넣고 간을 맞춘 뒤 다시 맛을 본다. 이제 여러분은 채소와 식초, 소금과 후추의 맛을 한 번에 느껴야 할 것이다. 여러 시즈닝의 조합으로 샐러드는 맛과 향은 물론 식감까지 모두 갖췄다. 레스토랑에 있는 요리사들에게 나는 항상, 이 순간의 샐러드 믹스가 엑스트라 버진 올리브 오일이 없어도 충분히 맛있어야 한다고 말한다.
* 어떤 풍미가 더해질지 생각하면서 엑스트라 버진 올리브 오일을 넣는다. 오일이 모든 재료에 일정하게 코팅되도록 한 손으로 채소들을 부드럽게 버무리듯 섞는다. 한 번 더 맛을 보고 마음에 들면 바로 먹어버리자. 참고로, 샐러드는 손으로 먹어야 더 맛있다!

텃밭에서

씨종자를 연구하고 개발하는 농부 프랭크 모튼(Frank Morton)은 1980년대에 이미 몇 개의 오리지널 샐러드 믹스를 생산했다. 그는 부드럽고 순한 상추를 비롯해 살짝 매콤한 갓종류 식물로 알려진 크레스(Cresses)나 겨자잎처럼 진한 풍미를 가진 채소 혹은 케일, 다채(Tatsoi), 미즈나(Mizuna)와 같은 배추속에 들어가는 채소도 포함된다. 또한, 샐러리 잎, 민트, 파슬리, 에파조테(Epazote)에서 느낄 수 있는 아로마의 향미 등을 더해 다양하게 구성했다. 모튼처럼 나 역시 풍미와 색깔, 질감을 모두 느낄 수 있는 끝내주는 샐러드 믹스를 지향하며, 가능하면 채소의 잎, 꽃잎, 새순 등과 같은 모든 부위를 이용한다.

Pickles: Six Seasons in a Jar

유리병 속에 담긴 여섯 계절

어릴 적, 당시 길을 따라 내려가면 농장이 하나 있었는데, 그곳의 농부는 피클이 가득 들어간 '세상에서 가장 맛있는 블러디 메리' 믹스를 만들었다. 어른들은 그의 칵테일을 즐겨 마셨고 철부지 소년이었던 나는 그 안에 든 피클만 골라내 게걸스럽게 먹곤 했다. 아마도 이때부터 피클에 대한 열렬한 사랑이 시작되었는지도 모르겠다. 그리고 나는 여전히 피클에 푹 빠져 있다. 농부가 되고 싶은 판타지에 사로잡힌 현직 요리사로서 피클의 새콤하면서도 짜릿한 맛과 매혹적으로 아삭거리는 식감, 그리고 시간을 잠시 멈추고 계절의 완벽함을 담을 수 있는 능력에 대해 정말 감사하다. 뉴욕에 위치한 '모모푸쿠(Momofuku)'에서 일할 무렵, 나는 데이빗 장(David Chang)이 가진 피클에 대한 철학에 크게 동감했다. 그는 내게 아주 훌륭한 피클들을 소개해주었는데, 그것들은 미간을 치고 올라오는 강렬한 새콤함과는 거리가 멀었다. 낮은 산도와 달콤한 터치가 초절임물 뿐만 아니라 채소를 맛있게 만들고 있었다. 내가 만드는 모든 피클은 소위 냉장용 피클들로 발효에 의해 숙성되는 것이 아니라 초절임물에 의해 맛과 향이 스며드는 종류이다. 절임물 덕에 내용물이 잘 보존될 수 있다고 하더라도 피클은 반드시 냉장 보관해야 한다. 피클 정보서 중 『Ball Blue Book Guide to Preserving(저장 음식을 위한 볼 블루 북가이드)』가 알려주는 보존 방법을 완벽히 터득한 다음 그대로 따라한다면 모를까 그렇지 않으면 냉장 보관이 맞다. 여러분은 많은 양의 초절임물을 한 번에 만들어 놓고 피클로 만들 채소들의 특징에 따라 본인이 원하는 대로 시도해볼 것을 제안한다.

채소 피클을 위한 기본 초절임물

Basic Vegetable Pickle Brine

냉장고에 보관된 초절임물은 상당히 오랫동안 이용할 수 있으므로 아래 레시피의 3배 정도를 만들어 놓고 어느 날 갑자기, 피클을 몹시 만들고 싶을 때 꺼낸다.

» 약 6컵 정도의 피클을 만들기에 충분한 분량

쌀 식초 ½컵
화이트 와인 식초 1큰술
뜨거운 물 1½컵

설탕 5큰술
코셔 솔트 1큰술
+ 1작은술

준비
냄비나 혹은 속이 깊고 커다란 그릇에 모든 재료를 넣고 설탕과 소금이 완전히 녹을 때까지 잘 젓는다.

완성
아름다운 모양과 색깔을 볼 수 있도록 알루미늄 뚜껑이 달린 깨끗한 유리병에 채소를 담고 완전히 잠길 때까지 초절임물을 붓는다. 뚜껑을 닫고 이대로 냉장고에 두면 2개월까지 저장할 수 있다. 만든 뒤 하루가 지나 맛을 보고 풍미와 질감이 어떻게 변했는지 확인해보자. 여러분이 만족한 순간부터 식탁 위에 내놓으면 된다.

차가운 초절임물을 이용해 만드는 다양한 피클
Cold Brine

채소	시즈닝	준비하기
비트	타임 잔가지 4개를 물에 헹군다.	작은 크기의 스프링 비트가 가장 좋다. 컬러풀한 몇 가지 비트를 이용한다면 붉은 색으로 물들지 않도록 각 색깔별로 유리병에 나누어 담자. 녹색 줄기는 제거하고 비트는 깨끗이 씻은 뒤 채소 필러를 이용해 최대한으로 얇은 두께, 예를 들면 감자칩 정도로 저민다. 타임 잔가지와 함께 병에 층층이 쌓아 올린다.
당근	내리친 마늘 5쪽, 마른 칠리 2개, 타임 잔가지 3~4개, 살짝 구운 고수 씨 1큰술을 모두 물에 헹군다.	봄에 수확한 얇고 날씬한 당근이 가장 좋다. 녹색 줄기는 약 0.6cm 정도만 남기고 나머지 윗부분은 모두 제거한다. 당근을 부드러운 솔로 문질러 닦는다. 만약 늦봄에 수확한 커다란 당근이라면 껍질을 벗겨내고, 두 입 정도 크기의 막대 모양으로 썬다. 유리병에는 막대 모양이 서 있게끔 정렬해 담고 그 사이사이 시즈닝을 눌러 담는다.
콜리플라워	내리친 마늘 5쪽, 타임 잔가지 4개를 모두 물에 헹군다.	콜리플라워를 손으로 쪼갠 다음 다시 한 입 크기로 균일하게 손질해 넣는다. 시즈닝과 함께 병에 층층이 쌓아 올린다.
셀러리	내리친 마늘 5쪽, 마른 칠리 2개, 타임 잔가지 4개, 살짝 구운 고수 씨 1큰술을 모두 물에 헹군다.	샐러리 줄기를 세로로 길게 자른 뒤 약 0.6cm 정도 두께의 반달 모양이 되도록 슬라이스 한다. 시즈닝과 함께 병에 층층이 쌓아 올린다.
체리	타임 잔가지 6개를 물에 헹군다.	색이 진하고 달콤하게 익은 단단한 체리를 이용한다. 씨를 제거하고 유리병에 타임과 함께 병에 층층이 쌓아 올린다.
오이	기본 초절임물만 필요하다.	길이가 작고 통통한 오이 종류인 커비(Kirby)가 이상적이다. 레몬 오이나 더 작은 종류들로 다양하게 만들어도 흥미롭다. 약 0.6cm 정도 두께로 슬라이스 한다.
펜넬	내리친 마늘 5쪽, 마른 칠리 2개, 필러로 길쭉하게 벗긴 오렌지 껍질 3조각, 로즈메리 잔가지 2개를 모두 물에 헹군다.	작은 베이비 펜넬을 선택한다. 가지를 잘라내고 반으로 가른 다음 안쪽 구근을 세로로 길게 슬라이스 하는데, 채칼을 쓰면 편리하다. 가운데 알맹이는 그대로 남겨두고 시즈닝과 함께 병에 층층이 쌓아올린다
래디시	기본 초절임물만 필요하다.	선명하게 붉고 둥그런 래디시를 이용해야 더 오래도록 피클 상태를 유지할 수 있다. 줄기는 약 0.6cm 정도만 남기고 윗부분을 자른 뒤 깨끗이 세척한다.
봄양파	기본 초절임물만 필요하다.	0.3cm 정도의 두께로 슬라이스 한다.

채소	시즈닝	준비하기
순무	내리친 마늘 5쪽, 마른 칠리 2개, 필러로 길쭉하게 벗긴 오렌지 껍질 3조각, 검은 통후추 1큰술을 모두 물에 헹군다.	제철 초기에 수확된 일본산 순무를 이용한다. 녹색 줄기 부분은 약 0.6cm 정도만 남겨두고 윗부분을 제거한다. 껍질을 벗겨내는 대신 부드러운 솔로 문질러 닦은 다음 세로로 길게 4등분한다. 철 지난 순무를 사용할 경우 필러로 껍질을 벗겨내고 웨지(wedge) 모양으로 자른다. 시즈닝과 함께 병에 층층이 쌓아올린다.
노란 줄기콩 (wax bean)	내리친 마늘 5쪽, 마른 칠리 2개, 로즈메리 잔가지 2개를 모두 물에 헹군다.	노랑 줄기콩이 아름답지만 만약 녹색을 원한다면 녹색 줄기콩을 사용하거나 이 두 가지를 섞어도 좋다. 콩 줄기의 끝을 잘라 다듬고 말린 부분은 남겨둔다. 서 있는 모양으로 정렬해 담고 그 사이사이 시즈닝을 눌러 담는다.
주키니, 여름 호박들	내리친 마늘 5쪽, 마른 칠리 2개, 로즈메리 잔가지 2개를 모두 물에 헹군다.	작고, 단단하며 흠집 없는 호박을 사용한다. 얇고 길쭉하며 납작한 끈 모양이 나오도록 위에서부터 아래 방향으로 슬라이스 하는데, 채칼을 사용하면 편리하다. 병에 채운 뒤 재료 사이사이에 시즈닝을 눌러 담는다.

뜨거운 초절임물을 이용해 만드는 다양한 피클

Hot Brine

평생 동안 즐기는 중인 피클 여정을 통해, 나는 다음의 4가지 채소들이 피클로서 최고의 풍미와 향을 내려면 약간의 조력자가 필요하다는 점을 배웠다. 여러분이 이미 알고 있는 기본 초절임물에 끓이는 단계만 추가하면 된다. 유리병 맨 위에서부터 약 2.5cm 아래까지 오도록 유리병에 채소를 담는다. 초절임물을 필요한 만큼 채웠다가 팬에 쏟아 끓인다. 시즈닝을 병에 넣고 뜨거운 초절임물을 다시 붓는다. 냉장고에 넣기 전에 완전히 식힌다.

채소	시즈닝	준비하기
아스파라거스	내리친 마늘5쪽, 마른 칠리 2개를 모두 물에 헹군다.	아스파라거스를 병 속에 세울 수 있도록 줄기를 잘 다듬는다. 병에 채운 뒤 재료 사이사이 시즈닝을 눌러 담고 뜨거운 초절임물을 위까지 붓는다.
방울양배추	내리친 마늘 5쪽, 마른 칠리 2개, 검은 통후추 1큰술을 모두 물에 헹군다.	방울양배추를 다듬고 반으로 잘라 유리병에 채우고 재료 사이사이에 시즈닝을 눌러 담고 뜨거운 초절임물을 위까지 붓는다.
신선한 칠리	내리친 마늘 5쪽, 타임 잔가지 3~4개	모양과 색깔, 풍미가 고루 섞이도록 다양한 칠리를 이용한다. 씨를 제거하고 꼭지를 떼어낸다. 큰 칠리는 작게 썰어서 다른 칠리와 일정한 크기로 맞춘다. 유리병에 채우고 재료 사이사이에 시즈닝을 눌러 담고 뜨거운 초절임물을 위까지 붓는다.
명이	마른 칠리 1~2개	뿌리 끝을 다듬고 녹색 잎 사이사이를 깨끗하게 씻는다. 명이 전체를 유리병에 꽉 채워 재료 전체가 새콤달콤한 맛이 나도록 한다. 시즈닝을 사이사이에 눌러 담고 뜨거운 초절임물을 위까지 붓는다.

Spring
Season One

첫 번째 계절, 봄

진부한 말 같지만 나는 해마다 봄의 기적을 실감한다. 겨우내 내린 서리와 눈, 추위에 덮여 있던 스산한 풍경들이 어느새 신선한 초록으로 물들어가는 걸 보면 놀라움과 함께 설레임이 찾아온다.

봄이 제때 찾아온 것이 맞겠지? 우리가 지난 겨울 동안 즐겨 먹었던 단단한 뿌리채소들과 겨울 호박만큼 사랑하는 봄 채소들, 우린 얼마 지나지 않아 그 보드라움에 푹 빠질 것이다. 초록의 생명체들, 풍성하고 섬세한 맛을 지닌 봄 채소들은 조리할 필요도 없이 그냥 땅에서 뽑아 툭툭 털어 먹어도 좋을 것이다. 새로이 따스해진 굳은 땅에서 처음으로 움을 틔운 채소만큼 달고 맛있는 것은 없으니까.

나는 익히지 않은 생콩을 그냥 한 줌 집어먹거나 아스파라거스 줄기를 내 방식대로 아삭아삭 씹어 먹을 것이다. 손님들과 친구들에게 간단한 봄 채소 요리를 낸다면 엑스트라 버진 올리브 오일과 약간의 레몬즙, 식초, 그리고 소금과 후추만으로도 충분할 것이다.

아, 그렇지! 여기에 파르미지아노 레지아노 치즈가 더해지면 좋을 것이다.

몇 주 동안은 이렇게 자연 그대로의 싱싱한 봄 채소를 마음껏 즐긴 후 봄의 따스함을 들여와 어울리는 몇 가지 재료들을 곁들여 요리를 할 것이다. 봄이 더 깊어지고 날씨가 따스해지면 초봄의 채소들 중 몇몇은 섬유질과 찰기가 더해져 좀 더 새로운 손길의 요리가 가능해질 것이다.

봄 채소와 요리

ARTICHOKES
아티초크

허브와 아몬드, 치즈를 넣은
생 아티초크 샐러드 … 108

살라미와 허브를 넣은
아티초크 파로 샐러드 … 110

아티초크 치즈 소스를 곁들인
아티초크 구이 … 112

ASPARAGUS
아스파라거스

다채로운 씹는 맛의
생 아스파라거스 샐러드 … 115

아스파라거스 프리타타 … 116

달걀을 올린
아스파라거스 볶음 … 118

누에콩과 호두를 곁들인
아스파라거스 구이 … 120

비그뇰 … 122

ENGLISH PEAS
완두콩

완두콩 토스트 … 124

완두콩과 당근 피클
넣은 살사 베르데 … 126

프로슈토와 햇감자 넣은
완두콩 볶음 … 128

완두콩 카르보나라 … 129

완두콩과 살구를 넣은
쿠스쿠스 양고기 미트볼 … 130

FAVA BEANS
누에콩(잠두콩)

매시드 누에콩 토스트 … 133

곡물, 치즈, 살라미를 넣은
누에콩 샐러드 … 134

누에콩과 피스타치오
페스트로 만든 파스타 … 136

달걀을 얹어 구운 누에콩
토마토 스튜 … 138

LETTUCES AND EARLY GREENS
상추 같은 잎채소, 어린 잎채소

허브 버터를 바른
따뜻한 빵 … 141

레몬 크림 로메인 샐러드 … 142

판체타 비네그레트,
햇감자, 달걀을 넣은
레터스 샐러드 … 144

녹인 치즈를 곁들인
쌉사름한 그린 샐러드 … 146

올리브를 넣은
잎채소 볶음 … 147

ONION FAMILY
어린 양파 종류

구운 빵에 올린
새콤달콤 산마늘 … 149

앤초비 드레싱과
반숙 달걀을 얹은 리크 … 150

구운 쪽파로 만드는
살사 베르데 … 151

세 종류의 양파로 만드는
오픈 샌드위치 … 152

RADISHES
래디시

톤나토 소스 래디시 샐러드 … 155

대추야자와 사과를 넣은
구운 래디시 샐러드 … 156

브라운 버터, 칠리, 꿀맛
래디시 구이 … 158

SUGAR SNAP PEAS
슈거 스냅

체리 피클과 땅콩을 넣은
슈거 스냅 샐러드 … 160

인도풍 슈거 스냅 샐러드 … 161

달걀 정어리 햇감자
슈거 스냅 샐러드 … 162

슈거 스냅을 넣은 그리치아
파스타 … 164

톤나토와 레몬을 곁들인
슈거 스냅 튀김 … 166

Artichokes
아티초크

아티초크는 커다랗고 뾰족한 잎들로 쌓인 가시 모양 꽃봉오리(실제 '아티초크'라 불리는 부분)인데, 수확 시기가 지나면 아름다운 자주색 꽃으로 남는다. 이 거대한 채소를 요리조리 보고 있으면 '다루기 힘든 재료이겠구나'라는 생각이 들 수도 있다. 하지만 아티초크는 통째로 쪄서 한 잎, 한 잎 떼어 먹을 수 있기에 요리 준비는 비교적 간단한 편이다. 그러나 수분이 많은 받침대와 줄기로 다른 요리를 만들고자 한다면 약간의 품이 더 들어가는 게 사실이다. 그러나 이 점이 내가 아티초크를 사랑하는 이유이다. 내게 아티초크를 손질한다는 것은 바로 '봄을 시작하는 의식'이므로.

봄과 가을에 수확
미국에서 생산되는 대부분의 아티초크는 캘리포니아에서 재배되며, 수확기는 3~5월이다. 만약 여러분이 살고 있는 동네 근처에 아티초크 재배 농장이 있다면 늦여름까지도 구해 먹을 수 있다. 보통 가을에 한 번 더 수확하는데 그때까지는 아티초크 외의 다른 대안을 찾곤 한다. 하지만 나의 경우 이른 봄에 나오는 아티초크를 가장 좋아하는데 추운 겨울 동안 느린 속도로 성장하는 덕분에 받침대와 줄기 부분이 두툼해지고 속이 더욱 꽉 차 있기 때문이다. 대량 생산되는 아티초크는 녹색의 커다랗고 둥근 형태가 대부분인 반면 소규모 농장에서는 종종 이탈리아 품종을 재배하기도 한다. 보라색이거나 짙은 적갈색을 띠고 크기는 상대적으로 작은 편이며 잎 모양이 개방적이며 수직으로 뻗어 있다. 이탈리아 품종인 비올레타 디 키오가(Violetta di Chiogga)는 일반 미국산보다 훨씬 달콤하고 풍미가 깊다.

헷갈리기 쉬운 아티초크 용어
아티초크에 사용하는 단어 중 혼돈을 가져올 수 있는 게 있다. 학술적으로 아티초크의 '하트(Heart)'는 가운데 부분을 말하는데, 먹을 수 없는 '초크(Choke)'를 포함하고 있다. 하지만 일반적으로 '아티초크의 하트(Artichoke heart)'는 초크를 제거한 상태를 일컫곤 한다. 컵처럼 생긴 아티초크의 밑동은 속이 꽉 차 있으며 담백한데 녹인 버터(또는 이 책에서 알려주는 마요네즈)에 찍어 먹으면 아주 맛있다. 아니면 그 부분을 따로 도려내어 원하는 요리에 사용하면 된다. 말하자면 버리지만 말라는 것이다. '베이비 아티초크' 역시 풋풋하고 어린 수확물을 뜻하는 게 아니다. 식물의 줄기 중 아래에 위치해 햇빛을 제대로 받지 못해 크기가 작다는 의미일 뿐이다. 베이비 아티초크가 아주 연한 식감을 가지고 있기는 하다. 아티초크는 랩이나 비닐봉지로 느슨하게 감싸 냉장실에 두면 일주일 정도는 보관이 가능하다. 단, 수분감 없이 잘 마른 상태가 아니라면 곰팡이가 쉽게 생길 수 있으며, 바로 상한다.

아티초크의 '하트' 손질
연두색의 잎이 나올 때까지 바깥쪽의 어두운 색 잎들을 잡아당겨 세게 뜯는다. 봉오리의 뾰족한 끝 부분을 2~3cm 정도 잘라내면 안쪽에 부드러운 잎들로 이루어진, 컵처럼 생긴 밑동과 먹을 수 있는 줄기 등이 있다. 줄기를 살펴보면 어떤 아티초크는 10cm가 넘는 것도 있고, 매우 짧은 것도 있다. 어떤 것이든 줄기의 겉은 섬유질로 덮여 있고, 안쪽은 달콤하며 촉촉한 즙을 머금고 있다. 줄기를 그대로 사용해 요리를 만든다면 작은 칼이나 필러로 줄기의 껍질은 벗겨 내야 한다. 다음은 날카롭고 작은 칼로 꽃 받침대 옆의 거칠고 딱딱한 잎의 끝을 잘라 제거해야 한다. 조각가가 된 마냥 매끈한 형태가 나오도록 신중하게 작업해야 한다. 이 정도까지 손질하면 통으로 사용할지 길이로 반 갈라 사용할지는 레시피에 따라 결정하면 된다. 이제 남아 있는 부드러운 잎들을 조심스럽게 열어 젖힌 뒤 꽃 받침대 가운데의 털이 소복한 '초크'를 숟가락으로 떠낸다. 칼로 살살 도려내도 되며, 멜론 볼러 같은 것을 사용해도 좋다. 남은 꽃 받침대 부분에는 레몬즙을 발라 둔다. 여기까지 준비가 되었다면 이제 요리할 차례이다.

허브와 아몬드, 치즈를 넣은 생 아티초크 샐러드
Raw Artichoke Salad with Herbs, Almonds, and Parmigiano

아주 이른 봄에 나온 아티초크가 아니라면 이 샐러드를 만드는 것은 추천하지 않는다. 봄에 나는 모든 채소들이 그렇듯 여전히 추운 봄의 밤은 아티초크의 단맛을 더해주며 풍미도 최고로 끌어올려 준다. 또한, 이 시기에 나는 작고 어린 아티초크는 섬유질이 덜 발달하여 매우 부드럽지만 요리할 때는 아주 얇게 슬라이스 해야 한다.

≫ 2인분

레몬 2개
아티초크 2개
초봄에 수확한 것
코셔 솔트
검은 통후추
칠리 플레이크 ¼작은술
민트 잎 ¼컵
살짝 눌러 담은 정도
파슬리 잎 ¼컵
살짝 눌러 담은 정도

차이브 ¼컵
5cm 길이로 잘라 살짝 눌러 담은 정도
차이브 꽃 ¼컵
*구할 수 있으면 준비
아몬드 ⅓컵
살짝 구워 굵게 다진 것
*57쪽 참고
파르미지아노 레지아노 치즈
엑스트라 버진 올리브 오일 ¼컵

레몬 준비
모두 반으로 자른다.

아티초크 준비 1
연한 녹황색의 부드러운 잎이 보일 때까지 아티초크의 겉잎을 벗기고 윗부분 ⅓을 자른다. 줄기 끝을 잘라낸 다음 필러나 날카로운 작은 칼로 단단한 부분을 깎는다.

*아티초크의 겉잎은 질긴 섬유질이지만 안쪽의 하트는 달고 수분이 많다.

아티초크 준비 2
손질한 아티초크는 세로로 반 자르고 레몬 1쪽으로 표면을 골고루 문지른다. 수북한 털로 덮인 초크 부분을 숟가락으로 떼어내거나 작은 칼로 도려내고, 남은 부위에 레몬을 꾹 짜서 즙을 뿌린다. 모두 반 자르고 칼이나 필러로 최대한 얇게 세로로 자른다.

*아티초크를 자를 때 스테인리스 재질의 칼을 사용하면 아티초크가 자칫 변색될 수 있으니 주의한다.

완성
아티초크를 모두 볼에 담고 남은 레몬 3쪽을 꾹 짜서 즙을 뿌린다. 소금 ½작은술과 검은 통후추를 넉넉하게 갈아 넣고 칠리 플레이크, 민트 잎, 파슬리 잎, 차이브, 차이브 꽃, 아몬드를 넣는다. 파르미지아노 레지아노 치즈도 필러로 15~20번 정도 깎아 넣어 골고루 섞고, 간이 부족하면 소금을 더 넣는다. 마지막에 올리브 오일을 뿌려 가볍게 섞는다.

줄기의 단맛이 나는 부분이 나오도록 질긴 겉잎을 벗긴다.

살라미와 허브를 넣은 아티초크, 파로 샐러드
Artichoke and Farro Salad with Salami and Herbs

나는 이 요리를 '남자의 간식'이라고 부른다. 육류의 질감을 내기 위해 넣은 살라미가 '이탈리안 호기(Hoagie)[1]' 같은 느낌을 주기 때문이다. 냉장고 문을 열 때마다 이 샐러드가 있으면 좋겠다 싶을 정도로 몹시 좋아한다. 파로 대신 '프리카(Freekeh)[2]' 같은 다른 곡물로 대체할 수 있지만, 파로는 드레싱을 쉽게 흡수하지 않는 밀도를 가지고 있어 오히려 기분 좋게 씹는 맛을 느낄 수 있다는 장점이 있다. 이 샐러드의 매력은 다른 재료와 함께 곡물의 맛을 제대로 음미할 수 있다는 것이다.

≫ 2인분

조리한 파로 2컵
엑스트라 버진 올리브 오일
살라미 85g
얇게 슬라이스 된 것
적양파(큰 것) ½개
아티초크 1개
화이트 와인 식초
코셔 솔트
검은 통후추

칠리 플레이크
파슬리 잎 ½컵
살짝 눌러 담은 정도
바질 잎 ½컵
살짝 눌러 담은 정도
민트 잎 ½컵
살짝 눌러 담은 정도
브레드크럼 ¼컵
*55쪽 참고

파로 준비
조리한 파로는 물기를 잘 빼서 유산지에 올린 다음 올리브 오일을 조금 뿌려 그대로 식힌다.

*파로 조리하는 과정은 89쪽을 참고한다.

살라미·양파 준비
살라미는 2등분 혹은 4등분으로 자르고, 양파는 아주 얇게 슬라이스 한다.

아티초크 준비
아티초크는 열십자(+)로 4등분한 뒤 손질해서 데친다.

*아티초크 손질하는 방법은 113쪽을 참고한다.

완성
파로와 살라미, 양파를 그릇에 담고 와인 식초 ¼컵을 골고루 뿌린다. 소금으로 간을 하고 검은 통후추를 넉넉히 갈아 넣은 뒤 칠리 플레이크도 약간 넣는다. 여기에 아티초크, 파슬리, 바질, 민트를 넣어 골고루 섞고 소금과 칠리 플레이크 혹은 와인 식초로 다시 간을 맞춘다. 마지막에 올리브 오일 ¼컵을 뿌려 가볍게 섞고 위에 브레드크럼을 올린다.

텃밭에서
양질의 토양은 채소의 풍미도 최고로 만들어 낸다. 오레곤 출신의 농부 안토니 부타드(Anthony Boutard)는 마치 내가 음식에 간을 맞추듯 농장의 토양에 간을 한다. 그는 어린 시절에 먹었던 화사한 풍미의 아티초크를 떠올리며 캘리포니아 캐스트로빌(Castroville)에 터를 잡았다. 덕분에 거대한 태평양에서 불어오는 바람이 농작물에 짭짤한 소금기를 더한다.

---

1 길쭉한 빵에 고기와 치즈, 채소를 넣어 만든 것으로 '서브마린 샌드위치(Submarine Sandwich)'라고도 불린다.
2 중동지역에서 주로 재배하는 곡물로 완전히 익기 전, 녹색일 때 수확해 구워서 외피를 제거한 것이다. 현미에 비해 3배 이상 식이섬유가 풍부하고 탄수화물은 적다.

아티초크 치즈 소스를 곁들인 아티초크 구이

Grilled Artichokes with Artichoke-Parmigiano Dip

내가 아주 좋아하는 스타일의 요리이다. 같은 재료로 두 가지 요리를 만들 수 있기 때문이다. 몇 개의 아티초크는 그릴에 구울 것이고, 나머지는 디핑 소스로 만드는 방법을 소개하겠다.

≫ 4인분

레몬 3개	타바스코 소스
아티초크 6개	3~4번 흔들어 넣는 양
일찍 수확한 중간 크기	차이브 ¼컵 곱게 썰어
마늘 4쪽	살짝 눌러 담은 정도
칠리 플레이크 2작은술	파르미지아노 레지아노 치즈
고수씨 2큰술	¼컵 강판에 바로 간 것
화이트 와인 식초 3큰술	엑스트라 버진 올리브 오일
코셔 솔트	파슬리 잎 ¼컵 듬성듬성
크렘 프레슈 1½컵	썰어 살짝 눌러 담은 정도

레몬 준비
3개 중 1개는 길이로 4등분해 두고, 2개는 강판으로 제스트를 낸 뒤 반 잘라 2쪽만 꾹 짜서 즙을 낸다.

아티초크 준비
다듬어서 열십자(+)로 4등분하고 반 자른 레몬 1쪽으로 표면을 문지른 다음 가느다란 털로 뒤덮여 있는 초크 부분을 숟가락으로 떠낸다. 초크에 반 자른 레몬 1쪽을 꾹 짜서 즙을 뿌린다.

*아티초크 다듬는 방법은 108쪽을 참고한다.

크르부용 만들기
손질한 아티초크 8쪽이 충분히 들어갈 만한 크기의 냄비에 마늘 3쪽, 칠리 플레이크, 고수씨, 와인 식초를 넣고 약 2ℓ의 물을 부어 끓인다. 물이 끓으면 소금 2작은술을 넣어 간을 하고 불을 끈 뒤 식힌다.

*이렇게 만든 국물을 쿠르부용(Court Bouillon)이라 하는데, 모든 재료의 맛이 충분히 느껴져야 한다.

아티초크 삶기
쿠르부용이 담긴 냄비에 아티초크 8쪽을 넣어 부드러워질 때까지 10~15분 정도 삶고 체로 건진 뒤 식힘망 위에 올려 어느 정도 식힌 다음 키친타월로 물기를 닦는다.

*아티초크가 다 삶아졌는지 알아보려면 감자 삶을 때처럼 아티초크의 줄기 부분을 포크로 찔러본다.

아티초크 디핑 소스 만들기
삶은 아티초크는 잘게 썰어 큼직한 그릇에 담고 ½분량의 레몬 제스트와 크렘 프레슈, 레몬즙, 타바스코 소스, 차이브, 치즈를 넣어 잘 섞은 뒤 소금으로 간을 한다. 여기에 올리브 오일 ¼컵을 붓고 휘저어 진하고 부드러운 농도로 맞춘다. 간이 부족하면 소금으로 다시 간을 한다.

아티초크 굽기
프라이팬이나 주물 팬을 센불에 올리고 올리브 오일을 조금 뿌린 뒤 나머지 마늘 1쪽을 넣어 기름에 마늘 향이 배도록 한다. 남은 아티초크 16쪽을 팬에 넣어 골고루 갈색이 나고 가장자리가 바삭하게 익을 때까지 약 10분간 굽는다. 아티초크가 모두 들어갈 만큼 팬이 크지 않다면 나눠서 굽는다.

*아티초크를 그릴에 구울 때는 오일을 두르고 마늘 향을 내는 과정은 생략한다.

담기
구운 아티초크를 커다란 접시에 담고 파슬리 잎과 나머지 레몬 제스트를 골고루 뿌린 다음 올리브 오일을 흩뿌린다. 디핑 소스와 남은 레몬을 함께 곁들인다.

작은 크기의 아티초크 하트를 손질하는 방법.

Asparagus
아스파라거스

아스파라거스가 시장에 나타나는 순간, 사람들은 겨울이 끝났음을 알게 된다. 이 부드러운 녹색 줄기를 미리 쟁여 놓고 조급하게 먹을 필요는 없지만, 잊지 말자! 아스파라거스는 오직 이맘 때만 잠깐 먹을 수 있는 채소라는 것을. 슈퍼마켓에서 아스파라거스를 1년 내내 판매하는 것과는 관계없이 농장에서 생산하는 아스파라거스의 수확 기간은 대략 6주 정도 밖에 되지 않는다. 이만하면 아스파라거스를 소중히 여기며 마음껏 즐겨야 하는 이유로 충분하지 않을까.

간단한 손질

아스파라거스는 특별히 손질할 필요 없는 친절한 채소다. 다만 줄기 아래 부분은 잘라 내야 하는데, 섬유질 함량이 높아 질기기 때문이다. 섬유질이 모여 있는 부분을 부러뜨려 손질하는 사람도 있다. 손쉬운 방법으로는 아스파라거스 묶음에서 하나를 선택해 구부려 보면 부드러운 부분과 이어진 먹기 힘든 부분은 금세 부러지려고 한다. 그리고 나머지 아스파라거스와 줄을 맞혀 눕혀 놓고, 그 길이에 맞춰 밑동을 칼로 잘라 내면 된다.

크기는 중요하지 않다

아스파라거스는 굵기보다는 얼마나 아삭하고 많은 즙을 갖고 있는지가 중요하다. 위쪽 봉오리가 가늘다고 해서 통통한 것보다 섬유질이 적거나 더 연한 것은 아니고, 그저 가늘게 생겼을 뿐이다. 같은 모종이라도 가늘고, 두껍고, 어중간한 아스파라거스로 자랄 수 있으니 봉오리 크기는 성장 주기와 상관이 없다. 자신에게 필요한 크기의 아스파라거스를 고르되, 봉오리 끝이 단단하게 입을 다물고 있는 것이 좋으며 밑동의 수분감이 부족해 보이거나 나무처럼 딱딱한 것은 피한다. 나는 녹색이나 짙은 자주색을 띠는 등 여러 색의 아스파라거스를 요리에 사용하는데 사실 풍미는 비슷하고 시각적인 효과를 줄 뿐이다. 얇게 썬 초록과 자주색의 아스파라거스를 섞어 놓으면 접시에 색감을 더하기 때문이다. 아스파라거스는 랩이나 봉지로 느슨하게 감싸 냉장실에 두되, 빠른 시일 내에 먹는 게 좋다. 조리하지 않고 그대로 먹는 요리라면 구입 즉시 사용하길 바란다.

날 것 그대로 맛보기

아스파라거스를 조리할 생각을 잠시 접어 보자. 봄의 첫 아스파라거스를 구했다면 복잡하게 조리하는 대신 어슷하고 얇게 썰어 그대로 맛보자. 촉촉하면서도 아삭하게 씹히는 맛, 달콤한 풀 내음 덕에 입안에 봄을 가득 채운 느낌이다. 이런 경험을 할 수 있는 것은 이맘때뿐이다. 절정의 시기가 지나면 그때부터는 아스파라거스를 찌고, 볶고, 굽고 다른 요리에 넣으며 다양하게 응용한다. 반드시 피해야 할 것이 있다면 아스파라거스를 너무 푹 익히는 것이다. 물렁물렁한 아스파라거스는 상상하기조차 싫다.

다채로운 씹는 맛의 생 아스파라거스 샐러드
Raw Asparagus Salad with Breadcrumbs, Walnuts, and Mint

봄이 시작될 무렵 자연에서 바로 거둔 아스파라거스를 구했다면, 가열하여 조리하기 전에 이 요리부터 만들어 맛보길 권한다. 얼핏 보면 별다른 매력이 없을 것 같지만, 일단 이 요리의 맛을 보면 풍미와 식감에 흠뻑 매료될 것이다. 요리할 때 잊지 말아야 할 것은 아스파라거스를 아주 가늘게 썰어야 한다는 정도이다.

≫ 4인분

브레드크럼 ⅓컵
*55쪽 참고
파르미지아노 레지아노 치즈
½컵 강판에 바로 간 것
호두 ½컵 살짝 구워
곱게 다진 것 *57쪽 참고
레몬 제스트 1작은술
강판에 곱게 간 것
코셔 솔트

검은 통후추
칠리 플레이크
아스파라거스 450g
레몬즙 ¼컵 즉석에서 짠 것
민트 잎 ¼컵
살짝 눌러 담은 정도
엑스트라 버진 올리브 오일
¼컵

시즈닝 만들기
커다란 볼에 브레드크럼, 치즈, 호두, 레몬 제스트를 모두 넣고 소금 1작은술과 검은 통후추를 넉넉히 갈아 넣은 뒤 칠리 플레이크 ½작은술을 더해 골고루 섞는다.

아스파라거스 준비
아스파라거스는 가늘고 길게 어슷 썬다.

완성
시즈닝이 담긴 볼에 아스파라거스를 넣고 레몬즙을 뿌려 섞은 뒤 맛을 본다. 간이 부족하면 통후추를 더 갈아 넣고 소금이나 칠리 플레이크 혹은 레몬즙으로 간을 맞춘다. 마지막으로 민트 잎과 올리브 오일을 넣어 가볍게 섞는다.

아스파라거스 프리타타

Asparagus, Nettle, and Green Garlic Frittata

서양 쐐기풀(혹은 쐐기풀, Nettles)은 다룰 때 각별히 주의해야 한다. 이름처럼 손을 찌르기 때문이다. 야생에서 자란 봄 채소인 서양 쐐기풀은 미세한 바늘처럼 생긴 털로 뒤덮여 있어 맨손으로 만지면 상당히 아플 수 있다. 나는 보통 집게를 이용하는데, 장갑을 끼거나 비닐봉지 등으로 손을 감싸서 다루는 게 좋다. 다루기가 번거롭지만 일단 조리하고 나면 가시는 모두 사라지고 사랑스러운 봄 채소로 변신한다. 시금치와 비슷하며 아스파라거스와 매우 잘 어울리는 식재료다.

≫ 4인분

풋마늘 3줄기
아스파라거스 250g
무염 버터 2큰술
서양 쐐기풀 4줌
*맨손으로 잡지 않는다
코셔 솔트
검은 통후추
달걀 6개
페타 치즈 ¼컵
잘게 부순 것

오븐의 그릴을 예열한다.

풋마늘·아스파라거스 준비
풋마늘은 송송 썰고, 아스파라거스는 얇게 어슷 썬다.

채소 볶기
지름 25cm 정도의 프라이팬이나 주물 팬을 중불에 올리고 버터를 넣어 녹인다. 풋마늘을 넣고 부드러워질 때까지 1~2분 정도 볶다가 아스파라거스를 넣어 3~4분 정도 볶는다. 집게로 서양 쐐기풀을 들어 팬에 넣고 숨이 죽을 때까지 2~3분 정도 더 볶은 뒤 소금과 검은 통후추를 갈아 넣어 간을 한다.

달걀 준비
볼에 달걀을 깨뜨려 넣고 거품이 살짝 날 때까지 곱게 푼 다음 소금과 검은 통후추를 갈아 넣어 간을 한다.

프리타타 만들기
볶은 채소가 담긴 프라이팬에 달걀물을 붓고 주걱으로 골고루 섞은 뒤 약 1분 정도 가만히 둔다. 주걱으로 반죽의 가장자리를 살포시 들어 아직 익지 않은 달걀물이 골고루 퍼지고, 반죽에 스며들도록 하여 몇 초 동안 익힌다. 다시 달걀물을 부어 앞서 한 과정을 반복한다. 이렇게 하면 여러 층이 형성되면서 프리타타의 식감이 가벼워진다.

프리타타 굽기
반죽 표면이 촉촉한 상태이나 달걀물이 더이상 흘러내리지 않으면 프라이팬을 오븐에 넣고 약 1~2분간 굽는다.

완성
프라이팬을 오븐에서 꺼내고 스패출라로 프리타타 가장자리를 빙 둘러 뗀다. 팬을 도마나 식힘망 위에 뒤집어 프리타타를 꺼낸 다음 윗면이 보이도록 프리타타를 다시 뒤집는다. 위에 페타 치즈를 솔솔 뿌리고 약간 식은 뒤 먹기 좋은 크기로 자른다.

*프리타타를 팬에서 꺼낼 때 잘 떨어지지 않으면 팬을 툭툭 내리치는데, 만약 부서지면 다시 모양을 맞춰 붙인다.

유용한 아이디어

먹고 남은 프리타타는 오픈 샌드위치로
신선한 고트 치즈를 식빵이나 곡물빵 혹은 호두를 넣은 빵에 펴 바르고 루콜라 등의 부드러운 샐러드 채소를 올린다. 그 위에 식은 프리타타 한 쪽을 올린 뒤 올리브 오일을 적당히 뿌린다.

프리타타로 메인 샐러드 만들기
차갑게 식은 프리타타를 0.5cm 폭의 막대 모양으로 자르고 레몬즙과 레몬 제스트, 칠리 플레이크, 소금, 후추를 약간씩 뿌리고 올리브 오일을 넉넉히 뿌린다. 몇 분 동안 그대로 두었다가 신선한 채소와 민트나 파슬리 같은 신선한 허브, 그리고 체다 치즈를 갈아 넣고 프리타타 위에 올린다.

간단한 애피타이저로
상온의 프리타타를 사방 2.5cm 크기로 자른다. 리코타 치즈 크림(69쪽 참고) 스프레드를 접시에 펴 바르고 프리타타를 그 위에 잘 올린 뒤 꼬치를 꽂아 마무리한다.

달걀을 올린 아스파라거스 볶음

Asparagus, Garlic Chives, and Pea Shoots, with or without an Egg

'메스 오 그린(Mess o' Greens)'이라 불리는 전통적인 채소 요리의 변형으로 아스파라거스를 비롯한 초봄의 푸릇푸릇한 채소를 풍성하게 넣어 만든다. 나는 이 요리에 달걀프라이나 수란 등을 곁들여 메인 디시로 완성하곤 한다. 만약 달걀이 없다면 그릇에 이 요리를 깔고 조리한 생선을 올리는 용으로 활용하면 좋다.

≫ 2~3인분

풋마늘(또는 쪽파) 1줌
아스파라거스 500g
엑스트라 버진 올리브 오일
완두콩 순 4컵
살짝 눌러 담은 정도
부추 1줌
코셔 솔트
검은 통후추
레몬 1개
브레드크럼 2큰술
*55쪽 참고
페코리노 로마노 치즈
달걀 2~3개
*기호에 따라 준비

풋마늘 · 아스파라거스 준비
풋마늘은 밑동을 1cm 정도 잘라내고 얇게 슬라이스 한다. 아스파라거스는 단단한 밑동을 잘라낸다.

풋마늘 · 아스파라거스 굽기
커다란 프라이팬을 중불에 올려 올리브 오일을 충분히 두르고 풋마늘을 넣어 30초 정도 볶는다. 여기에 굵은 아스파라거스를 먼저 넣어 서로 겹치지 않게 편 다음 약간 부드러워질 때까지 2~3분 정도 굽고, 가는 아스파라거스를 넣어 굽는다. 중간중간 다 익은 아스파라거스를 꺼내는데, 풋마늘도 진한 색이 돌 정도로 구워지면 함께 꺼낸다.

완두콩 순 · 부추 볶기
아스파라거스를 구운 팬에 완두콩 순을 넣고 물을 약간 붓는다. 뜨거운 증기로 완두콩 순의 숨이 죽을 정도로만 익힌 뒤 부추를 함께 넣고 잘 섞으며 4~5분 정도 볶는다.

완성
프라이팬에 아스파라거스와 풋마늘을 다시 넣고 소금과 통후추를 갈아 넣어 간을 한다. 올리브 오일을 조금 더 뿌려 모든 재료가 너무 푹 익지 않도록 1-2분 정도만 더 볶는다. 여기에 레몬을 반 잘라 꾹 짜서 즙을 넣고 뒤섞는다.

담기
접시에 완성된 아스파라거스 볶음을 담고 브레드크럼을 올린다. 페코리노 치즈를 강판에 갈아 올리고 기호에 따라 달걀 프라이를 올려 낸다.

부엌에서
완두콩 순 대신 어린 겨자 잎을 사용하거나 슬라이스 한 슈가 스냅 혹은 완두콩과 섞어도 좋다.

누에콩과 호두를 곁들인 아스파라거스 구이

Grilled Asparagus with Fava Beans and Walnuts

호두와 아스파라거스는 둘 다 살짝 씁쓸한 맛을 지녔기 때문에 나는 이 두 가지 재료를 동시에 사용하는 걸 매우 좋아한다. 토핑으로 만들 경우, 누에콩과 더불어 브레드크럼, 호두, 치즈, 레몬, 그리고 올리브 오일을 넣어 촉촉한 식감의 살사를 만들어 보자. 누에콩이 없다면 빼도 좋다.

» 4인분

꼬투리가 있는 누에콩*900g
아스파라거스 700g
레몬즙 5큰술
즉석에서 짠 것
코셔 솔트
검은 통후추
브레드크럼 ½컵 *55쪽 참고

*꼬투리가 있는 누에콩을 구하기 어려울 때는 알맹이만 준비해도 된다.

호두 ½컵 살짝 구워 다진 것
*57쪽 참고
파르미지아노 레지아노 치즈
½컵 강판에 곱게 간 것
엑스트라 버진 올리브 오일

누에콩 · 아스파라거스 준비

누에콩은 콩깍지에서 꺼내 끓는 소금물에 푹 삶고 속껍질을 벗긴다. 아스파라거스는 단단한 밑동을 잘라낸다.

*누에콩 손질하는 방법은 132쪽을 참고한다.

아스파라거스 굽기

그릴 혹은 그릴 팬을 달군 뒤 아스파라거스를 올려 굵기에 따라 4~6분 정도, 약간 거뭇거뭇하고 부드러워질 때까지 구운 다음 바트에 담는다. 레몬즙 4큰술과 소금을 솔솔 뿌리고 통후추를 갈아 가볍게 섞어 간한다.

누에콩 살사 만들기

볼에 누에콩과 브레드크럼, 호두, 치즈, 레몬즙 1큰술을 넣어 잘 섞은 다음 소금과 통후추를 갈아 넣어 간한다. 마지막에 올리브 오일 ¼컵을 넣고 골고루 섞는다.

완성

구운 아스파라거스에 누에콩 살사를 넣어 섞고 간이 부족하면 레몬즙이나 소금, 후추를 넣는다. 기호에 따라 올리브 오일을 더 넣어도 된다.

비그놀

Vignole

로마인들이 봄마다 즐기던 전통 음식을 토대로 나만의 쉽고 간단한 요리를 만들어 보았다. 봄의 제철 채소를 모아 고유의 생생한 녹색은 사라지더라도 풍미는 남도록 뭉근히 끓여 낸다. 아스파라거스와 누에콩이 기본 재료이며 여기에 완두콩, 슈가 스냅, 봄 양파 등 보기에 좋은 어떤 재료라도 더 넣고 끓일 수 있다. 비그놀은 만들어서 바로 먹기보다는 다음날 먹는 게 맛있다. 재료의 맛과 향이 충분히 우러나오기 때문이다. '디탈리니(Ditalini)' 같은 작은 파스타나 파로(Farro) 같은 것과 섞으면 아주 잘 어울린다. 먹을 때는 노릇노릇하게 구운 빵과 올리브 오일을 곁들이는 것도 잊지 말자!

≫ 4~6인분

쪽파 230g
슈가 스냅 230g
아스파라거스 230g
에스카롤 ½개
레몬 ½개
프로슈토 85g
얇게 슬라이스 된 것
꼬투리가 있는 누에콩* 900g
엑스트라 버진 올리브 오일

마늘 3쪽 내리쳐 으깸
코셔 솔트
검은 통후추
민트 잎 ¼컵
살짝 눌러 담은 정도
파슬리 잎 ½컵
살짝 눌러 담은 정도
파르미지아노 레지아노치즈

*꼬투리가 있는 누에콩을 구하기 어려울 때는 알맹이만 준비해도 된다.

쪽파 준비
흰 부분에만 길게 열십자(+)로 칼집을 낸 뒤 짧게 자른다.

슈가 스냅 · 아스파라거스 · 에스카롤 준비
슈가 스냅은 1.5cm 길이로 자르고, 아스파라거스는 단단한 밑동을 잘라내고 1.5cm 두께로 어슷 썬다. 에스카롤은 뿌리를 자르고 반 갈라 2.5cm 폭으로 썬다.

레몬 준비
껍질은 강판에 갈아 제스트를 내고, 과육은 즙을 낸다.

프로슈토 준비
1장씩 겹쳐 놓고 한꺼번에 돌돌 말아 가늘게 썬다. 길쭉하게 잘린 프로슈토를 다시 잘게 썬다. 이렇게 손질하면 대략 ¾컵 분량이 된다. 미리 냉동실에 넣어 살짝만 얼리면 손질하기가 훨씬 수월하다.

누에콩 준비
알맹이만 끓는 소금물에 삶고 속껍질을 벗긴다.

*누에콩 손질하는 방법은 132쪽을 참고한다.

프로슈토와 쪽파 볶기
바닥이 두껍고 묵직한 냄비에 올리브 오일 ¼컵을 두르고 중불에 올린다. 마늘과 쪽파, 프로슈토를 넣고 불을 조금 줄인 뒤 소금과 통후추를 갈아 넣는다. 쪽파가 부드러워지고 향긋한 냄새가 날 때까지 12~15분 정도 볶는다.

채소 넣어 끓이기
위의 냄비에 누에콩과 슈가 스냅, 아스파라거스, 에스카롤, 물 1컵을 넣고 뚜껑을 닫아 끓인다. 모든 채소가 부드러워지고 풍미가 골고루 섞일 때까지 15~25분 정도 끓인다. 약간 걸쭉하고 진한 국물이 되는데, 너무 걸쭉하면 물을 조금 더 부어도 된다.

완성
민트와 파슬리, 레몬 제스트, 레몬즙을 넣어 섞고 맛을 본 다음 간이 부족하면 소금을 약간 더해 짙은 풍미를 낸다. 마지막에 올리브 오일을 약간 뿌려 마무리한다.

담기
비그놀은 그대로 내도 좋고, 파스타 위에 올려도 좋다. 스튜 위에 올리브 오일을 살짝 뿌리고 파르미지아노 레지아노 치즈는 따로 담아 낸다.

English Peas
완두콩

녹색 완두콩은 볼품없는 꼬투리 안에 동글동글한 진주 같은 보물이 자라는 봄의 산물이다. 완두콩은 여름에도 흔히 볼 수 있지만 첫 수확한 봄의 콩과는 비교할 수 없다. 봄에 나온 콩이 훨씬 달콤하고, 기분 좋은 아삭함과 부드러움을 함께 지니고, 녹말 성분이 없어 담백하다. 제철 콩은 꼬투리를 벗겨 그대로 먹어도 될 만큼 맛있는데, 올리브 오일과 레몬즙을 곁들이면 더할 나위 없다. 사실 싱싱하고 매력적인 콩의 풍미는 다른 재료 없이, 그 자체로 훌륭하다.

아름다운 볼륨감을 찾아라 꼬투리 안에 들어 있는 열매의 올록볼록한 윤곽이 선명하게 보여야 잘 익은 것이다. 선명한 녹색을 띠며, 마르지 않은 것을 골라야 한다. 콩알은 꼬투리 안에 있어야 신선함이 유지되므로 먹을 준비가 되었을 때 껍질을 벗기는 게 좋다.

간결한 조리 날 것으로 먹지 않는다면 가능한 생생한 느낌을 살려 요리하도록 한다. 끓는 물에 재빨리 담갔다가 건져 내고, 조리 과정에는 맨 마지막에 넣어 사랑스러운 봄의 달콤함을 유지하자. 완숙한 콩일수록 녹말 성분이 많아지고, 조리 시간도 길어진다.

> **텃밭에서**
> 여러분이 직접 콩을 재배한다면 연하고 맛있는 덩굴가지와 콩 순까지 수확이 가능하다. 스냅 피(Snap Peas)와 완두콩은 모두 꼬불꼬불한 줄기들이 나오는데, 이를 그대로 잘라 생으로 먹거나 숨만 약간 죽여서 요리해 먹으면 색다른 채소처럼 즐길 수 있다.

햇콩으로 만드는 완벽한 전시용 메뉴! 완두콩이 올라간 토스트는 코스 요리의 애피타이저로 좋으며, 가벼운 메인 코스로 내도 훌륭하다. 달콤하면서도 부드러운 양젖 치즈를 빵에 바르면 콩과 더할 나위 없는 조화를 이룬다. '맛의 뿌리가 되는 필수 레시피'에서 소개한 '리코타 치즈 크림 스프레드(69쪽)'도 잘 어울린다.

≫ 애피타이저로 4인분

쪽파(또는 부추) 3줄기	엑스트라 버진 올리브 오일
꼬투리가 있는 완두콩 680~900g	통밀빵(또는 호밀빵) 4장 1.5cm 두께
*완두콩 알맹이 1½ ~ 2컵	신선한 양젖 치즈 (또는
레몬 1개	리코타 치즈 크림(*69쪽
코셔 솔트	참고), 프로마쥬 블랑,
검은 통후추	마일드한 염소 치즈) 1컵
민트 잎 1줌	파르미지아노 레지아노 치즈

쪽파 준비

가늘고 길게 어슷 썰어 얼음물에 20분 정도 담갔다가 물기를 제거한다. 부추를 사용할 경우에는 길이를 반 정도 자른다.

*쪽파 손질하는 방법은 93쪽을 참고한다.

콩 믹스 준비

완두콩은 꼬투리에서 꺼내 쪽파와 함께 볼에 담는다. 레몬을 반 잘라 1쪽만 꾹 짜서 즙을 넣고 소금과 통후추를 갈아 넣어 간을 한다. 민트 잎을 넣어 섞고 맛을 본 다음 부족하면 레몬즙과 소금, 후추를 더 첨가하고 마지막에 올리브 오일 ¼컵을 뿌려 잘 섞는다.

빵 준비

빵은 그릴이나 오븐에 굽거나 토스트 한다.

완성

양젖 치즈를 빵에 펴 바르고 접시 위에 올린다. 그 위에 콩 믹스를 적당히 얹고 살짝 누른 뒤 강판을 이용해 파르미지아노 레지아노 치즈를 뿌리고 올리브 오일을 가늘게 뿌린다.

완두콩 토스트

English Pea Toast

완두콩과 당근 피클을 넣은 살사 베르데

English Pea and Pickled Carrot Salsa Verde

이 레시피를 '살사 베르데(Salsa Verde)'라고 불러서인지 소스나 양념으로 인식되곤 한다. 그러나 나는 이 요리를 사이드 디시로 내거나, 구운 폭찹이나 닭가슴살, 생선 요리 밑에 까는 용도로 쓰는 걸 더 좋아한다. 당근 피클에만 한정두지 말고 다른 종류의 채소 피클도 상관없다. 오히려 종류가 다양할수록 맛은 더 흥미로워질 것이다.

≫ 2~4인분

꼬투리가 있는 완두콩 900g
*꼬투리 콩 없으면 완두콩 알맹이 2컵
코셔 솔트
파슬리 작은 1묶음
민트 잎 1줌

당근 피클 1컵 *100쪽 참고
케이퍼 2큰술
쪽파 3줄기
레몬 1개
검은 통후추
엑스트라 버진 올리브 오일

완성
내기 전에 레몬 ½개만 즙을 짜서(약 2큰술 정도) 뿌리고 소금으로 간을 맞춘다. 맛을 보고 필요하다면 레몬즙과 올리브 오일, 소금 또는 후추를 넣어 간을 한다.

완두콩 준비
냄비에 물을 넉넉히 붓고 소금을 짭짤할 정도로 넣어 끓인다. 완두콩을 알맹이만 30초~1분 정도 삶은 뒤 체에 밭치고 찬물이나 얼음물에 넣어 열기를 뺀 다음 물기를 제거한다.

파슬리 · 민트 · 당근 피클 · 케이퍼 준비
파슬리는 잎은 줄기에서 떼서 곱게 다지고, 줄기는 반만 곱게 다진다. 민트 잎도 잘게 다지고, 당근 피클은 얇게 슬라이스 한다. 케이퍼도 잘게 다진다.

쪽파 준비
가늘고 길게 어슷 썰어 얼음물에 20분 정도 담갔다가 물기를 제거한다.

*쪽파 손질하는 방법은 93쪽을 참고한다.

채소 믹스
파슬리 줄기와 잎, 민트를 작은 볼에 담고 쪽파, 당근 피클, 완두콩을 차례로 넣어 섞는다. 여기에 레몬을 강판에 갈아 제스트를 흩뿌리고 케이퍼를 넣은 뒤 통후추를 갈아 간을 한다. 마지막에 올리브 오일 ½컵을 붓고 골고루 섞는다.

부엌에서
강판은 촘촘한 구멍이 있는 길다란 모양을 사용하는 게 편리하다. 이 강판을 사용하면 단단한 재료나 껍질을 가는 작업이 훨씬 수월해지고 포슬포슬한 느낌을 줄 수 있다.

프로슈토와 햇감자를 넣은 완두콩 볶음

English Peas with Prosciutto and New Potatoes

아주 어리고 부드러운 감자와 달콤하고 부드러운 콩이 있다면 이것만으로도 완벽한 사이드 디시를 만들 수 있다. 프로슈토 대신 판체타를 사용해도 좋으며, 채식을 지향한다면 모두 빼도 좋다.

≫ 3~4인분

코셔 솔트
햇감자 230g
양파(작은 것) ½개
프로슈토 85g
꼬투리가 있는 완두콩 900g
*꼬투리 콩 없으면 완두콩
알맹이 2컵

엑스트라 버진 올리브 오일
검은 통후추
민트 잎 1줌
*작은 잎으로 준비

감자 준비

껍질을 벗기고 사방 1.5cm 크기의 주사위 모양으로 썰어 냄비에 넣고 감자 위로 2.5cm 정도 물을 부은 뒤 소금 1큰술을 넣어 팔팔 끓인다. 감자가 푹 익을 때까지 약 10~12분 정도 끓인 다음 물을 따라낸다.

양파·프로슈토·완두콩 준비

양파는 곱게 다지고, 프로슈토는 잘게 썬다. 완두콩은 꼬투리에서 꺼낸다.

양파·프로슈토 볶기

커다란 프라이팬을 중불에 올리고 올리브 오일을 적당히 두른 뒤 양파와 프로슈토를 넣고 소금을 약간 뿌려 양파의 단 향이 올라오고 부드러워질 때까지 볶는다. 양파는 갈색으로 변할 때까지 오래 볶지 말고 프로슈토는 가장자리의 지방이 바삭할 정도로만 약 5~6분 동안 볶는다.

완두콩·감자 넣어 볶기

위의 팬에 완두콩과 삶은 감자를 넣고 소금을 적당히 넣은 뒤 통후추를 넉넉하게 갈아 넣는다. 물 2큰술을 넣어 뜨거운 증기로 콩을 익힌다. 콩이 부드러워지면 모든 재료의 풍미가 잘 느껴지도록 3~4분 정도 더 볶는다.

완성

민트를 넣어 골고루 섞고 소금과 후추로 다시 간을 맞춘 다음 마지막에 올리브 오일을 흩뿌린다.

유용한 아이디어

바삭바삭한 감자부침 만들기
콩과 감자가 잘 익어 부드러워지면 약간의 크림과 파르미지아노 치즈를 한 움큼 갈아 넣고 불을 올린다. 주걱으로 재료를 눌러 으깨며 서로 뭉치도록 납작하게 만든다. 중불보다 더 세게 불을 올린 다음 부침을 여러 번 뒤집어 가며 겉면이 노르스름하고 바삭해질 때까지 약 10분간 굽는다. 여기에 달걀프라이를 얹거나 그대로 뜨거울 때 낸다.

맛있는 봄 파스타 만들기
펜네 혹은 디탈리니와 같은 파스타를 삶은 다음 면수는 조금 남겨둔다. 뜨거운 파스타에 콩과 감자 볶음을 추가하고 버터를 넉넉히 두른다. 여기에 페코리노 치즈를 한 주먹 정도 갈아 넣고 모든 재료가 부드럽게 고루 어우러지도록 면수를 충분히 부은 뒤 섞어 완성한다.

봄의 향연
당근과 어린 순무를 작은 사각형으로 자르고, 잘게 다진 파와 양파를 넣어 부드럽게 익힌다. 파슬리와 타라곤, 딜, 민트 등 허브를 다양하게 섞어 넣는다.

완두콩 카르보나라

Pasta Carbonara with English Peas

검은 후추와 판체타, 콩의 조합이기는 하지만 카르보나라에 콩이 들어갔다는 점으로 보아 정통 이탈리아 스타일이라고 말할 수는 없을 것이다. 이 요리를 만들 때 나는 콩을 완전히 익히지 않는다. 삶은 파스타를 건져 내기 직전에 뜨거운 면수에 콩을 담가 가볍게 데쳐 내는 정도이다. 콩 대신(또는 콩과 더불어) 아스파라거스나 얇게 썬 슈가 스냅(Sugar Snaps)을 사용해도 된다.

» 2인분

코셔 솔트
판체타 85g
엑스트라 버진 올리브 오일
검은 통후추
페투치니(또는 링귀니, 스파게티) 230g
꼬투리가 있는 완두콩 450g
*꼬투리 콩 없으면 완두콩 1컵

달걀물 1개 분량
콩 덩굴손 1줌 작게 쥔 정도
*구할 수 있으면 준비
쪽파 3줄기
파르미지아노 레지아노 치즈 ½컵 강판에 바로 간 것
페코리노 로마노 치즈 ½컵 강판에 바로 간 것

파스타 삶을 물 준비

커다란 냄비에 물을 붓고 짭짤하게 소금을 넣어 끓인다.

판체타 준비

잘게 자른 뒤 파스타가 여유 있게 들어갈 만한 크기의 냄비에 올리브 오일을 조금 두르고 판체타를 넣어 9~12분 정도 볶는다. 판체타가 갈색이 나면 통후추를 넉넉히 갈아 넣어 섞고 불에서 내린다. 냄비의 기름은 버리지 않는다.

파스타 준비

냄비의 물이 끓으면 파스타를 넣고 알덴테가 될 때까지 삶는다. 거의 다 삶아지면 완두콩을 콩깍지에서 꺼내 함께 삶고 파스타 삶은 물 1컵을 덜어낸 뒤 체에 밭쳐 물기를 완전히 뺀다.

소스 준비

판체타 냄비를 다시 중불에 올리고 판체타가 부드러워지면 파스타 삶은 물 2큰술을 부어 휘저은 뒤 불에서 내린다.

소스 완성

달걀물에 판체타 기름을 약간 넣는다. (달걀물을 뜨거운 판체타 냄비에 바로 넣으면 스크램블 에그가 될 수 있다. 이를 방지하기 위한 워밍업으로 생각하면 된다). 이를 재빨리 섞은 다음 판체타 냄비에 붓고 잘 젓는다.

완성

파스타와 완두콩 알맹이, 콩 덩굴손을 위의 냄비에 넣고 쪽파는 가늘게 어슷 썰어 넣은 뒤 치즈를 모두 넣어 재빨리 뒤섞는다. 파스타 삶은 물을 조금씩 넣어가며 농도가 부드러워지게 잘 섞는다. 맛을 보고 필요하면 소금과 후추로 간을 하고 식기 전에 낸다.

완두콩과 살구를 넣은 쿠스쿠스 양고기 미트볼

Couscous with English Peas, Apricots, and Lamb Meatballs

챙겨야할 재료가 많아 보이지만 미트볼은 아주 간단한 재료의 조합으로 만들 수 있다. 요리를 하기 전날에 채소와 허브, 마른 과일을 준비하고, 쿠스쿠스와 미트볼을 조리해두면 좋다. 그리고 식사 시간에 맞춰 쿠스쿠스가 상온이 되도록 하여 다른 재료와 섞으면 된다. 미트볼은 저온으로 예열한 오븐에 뚜껑을 덮어 넣고 다시 가열한다. 햇콩이 있다면 조리하지 말고 그대로 쓰는 것이 좋지만, 만약 찰기가 느껴지는 콩이라면 끓는 물에 소금을 넣고 1분간 데쳐서 사용한다.

≫ 4인분

[요거트 소스]
쪽파 3줄기
민트 잎 ¼컵 잘게 썬 것
다진 마늘 1쪽 분량
플레인 요거트(또는 저지방 요거트) 1컵 *그릭 요거트는 사용하지 않음
코셔 솔트
검은 통후추
칠리 플레이크 ¼작은술

[쿠스쿠스]
마른 살구 8개
화이트 와인 식초
(또는 레드 와인 식초) ¼컵
따뜻한 물 ¼컵
쪽파 3줄기
구운 아몬드 ½컵 *57쪽 참고
쿠스쿠스 1컵
레몬즙 ½개 분량
엑스트라 버진 올리브 오일
코셔 솔트
검은 통후추

민트 잎 ½컵
살짝 눌러 담은 정도
꼬투리가 있는 완두콩 900g
*꼬투리 콩 없으면 완두콩 알맹이 2컵

[미트볼]
다진 양고기 450g
쪽파 3줄기 송송 썬 것
민트 잎 ¼컵
살짝 눌러 담은 정도
큐민 파우더 1작은술
코셔 솔트 1½작은술
카옌 페퍼 ⅛작은술
드라이 화이트 와인 1큰술
브레드크럼 ¼컵 부드러운 것
엑스트라 버진 올리브 오일
달걀 1개

[요거트 소스]

채소 준비

쪽파는 길게 어슷 썰어 얼음물에 20분 정도 담갔다가 물기를 제거한다. 민트 잎은 잘게 썰고, 마늘은 다진다.

*쪽파 손질하는 방법은 93쪽을 참고한다.

완성

볼에 요거트와 준비한 채소를 넣고 소금과 통후추를 갈아 넣어 골고루 섞는다. 맛이 부족하면 칠리 플레이크나 소금과 후추로 간을 조절한다. 각 재료의 풍미가 잘 느껴지도록 최소 30분 정도 숙성한다.

[쿠스쿠스]

마른 살구 준비

작게 잘라 볼에 담고 와인 식초와 물을 부어 30분 정도 불린 뒤 물기를 완전히 제거한다.

쪽파·아몬드 준비

쪽파는 길게 어슷 썰어 얼음물에 20분 정도 담갔다가 물기를 제거한다. 구운 아몬드는 잘게 다진다.

*구운 아몬드 준비하는 방법은 57쪽을 참고한다.

쿠스쿠스 준비

쿠스쿠스에 레몬즙과 올리브 오일 ¼컵을 부은 뒤 소금과 통후추를 넉넉히 갈아 뿌려 간을 하고 골고루 섞은 다음 시원한 곳에 잠시 둔다.

*쿠스쿠스 준비하는 방법은 90쪽을 참고한다.

완성

쿠스쿠스에 살구, 쪽파, 민트 잎, 꼬투리에서 꺼낸 완두콩, 아몬드를 넣어 흔들어가며 가볍게 섞은 뒤 소금과 후추, 레몬즙 혹은 올리브 오일을 더해 맛을 조절한다.

[미트볼]
오븐을 약 230℃로 예열한다.

미트볼 반죽 1
다진 양고기를 작은 덩어리로 나눠 큰 볼에 담고 쪽파, 민트 잎, 큐민 파우더, 소금, 카엔 페퍼, 화이트 와인, 브레드크럼을 고기 위에 흩뿌린 뒤 손으로 골고루 섞는다. 안쪽으로 접어가며 눌러 반죽이 부드러워지도록 치댄다.

미트볼 반죽 2
미트볼 반죽을 작은 숟가락 크기만큼 떼서 프라이팬에 1-2개 정도 먼저 구워본다. 구운 미트볼의 맛을 보고 미트볼의 풍미가 짙게 느껴지도록 소금 간을 조절한다. 간이 적당하면 올리브 오일과 달걀을 섞어 반죽 위에 뿌려 섞고 눌러가며 다시 한 번 치댄다.

미트볼 완성
미트볼 반죽을 4등분하고 다시 각각의 덩어리를 4등분해서 16개의 미트볼을 만든 뒤 오븐 팬에 올린다. 오븐에 넣고 속까지 완전히 익을 때까지 8~10분 정도 굽는다.

[담기]
쿠스쿠스를 4개의 오목한 볼에 나눠 담고 각각의 볼에 미트볼 4개를 얹은 뒤 요거트 소스를 충분히 뿌린다. 남은 소스는 테이블 위에 올려 놓고 덜어 먹도록 한다.

Fava Beans
누에콩(잠두콩)

누에콩은 지중해 주변과 중동의 몇몇 나라에서는 아주 흔한 재료이지만 미국에는 그다지 알려져 있지 않다. 꼬투리를 벗겨 손질해야 하기 때문에 유난히 손이 많이 가는 봄 채소라고 할 수 있다. 더군다나 손질에 들인 시간에 비해 손에 쥐는 콩의 양은 적다. 그렇지만 선명한 초록색의 누에콩에서는 버터 같은 질감과 달콤한 견과류 향이 피어나므로 손질하는 수고를 감내하기에 충분하다. 누에콩은 숙성을 오래하지 않은 페코리노(Pecorino) 치즈, 약간의 민트, 올리브 오일과 함께라면 완벽한 봄의 조합을 만들어 낸다.

까고 데치고 벗기기
누에콩은 스펀지 같은 내피로 감싸인 채 큼지막하고 뭉실뭉실한 꼬투리 안에 나란히 줄을 맞춰 들어 있다. 납작하고 널찍한 크기가 인상적이며, 각각의 콩알은 견고한 외피를 갖고 있다. 손질의 시작은 누에콩의 꼬투리를 까서 콩알을 빼내는 것이다. 누에콩은 끓는 물에 소금을 넉넉하게 넣고 콩을 넣어 30초가량 둔 뒤 건져서 아주 차가운 물에 담가 더 이상 익지 않게 한다. 작은 칼이나 엄지 손톱으로 콩 껍질을 갈라 희뿌연 막을 부드럽게 누르면 반으로 나누어지며 녹색의 콩이 쏙 빠진다. 여기까지 손질하면 요리할 준비가 된 셈이다.

콩 손질이 끝나면 조리도 끝
완두콩(잉글리시 피)과 마찬가지로 누에콩 역시 최소한의 조리가 맛의 정답이다. 누에콩을 데치고 껍질을 벗길 때 이미 익은 상태이므로 요리할 때는 조리 과정의 마지막에 넣어도 된다. 운 좋게 초봄에 나오는 누에콩의 잎을 구할 수 있다면 부드러운 채소처럼 활용하면 된다. 또한, 어리고 덜 자란 누에콩이라면 꼬투리까지 모두 먹을 수 있다.

적당히 통통한 것으로
우리가 좋아할만한 콩의 꼬투리 형태라면 콩으로 가득 차 있으며 길쭉하고 윤기가 나는 것일 테다. 누에콩 역시 꼬투리 안의 콩알이 불룩하게 보일 정도로 통통한 것이 좋다. 단, 콩알이 너무 두툼하고 크다면 과하게 익었다는 것을 의미하는데 이는 녹말 성분이 많이 생겼다는 뜻이다. 약간의 갈색 반점이나 듬성듬성한 갈색의 잎과 줄기에 대해서는 걱정하지 않아도 된다. 누에콩에는 흔히 있는 일이고, 콩이 상한 것은 아니다.

꼬투리 900g이면 콩 1컵
요리에 사용하기 전까지는 꼬투리 채로 지퍼락에 넣어 냉장 보관하는 게 좋다. 꼬투리 양으로 콩의 양을 가늠하기 쉽지는 않다. 약 900g의 꼬투리를 손질하면 누에콩 1컵 정도가 나온다고 어림잡으면 된다.

매시드 누에콩 토스트

Smashed Fava Beans, Pecorino, and Mint on Toast

누에콩과 민트에 올리브 오일을 듬뿍 넣고 부드러운 페스토를 만들 것이다. 이 페스토는 파스타 소스와 채소를 찍어 먹는 용으로 쓰기 좋으며 삶은 햇감자 위에 올려 먹어도 아주 맛있다. 호밀이나 통밀로 만든 건강한 빵에 곁들여 먹어도 잘 어울린다. 작은 절구나 막자사발이 있다면 편리하고, 적당히 갈 수만 있다면 푸드 프로세서를 이용해도 괜찮다.

≫ 4인분(에피타이저 혹은 가벼운 점심)

꼬투리가 있는 누에콩 1.3kg
풋마늘(또는 쪽파) 2줄기
코셔 솔트
민트 잎 ½컵
살짝 눌러 담은 정도
엑스트라 버진 올리브 오일

검은 통후추
페코리노 로마노 치즈
레몬즙 1큰술
호밀빵(또는 통밀빵)
1.5cm 두께

누에콩 준비

꼬투리에서 꺼내 끓는 소금물에 푹 삶고 속껍질을 벗긴다.

*누에콩 손질하는 방법은 132쪽을 참고한다.

페스토 준비

풋마늘은 듬성듬성 썰어 푸드 프로세서에 넣고 소금을 약간 뿌려 순간 작동 버튼을 서너 번 눌러간다. 민트 잎을 분량의 반 정도 함께 넣고 다시 순간 작동 버튼을 서너 번 눌러 풋마늘을 완전히 간다. 여기에 삶은 누에콩과 올리브 오일 2큰술을 넣은 뒤 순간 작동 버튼을 여러 번 눌러 모든 재료를 섞는다. 재료가 모두 섞일 정도로만 갈고 퓌레처럼 되지 않게 주의한다.

*재료를 갈 때 중간중간 뚜껑을 열어 푸드 프로세서 벽에 붙은 재료를 긁어내린다.

페스토 완성

페스토를 볼에 옮겨 담고 통후추를 갈아 넣은 뒤 페코리노 치즈를 강판에 갈아 ¼컵 정도 넣는다. 레몬즙을 더해 휘젓는다. 맛이 부족하면 소금과 후추, 레몬즙으로 맛을 조절한다. 마지막에 올리브 오일로 부드럽게 농도를 맞춘다.

완성

빵의 한쪽 면에 올리브 오일을 바르고 그릴이나 오븐 위에서 바삭하게 굽는다. 접시 위에 구운 빵을 놓고 페스토를 넉넉히 펴 바른다. 남은 민트 잎을 올리고 페코리노 치즈를 넉넉하게 갈아 올린 뒤 올리브 오일을 뿌린다.

곡물, 치즈, 살라미를 넣은 누에콩 샐러드

Fava, Farro, Pecorino, and Salami Salad

누에콩과 페코리노 치즈의 조합은 이탈리아 로마에서 즐겨 먹는 봄 요리이다. 또한 꼬치에 꽂아 내는 스낵으로도 종종 만날 수 있다. 이 두 가지 재료에 쫄깃한 식감을 더해 줄 파로와 주사위 모양으로 썬 살라미를 넣으면 정성스러우면서도 계절이 듬뿍 담긴 봄 샐러드가 완성된다.

≫ 4~6인분

꼬투리가 있는 누에콩 1.3㎏
살라미 110g
페코리노 프레스코 치즈 110g
쪽파 ½줌
조리한 파로 2컵 *89쪽 참고
레드 와인 식초
칠리 플레이크 ¼작은술
코셔 솔트
검은 통후추
파슬리 잎 ½컵
민트 잎 ¼컵
엑스트라 버진 올리브 오일

시장에서

나는 채소가 성장하는 모든 과정마다 맛과 향을 고스란히 느끼고 싶다. 마침 누에콩은 이런 기회를 주는 식재료이다. 바로 '잎' 때문이다. 이런 누에콩은 구하기 쉽지 않으니 시장에 가서 잎이 달린 어린 누에콩이 있는지 둘러보거나 직접 키우는 수밖에 없다. 누에콩의 아름다운 잎은 연한 청록색을 띠며, 부드러운 모서리와 5cm 정도의 끝이 뾰족한 타원형을 하고 있다. 어리고 연약한 잎이 가장 맛있는데, 누에콩과 보드라운 상추를 섞어 놓은 듯한 풍미를 지닌다. 샐러드에 곁들이거나 올리브 오일에 볶아 먹으면 좋다.

누에콩 준비

꼬투리에서 꺼내 끓는 물에 푹 삶고 속껍질을 벗긴다.

*누에콩 손질하는 방법은 132쪽을 참고한다.

살라미·페코리노 치즈 준비

살라미와 페코리노 치즈는 각각 사방 0.8~1cm 크기의 주사위 모양으로 썬다.

쪽파 준비

가늘게 어슷 썰어 얼음물에 20분 정도 담갔다가 물기를 제거한다.

*쪽파 손질 방법은 93쪽을 참고한다.

누에콩 믹스 만들기

파로와 누에콩, 살라미, 페코리노 치즈, 쪽파는 모두 커다란 볼에 담고 와인 식초 ¼컵과 칠리 플레이크, 소금 1작은술을 넣은 뒤 통후추를 넉넉히 갈아 넣어 골고루 섞는다. 와인 식초가 파로에 스며들도록 약 5분간 그대로 둔다.

샐러드 완성

누에콩 믹스에 파슬리 잎과 민트 잎을 넣어 잘 섞은 뒤 올리브 오일을 넉넉히 뿌리고 마지막에 다시 간을 맞춘다.

누에콩과 피스타치오 페스토로 만든 파스타

Fava and Pistachio Pesto on Pasta

누에콩을 다듬고 데쳐, 껍질을 벗기는 과정은 꽤 오랜 시간이 필요하다. 그것만 마치면 이 요리의 나머지 조리 과정은 준비가 간단한 편이다. 레시피를 보고 한번 요리 해보면 다음부터는 보지 않고도 해낼 수 있을 만큼 수월한 음식이다. 파스타는 길이나 모양에 상관없이 여러분이 좋아하는 것을 넣어 만들어도 되며, 다른 국수 종류도 상관없다.

≫ 4인분

꼬투리가 있는 누에콩 1.3kg
바질 잎 1½컵
살짝 눌러 담은 정도
마늘 4쪽 내리쳐 껍질 벗긴 것
파슬리 잎 1컵
살짝 눌러 담은 정도
구운 피스타치오 ½컵
*57쪽 참고
코셔 솔트
엑스트라 버진 올리브 오일
칠리 플레이크 ¼작은술

페투치니(또는 스파게티) 450g
파르미지아노 레지아노 치즈 1½컵 강판에 간 것
무염 버터 1큰술
검은 통후추
민트 잎 ¼컵
살짝 눌러 담은 정도

누에콩 준비
꼬투리에서 꺼내 끓는 소금물에 푹 삶고 속껍질을 벗긴다.

*누에콩 손질하는 방법은 132쪽을 참고한다.

바질 잎 준비
얼음물을 미리 준비해두고 바질 잎을 끓는 물에 넣자마자 바로 건져 얼음물에 담근다. 이렇게 재빨리 데쳐 식히면 바질의 녹색이 한결 선명해진다.

마늘 준비
2쪽만 끓는 물에 1분 정도 데치고 바로 얼음물에 넣어 식힌다.

페스토 만들기
데친 바질 잎과 마늘은 키친타월로 물기를 제거해 푸드 프로세서에 넣고 파슬리, 피스타치오, 누에콩 ½분량, 소금 ½작은술을 넣어 입자가 있는 퓌레 상태가 될 때까지 간다. 한번에 오래 갈지 말고, 짧게 끊어가며 중간중간 벽에 붙은 재료를 긁어내리고, 올리브 오일 ½컵을 부어가며 간다.

마늘·칠리 플레이크 볶기
커다란 프라이팬에 올리브 오일 ¼컵을 붓고 중불에 올린다. 나머지 마늘 2쪽과 칠리 플레이크를 넣어 마늘이 부드럽게 익을 때까지 약 3~5분 정도 볶는다. 이때 마늘이 타지 않게 주의한다. 파스타 면을 삶을 동안 프라이팬은 불에서 내린다.

파스타 삶기
커다란 냄비에 물을 넉넉히 붓고 끓이면서 짭짤하게 소금을 넣은 뒤 페투치니를 넣어 알덴테가 될 때까지 삶는다. 면수는 1컵 정도 따로 둔다.

*파스타 면을 알덴테로 삶으려면 보통 포장지에 예시된 시간보다 1~2분 정도 덜 삶는다.

완성
마늘과 칠리 플레이크를 볶은 프라이팬을 다시 중불에 올리고 페스토를 부어 잠시만 볶다가 면수 ½컵, 삶은 페투치니, 치즈, 나머지 누에콩, 버터를 넣어 모든 재료가 잘 섞이도록 볶는다. 맛을 보고 소금, 후추, 칠리 플레이크 혹은 치즈를 더 넣어 간을 맞춘다. 소스를 더 부드럽게 만들고 싶다면 면수를 조금 더 부어 농도를 조절한다.

담기
그릇에 파스타를 보기 좋게 돌려 담고 민트 잎을 올린 뒤 올리브 오일을 살짝 뿌려 낸다.

달걀을 얹어 구운 누에콩 토마토 스튜

Fava Beans, Cilantro, New Potatoes, and Baked Eggs

누에콩과 토마토, 여러 가지 향신료, 향긋한 고수, 많은 양의 마늘이 함께 어우러진 특별한 채소 스튜이다. 이 스튜는 그대로 먹어도 맛있고, 구운 빵에 얹어도 좋다. 나는 이 요리 위에 달걀을 깨뜨려 올린 다음 오븐에 구워 완성하길 즐기는데, 노른자가 완전히 익지 않아야 양념 가득한 스튜의 풍미와 더 잘 어울린다.

≫ 4인분

햇감자 230g	훈연 파프리카 가루 1큰술
코셔 솔트	큐민 가루 1½작은술
꼬투리가 있는 누에콩 1.3kg	칠리 플레이크
쪽파 2줌	검은 통후추
마늘 4쪽	통조림 홀 토마토 800g
고수 1단	달걀 4개
파슬리 잎 1컵	플랫브레드
엑스트라 버진 올리브 오일	기호에 따라 준비 *86쪽 참고

감자 준비
열십자(+)로 4등분해서 냄비에 넣고 감자 위로 2.5cm 정도 올라오게 물을 부은 뒤 소금 1큰술을 넣어 삶는다. 물이 팔팔 끓으면 불을 줄여 12~14분 정도 감자가 완전히 익을 때까지 삶고 감자를 건진다.

누에콩 준비
꼬투리에서 꺼내 끓는 소금물에 푹 삶은 뒤 속껍질을 벗긴다.

*누에콩 준비하는 방법은 132쪽을 참고한다.

쪽파·마늘 준비
쪽파는 0.5cm 폭으로 송송 썰고, 마늘은 슬라이스 한다.

고수·파슬리 준비
고수와 파슬리 잎은 각각 굵직하게 다진다.

토마토 소스 준비
지름 25cm 정도 되는 프라이팬에 올리브 오일을 적당히 두르고 중불에 올린다. 파와 마늘, 소금 1꼬집을 넣어 타지 않게 주의하며 부드러워질 때까지 5분 정도 볶는다. 훈연 파프리카 가루와 큐민 가루, 칠리 플레이크 1작은술을 넣고 통후추를 6~7번 갈아 넣은 뒤 30초 정도 더 볶는다. 여기에 통조림 홀 토마토를 국물까지 넣고 홀 토마토를 으깨가며 보글보글 끓인다.

*끓이는 중간중간 냄비 가장자리에 묻은 소스는 깨끗이 긁어가며 끓인다.

토마토 소스 마무리
소스의 농도가 진해질 때까지 약 10분 정도 약불에서 뭉근히 끓인다. 여기에 고수와 파슬리, 누에콩, 삶은 감자를 넣고 약 5분 정도 더 끓이는데, 감자는 살짝 눌러 소스가 스며들도록 한다. 소스의 풍미가 살아나도록 소금과 큐민 가루, 훈연 파프리카 가루 혹은 칠리 플레이크로 맛을 조절한다.

*고수와 파슬리, 누에콩은 장식용으로 조금씩 남긴다.

오븐을 약 205°C로 예열한다.

달걀 준비
볼에 깨뜨린 뒤 토마토 소스 위에 달걀이 겹쳐지지 않게 하나씩 올린다.

완성
프라이팬을 오븐에 넣고 10~15분 정도, 달걀이 반숙이 될 때까지 굽고 꺼낸 뒤 위에 장식용으로 남겨 둔 고수와 파슬리, 누에콩을 흩뿌려 마무리한다. 기호에 따라 플랫브레드와 함께 낸다.

*달걀은 기호에 따라 덜 굽거나 더 구워도 된다.

Lettuces and Early Greens
상추 같은 잎채소, 어린 잎채소

초봄에 나는 모든 잎채소들은 달고 부드러워서 섬세한 입맛을 위한 특별한 재료가 될 수 있다. 봄날에 거둔 잎채소에 좋은 올리브 오일과 비니거를 살짝 뿌리고, 먹을 수 있는 꽃까지 조금 곁들이면 내가 생각하는 완벽한 봄 채소 요리가 완성된다.

아침에 수확한 것 시장에서 잎채소를 사거나 손수 밭에서 딸 것이라면 선선한 공기로 가득한 아침 일찍부터 서두르는 게 좋다. 한낮이 되면 잎이 축 늘어지기 때문이다. 물론, 슈퍼마켓에 진열된 잎채소라 해도 물을 계속 뿌려주면 생기가 유지된다. 결코 기분 좋은 일은 아니지만 어느 정도 효과는 있다. 채소는 수확하자마자 혹은 구입하자마자 서늘한 곳에 두는 게 좋다. 키친타월로 채소를 느슨하게 말아 비닐봉지나 지퍼백에 넣어 두면 2일 정도는 신선함이 유지된다. 완전히 시들어 버린 상태가 아니라면 차가운 물에 담갔다가 털어 되살릴 수 있다.

너무 쓴 것은 피하자 상추 종류는 온도가 올라가면 쓴맛이 강해진다. 파릇파릇한 녹색이 보기 좋을지라도 맛이 너무 거세면 요리에도 어울리지 않는다. 이런 상추를 피하려면 구입하기 전에 잎을 조금 뜯어서 먹어보는 수 밖에 없다.

살살 여러 번 헹구기 씻을 때는 아주 커다란 그릇에 차가운 물을 가득 채우고 채소를 담근 다음 살살, 크게 휘저어 3~4분 동안 그대로 두었다가 건진다. 이때 그릇을 들어서 물과 함께 체에 부으면 물에 흩어져 있던 흙이나 이물질이 같이 체에 남는다. 반드시 채소만 살살 건져 내고 다시 헹구기를 깨끗한 물이 나올 때까지 반복한다. 특히, 상추는 주름진 잎 사이에 묻은 것들까지 깨끗이 씻어내야 한다. 이런 과정 중에 차가운 물을 먹은 채소는 더욱 아삭아삭해진다. 채소를 익혀서 먹는다면 물기가 있어도 되지만 샐러드에 사용한다면 물기를 최대한 털어내는 것이 중요하다.

믹스 & 매치 상추 종류에 속하는 여러 채소를 구별하는 가장 좋은 방법은 맛과 향보다는 색깔과 질감 등 외형을 보는 것이다. 샐러드는 대비되는 색과 식감을 가진 여러 채소로 만들면 훨씬 매력적으로 보인다. 경쾌하게 씹는 맛이 좋은 상추로는 예쁜 리틀 젬을 비롯해 로메인이 대표적이며, 좀 더 연한 식감을 원한다면 뿌리 끝 부분만 살짝 아삭하고 나머지는 매우 보드라운 버터크런치도 좋다. 아이스버그는 아삭하면서도 수분감이 풍부하다. 개인적으로는 잎이 단단히 뭉쳐져 있지 않고, 엉성하게 벌어진 상추 특히, 오크리프(검붉은 적상추) 같은 종류는 즐겨 사용하지 않는다. 시간이 조금만 지나도 축축 늘어지기 때문이다.

쌉싸래함을 살려서 케일이나 겨자 잎처럼 확실한 개성을 가지고 있으며, 살짝 질긴 어린 잎채소는 여러분이 원하는 '맛의 한방'을 선사할 재료들이다. 이런 종류의 잎채소들은 제철 내내 무르익는다. 채소를 프라이팬에 넣고 올리브 오일, 마늘, 올리브를 더해 그저 숨이 죽을 정도로만 살짝 볶아낸다. 이렇게 한다 해도 봄의 맛은 살아 있으면서도 불이 선사하는 새로운 맛까지 더해진다.

허브 버터를 바른 따뜻한 빵

'Herbed' Butter with Warm Bread

봄과 여름에 즐겨 먹는 음식으로 정말 좋아하는 요리이다. 안타깝게도 정확한 레시피를 소개하기란 불가능하기 때문에 아래의 내용은 여러분의 성공을 위한 가이드 정도로 생각해주길 바란다.

빵과 버터는 우리 인생에서 완벽한 조화를 이루는 것들 중 하나임에 틀림없다. 좋은 버터란 깨끗한 목초를 먹고 자란 젖소로부터 만들어지는데, 치즈처럼 노란색을 띤다. 파머스 마켓 같은 곳에서 소량으로 판매되기도 하며 슈퍼마켓에서도 종종 만날 수 있다. 버터는 사실 한동안 여러 가설에 의해 나쁜 평판을 받아왔으나 마침내 영양학적으로 인간에게 이로운 음식이라고 밝혀졌다. 건강하고 현명한 사람 중 하나인 메인 주(州)에 위치한 포시즌 농장의 CEO 엘리엇 콜맨(Eliot Coleman)에 따르면 버터야말로 완벽한 음식이라고 한다. 그는 빵에 버터를 바를 때 땅콩버터를 바르듯 한 입 베어 물면 이빨 자국이 선명하게 보일 만큼 아주 넉넉하고 두툼하게 바른다. 아주 좋은 버터를 구했다면 허브와 식용 꽃잎, 채소의 순과 어린 잎을 모두 모아 버터와 섞어 본다. 놀라울 정도로 뛰어난 맛이라 한 입 한 입 감탄이 터져 나올지도 모른다.

여러분이 해야 할 일

나무 도마나 넓적한 접시 위에 버터를 두껍고 평평하게 펴 바른 뒤 그 위에 굵은 소금은 넉넉히, 그리고 검은 통후추를 갈아 뿌리고, 칠리 플레이크도 조금 뿌려 간을 한다. 그 위에 준비한 녹색 채소와 각종 허브를 올리며 층을 만든다. 시트러스 계열의 과일이 있다면 껍질을 강판에 갈고 잘게 썬 피클 조각과 케이퍼까지 잘 섞어 먼저 올린 채소들처럼 버터 위에 적당히 올린다. 완성되었으면 테이블 위에 올려 놓고 함께 먹을 따뜻한 호밀빵이나 통밀빵도 함께 준비하면 행복한 시간이 시작된다. 참고로, 내가 이 요리를 준비할 때마다 사람들의 대화와 웃음소리는 한번도 끊긴 적이 없다.

레몬 크림 로메인 샐러드
Little Gems with Lemon Cream, Spring Onion, Radish, and Mint

'리틀 젬'은 로메인의 미니 버전이라 할 수 있다. 작고 단단한 뿌리를 중심으로 아삭아삭한 심지를 부드러운 녹색의 잎이 둘러싸고 있다. 리틀 젬은 자그마한 크기이므로 반으로 자르면 사용하기 적당한 크기가 된다. 주름 잡힌 잎은 하나씩 뜯어 다른 재료와 섞어 샐러드를 만들기에도 좋다.

>> **4인분**

리틀 젬(또는 미니 로메인) 4포기(큰 것 2포기)
쪽파 1줌
래디시 ½단
민트 잎 1줌
레몬 크림 ⅓컵 *75쪽 참고
코셔 솔트
검은 통후추
브레드크럼 ¼컵 *55쪽 참고
구운 해바라기씨 2큰술
소금 간 된 것

리틀 젬 준비
한 잎씩 떼서 씻고 채소 탈수기로 물기를 완전히 제거한다.

쪽파 준비
아주 가늘게 어슷 썰어 얼음물에 20분 동안 담갔다가 물기를 제거한다.

*쪽파 손질하는 방법은 93쪽을 참고한다.

래디시 준비
끝의 가는 뿌리를 잘라내고 얇게 슬라이스한 뒤 얼음물에 20분 동안 담갔다가 물기를 제거한다.

완성
커다란 볼에 리틀 젬과 쪽파, 래디시, 민트 잎을 담고 레몬 크림을 넣은 뒤 모든 재료가 골고루 섞이도록 가볍게 버무린다. 소금을 뿌리고 통후추를 넉넉히 갈아 넣어 다시 가볍게 버무린다. 맛이 부족하면 소금이나 후추, 레몬 크림으로 조절한다. 마지막에 브레드크럼과 해바라기씨를 넣어 섞는다.

판체타 비네그레트, 햇감자, 달걀을 넣은 레터스 샐러드
Butter Lettuce with New Potatoes, Eggs, and Pancetta Vinaigrette

긴 겨울이 끝나고, 다시 야외에서 점심을 먹을 수 있는 따뜻한 봄날에 제격인 샐러드이다. 부담스럽지 않으며 상큼한 맛이 특징인데, 감자와 달걀, 판체타 드레싱까지 들어가니 든든한 한 끼 식사로 손색이 없다.

≫ 4인분

햇감자(알감자) 230g
코셔 솔트
버터 레터스 1통
판체타 비네그레트 ½컵
*72쪽 참고
디종 머스터드 1큰술

삶은 달걀 2개 반숙으로
삶은 것 *92쪽 참고
파슬리 잎 1줌
양파 피클 ½컵 *100쪽 참고
레몬 ½개
검은 통후추

감자 준비
깨끗이 씻고 작은 것은 2등분, 큰 것은 4등분한다. 커다란 냄비에 물을 넉넉히 붓고 짭짤하게 소금을 넣은 뒤 감자를 넣어 삶는다. 팔팔 끓으면 불을 줄이고 감자가 부드러워질 때까지 15~20분 정도 삶고 꺼내서 식힌다.

*햇감자는 빨리 익으므로 오래 끓여 푹 퍼지지 않게 주의한다.

버터 레터스 준비
잎을 1장씩 떼서 씻고 채소 탈수기를 이용해 물기를 완전히 제거한다.

감자 양념
소스팬에 판체타 비네그레트 ⅓컵을 데우고 머스터드를 섞은 다음 감자에 부어 골고루 섞는다.

완성
커다란 볼에 버터 레터스를 담고 삶은 달걀을 으깨 넣은 다음 파슬리 잎과 양파 피클을 모두 넣는다. 레몬을 꾹 짜서 즙을 넣고 소금을 솔솔 뿌린다. 통후추를 넉넉히 갈아 넣고 골고루 섞는다. 여기에 양념한 감자와 판체타 비네그레트 2큰술을 넣어 가볍게 섞는다.

*감자가 따뜻할 때 내고 기호에 따라 비네그레트를 더 넣어도 좋다.

녹인 치즈를 곁들인 쌉사름한 그린 샐러드
Bitter Greens Salad with Melted Cheese

샐러드를 오븐에 굽는다는 게 어색할 수 있다. 그렇지만 짧은 시간 오븐에 구워 살짝 숨 죽은 채소와 녹은 치즈가 서로 멋스럽게 어우러지는 의외의 모습에 기분까지 좋아질 것이다.

≫ 6인분

라디치오 1개
루콜라 150g
구운 헤이즐넛 ½컵
레드 와인 식초 3큰술
엑스트라 버진 올리브 오일
코셔 솔트
검은 통후추
프로볼로네 치즈(또는 크루콜로·탈레조·폰티나 치즈) 110g
사바 식초*
(또는 발사믹 식초) 약간

*사바 식초는 머스킷 종자의 포도로 만든 식초다.

그릴 오븐을 고온으로 예열한다.

라디치오·루콜라 준비
라디치오는 굵게 채 썰고, 루콜라는 뿌리를 잘라 가닥을 나눈다.

헤이즐넛 준비
그릴 오븐에 구운 뒤 종이 타월 위에 올려 굵직하게 다진다.

*헤이즐넛 굽는 방법은 57쪽을 참고한다.

소스 준비
레드 와인 식초와 올리브 오일 ¼컵을 커다란 볼에 부어 휘젓고 소금과 통후추를 넉넉히 뿌려 간을 한다.

샐러드 준비
라디치오와 루콜라를 위의 볼에 넣어 골고루 버무린 뒤 맛을 보고 소금과 통후추를 갈아 맛을 조절한다.

완성
오븐용 접시에 샐러드를 담고 치즈를 강판에 갈아 흩뿌린 뒤 치즈가 녹을 정도로 약 1분간 굽고 헤이즐넛, 사바 식초 순으로 뿌린다.

올리브를 넣은 잎채소 볶음

Sautéed Greens with Olives (Misticanza)[1]

이 요리를 맛있게 만드는 방법은 센 불에 재빠르게 볶아 채소 하나하나의 맛을 살리는 것이다. 너무 오래 조리하면 두루뭉술한 하나의 풍미만 남을 수 있다. 미리 준비해서 만들어 먹기 보다는 있는 재료로 뚝딱 해 먹기에 알맞은 메뉴다. 스파이시 피시소스(79쪽), 시트러스 비네그레트(73쪽), 간장 등으로 드레싱의 맛도 얼마든지 바꿀 수 있다.

≫ 4인분

마늘 4쪽
블랙 올리브(칼라마타) ¼컵
샐러드 채소 10컵
  케일, 에스카롤, 상추 등 준비
엑스트라 버진 올리브 오일
칠리 플레이크 ¼작은술
코셔 솔트
검은 통후추
레몬즙 2큰술 즉석에서 짠 것

채소 준비

마늘은 얇게 슬라이스하고, 올리브는 반 갈라 씨를 뺀다. 샐러드 채소는 먹기 좋게 손으로 찢는다.

마늘·칠리 플레이크 볶기

커다란 프라이팬에 올리브 오일을 넉넉히 둘러 중불에 올린다. 마늘을 넣고 옅은 갈색이 날 때까지 2분 정도 저어가며 볶는다. 여기에 칠리 플레이크를 넣고 향이 올라오도록 1분 정도 더 볶는다.

샐러드 채소 볶기

위의 팬에 샐러드 채소를 넣어 살짝 숨이 죽고 부드러워질 정도로 약 3분간 볶는데, 한 번에 한 줌씩 넣고 케일이나 에스카롤처럼 질긴 채소를 먼저 넣는다. 볶는 동안 소금으로 간을 하고 통후추를 넉넉히 갈아 넣는다.

완성

볶은 채소에 올리브와 레몬즙을 넣어 골고루 섞는다. 맛을 보고 칠리 플레이크, 소금, 통후추를 더 갈아 넣어 간을 조절하고 마지막에 올리브 오일을 뿌린다.

---

1 미스티칸자라고 불리는 이탈리아식 혼합 채소 요리.

Onion Family *(Early Season)*
어린 양파 종류

완숙한 양파(400쪽 참고)는 오랫동안 저장할 수 있는 반면 이른 봄에 수확한 파 과(課)는 수분이 많고 달콤하여 상하기 쉽다. 개인적으로 아주 좋아하는 재료인 가느다란 파를 비롯해 어린 샬롯, 둥그스름한 '왈라왈라(Walla wallas)'나 숲에서 캔 야생 명이(산마늘, Ramp) 등이 여기에 포함된다. 햇양파 종류에 속하는 채소는 볼록한 전구 모양의 밑동과 녹색 잎까지 달려 있어 일거양득이라고 할 수 있다. 연중 언제나 구할 수 있는 대파처럼, 요리할 때 흰색과 녹색 부분을 모두 사용한다. 흰 부분은 맵지 않고 단맛이 나며, 녹색 부분은 맛이 좀 강한편이라 (양)파구나 할 만한 알싸한 맛이 난다.

보관이 쉽지 않아
햇양파 종류는 며칠 내로 모두 사용할 계획이 없다면 아무리 싸더라도 함부로 사두지는 말자. 또한 냉장실에서 꺼낸 양파가 미끈거리거나 끈적할 때에는 해당 부분의 껍질을 벗겨내거나 도려내고 사용하면 된다.

맛있게 먹는 비결
샐러드 같은 요리에 파를 생으로 넣어야 한다면 파를 부드럽고 경쾌한 질감으로 만들어주는 '얼음물'을 사용한다(93쪽 참고). 모든 양파 종류는 당 성분으로 가득하므로 그릴처럼 높은 온도에서 조리하는 방식과 잘 어울린다. 반면, 쉽게 타는 단점도 가지고 있으니 주의하도록 한다.

유용한 팁
샐러드 요리에 파를 생으로 넣어야 할 때, 나는 언제나 부드럽고 경쾌한 질감이 나도록 '얼음물 트릭'을 쓴다(93쪽 참고). 또한, 모든 양파 과에 해당되는 채소들은 당분으로 가득하므로 그릴처럼 높은 온도에서 조리하는 방식과 잘 어울린다는 사실을 기억할 것. 반면, 이렇게 높은 당분은 쉽게 타는 단점도 있으니 각별한 주의가 필요하다.

시장에서
'Scallions'와 'Green Onions'는 '파'를 의미하는 일반적인 이름으로 혼용해 쓴다. 그러나, 봄 양파인 'Spring Onions'의 경우 볼록하면서 도톰한 파처럼 보이지만 이는 완전히 다른 채소이다. 그 이유는 'Spring Onions'는 양파의 어린 상태인지라 성숙해지면 결국 둥그스름한 양파로 성장하기 때문이다. 사용 시에는 유난히 달짝지근한 맛이 특징인 왈라왈라(Walla Wallas)나 비달리아(Vidalias) 품종이 적합하다.

구운 빵에 올린 새콤달콤 산마늘

Agrodolce Ramps on Grilled Bread

명이라고도 불리는 산마늘은 컬트적인 식재료로 오직 야생 상태로만 자라는 신비로움을 간직한 재료이며 오직 채집만이 가능하고 크로커스(Crocus)[1] 꽃처럼 잠깐 나타났다가 사라지는 특징을 갖고 있다. 이른 봄이 아니라면 구하기 쉽지 않으니 제철에 마음껏 즐겨야 한다. 산마늘의 볼록한 구근은 양파와 마늘 맛이 동시에 강하게 나므로 익혀 먹는 것이 좋다.

≫ 애피타이저로 4인분

산마늘 1단
건포도 2큰술
잣 1큰술
엑스트라 버진 올리브 오일
칠리 플레이크 ¼작은술
코셔 솔트
검은 통후추
레드 와인 식초 1½컵
호밀빵(또는 통밀빵)
1.5cm 두께
리코타 치즈 크림
69쪽의 레시피 분량의 ½

산마늘 손비

둥근 뿌리는 얇게 슬라이스하고 잎은 약 5cm 길이로 자른다.

건포도 · 잣 준비

건포도는 따뜻한 물에 15분 정도 불린 뒤 건져서 물기를 빼고, 잣은 살짝 볶는다.

*잣 볶는 방법은 57쪽을 참고한다.

산마늘 볶기

작은 프라이팬에 올리브 오일을 넉넉히 두르고 중불에 올린다. 산마늘 뿌리와 칠리 플레이크를 넣고 산마늘 뿌리가 부드러워지고 향이 올라올 때까지 2분 정도 타지 않게 볶는다.

산마늘 양념하기

위의 팬에 산마늘 잎과 건포도, 잣을 모두 넣고 소금과 통후추를 넉넉히 갈아 넣어 간을 한다. 산마늘이 부드러워지고 향이 날 때까지 1-2분 정도 더 볶고 덜어낸다.

레드 와인 소스 준비

산마늘을 볶은 팬에 와인 식초를 넣어 데글레이즈* 한 뒤 뜨거운 열로 1분 정도 조리고 올리브 오일을 뿌려 마무리한 다음 소금과 후추, 와인 식초, 칠리 플레이크로 맛을 조절한다.

*채소나 고기를 볶거나 구운 후에 바닥에 눌어붙어 있는 것을 포도주나 코냑 등을 넣어 끓여 녹이는 것을 말한다.

완성

빵은 그릴 위에 올려 굽거나 토스트한 뒤 리코타 치즈 크림을 먹기 좋게 펴 바른다. 산마늘 볶음과 레드 와인 소스를 그 위에 조심스럽게 올리고 따뜻할 때 낸다.

---

[1] 붓꽃의 일종으로 이 꽃의 암술을 말리면 향신료인 사프란이 된다.

앤초비 드레싱과 반숙 달걀을 얹은 리크
Leeks with Anchovy and Soft-Boiled Eggs

리크는 거대한 파처럼 생겼으나 인상적인 단맛이 특징으로 많은 사람들이 좋아하는 식재료이다. 리크를 노릇노릇하게 구운 뒤 앤초비를 듬뿍 올려 영양 만점 요리를 만들어 보자. 앤초비 대신 훈제 송어를 사용해도 좋다.

≫ 메인 디시 2인분, 코스의 첫 번째 요리 4인분

리크 800g(큰 것으로 3뿌리)
*대파로 대체 가능
엑스트라 버진 올리브 오일
코셔 솔트
검은 통후추
앤초비 필레 6장

레몬즙 3큰술
반숙 달걀 2개 코스에 따라
2개 혹은 4개 준비
*92쪽 참고
브레드크럼 2큰술
*55쪽 참고

오븐을 약 220℃로 예열한다.

리크 손질
길게 반 가르고 깨끗이 씻은 뒤 약 10cm 길이로 썬다.

리크 준비
테두리가 있는 오븐 팬에 올리브 오일을 적당히 두르고 소금과 통후추를 넉넉히 갈아 뿌린다. 그 위에 리크를 올리는데, 자른 단면이 아래로 향하게 정렬해서 올린다. 오일이 리크의 단면에 잘 스며들도록 리크를 좌우로 재빨리 흔든다. 리크 위에 올리브 오일 2큰술을 골고루 뿌리고 소금과 통후추를 갈아 간을 한 뒤 오븐에 넣는다.

리크 굽기
리크가 충분히 부드러워지고 노릇노릇한 색깔이 날 때까지 약 15-20분 정도 굽는다. 잠깐 꺼내어 리크가 타지 않도록 오븐 팬 가운데로 모은다. 다시 오븐에 넣어 리크의 가장자리가 짙은 갈색으로 익고, 겉은 바삭하고 속은 부드럽도록 15-20분 정도 더 굽는다.

앤초비 드레싱 만들기
작은 볼에 앤초비와 레몬즙 3큰술을 넣고 앤초비를 으깬 뒤 올리브 오일 3~4큰술을 넣어 휘젓는다.

완성
구운 리크를 볼에 담고 앤초비 드레싱을 뿌린 다음 부드럽게 섞는다. 맛을 보고 레몬즙이나 소금, 후춧가루로 간을 맞춘다.

담기
접시에 리크를 정갈하게 올리고 달걀을 대강 잘라 올린 뒤 브레드크럼을 뿌려 마무리한다.

구운 쪽파로 만드는 살사 베르데

Charred Scallion Salsa Verde

파는 '언더 독(Underdog)[1]' 스타일의 채소로 음식에서 메인 재료로 나서는 법이 거의 없다. 다른 봄 양파들과 달리 사시사철 구할 수 있는 흔한 파가 얼마나 맛있고 귀한 채소인지 사람들은 쉽게 잊어버리기 때문이다. 나는 파가 챔피언이길 바란다. 파는 단맛이 자극적이지 않으며, 다루기도 쉬운 재료이다. 이 레시피는 파의 깊은 단맛을 최대한 끌어올려 만든 이탈리아식 '살사 베르데'이다.

≫ 2컵 분량

파슬리 1단
엑스트라 버진 올리브 오일
쪽파 2줌
코셔 솔트
검은 통후추
레몬 1개
케이퍼 2큰술 물에 씻어 물기를 뺀 뒤 다짐

파슬리 준비

도톰한 줄기는 다듬어 ½ 분량만 마른 부분을 잘라 버리고 송송 썰고, 잎은 듬성듬성 썬다. 줄기와 잎을 볼에 담고 올리브 오일 ½컵을 부어 섞는다.

쪽파 굽기

바닥이 두꺼운 프라이팬에 올리브 오일을 넉넉히 둘러 센불에 올린 뒤 팬 바닥이 보이지 않을 정도로 쪽파를 촘촘하게 편다. 소금과 통후추를 넉넉히 갈아 간을 한 다음 바닥이 깨끗한 무거운 팬이나 냄비로 파를 지긋이 누른다. 파가 그을리고 향이 올라오면서 부드러워질 때까지 3~5분 정도 굽는다. 구운 파가 어느 정도 식으면 1.5cm 길이로 썰어 볼에 담고 준비한 파슬리를 골고루 뿌린다.

완성

위의 볼에 레몬 껍질을 강판에 갈아 넣고 케이퍼도 넣은 다음 통후추를 넉넉하게 갈아 섞는다. 마지막에 레몬을 반 잘라 꾹 짜서 레몬즙을 약 2큰술 정도 넣고 소금으로 간을 한다

> **부엌에서**
>
> 흔히 파는 흰 줄기와 그 위쪽의 푸르스름한 부분만 사용하라고 한다. 나는 이에 반대한다. 파는 뿌리부터 잎 끝까지 하나도 버릴 것이 없는 재료이다. 잎의 가장 끝부분 약 1cm 정도만 다듬어내고, 잔뿌리만 잘라 버리면 충분하다.

---

1 스포츠에서 이길 확률이 적거나 약세인 팀 혹은 선수.

세 종류의 양파로 만드는 오픈 샌드위치

Onions Three Ways, with 'Nduja on Grilled Bread

나는 한 가지 재료를 여러 가지 방법으로 요리해 다양한 풍미를 더해 보는 것을 즐긴다. 첫 번째, 양파(실은 마늘인데, 마늘도 양파의 한 종류이다)를 빵에 문지른다. 두 번째는 구운 양파를 그 빵에 올린다. 세 번째, 통째로 구워 캐러멜라이징한 파를 올려 토스트를 만든다. 연한 마늘종을 구할 수 있다면 파와 함께 구워서 올려도 좋다.

≫ 4인분

붉은 양파(또는 샬롯) 230g
코셔 솔트
검은 통후추
엑스트라 버진 올리브 오일
쪽파 2줌

호밀빵(또는 통밀빵) 4장
1.5cm 두께
마늘 2쪽 반 자름
은두자 110g 상온에 둬 부드러운 상태

오븐을 약 150°C로 예열한다.

양파 굽기

오븐 팬에 올린 뒤 모양이 흐트러지고 부드러워질 때까지 굽는다. 양파의 크기와 종류에 따라 굽는 시간이 다르겠지만 대략 30분 ~ 1시간 정도 구우면 된다. 양파가 어느 정도 식으면 열십자(+)로 4등분하고 소금과 통후추를 갈아 간을 한다.

쪽파 굽기

양파를 굽는 동안 프라이팬을 중불에 올리고 올리브 오일을 약간 두른 뒤 팬 바닥이 보이지 않을 정도로 쪽파를 촘촘하게 올린다. 바닥이 깨끗한 무거운 팬으로 파를 지긋이 눌러가며 파가 부드러워지고 살짝 타면서 캐러멜라이징* 될 때까지 약 8~10분간 굽는다. 팬을 불에서 내리고 식힌 뒤 파를 종이 타월 위에 올려 기름기를 제거한다.

*설탕을 많이 넣은 음식이 갈색으로 변할 때까지 뜨겁게 열을 가해 특유의 향이 나오게 하는 것을 말하는데, 여기서는 파의 단맛을 빼서 최대한 맛과 향을 끓어 올리는 조리 방법이다.

빵 굽기

오븐이나 토스터에 빵을 넣고 가장자리가 먹음직스러운 갈색이 나도록 구운 뒤 마늘을 빵에 문지르고 한쪽 면만 올리브 오일을 조금 뿌리거나 브러시로 바른다.

완성

토스트한 빵에 은두자를 넉넉히 펴 바른다. 그 위에 구운 양파와 쪽파를 올리고 소금을 약간 뿌린 뒤 올리브 오일을 흩뿌려 따뜻할 때 낸다.

> **시장에서**
> '은두자(Nduja)'는 이태리 남부 반도에 위치한 칼라브리안 지역에서 만드는 살라미다. 본래 단단한 살라미 특유의 짜고 매콤하며 톡 쏘는 풍미는 그대로이나 그 질감은 확연히 달라 빵에 펴서 바를 수 있을 만큼 놀라운 부드러움을 지니고 있다. 구하기 쉽지 않지만 너무 멋진 재료이니 힘들게 찾아 볼만한 가치가 있다.

Radishes
래디시

여러 가지 채소를 보기 좋게 담아내는 접시에 장식용으로나 올라가던 래디시는 오랫동안 평범한 재료로 머물렀으나 최근 들어 인기가 급상승하고 있다. 래디시를 좋아하고, 찾는 사람들이 늘어나면서 붉고, 둥글며 통통하기만 하던 품종이 다양해지고 있다. 굵기는 다소 가늘고 분홍색과 흰색이 섞여 있는 프렌치 브랙퍼스트 래디시(French Breakfast Radishes)를 비롯해 고드름이라는 이름처럼 길쭉한 순백의 롱 아이시클 래디시(Long Icicle Radishes), 깜짝 놀랄 정도로 새까만 스패니시 래디시(Spanish Radishes)까지 마치 부활절 달걀처럼 알록달록 다채로운 것들이 농부들을 바쁘게 만들고 있다. 이 외에도 아시아에서 즐겨 먹는 무(Daikon)까지 이야기하면 너무 길어질 듯하니 여기서 그치겠다.

오래 자랄수록 맵다

래디시의 맛과 향은 매콤한 정도에 따라 달라진다. 매콤함은 래디시가 얼마나 오래 자랐는지에 달려 있다. 땅에 있던 시간이 길수록 매콤한 맛도 더해진다. 나는 적당한 크기가 되면 바로 수확해 판매하는 농부들과 거래하는 편이다. 어린 래디시는 밀도 높은 아삭함을 지니고, 오랫동안 땅속에 남겨져 있던 래디시는 나무 같은 질감에 간결하지만 복잡 미묘한 맛을 낸다.

잎과 줄기는 샐러드로

래디시는 빨리 자라는 편이라 슈퍼마켓에 출시된 래디시에도 잎과 줄기가 보기 좋게 붙어 있곤 한다. 래디시는 구입하자마자 녹색의 잎과 줄기를 잘라내 바로 씻어서 물기를 빼고 샐러드용으로 보관한다. 냉장실에 넣어두면 일주일 정도는 문제없이 먹을 수 있다. 이후에는 당연히 신선도가 떨어지니 되도록 빨리 요리해 먹는 게 좋다.

순식간에 애피타이저 한 접시

래디시로 봄 내음 가득한 애피타이저를 만들어보자. 바로 크뤼디테(Crudités)이다. 얼음장처럼 차갑게 한 래디시와 버터 한 덩어리, 넉넉한 양의 천일염만 있으면 된다. 래디시에 버터를 잔뜩 발라 소금에 찍어 먹을 때마다 느껴지는 아삭거림은 정말 일품이다. 하지만 래디시는 간단한 크뤼디테 이상의 요리가 가능하다. 래디시를 조각내거나, 얇게 자르고 혹은 다져서 먹는 맛도 정말 좋지만 조리하면 완전히 새로운 래디시의 풍미를 경험할 수 있다.

톤나토 소스 래디시 샐러드

Radishes with Tonnato, Sunflower Seeds, and Lemon

이 요리의 주연은 래디시이고 조연은 다른 여러 재료이며 이 모두를 부드럽게 이어주는 것이 바로 크리미한 참치 마요네즈 소스인 '톤나토'이다. 따뜻한 어느 봄날 저녁에 어울릴 만한 간단하면서도 환상적인 식사 메뉴이다. 구운 송아지 고기로 만든 찹스테이크와 곁들이면 아주 잘 어울린다. 단, 래디시에서 수분이 빠져나오기 때문에 먹기 직전에 바로 버무려 내는 것이 좋다.

≫ **메인 2인분, 사이드 4인분**

래디시 2줌	코셔 솔트
톤나토 83쪽 레시피의 ½ 분량	검은 통후추
레몬 ½개	구운 해바라기씨 ¼컵
민트 잎 1줌 작게 쥔 정도	해바라기 싹 1줌 작게 쥔 정도
	*구할 수 있다면 준비

래디시 준비

줄기를 잘라내고 붉은 뿌리만 2등분 혹은 열십자(+)로 4등분한다.

톤나토 소스 준비

큰 볼에 톤나토를 넣고 레몬을 꾹 짜서 즙을 2큰술 정도 넣어 잘 섞는다.

완성

위의 톤나토 소스에 래디시를 넣어 소스가 골고루 묻도록 버무린다. 민트를 더하고 소금과 통후추를 갈아 넣어 간을 맞춘다. 맛을 보고 소금과 후추 또는 레몬즙을 더 넣어 맛을 조절한다.
해바라기씨와 해바라기 싹을 각각 분량의 반만 넣어 섞은 뒤 접시에 담는다. 남은 씨앗과 싹을 위에 뿌리고 바로 낸다.

대추야자와 사과를 넣은 구운 래디시 샐러드
Grilled Radishes with Dates, Apples, and Radish Tops

래디시를 가열하면 매콤한 맛이 거의 사라지는 대신 특유의 감칠맛이 생겨날 뿐만 아니라 살짝 물러지면서 사과와 비슷한 식감이 난다. 싱싱한 잎이 달린 래디시를 구했다면 이를 순무, 비트, 당근 등과 함께 요리해 보자. 여기에 오래 숙성되어 톡 쏘는 향이 강한 체다 치즈를 뿌려 곁들이면 더할 나위 없이 근사한 음식이 만들어질 것이다.

≫ 4인분

대추야자 120g
사과 1개
적양파 ½개 작은 것
래디시 1단
잎이 싱싱하고 깨끗한 것
엑스트라 버진 올리브 오일
코셔 솔트
검은 통후추
칠리 플레이크

레드 와인 식초
(또는 화이트 와인 식초)
파슬리 잎 ½컵
살짝 눌러 담은 정도
아몬드 ½컵
살짝 구워 굵게 다진 것
*57쪽 참고

대추야자 · 사과 · 양파 준비
대추야자는 씨를 발라내 잘게 썰고, 사과는 반 갈라 씨를 빼고 세로로 얇게 슬라이스 한다. 적양파는 가늘게 채 썬다.

래디시 준비
줄기와 뿌리를 나눠 줄기는 찬물에 잠시 담가 두었다가 여러 번 헹구고 채소 탈수기로 물기를 완전히 제거한다. 뿌리는 부드러운 솔로 문질러 씻는다.

래디시 줄기 볶기
프라이팬에 올리브 오일을 약간 두르고 중불에 올린다. 팬이 달궈지면 래디시 줄기를 넣어 숨이 살짝 죽을 때까지만 집게로 뒤섞어가며 재빨리 볶는다. 소금과 통후추를 갈아 넣어 간을 하고 칠리 플레이크를 조금 뿌린 뒤 줄기가 부드러워질 때까지 3~4초 정도만 더 볶는다.

래디시 줄기 양념
볶은 래디시 줄기는 팬에서 꺼내 한 김 식힌 뒤 듬성듬성 썰어 볼에 담고 와인 식초 2작은술을 뿌려 골고루 섞는다. 맛을 보고 소금과 통후추를 갈아 넣고, 칠리 플레이크, 와인 식초로 간을 조절한다. 풍미가 제대로 느껴지면 올리브 오일을 조금 더 뿌리고 다시 잘 섞은 뒤 한 켠에 둔다.

그릴 준비
그릴을 준비해 열기를 최대로 높이거나 오븐을 이용한다면 230℃로 예열한다.

래디시 굽기
래디시 뿌리는 그릴이나 오븐을 이용해 굽는데, 손으로 지긋이 눌렀을 때 살짝 부드러운 느낌이 날 때까지 12~15분 정도 굽고 완전히 식힌 다음 반 자른다. 그릴을 이용할 경우, 굽는 동안 서너 번 뒤집어야 골고루 잘 구워진다.

*래디시의 크기에 따라 굽는 시간이 차이가 나고, 그릴보다 오븐이 약간 더 오래 걸린다.

완성
구운 래디시와 대추야자, 사과, 양파, 양념한 래디시 줄기, 파슬리 잎을 모두 큰 볼에 담는다. 와인 식초 ¼컵, 소금 1작은술, 통후추를 넉넉하게 갈아 넣고 칠리 플레이크 ½작은술을 더해 가볍게 버무린다. 간을 본 뒤 올리브 오일 ¼컵과 아몬드를 넣고 다시 한 번 섞는다. 맛을 보고 마지막으로 간을 조절한다.

브라운 버터, 칠리, 꿀맛 래디시 구이
Roasted Radishes with Brown Butter, Chile, and Honey

생 래디시와 신선한 버터는 매우 클래식한 조합이다. 나는 이 두 가지로 아주 고소한 요리를 만들었다. 약간의 와인 식초와 소량의 칠리, 그리고 가볍게 뿌린 꿀의 어우러짐은 기대 이상의 만족스러운 맛을 만들어 낸다.

≫ 4인분

래디시 2단
잎이 싱싱하고 깨끗한 것
엑스트라 버진 올리브 오일
코셔 솔트
칠리 플레이크

검은 통후추
무염 버터 2큰술
레드 와인 식초 2큰술
꿀 2큰술

오븐을 약 190°C로 예열한다.

래디시 준비

줄기와 뿌리를 나눠 줄기는 찬물에 잠시 담갔다가 여러 번 헹구고 채소 탈수기로 물기를 완전히 제거한다. 뿌리는 부드러운 솔로 씻은 뒤 반 자른다.

래디시 굽기

오븐용 프라이팬에 올리브 오일을 약간 두르고 중강불에 올린다. 래디시 뿌리의 자른 면이 팬에 닿게 올리고 노르스름하게 될 때까지 약 3분 정도 굽고 오븐에 넣는다. 래디시가 노릇노릇해지고 약간 부드러워질 때까지 10분 정도 굽고 팬을 꺼낸다. 래디시 줄기를 팬에 함께 넣고 오븐에 다시 넣은 뒤 뿌리는 푹 익고 줄기는 숨이 죽을 때까지 5분 정도 더 굽는다.

래디시 볶기

오븐에서 프라이팬을 빼 다시 약불에 올린 뒤 소금과 칠리 플레이크 ½작은술을 뿌리고 통후추를 갈아 넣어 간을 한다. 여기에 버터를 넣어 녹이고 옅은 갈색이 나고 고소한 냄새가 날때까지 약 2~3분 정도 볶는다.

*오븐에서 팬을 꺼낼 때 팬이 매우 뜨거우니 주의한다.

완성

위의 팬에 와인 식초를 흩뿌려 골고루 섞고 꿀을 넣은 뒤 다시 잘 섞는다. 맛을 보고 소금과 후추, 식초, 칠리 플레이크, 또는 꿀로 맛을 조절한 다음 따뜻할 때 팬째 낸다.

부엌에서

래디시는 경쾌한 이미지로 인해 모든 음식에 잘 어울리는 것처럼 보이지만 특유의 매콤함을 가지고 있고, 이는 제철 후반이나 한여름에 더욱 강해진다. 다행히 그런 후끈한 맛의 대부분이 외피에 있기 때문에 이를 벗겨내거나 가열해 조리하면 어느 정도는 누그러뜨릴 수 있다. 따라서 래디시의 매콤함을 부드럽게 만들어 먹으려면 볶음이나 굽기 등의 방법이 적합하다.

Sugar Snap Peas
슈가 스냅

슈가 스냅이란 이름은 밭에서 나는 채소 중 가장 적절하게 붙인 이름이 아닐까 싶다. 봄에 수확해 싱싱한 슈가 스냅을 뚝 잘라 먹으면 진짜 설탕처럼 달고 즙이 많으며, 선명한 아삭거림을 맛볼 수 있기 때문이다. 이 콩은 꼬투리를 먹는 품종이므로 콩알이 완전히 여물어 있지는 않다. 꼬투리와 줄기의 끄트머리와 한 쪽에 길게 달린 섬유질 조직을 제거하면 모두 먹을 수 있다. 지퍼를 움직이듯 한 번에 쓱 잡아 당기면 벗겨낼 수 있다. 아주 어린 슈가 스냅이라면 섬유질 조직이 발달하지 않아 굳이 제거할 필요가 없다.

아삭한 것을 고르자

나는 굳이 여러 종의 슈가 스냅을 따로 구분하지는 않는다. 그렇다고 아무 슈가 스냅이나 사용하라는 말은 아니다. 구입하기 전에 두어 개의 슈가 스냅을 한 번 씹어 보며 식감을 느껴보는 게 좋다. 아삭거리는 사과처럼 경쾌하게 부서지는 질감을 가진 것을 골라야 씹자마자 단맛이 느껴지며, 풋풋한 채소의 맛도 뒤따라 온다. 덩굴에 너무 오래도록 달려 있었거나 너무 서둘러 수확한 슈가 스냅은 섬유질과 녹말 성분이 많아 좋은 음식 재료가 되지 못한다. 구입한 슈가 스냅은 지퍼백이나 비닐봉지에 담아 냉장실에 두되 당분이 쉽게 녹말로 변하는 편이니 최대한 구입한 날 요리하는 게 좋다.

통째로 혹은 잘라서

나는 슈가 스냅을 통째로 요리에 사용하는 편이다. 길이가 고작 두 입 정도 밖에 되지 않기 때문이다. 물론 짧게 자르거나 길게 갈라서 요리하는 방법도 있다. 아니면 아주 가늘게 채를 썰어 아삭함을 살려 요리하면 재미있는 식감의 음식을 만들 수 있다.

체리 피클과 땅콩을 넣은 슈가 스냅 샐러드

Sugar Snap Peas with Pickled Cherries and Peanuts

체리는 늦은 봄이나 이른 여름에 나오는 과일인데, 만약 슈가 스냅과 체리를 동시에 만날 수 있다면 운이 아주 좋은 셈이다. 이런 행운이 없더라도 고급 식자재 가게에서 피클로 만들어진 체리를 구매해 요리해도 상관없다.

≫ 4인분

슈가 스냅 450g	체리 피클 국물 ¼컵
쪽파 1줌	바질 잎 1줌 작게 찢은 정도
체리 피클 1컵 물기 빼서 넉넉히 담은 정도	칠리 플레이크 1작은술
*100쪽 참고	코셔 솔트
땅콩 1컵	검은 통후추
	엑스트라 버진 올리브 오일

슈가 스냅 준비

끝의 실 같은 가는 줄기를 당겨 제거하고 2등분으로 어슷 썬다.

쪽파 준비

길고 가늘게 어슷 썰어 얼음물에 20분 정도 담갔다가 물기를 제거한다.

*쪽파 손질하는 방법은 93쪽을 참고한다.

완성

커다란 볼에 슈가 스냅, 체리 피클, 땅콩, 쪽파, 체리 피클 국물, 바질 잎을 모두 넣어 잘 섞고 칠리 플레이크와 소금을 넣은 뒤 통후추를 넉넉히 갈아 넣어 간을 한다. 샐러드의 풍미가 충분히 느껴지면 올리브 오일 ¼컵을 부어 다시 한 번 섞는다. 맛과 향이 잘 느껴지게 간을 조절하고 약간 차가운 상태로 낸다.

인도풍 슈가 스냅 샐러드
Sugar Snap Peas with Mustard Seeds and Tarragon

이 요리에는 여러 가지 향신료가 들어가 인도풍으로 느껴질 수 있지만, 타라곤이 들어가므로 서유럽 스타일의 면모도 있다고 말할 수 있다. 궁극적으로 내고자 한 맛은 은은하게 달콤한 슈가 스냅 특유의 맛이므로, 시즈닝이 과하지 않도록 주의하면 좋겠다.

» 4인분

슈가 스냅 450g	레몬 제스트 1작은술
노랑 겨자씨 1큰술	강판에 곱게 간 것
큐민씨 ½작은술	레몬즙 ½개 분량
엑스트라 버진 올리브 오일	타라곤 잎 ¼컵
코셔 솔트	살짝 눌러 담은 정도
검은 통후추	파슬리 잎 ½컵
무염 버터 2큰술	살짝 눌러 담은 정도

슈가 스냅 준비
끝의 실 같은 줄기를 잡아당겨 제거한다.

씨 볶기
작은 프라이팬을 중불에 올리고 겨자씨와 큐민씨를 넣어 향신료의 그윽한 향이 올라올 때까지 4분 정도 저어가며 볶고 접시에 옮겨 식힌다.

*볶는 동안 팬을 꾸준히 흔들어야 타지 않는다. 특히 겨자 씨는 톡톡 튀어 오르니 주의한다.

슈가 스냅 조리
뚜껑이 있는 커다란 프라이팬에 올리브 오일을 조금 두르고 중강불에 올린다. 슈가 스냅과 소금을 넣고 검은 통후추를 약간 갈아 넣어 1-2분 정도 볶는다. 물 ¼컵을 붓고 뚜껑을 재빨리 닫아 1분 정도 그대로 둬 수증기의 열로 슈가 스냅을 익힌 다음 뚜껑을 연다. 물이 모두 증발하면 바로 버터를 넣고 볶은 씨를 모두 넣어 1분 정도 더 볶는다.

*수증기로 익힌 슈가 스냅 완두콩은 아삭하면서도 부드러운 식감이 된다.

완성
팬을 불에서 내리고 레몬 제스트와 레몬즙, 타라곤 잎, 파슬리 잎을 모두 넣어 섞고 맛을 본 뒤 소금과 후추 혹은 레몬즙으로 맛을 조절하고 따뜻할 때 낸다.

달걀 정어리 햇감자 슈가 스냅 샐러드

Sugar Snap Pea and New Potato Salad with Crumbled Egg and Sardines

이 샐러드를 만들 때 재료에서 수분이 많이 나오면 어쩌지라는 생각이 들 수 있다. 그러나 액상 소스는 아래쪽 감자에 모두 스며들 것이고, 여러 재료들이 어우러지는 과정에서 수분이 날아가게 되니 샐러드가 축축하리라는 걱정은 내려놓아도 된다.

» 4인분

햇감자(알감자) 230g
슈가 스냅 230g
쪽파 1줌
통조림 뼈 없는 정어리 6마리
코셔 솔트
레몬 2개
칠리 플레이크 2작은술
검은 통후추
엑스트라 버진 올리브 오일
달걀 4개 반숙으로 삶은 것
*92쪽 참고
민트 잎 1줌

감자 준비
껍질째 깨끗이 씻고, 껍질이 두꺼운 것만 껍질을 벗긴다.

슈가 스냅 준비
끝의 가는 줄기를 당겨 제거하고 가늘게 어슷 썬다.

쪽파 준비
가늘게 어슷 썬 뒤 얼음물에 20분 정도 담갔다가 물기를 제거한다.

*쪽파 손질하는 방법은 93쪽을 참고한다.

정어리 준비
통조림의 물기를 따라 버리고 듬성듬성 손으로 찢는다.

감자 삶기
커다란 냄비에 물을 붓고 짭짤할 정도로 소금을 넉넉히 넣어 감자를 삶는다. 한소끔 끓어오르면 불을 줄이고 감자가 부드럽게 익을 때까지 15~20분 정도 끓인 뒤 냄비의 물을 버리고 식힌다.

*햇감자는 묵은 감자에 비해 익는 시간이 짧다. 너무 오래 삶아 감자가 푹 퍼지지 않도록 주의한다.

샐러드 간하기
커다란 볼에 고운 강판으로 레몬 껍질을 갈아 넣고 레몬을 반 잘라 꾹 짜서 즙을 더한다. 여기에 삶은 감자와 슈가 스냅, 쪽파, 정어리, 칠리 플레이크 1작은술, 소금 1작은술을 넣고 통후추를 넉넉히 갈아 넣어 간을 한다. 골고루 섞어 간이 잘 스미도록 10분 정도 그대로 둔다. 올리브 오일 ⅓컵을 붓고 다시 한 번 가볍게 섞은 다음 맛이 부족하면 소금, 후추, 칠리 플레이크로 간을 맞춘다.

*레몬은 즙을 짠 뒤 씨를 모두 골라낸다.

완성
반숙 달걀을 손으로 쪼개어 대강 4등분해서 위의 볼에 넣는다. 민트를 더하고 가볍게 버무린 뒤 다시 간을 본다. 간이 부족하면 소금과 후추로 간을 하고 상온의 온도로 낸다.

*불가피하게 미리 만들어 냉장고에 보관했다가 내야 할 경우 미리 꺼내 찬기를 없앤다.

슈가 스냅을 넣은 그리치아 파스타

Pasta alla Gricia with Slivered Sugar Snap Peas

'파스타 알라 그리치아(Pasta alla Gricia)'는 이탈리아 로마 스타일의 아주 간단한 파스타 요리이다. 구안치알레(Guanciale, 돼지의 턱 아래에 위치한 살을 염장해 만든 베이컨의 일종)와 페코리노 치즈를 넣어 만든다. 나는 정통 이탈리아 요리를 많이 하는 편인데 이를 발판 삼아 새로운 요리를 즉흥적으로 만들어보곤 한다. 이 레시피에서는 굉장히 얇은 슈가 스냅 껍질을 이용했다. 뜻밖의 놀라운 식감은 물론이며 너무 진할 뻔한 파스타에 싱싱한 채소의 풍미를 더할 수 있다. 여기에 이 책에서 함께 만들어 본 '카치오 에 페페(Cacio e Pepe) 버터(62쪽)'까지 활용하면 깊고 진한 풍미의 파스타를 뚝딱 만들어 낼 수 있다.

≫ 4인분

슈가 스냅 450g
구안치알레(또는 판체타) 85g
코셔 솔트
스파게티(또는 페투치니, 탈리아텔레) 230g
엑스트라 버진 올리브 오일

카치오 에 페페 버터 6큰술
*62쪽 참고
검은 통후추
페코리노 로마노 치즈

슈가 스냅 손질
끝의 실 같은 줄기를 잡아 당겨 제거하고 가늘고 길게 어슷 썬다.

구안치알레 손질
작은 주사위 모양으로 썰거나 잘게 썬다.

파스타 삶을 물 준비
커다란 냄비에 물을 넉넉히 붓고 끓어오르면 짭짤하게 소금을 넣어 끓인다.

구안치알레 볶기
파스타가 모두 들어갈 정도로 큼직한 프라이팬이나 더치오븐에 올리브 오일 2작은술을 두르고 구안치알레를 넣어 지방이 거의 빠지고 살짝 바삭하게 될 때까지 9~12분 정도 볶는다. 불을 끄고 팬에 기름 1큰술 정도만 남기고 모두 제거한다.

파스타 삶기
냄비의 물이 끓으면 파스타를 넣고 포장지에 예시된 조리 시간에 따라 알덴테가 되기 직전까지 삶은 다음 슈가 스냅을 넣어 함께 삶는다. 파스타가 알덴테가 되면 불을 끈다.

완성
위의 프라이팬을 다시 중불에 올려 구안치알레를 살짝 굽고 파스타 삶은 물을 ½컵 정도 떠 넣는다. 파스타와 슈가 스냅의 물기를 빼서 넣고 카치오 에 페페 버터를 넣어 재료가 잘 어우러지도록 볶는다. 마지막에 소금과 통후추를 갈아 넣어 맛을 조절한다.

*소스를 좀더 부드럽게 하려면 파스타 삶은 물을 조금 더 넣는다.

담기
접시에 파스타를 담고 페코리노 치즈를 강판에 갈아 위에 뿌린 뒤 바로 낸다.

슈가 스냅은 길고 가늘게 썰어야 파스타 면과 잘 어우러진다.

톤나토와 레몬을 곁들인 슈가 스냅 튀김
Crispy Sugar Snap Peas with Tonnato and Lemon

크뤼디테(Crudité)[1]는 그 자체로 훌륭한 음식이지만 가끔 그 이상으로 생 채소를 즐기고 싶은 욕구가 솟아오르곤 한다. 이 레시피는 일단 튀김에 대한 두려움만 극복한다면 무엇보다 빠르고 쉽게 만들 수 있다. 친구들과 와인이나 네그로니(Negroni) 칵테일[2] 한 잔 기울이고 싶을 때 곁들이기 딱 좋은 요리이다.

» 애피타이저 4~6인분

슈가 스냅 450g
튀김용 식물성 기름이나
올리브 오일
옥수수 전분 ½컵
밀가루(중력분) ½컵
탄산수 1컵
코셔 솔트
검은 통후추
칠리 플레이크
파르미지아노 레지아노 치즈
민트 잎
레몬 웨지 4쪽
톤나토 *83쪽 참고

슈가 스냅 손질

끝의 실 같은 줄기를 잡아당겨 제거한다. 트레이나 오븐 팬에 종이타월을 이중으로 깔아 조리할 불 옆에 둔다.

튀김기름 준비

깊이가 있는 냄비에 식물성 기름 또는 올리브 오일과 식물성 기름을 섞은 기름을 약 5cm 정도 채운 뒤 190℃로 예열한다.

*기름이 끓는 동안 넘쳐 위험할 수 있으니 반드시 기름 윗면에서 냄비 윗부분까지 최소 7~8cm 여유가 있는 냄비를 택한다.
*튀김기름의 온도를 맞추기 어려울 때는 작은 빵 조각을 기름에 넣어 빵이 타지 않고 바삭해지면서 갈색으로 변할 때까지 약 1분 정도 걸리면 적당한 온도다.

튀김옷 준비

기름이 가열되는 동안 옥수수 전분과 밀가루를 볼에 넣고 포크나 거품기로 섞은 뒤 탄산수를 충분히 넣어 묽은 반죽을 만든다. 소금과 통후추를 갈아 넣고 칠리 플레이크 ¼작은술을 뿌려 간을 맞춘다.

1 프랑스어로 날 것 혹은 생 채소를 뜻한다. 신선한 채소에 간결한 소스나 딥을 함께 내는 애피타이저 요리를 부를 때도 쓰는 말이다.
2 캄파리, 진, 스위트 베르무스로 만드는 칵테일.

완성

슈가 스냅을 모두 반죽에 넣고 튀김옷이 가볍게 입혀지도록 한 개씩 집고 살짝 털어 튀김기름에 조심스럽게 넣어 튀긴다. 튀김옷이 볼록하게 부풀어오르고 연한 황금색이 될 때까지 튀긴 뒤 종이타월을 깐 트레이에 옮겨 담는다.

*슈가 스냅을 반죽에 넣고 성근 채나 튀김용 체로 건져 반죽을 털어내면 튀김옷을 가볍게 입힐 수 있다.
*기름에 슈가 스냅을 한꺼번에 많이 넣으면 기름의 온도가 떨어져 콩에 기름이 흡수돼 느끼해질 수 있다.

담기

다 튀긴 슈가 스냅은 접시에 옮겨 담고 그 위에 파르미지아노 치즈를 강판에 갈아 뿌린 뒤 민트 잎과 칠리 플레이크를 조금 흩뿌린다. 레몬 웨지와 톤나토 디핑 소스를 곁들여 낸다.

두 번째 계절, 초여름

편의상 나누는 계절의 경계가 뚜렷할 리 없다. 봄 역시 초여름에 이를 때까지 가다 서기를 반복한다. 일주일 동안은 반팔을 입고 다닐 정도로 날이 더웠다가 다음 날부터는, 마치 여름을 기다리는 우리의 인내심을 시험하듯 쌀쌀한 공기를 품은 구름이 하늘을 덮어버리는 식이다.

하지만 이런 날씨의 변덕으로 인해 정원과 농장의 작물은 되려 풍성해진다. 충분한 태양 에너지는 채소가 꾸준하게 자랄 수 있는 견인차 역할을 한다. 그리고 차가운 밤에는 성장이 억제되면서 적절한 균형을 찾는다. 흙도 봄과 여름 사이에는 따뜻해지므로 뿌리와 덩이줄기에 영양과 수분을 공급해 수확할 만큼 큼직해질 수 있게 돕는다.

온화함과 차가움 사이에서 계절만 널뛰기를 하는 것은 아니다. 채소 또한 성장의 반응이 각자 다르므로 어린 것과 다 자란 것이 공존하는 때이기도 하다. 예를 들면, 부드러운 햇당근과 가을을 지나 겨우내 커진 당근을 함께 만날 수 있다. 추위를 견딘 채소는 당질 함량이 높아져 단단하고 질긴 식감이 도드라진다. 이맘때에는 완전히 여물어 묵직한 채소보다는 어린 당근과 비트, 어린 순무 등으로 비교적 가벼운 장바구니를 꾸리는 게 좋다.

초여름 채소와 요리

BEET(EARLY SEASON)
어린 비트
—
피스타치오와 건포도를
넣은 비트 슬로우 174

아보카도와 해바라기씨를
넣은 구운 비트 샐러드 176

CARROTS(EARLY SEASON)
어린 당근
—
프리코를 곁들인 대추야자
올리브 당근 샐러드 179

매콤한 소스를 곁들인
구운 당근, 양파, 스테이크
샐러드 180

당근 줄기 살사에 버무린
구운 오징어와 당근,
아보카도 182

당근과 풋마늘을 넣은
양고기 라구 파스타 184

CELERY
셀러리
—
대추야자, 아몬드, 치즈를
넣은 셀러리 샐러드 187

푼타렐레 스타일의
셀러리 샐러드 188

구운 닭고기와 찐
셀러리 샐러드 189

고추 피클 소시지 치즈
올리브 셀러리 샐러드 191

사과 땅콩 셀러리 샐러드 192

셀러리 크림 수프 194

셀러리 그라탱 196

FENNEL
펜넬
—
펜넬을 넣은 차가운
해산물 샐러드 199

사과 아몬드 치즈
펜넬 구이 200

홍합과 쿠스쿠스를
넣은 펜넬 볶음 202

POTATOES(EARLY SEASON)
어린 감자
—
레몬과 올리브 오일을
넣은 으깬 햇감자 205

구운 콜리플라워
감자 샐러드 206

구운 햇감자와 버터 208

TURNIPS(EARLY SEASON)
초여름 순무
—
요거트, 허브, 양귀비씨를
넣은 순무 샐러드 210

마른 자두, 라디치오를
넣은 순무 볶음 212

Beets (Early Season)
어린 비트

일찍 수확한 어린 비트가 시장에 나올 무렵이 되면 나의 요리는 화려하게 옷을 갈아 입기 시작한다. 비트는 진한 자홍색과 오렌지색, 분홍색과 흰색의 조합에 작은 화살 과녁 같은 무늬가 볼수록 독특한 키오자(Chioggia) 품종까지 있다. 환상적인 색감 덕분에 비트는 존재만으로도 예술적 감각을 불러일으킨다.

*완숙한 비트는 325쪽에서 소개한다.

비트가 선사하는 보너스

땅에서 바로 캐낸 신선한 비트 다발에는 보너스가 달려 있다. 바로 잎이 무성하게 달린 줄기이다. 녹색의 단단한 줄기는 부드럽고 담백한 근대(비트와 근대는 실제로 같은 과에 속한다)와 비슷한 맛이 난다. 나는 잎과 줄기가 얼마나 보기 좋게 잘 자랐는지를 보면서 초여름의 비트를 고른다. 이 시기의 비트는 골프 공만한 크기로 한여름의 비트보다는 작다. 농부는 비슷한 크기의 비트를 모아 다발을 만드는데, 이렇게 하면 비트를 고르고 요리하기 수월해서 좋다. 가끔 아주 조그만 비트가 달려 있고 녹색 줄기만 요리에 쓰도록 꾸려진 비트 다발을 볼 수 있는데, 나는 비트 자체가 먹을 수 있을 정도로 자란 다음 수확한 것을 구입하는 편이다. 나는 비트 다발을 부엌에 들고 오자마자 줄기와 잎 부분을 잘라내 샐러드용 채소를 보관하듯 별도의 비닐봉지에 넣어 냉장실에 둔다. 비트는 보관기간이 꽤 길다. 서로 눌리지 않게 비닐봉지에 넣어두면 2-3주 정도는 끄떡없이 신선하다.

어린 비트는 생으로 먹기

어리고 신선한 비트를 구했다면 번거롭게 요리할 필요 없이 그대로 맛보길 권한다. 완전히 자란 것이 아니기 때문에 성숙한 비트가 가진 광물성의 흙냄새가 진하지 않으면서 아삭한 식감과 풍부한 즙을 입안 가득 즐길 수 있다. 간혹 비트에서 흙 맛이 난다고도 하는데, 엄밀히 말하면 비트의 맛은 흙으로부터 만들어지는 것이니 당연한 결과라고 할 수 있다. 땅속의 특정 미생물이 배출하는 유기화합물인 '지오스민(Geosmin)'이 비트에 남다른 특징을 부여한다.

비트 껍질은 어떻게 할까

어린 비트의 껍질을 벗길지 말지에 대해서는 조금 잘라 맛을 본 다음에 판단하는 게 좋다. 껍질과 속의 질감 차이가 너무 크면 작은 칼이나 필러로 비트의 껍질을 벗긴다. 비트를 데치거나 조리할 목적이라면 껍질을 남겨둔 채 익힌 다음 손가락으로 겉면을 문지르거나 칼로 긁어 껍질을 벗긴다.

비트는 '알덴테'로

어린 비트는 대체로 생으로 먹지만 찌거나, 기름에 굽거나, 그릴에 굽기도 한다. 어떤 방법으로 조리하든지 비트를 더도 덜도 말고 딱 '유연해질' 정도로만 익히는 게 중요하다. 너무 오래 익혀 물러지면 안 되고, 부드러우면서도 조리 전의 아삭한 식감이 전달될 수 있는 '알덴테(Al Dente)*' 상태가 되도록 익혀야 한다.

*파스타를 삶을 때 면 가운데에 심이 살짝 씹힐 정도로 익히는 것을 말한다.

시장에서

깨끗하고 싱싱한 줄기와 잎이 그대로 붙어 있는 뿌리채소를 구입했다면 뿌리 열매에 덤을 하나 얻어 온 것이라고 볼 수 있다. 마치 선물과 같은 녹색의 줄기만 잘라 요리에 활용해도 좋을 뿐 아니라 열매와 줄기를 조합해 먹으면 더욱 맛있게 즐길 수 있다.

피스타치오와 건포도를 넣은 비트 슬로우

Beet Slaw with Pistachios and Raisins

이 요리를 낼 때에는 비트 슬로우를 담을 그릇에 피스타치오 버터를 먼저 펴 바른다. 이렇게 하면 알갱이 피스타치오를 사용할 때보다 훨씬 풍성한 풍미를 낼 수 있다. 마치 동남아시아 음식에서 땅콩소스가 하는 역할과 같다고 할 수 있다. 요리를 먹을 때는 비트 슬로우에서 나오는 즙이 피스타치오 버터를 살짝 녹이며 비네그레트 소스가 놀랍도록 맛있어지는 과정까지 음미할 수 있다.

≫ 4인분

마늘 2쪽 내리쳐 으깬 것
노랑 건포도 ½컵
화이트 와인 식초 2큰술
비트 570g *가능하면 다양한 색으로 준비
레몬즙 2큰술
파슬리 잎 ½컵 살짝 눌러 담은 정도
민트 잎 ¼컵 살짝 눌러 담은 정도
칠리 플레이크 ½작은술
코셔 솔트
검은 통후추
엑스트라 버진 올리브 오일
피스타치오 버터
*68쪽 참고

마늘·건포도 절임
마늘, 건포도, 와인 식초를 큰 볼에 담아 섞고 1시간 정도 그대로 둔다.

비트 준비
껍질을 벗기고 가늘게 채 썬다.

*박스 모양의 스탠드형 그레이터나 채칼을 이용해서 채를 썰어도 된다.
*비트를 손질할 때 손이 붉게 물들지만 금방 빠지니 걱정하지 않아도 된다.

완성
와인 식초에 절인 마늘과 건포도에서 마늘만 빼내 버리고 그 볼에 비트, 레몬즙, 파슬리 잎, 민트 잎, 칠리 플레이크, 소금 1½작은술을 넣은 뒤 통후추를 넉넉하게 갈아 넣어 골고루 섞는다. 5분 정도 그대로 두었다가 간을 본다. 간이 부족하면 다시 간을 하고 올리브 오일 ¼컵을 넣은 다음 가볍게 섞는다.

*파슬리 잎과 민트 잎은 장식용으로 조금 남겨둔다.
*올리브 오일을 넣기 전 맛을 봤을 때 톡 쏘는 풍미와 함께 매콤하고 알싸하며 단맛이 나야 한다.

담기
접시에 피스타치오 버터를 넓게 펴 바르고 그 위에 비트 슬로우를 올린 다음 남겨둔 파슬리와 민트를 얹고 올리브 오일을 흩뿌린다.

아보카도와 해바라기씨를 넣은 구운 비트 샐러드
Roasted Beets, Avocado, and Sunflower Seeds

페페론치노와 해바라기씨가 들어가기 때문에 마치 '샐러드 바'에 등장하는 메뉴 같지만 그 이상이다. 만일 모양만 예쁘다면 비트의 꼭지 부분도 래디시처럼 버리지 말고 모두 사용한다. 재료를 재빨리 볶은 다음 간단하게 만든 소스에 재었다가 골고루 섞어 접시에 담아낸다.

> **4인분**

파슬리 잎 ½컵
살짝 눌러 담은 정도
쪽파 4뿌리
고추 피클* ½컵
살짝 눌러 담은 정도
비트 450g
싱싱한 줄기가 있는 것
코셔 솔트

엑스트라 버진 올리브 오일
레드 와인 식초 3큰술
검은 통후추
볶은 해바라기씨 ¼컵
소금 간 된 것
아보카도 2개 잘 익은 것

*고추 피클은 페페론치노 등의 고추로 만든 피클을 준비한다.

오븐을 약 190°C로 예열한다.

파슬리 잎 · 쪽파 · 고추 피클 준비

파슬리는 듬성듬성 썰고, 쪽파는 가늘게 어슷 썰어 얼음물에 20분 정도 담갔다가 물기를 제거한다. 고추 피클은 씨를 빼고 잘게 썬다.

비트 준비

줄기를 자르고 잔뿌리를 말끔히 제거한다. 줄기는 깨끗이 씻어 채소 탈수기로 물기를 제거하고, 뿌리는 깨끗이 문질러 씻고 큰 것만 작은 것에 크기를 맞춰 자른다.

*비트는 오븐에 구울 때 되도록 크기를 맞춰야 모두 일정하게 익는다.

비트 뿌리 굽기

넓은 오븐 팬에 비트를 서로 겹치지 않게 펼쳐 담고 소금으로 밑간을 한 뒤 물 ¼컵을 붓는다. 오븐 팬에 쿠킹 포일을 뚜껑처럼 덮고 오븐에 넣어 포크로 비트를 찔렀을 때 푹 들어갈 정도로 부드럽게 익을 때까지 찌듯이 구워 익힌다. 대략 30분~1시간 정도 걸린다.

*비트를 익히는 시간은 비트의 크기, 단단한 정도에 따라 다르다.

비트 줄기 볶기

비트를 굽는 동안 프라이팬을 중불에 올리고 올리브 오일을 적당히 두른 뒤 비트 줄기를 넣어 약간 숨이 죽고 수분이 나올 때까지 5분 정도 볶는다. 팬을 불에서 내리고 비트 줄기가 어느 정도 식으면 먹기 좋은 길이로 썬다.

비트 썰기

비트가 부드럽게 익으면 오븐에서 꺼내고 손으로 만질 수 있을 만큼 식으면 껍질을 벗기고 1.5cm 폭의 웨지 모양이나 한 입 크기로 썬다.

비트 간하기

비트가 따뜻할 때 줄기와 함께 볼에 담고 와인 식초, 소금 ½작은술과 통후추를 넉넉히 갈아 넣어 간이 잘 배도록 섞은 뒤 식초가 충분히 흡수되도록 잠시 둔다. 올리브 오일을 넉넉히 뿌리고 다시 섞는다.

*그릇에 담기 전에는 이 과정까지만 완성한다.

완성

위의 볼에 해바라기씨, 파슬리, 쪽파, 고추 피클을 넣어 섞는다. 아보카도의 껍실을 벗겨 비트와 비슷한 모양으로 썰어 담고 아보카도가 부서지지 않게 가볍게 버무린다. 맛을 보고 필요하면 소금과 후추, 와인 식초 혹은 올리브 오일을 더해 간을 맞추고 바로 그릇에 담아 낸다.

> **부엌에서**
>
> 뿌리채소와 감자는 따뜻할 때 양념(드레싱)하면 풍미가 훨씬 좋아진다. 대체로 산성인 양념이 열에 의해 재료 깊이 흡수되며 완성된 요리의 색감도 빛나게 만들기 때문이다.

Carrots *(Early Season)*
어린 당근

잠깐, 짚고 넘어가야할 중요한 이야기가 있다. '베이비 캐롯(Baby Carrots)'이라고 이름표를 붙인 자그마하고 뭉툭한 주황색 당근은 여기서 말하는 신선하게 바로 뽑아 낸 '어린 당근(햇당근)'과 아무 상관이 없다. 어린 당근(햇당근)은 어리고, 여리며, 아직까지 땅내음이 느껴질 정도로 신선한 초여름의 당근을 말한다. 진짜 '어린(Baby)' 당근은 허브의 향과 맛을 갖고 있으며, 베어 물면 깔끔하게 끊어지는 매력이 있다. 심지어 흙이 묻은 부분을 벗겨내고 툭툭 썰어 놓아도 베어 무는 맛은 여전하다. 이는 완전히 여문 당근에서는 찾아볼 수 없는 특징이다.

뿌리를 사면 채소가 따라온다
어린 당근은 녹색의 잎줄기가 달린 상태로 수확한다. 당근이 작을수록 줄기는 더 부드럽다. 농부들이 직접 물건을 판매하는 시장에서 당근을 구입할 때면 줄기를 잘라줄지 상인들이 물어보기도 하지만 줄기가 달린 채로 모두 가져오는 게 좋다. 풍성한 당근의 잎과 줄기는 섬유질로 인해 살짝 질기고, 약간 쌉쌀한 맛이 나므로 비트나 래디시의 줄기처럼 활용도가 높지는 않다. 그러나 엄청난 영양분을 포함하고 있다. 허브나 샐러드 채소를 다루듯 물에 잘 씻어 퓨레나 페스토, 살사 베르데를 만들 때 활용하면 좋다.

어린 당근은 15cm
요리에 적합한 이 시기 어린 당근의 크기는 길이 15cm정도이다. 어린 당근만의 연하고 달콤한 맛과 다 자란 당근이 주는 깊이 있는 풍미를 함께 지닐 만큼 충분한 크기이기 때문이다. 우리는 메인(Maine)주에 있는 농장에서 나폴리스(Napolis)라는 품종(품종 이름은 종자 회사마다 다르다)을 재배했는데 쓰임새가 많고 색도 다양한 당근을 수확할 수 있어서 좋았다. 자그마하고 둥글게 생긴 썸벨리나스(Thumbelinas)는 엄청난 당도를 가진 당근으로 사람들에게 사랑받고 있다.

천천히 먹어도 되는 당근
당근 줄기는 따로 잘라 내어 비닐에 담아 냉장 보관한다. 당근은 보존 기간이 길기 때문에 상하기 전에 빨리 먹어야 한다는 부담은 갖을 필요가 없다.

*완숙한 당근의 장점은 336쪽에서 소개한다.

날 것부터 시작한다
당근의 계절에 가장 먼저 할 일은 생 당근을 먹어보는 것이다. 오독오독하게 씹히는 신선한 당근이 있다면 생 당근 샐러드를 맨 먼저 만들어 보자. 보라색, 주황색, 노란색 그리고 흰 당근으로 만든 당근 슬로우보다 예쁜 음식은 없다고 할 수 있으며, 다른 요리와 곁들여도 훌륭한 피클 역할도 해줄 것이다. 프라이팬이나 그릴에 당근을 구우면 계절감을 담은 특별한 요리로도 손색이 없다.

프리코를 곁들인 대추야자 올리브 당근 샐러드

Carrots, Dates, and Olives with Crème Fraîche and Frico

초여름에 만나는 여러 색의 아름다운 당근을 활용한 완벽한 샐러드이다. 물론, 겨우내 저장해둔 당근으로 만들어도 맛있다. 이 요리를 파티용으로 준비한다면 개인 접시에 커다란 프리코를 하나씩 올려 내놓는다. 가니시 역할을 하는 프리코를 만들지 못했다고 하더라도 여전히 훌륭한 샐러드이니 걱정 말자.

≫ 4인분

당근 450g
블랙 올리브 ⅓컵 *니수아즈
그린 올리브 ⅓컵
*카스텔베트라노
대추야자 4개
파슬리 잎 ½컵
살짝 눌러 담은 정도

엑스트라 버진 올리브 오일
칠리 플레이크 ½작은술
코셔 솔트
검은 통후추
화이트 와인 식초 3큰술
크렘 프레슈 1컵
프리코 *58쪽 참고

당근 · 올리브 · 대추야자 · 파슬리 준비
당근은 껍질을 벗기고 큰 것은 세로로 반 자르고 가는 것은 자르지 말고 0.5cm 두께로 길게 어슷 썬다. 올리브와 대추야자는 씨를 빼고 잘게 썰고, 파슬리 잎은 듬성듬성 썬다.

당근 익히기
중간 크기의 소스팬이나 프라이팬에 당근을 넣고 올리브 오일은 적당량, 물은 ½컵을 부은 뒤 칠리 플레이크와 소금 1작은술, 검은 통후추를 아주 넉넉하게 갈아 넣는다. 뚜껑을 닫지 말고 당근이 살캉한 정도로 익을 때까지 5~7분 정도 보글보글 끓인다.

완성
당근이 약간 식으면 냄비의 물은 따라버리고 볼에 담는다. 당근에 올리브와 대추야자를 더하고 와인 식초를 뿌려 섞는다. 소금과 통후추를 갈아 넣고 칠리 플레이크 혹은 와인 식초로 간을 맞춰 풍미를 살린다. 마지막에 파슬리를 넣고 다시 섞은 뒤 올리브 오일을 뿌려 마무리한다.

담기
접시에 크렘 프레슈를 올려 넓게 펴 바르고 그 위에 당근 샐러드를 올리는데, 테두리에 크렘 프레슈가 살짝 보이도록 보기 좋게 담는다. 프리코는 조각을 내서 샐러드 위에 얹는다.

최대한 칼을 둔각으로 기울여 어슷하게 썰면 당근의 표면적이 넓어져 양념이 잘 흡수된다.

매콤한 소스를 곁들인
구운 당근, 양파, 스테이크 샐러드

Grilled Carrots, Steak, and Red Onion with Spicy Fish-Sauce Sauce

농장에서 일하던 어느 여름 밤에 그릴 요리를 하던 중 우연히 만들어 본 음식이다. 어쩌다가 당근이 그릴 위에 올라오게 되었는데, 그때부터 불 위에 있는 여러 채소들이 진가를 발휘하기 시작했다. 불에 기름이 닿으면 화학물 같은 맛이 나므로 그릴에 구울 당근에는 절대 오일을 묻혀서는 안 된다. 이 샐러드에서는 스테이크를 뺀다고 해도 변함없이, 아주 맛있다.

≫ 2인분

쇠고기(스테이크용) 340g
*치마살, 등심 등
코셔 솔트
검은 통후추
당근 230g
적양파(큰 것) 1개
라임 1개

스파이시 피스소스 ¼컵
*79쪽 참고
신선한 허브 2컵
살짝 눌러 담은 정도
*파슬리, 민트, 딜, 처빌, 바질, 베이비 루콜라 등
엑스트라 버진 올리브 오일

쇠고기 준비
쇠고기에 소금 1작은술과 검은 통후추를 갈아 뿌려 밑간한다.

당근 · 양파 · 라임 손질
당근은 껍질을 벗기고 아주 가는 것은 그대로 두고, 굵은 것은 열십자(+)로 길이로 4등분한다. 양파는 가로로 도톰하게 썬다. 라임은 웨지 모양으로 3조각 낸다.

그릴에 불을 켜고 중간 세기로 맞춘다.

당근 · 양파 굽기
당근과 양파를 그릴에 올려 부드러워지고 갈색으로 변하기 시작할 때까지 15분 정도 굽는다. 굽는 동안 자주 뒤집는다.

*당근은 비트를 굽는 것과 마찬가지로 부드러워지면, 양파는 흐느적거리고 수분이 나올 정도면 다 구워진 것이다.

고기 굽기
그릴을 중강불로 올리고 당근과 양파를 굽는 옆에 쇠고기를 수분을 제거해 얹어 앞뒤로 각각 3~5분 정도, 미디움-레어로 굽는다. 고기를 굽는 동안 당근과 양파가 타지 않게 주의한다.

하지만 가장자리가 약간 거뭇거뭇하게 되면 오히려 먹음직스러워 보인다.

*고기는 두께에 따라 굽는 시간을 달리한다.

채소 · 고기 썰기
구운 고기와 채소를 도마 위에 올린다. 당근은 가늘고 길게 어슷 썰고, 양파는 반 자른다. 고기는 5분 정도 그대로 둬 레스팅한 다음 얇게 어슷 썬다.

채소 · 고기 양념
커다란 볼에 고기와 양파, 당근을 담고 스파이시 피시소스를 부어 뒤섞는다. 맛이 선명하지 않거나 간이 부족하면 소스를 더 넣어 조절한다.

허브 준비
작은 볼에 신선한 허브와 라임 웨지 1쪽을 꾹 짜서 넣고 소금과 통후추를 갈아 넣은 뒤 올리브 오일을 조금만 넣어 섞는다.

완성
위의 고기가 담긴 볼에 준비한 허브를 넣어 가볍게 섞고 접시에 담은 뒤 남은 라임 웨지를 곁들여 낸다.

> **부엌에서**
> 그릴에서 채소를 구울 때 채소에 기름을 바르면 기름이 타면서 매캐한 향이 나므로 기름을 바르지 말고 굽고, 대신 마지막에 기름을 뿌린다. 기름 없이 구우면 오히려 먹음직스럽게 불 향이 밴다.

당근 줄기 살사에 버무린 구운 오징어와 당근, 아보카도
Pan-Roasted Carrots with Carrot-Top Salsa Verde, Avocado, and Seared Squid

당근의 줄기와 잎은 맛과 향이 좋을 뿐 아니라 영양도 가득하다. 당근 줄기를 가지고 '살사 베르데(Salsa Verde)'를 만들어 당근과 함께 내놓거나, 그릴에 구운 고기나 생선의 소스로 활용해도 잘 어울린다. 당연히 구운 당근과도 잘 어울린다.

≫ 4인분

파슬리 잎 ½컵	어린 당근 약 450g
가볍게 눌러 담은 정도	신선한 줄기가 달린 것
쪽파 2줄기	민트 잎 ½컵
케이퍼 ¼컵	가볍게 눌러 담은 정도
고추 피클 6개	레몬 제스트 1개 분량 +
페페론치노 등의 중간 크기	1작은술
고추 피클	코셔 솔트
아보카도 1개	검은 통후추
레몬즙	스리라차 소스
구운 피스타치오 ¼컵	엑스트라 버진 올리브 오일
오징어 170g	고추 피클 국물 1큰술
작은 것으로 준비	

채소 준비

파슬리는 듬성듬성 썰고, 쪽파는 가늘게 어슷 썬다. 케이퍼는 물에 헹궈 물기를 빼서 작게 썰고, 고추 피클은 꼭지를 떼고 송송 썬다.

아보카도 · 피스타치오 준비

아보카도는 껍질을 벗기고 씨를 제거한 뒤 한 입 크기로 썰어 갈변 방지를 위해 레몬즙을 약간 뿌린다. 피스타치오는 굵직하게 다진다.

오징어 준비

몸통은 1.5cm 폭의 링 모양으로 썰고, 긴 다리는 길이를 반 자른다.

당근 준비

당근에 짤막한 줄기만 남도록 줄기를 잘라 낸다. 억세고 굵은 줄기는 버리고 깃털처럼 얇고 가느다란 줄기만 물에 헹궈 물기를 잘 뺀 다음, 계량컵에 살짝 눌러 담아 1컵 분량을 만든다. 당근 껍질이 연하면 벗기지 말고 살살 문질러 씻은 뒤 손가락 굵기 정도로 가는 건 그대로 사용하고 굵은 건 손가락 굵기로 썬다.

당근 줄기 살사 만들기

당근 잎과 줄기, 파슬리 잎, 민트 잎, 쪽파, 케이퍼, 레몬 제스트 1작은술을 볼에 담는다. 소금 ¼작은술과 통후추를 12번 정도 갈아 넣고 스리라차 소스를 약간 뿌려 섞는다. 맛이 부족하면 소금, 후추, 혹은 스리라차 소스로 간을 맞춘다. 올리브 오일 ½컵을 부어 섞고 다시 간을 맞춰 살사 베르데를 만든다.

당근 굽기

커다랗고 묵직한 프라이팬을 중불에 올리고 당근을 넣어 지글거리는 소리가 날 때까지 약 5분간 볶듯이 굽다가 올리브 오일을 약간 넣는다. 당근 표면이 골고루 옅은 갈색이 나고 눌렀을 때 푹 들어갈 정도로 부드러워질 때까지 30분 정도 더 굽는다. 당근이 약간 식으면 큰 볼에 옮겨 담는다.

오징어 볶기

오징어에 올리브 오일과 소금 ½작은술, 통후추를 20번쯤 갈아 뿌린 뒤 골고루 버무린다. 당근 조리 시 사용한 팬을 강불에 올려 뜨겁게 달군 뒤 오징어를 넣고 팬을 흔들어가며 약 3분간 재빨리 볶는다.

당근 · 오징어 양념

당근이 담긴 볼에 오징어를 넣고, 당근 줄기 살사 베르데 ½컵을 넣어 버무린 뒤 소스가 잘 배도록 잠시 그대로 둔다.

완성

위의 볼에 아보카도와 당근 줄기 살사 베르데 ½컵을 더 넣고 고추 피클 국물, 레몬즙 2작은술을 더해 가볍게 버무린다. 맛이 부족하면 소금, 후추, 스리라차 소스, 혹은 레몬즙을 더 넣어 간을 맞춘다. 마지막에 올리브 오일을 조금 더 뿌려 섞는다.

담기

접시에 당근 샐러드를 담고 그 위에 피스타치오와 올리브 오일, 남은 레몬 제스트 순으로 흩뿌리고 오징어가 식기 전에 낸다.

Note

만약 당근에 줄기가 없거나 줄기가 신선하지 않다면 사용하지 말고 대신 파슬리와 민트를 2배로 늘려 살사 베르데를 만든다

당근과 풋마늘을 넣은 양고기 라구 파스타

Lamb Ragu with Carrots and Green Garlic

여기, 당근으로 만들었다는 것을 알아볼 수는 없지만 특유의 달짝지근하고도 은은한 맛이 나서 당근의 존재감이 듬뿍 느껴지는 라구 소스가 있다. 풋마늘이 없다면 일반 마늘로 만들어도 되는데, 그럴 경우 톡 쏘는 맛이 강해지므로 5~6쪽이면 충분하다.

≫ 4인분

풋마늘 170g
당근 450g
*가늘고 작은 당근 12개
엑스트라 버진 올리브 오일
코셔 솔트
검은 통후추
다진 양고기 680g
드라이 화이트 와인 ½컵
오크통에서 숙성하지 않은 것
물 ½컵

칠리 플레이크 1작은술
타임 넉넉히
무염 버터 2큰술
파르미지아노 레지아노 치즈
½컵 그레이터에 간 것
페코리노 로마노 치즈 ½컵
그레이터에 간 것
짧은 파스타 225g
*펜네, 오르키에테, 디탈리니 등

풋마늘·당근 준비
풋마늘은 0.5cm 폭으로 송송 썰고, 당근은 끝을 다듬고 껍질을 벗겨 사방 0.5cm 크기로 깍둑 썬다. 이렇게 썬 당근은 2½컵 정도 된다.

풋마늘·당근 볶기
커다란 프라이팬이나 더치 오븐에 올리브 오일을 적당히 두르고 중불에 올린다. 풋마늘과 당근을 넣고 소금 1작은술과 통후추를 넉넉히 갈아 넣어 간을 한다. 한소끔 볶은 뒤 불을 약간 줄이고 풋마늘과 당근이 부드러워지고 향이 올라올 때까지 약 10분간 계속 볶는다. 센불에서 오래 볶아 갈색으로는 변하지 않도록 주의한다.

양고기 볶기
위의 팬에 다진 양고기를 넣고 풀어가며 완전히 익을 때까지 5~10분 정도 볶는다. 오래 볶아 갈색이 되거나 바삭거리지 않게 주의한다

라구 소스 만들기
양고기가 다 익으면 화이트 와인과 물, 칠리 플레이크, 소금 2작은술, 타임을 넣은 뒤 팬 뚜껑을 닫고 풍미가 잘 어우러질 때까지 35~40분 정도 뭉근히 끓인다. 완성되면 농도는 걸쭉해지고 향긋한 냄새가 난다. 중간중간 체크해서 국물이 많이 졸아들면 물을 약간 더한다. 완성한 소스의 농도는 흘러내리지 않으면서도 육수가 잘 스며들어 윤기 나고 촉촉한 상태가 좋다.

라구 소스 완성
라구 소스가 거의 완성되면 버터와 치즈를 넣고 통후추를 몇 번 갈아 섞는다. 맛을 본 뒤 부족하면 소금과 후추, 칠리 플레이크, 혹은 치즈로 맛을 낸다.

파스타 삶기
큰 냄비에 물을 넉넉히 부어 끓이는데, 짭짤하게 소금을 넉넉히 넣는다. 물이 끓으면 파스타를 넣고 포장지에 예시된 시간을 참고해 알덴테로 삶는다. 파스타가 익으면 파스타 삶은 물을 약 ½컵 정도 남기고 체에 밭쳐 파스타를 거른다.

완성
삶은 파스타를 라구 소스에 넣고 파스타가 완전히 익고 소스의 풍미가 스며들 때까지 1~2분 정도 볶는다. 볶는 중간에 소스가 뻑뻑해진다면 파스타 삶은 물을 약간 넣는다.

담기
오목한 접시에 파스타를 담고 올리브 오일을 흩뿌린 뒤 기호에 따라 치즈를 갈아 넣는다.

> **시장에서**
> 시장에서 풋마늘을 찾아보자. 약간 통통한 파와 비슷하게 생겼고, 우리가 알고 있는 마늘이 달리기 전에 수확한, 잎이 있는 것을 말한다. 달콤한 맛이며, 알싸한 마늘 향이 나지만 맵거나 쌉싸래하지는 않다.

Celery
셀러리

나의 채소 세상에서 셀러리는 그야말로 '풍미의 왕'이라 할 수 있다. 하지만 우리는 어린 시절부터 셀러리가 그저 건강한 간식용 채소라는 이미지가 강해 그다지 친숙한 '왕'은 아니다. 심지어 여러 요리사로부터 충분한 가치를 인정받지 못하지만 나는 셀러리가 그 자체만으로도 훌륭한 채소라고 여긴다.

농부에게 바로 구입할 수 있다면
셀러리를 구입하는 현명한 방법 중 하나는 농부의 시장에 가보는 것이다. 농가에서 재배해 제철에 수확하여 판매하는 셀러리는 슈퍼마켓에서 구입하는 것보다 섬유질이 적다. 즉, 지역 시장에서 바로 구한 셀러리는 풍미가 화사하고 선명하다. 셀러리는 늘 목말라 하는 채소이므로 기를 때 물을 충분히 주어야 한다. 물이 부족하면 셀러리의 섬유소가 증가하며 질겨진다. 그만큼 농부의 수고와 관리가 필요하다 보니 시장에서 만나기가 쉽지만은 않다. 구입할 때는 셀러리의 뿌리 부분이 촘촘하게 뭉쳐 있고, 줄기가 단단하며 묵직한 것을 고르도록 한다. 혹시 흔히 보는 것보다 옅은 색을 띠는 셀러리를 보더라도 놀라지 말자. 셀러리의 계보에는 루바브(Rhubarb)처럼 붉은색이 나는 것부터 짙은 보라색까지 다채로운 색깔의 줄기를 갖는 것들이 있다.

손질하지 말고 보관하기
셀러리는 요리에 사용하기 전까지 손질하지 않고 그대로 비닐봉지에 넣어 냉장 보관한다. 구입한 셀러리 줄기에 울룩불룩한 섬유소가 드러나 보이면 채소 필러로 겉면을 살짝 벗겨내면 된다.

부엌에서
집에서 활용하기 가장 좋은 셀러리 '부위'는 바로 단단한 줄기와 부드럽고 연한 노란색의 잎이다. 잎을 뜯어 샐러드에 그대로 넣거나, 허브처럼 사용할 수 있다. 잎이 달린 채소 줄기를 요리해 먹어도 맛있다. 특히, 섬세한 아삭거림과 독특한 셀러리의 풍미를 한껏 살린 요리라면 더욱 좋다.

대추야자, 아몬드, 치즈를 넣은 셀러리 샐러드
Celery Salad with Dates, Almonds, and Parmigiano

내가 참 좋아하는 요리 중 하나이다. 만드는 방법이 간단하면서도 재료의 조합은 놀라울 정도로 흥미로운 음식이다. 탁월한 향이 이 요리의 포인트라고 할 수 있다. 품질 좋은 올리브 오일을 사용하자.

≫ 4인분

셀러리 8줄기
대추야자 4개
아몬드 ½컵
레몬즙 3큰술
칠리 플레이크 ¼작은술
코셔 솔트
검은 통후추
파르미지아노 레지아노
치즈 60g
엑스트라 버진 올리브 오일

셀러리 준비
잎은 떼서 따로 두고 줄기는 질긴 섬유질을 벗겨 0.5cm 폭으로 어슷 썬다. 얼음물에 20분 동안 담갔다가 건져내 물기를 제거한다.

대추야자 · 아몬드 준비
대추야자는 씨를 빼고 잘게 썰고, 아몬드는 굵직하게 잘라 굽는다.

*아몬드 손질하는 방법은 57쪽을 참고한다.

완성
볼에 셀러리 줄기, 셀러리 잎, 대추야자, 아몬드, 레몬즙, 칠리 플레이크를 넣고 가볍게 버무린다. 소금을 약간 넣고 통후추를 넉넉히 갈아 넣은 뒤 맛을 보고 모자라면 소금으로 간을 맞춘다. 여기에 치즈를 필러로 얇게 썰어 넣고 올리브 오일 ¼컵을 부어 다시 한 번 가볍게 섞는다. 차가운 상태에서 낸다.

푼타렐레 스타일의 셀러리 샐러드
Celery Puntarelle-Style

치커리의 일종인 '푼타렐레'를 사용하는 로마 전통 요리인 '푼타렐레 알라 로마나(Puntarella alla Romana)'에서 영감을 받은 요리이다. 푼타렐레는 최근에야 알려지기 시작했으며 늦은 가을부터 초겨울까지 나오는 채소로 기분 좋은 쓴맛이 난다. 이 요리에는 마늘과 앤초비가 듬뿍 들어간다. 이 책 47쪽에 소금에 잰 앤초비가 나오는데 되도록 이걸 만들어 사용하면 좋겠다. 오일에 담가 재는 앤초비보다 훨씬 손이 많이 가지만 식감과 풍미가 진짜 고기처럼 아주 맛있기 때문이다.

구운 닭고기와 찐 셀러리 샐러드

Braised Celery and Radicchio Salad with Perfect Roast Chicken

레몬향이 짙게 밴 육즙으로 인해 더욱 맛있어지는 샐러드. 팬 바닥에 흘러내린 풍미 가득한 재료를 버리거나 그냥 내버려두지 말 것! 셀러리는 차가운 상태로 두었다가 샐러드를 내기 직전에 썰어 넣는 것이 좋다.

≫ 2인분

셀러리(잎 포함) 230g
앤초비 필레 6쪽
마늘 2쪽
파르미지아노 레지아노 치즈
½컵 그레이터에 간 것
엑스트라 버진 올리브 오일
레몬 ½개
검은 통후추
코셔 솔트
크루통 1컵
손으로 찢은 것 *54쪽 참고

셀러리 준비
줄기는 아주 얇고 길게 어슷 썰고 잎은 떼서 연한 것만 남긴다. 줄기와 잎을 함께 얼음물에 20분 정도 담갔다가 채소 탈수기를 이용해서 물기를 제거한다.

앤초비 · 마늘 준비
앤초비와 마늘은 각각 다진다.

드레싱 만들기
볼에 앤초비와 마늘, 치즈를 넣고 올리브 오일을 적당히 둘러 페이스트와 같은 농도가 되도록 섞는다. 여기에 레몬을 꾹 짜서 즙을 넣고 통후주를 갈아 섞는다.

완성
위의 드레싱에 셀러리를 넣고 드레싱이 골고루 묻도록 가볍게 섞는다. 간이 부족하면 소금을 더하고 레몬즙과 치즈 혹은 통후추를 갈아 맛을 조절한다. 마지막에 크루통을 넣어 버무린 뒤 기호에 따라 치즈를 더 갈아 넣고 올리브 오일을 흩뿌린 다음 바로 낸다.

셀러리는 질긴 식감을 줄이고 아삭함을 최대한 살리기 위해서 어슷하게 썬다.

≫ 4인분

[샐러드]
오븐에 찐 셀러리 1컵
*박스(셀러리 오븐 찜) 참고
라디치오 1개 중간 크기
적양파 ¼개
파슬리 잎 1줌 가득
레몬 1개
코셔 솔트
검은 통후추
손으로 찢은 크루통 1~2컵
*54쪽 참고
파르미지아노 레지아노 치즈
½컵 그레이터에 간 것
엑스트라 버진 올리브 오일

[닭 구이]
닭 1마리(1.3kg~1.8kg)
레몬 ½개
타임 · 로즈메리 잔가지
3~4줄기씩
코셔 솔트
검은 통후추
무염 버터 3큰술
상온에 둬 부드러운 것

[닭 구이]
오븐은 204℃로 예열한다.

닭고기 준비
주방용 가위나 예리한 칼을 이용해 닭 등뼈를 중심으로 등뼈를 따라서 양쪽 면을 완전히 자른다. 이를 뒤집어 가슴살이 보이도록 놓는다. 가슴뼈에 손바닥을 올리고 골고루 꾹꾹 눌러 닭이 평평하게 누워있는 모양으로 만든다. 이 과정은 마치 단단하고 두꺼운 하드 커버를 가진 책을 쫙 펼치기 위해 가운데를 꽉 눌러서 고정시키는 방법과 비슷하다. 닭고기 위 아래에 소금과 통후추를 넉넉히 갈아 뿌리며 골고루 밑간 한다.

닭고기 양념
닭이 충분히 들어갈 만한 오븐 팬에 레몬을 아주 얇게 슬라이스해서 깔고, 레몬 위에 허브를 올린 뒤 닭 껍질이 위를 향하도록 올린 다음 닭 표면에 버터를 골고루 바른다.

닭고기 굽기
위의 오븐 팬을 오븐에 넣고 허벅지 등의 가장 두꺼운 부위를 칼로 찔렀을 때 아주 부드럽게 익을 정도로 40~50분 정도 굽는다.

*닭이 잘 구워지면 흘러나오는 육즙은 핑크색을 띠지 않으며 두꺼운 허벅지의 온도는 77°C 정도가 된다.

닭고기 완성
맛있게 구운 닭은 커다란 접시나 트레이로 옮겨 식힌다. 오븐 팬에 남은 닭고기의 기름은 조심스럽게 걷어낸다(이 기름은 감자 요리에 활용하면 좋다). 허브와 레몬은 버린다. 만약 레몬의 향이 남아 있다면 듬성듬성 잘라 두었다가 샐러드에 넣어도 좋다. 닭을 구운 오븐 팬에 물 3~4숟가락을 넣고 바닥에 눌은 닭 육즙을 헹구듯 녹여 낸다.

*이 육즙은 샐러드에 사용할 것이다.

[샐러드]
찐 셀러리·라디치오·적양파 준비
찐 셀러리는 0.5cm 폭으로 얇게 어슷 썰고, 라디치오는 0.5cm 폭으로 채 썬다. 적양파도 얇게 채 썬다.

*찐 셀러리는 '셀러리 오븐 찜'을 참고해서 만든다.

샐러드 양념
커다란 볼에 셀러리, 라디치오, 양파, 파슬리 잎을 넣고 가볍게 섞는다. 여기에 오븐 팬에 녹여 낸 닭 육즙을 뿌리고 레몬을 반 잘라 꾹 자서 즙을 뿌린 뒤 다시 한 번 가볍게 섞는다. 맛을 보고 간이 부족하면 소금과 통후추를 약간 갈아 넣는다.

*닭과 함께 구운 레몬을 넣는다면 이 단계에서 넣는다.
*셀러리와 닭 육즙이 이미 짭짤하므로 간을 많이 할 필요는 없다.

샐러드 완성
샐러드에 크루통과 치즈를 갈아 넣어 가볍게 섞고 마지막에 올리브 오일을 살짝 뿌려 마무리한다.

[담기]
닭을 먹기 좋게 잘라 그릇에 가지런히 담고 샐러드는 함께 내거나 따로 담아 낸다. 닭은 상온보다 따뜻한 상태에서 낸다.

셀러리 오븐 찜

오븐에서 쪄낸 셀러리가 있다면 여러 샐러드와 수프, 파스타를 비롯하여 다양한 음식에 특별한 풍미를 더할 수 있다. 셀러리 줄기를 떼어내 오븐 팬에 담고 드라이 화이트 와인 약 ¼컵, 엑스트라 버진 올리브 오일 ⅓컵, 소금 크게 1꼬집, 칠리 플레이크 1꼬집, 타임 잔가지를 넣고, 마늘을 몇 개 으깨 넣는다. 쿠킹 포일을 오븐 팬에 뚜껑처럼 덮은 뒤 셀러리가 부드러워질 때까지 215°C의 오븐에서 굽는다.

고추 피클 소시지 치즈 올리브 셀러리 샐러드
Celery, Sausage, Provolone, Olives, and Pickled Peppers

빵 없는 이탈리안 호기 샌드위치가 떠오르는 샐러드랄까. 만약 비건 스타일로 만들고 싶다면 소시지와 치즈를 빼고 다른 채소 피클이나 케이퍼 혹은 크루통 등을 넣으면 된다. 샐러드를 완성하여 잠시 두었다가 먹으면 훨씬 맛있어지므로 낮에 만든 요리를 저녁의 포틀럭 파티에 가져가면 멋진 환영을 받을 수 있다.

≫ 4~6인분

셀러리(잎 포함) ½포기
마늘 소시지 230g
프로볼로네 치즈 230g
고추 피클 1컵
  *페페론치노 등 매콤한 것
올리브 ½컵 *칼라마타
적양파(작은 것) ½개

타임 잎 1작은술
코셔 솔트
검은 통후추
레드 와인 식초 ¼컵
엑스트라 버진 올리브 오일

완성
볼에 셀러리와 소시지, 치즈, 고추 피클, 올리브, 양파, 타임 잎을 넣어 골고루 섞고 소금과 통후추를 갈아 넣어 간한다. 여기에 와인 식초를 넣어 버무린 뒤 간이 배도록 약 5분간 두었다가 다시 한 번 섞는다. 맛이 부족하면 와인 식초, 소금, 후추로 맞추고 올리브 오일을 넉넉히 둘러 바로 낸다.

셀러리 준비
줄기의 넓은 부분은 세로로 이등분하고, 가는 부분은 그대로 1.3cm 폭으로 송송 썰어 얼음물에 20분 정도 담갔다가 물기를 제거한다.

소시지 · 치즈 준비
소시지는 팬에 구워 식힌 다음 0.7cm 두께로 어슷 썰고, 프로볼로네 치즈는 1.5cm 크기로 깍둑썬다.

고추 피클 · 올리브 · 적양파 준비
고추 피클은 잘게 썰고, 올리브는 씨를 뺀다. 적양파는 얇게 채 썬다.

텃밭에서
밭에서 자라는 셀러리의 색상과 풍미는 '연백(블랜칭 blanching)'이라는 방법으로 미묘하게 조절할 수 있다. 수확할 시기가 다가오면 줄기 아랫부분을 종이로 감싼다. 이렇게 하면 햇빛이 들어갈 수 없으므로 엽록소 생성이 줄어들기 때문에 녹색이 진해지지 않는다. 매력적인 색상과 섬세한 풍미까지 좋아지는 반면, 영양소는 다소 줄어든다.

사과 땅콩 셀러리 샐러드

Celery, Apple, and Peanut Salad

포시즌 농장에서 일하는 동안 나는 셀러리의 매력에 푹 빠졌고, 셀러리가 들어가는 샐러드는 메뉴 리스트에 꼭 포함시킨다. 농장에서 바로 수확한 신선한 제철 셀러리는 수퍼에서 파는 마르고 질긴 셀러리와 비교할 수 없다. 밀도 있는 질감과 풍부한 즙으로 가득 차 있고 깊은 풍미를 갖고 있다.

≫ 4인분

셀러리 줄기(큰 것) 4줄기
쪽파 3~4줄기
고추 1개
애너하임 또는 포블라노 같이 매운 맛이 적은 것
사과 2개
*후지, 애시메드 커넬, 브레번 같은 아삭한 것

땅콩 ½컵
레몬즙 2큰술
코셔 솔트
검은 통후추
파슬리 잎 1줌
엑스트라 버진 올리브 오일

*애너하임이나 포블라노 고추는 매운 맛이 거의 없는 고추로 풋고추나 파프리카로 대체해도 된다. 대체할 경우 풋고추는 3개, 파프리카는 ½개 정도 준비한다.

셀러리 · 쪽파 준비

셀러리는 질긴 섬유질을 벗기고 0.6cm 폭으로 어슷 썰고, 쪽파는 가늘고 길게 어슷 썬다. 손질한 셀러리와 쪽파는 각각 얼음물에 20분 정도 담가 둔다. 이렇게 하면 아삭한 맛이 살아나고 파의 알싸한 맛은 누그러진다. 물기를 빼고 키친타월 위에 올려 물기를 완전히 제거한다.

고추 · 사과 · 땅콩 준비

고추는 꼭지를 떼고 가운데 씨를 말끔히 제거한 뒤 가늘게 채 썰고, 사과는 반 갈라 씨를 제거한 뒤 세로로 얇게 썬다. 땅콩은 굵직하게 다진다.

완성

볼에 준비한 셀러리와 쪽파, 고추, 사과, 레몬즙을 넣어 골고루 섞은 뒤 소금 ½작은술과 통후추를 넉넉히 갈아 넣고 다시 한 번 섞는다. 맛을 보고 풍미가 살아나도록 레몬즙과 소금, 후추로 맛을 조절한다. 마지막에 땅콩과 파슬리 잎, 올리브 오일을 넉넉히 뿌려 잘 섞고 차가울 때 낸다.

> **부엌에서**
> 고추의 매콤한 맛을 줄이려면 씨를 제거하는 것만으로는 부족하고 캡사이신이 가장 많이 몰려 있는 안쪽의 흰 심지 부분을 잘라내야 한다.

셀러리 크림 수프

Cream of Celery Soup

단순하고도 순수한 풍미를 가진 수프로 아무 장식 없이 식탁에 차려내곤 한다. 매우 간단한 토핑을 올리기도 하는데, 크루통 몇 개를 올리고, 파르미지아노 치즈를 갈아 넣은 다음 엑스트라 버진 올리브 오일을 둥근 모양으로 몇 바퀴 뿌려 낸다. 때로는 예상 밖의 달콤하고 고소한 토핑을 곁들이기도 한다.

≫ 4인분

셀러리 1포기
양파(작은 것) 1개
건포도 ⅓컵
무염 버터 2큰술
코셔 솔트
검은 통후추
채소 국물(또는 물) 6컵

호두 ½컵
굵직하게 잘라 살짝 구운 것
*57쪽 참고
셀러리씨 1작은술
엑스트라 버진 올리브 오일
생크림 1컵

셀러리 · 양파 · 건포도 준비
셀러리는 줄기와 잎을 나눠 각각 2.5cm 폭으로 썬 뒤 줄기와 잎을 따로 둔다. 양파는 잘게 자르고, 건포도는 따뜻한 물에 15분 동안 불린 뒤 물기를 제거한다.

셀러리 · 양파 볶기
커다란 냄비에 버터와 셀러리 줄기, 양파를 넣고 중불에서 볶는다. 소금과 통후추를 갈아 밑간을 하고 채소가 부드러워지고 수분이 나오기 시작할 때까지 약 8분 정도 더 볶는다. 채소가 갈색으로 변하지 않도록 주의한다.

셀러리와 양파 퓌레 만들기
위의 냄비에 채소 국물을 붓고 끓어오르면 불을 줄인 뒤 셀러리와 양파가 완전히 부드러워질 때까지 대략 30분간 끓인다. 조금 식힌 뒤 핸드 블렌더로 부드러운 퓌레로 만든다.

*핸드 블렌더를 사용할 때는 재료가 냄비에 담긴 채로 하는 게 편리하다.

샐러드 만들기
셀러리와 양파를 끓이는 동안 볼에 셀러리 잎과 호두, 건포도, 셀러리씨를 넣고 올리브 오일을 서너 방울을 떨어뜨려 촉촉하게 만든다.

완성
셀러리·양파 퓌레에 생크림과 위의 샐러드를 넣어 생크림의 풍미가 퍼질 때까지 약 5분간 약불에서 끓이고 소금과 통후추를 갈아 간을 맞춘다. 낼 때는 볼에 수프를 담고 호두와 샐러드로 장식한다.

*셀러리 · 양파 퓌레에 샐러드를 넣을 때 장식용 샐러드를 조금 남긴다.

유용한 아이디어

진한 풍미의 토핑 더하기
브라운 버터(67쪽 참고)를 적당량 만들어 그 안에 구운 잣과 건포도를 넣고 뭉근히 데우면서 칠리 플레이크를 아주 조금만 뿌려 간을 한 뒤 개인용 수프 그릇 위에 고명으로 올려 낸다.

셀러리 수프에 해물 더하기
채소 국물에 셀러리와 양파를 넣고 끓이다가 마지막 5분쯤 전에 새우, 관자, 가자미 혹은 대구 등을 먹기 좋게 썰어 넣고 끓인다. 해산물만 따로 건져 낸 다음 레시피에 따라 수프를 마무리한다. 그릇에 담기 전에 해산물을 냄비에 넣고 뭉근히 끓여 낸다.

뜻밖의 식감으로 즐겁게
셀러리를 깍뚝 썰어 수프가 다 되었을 때 넣어 섞고 손으로 찢은 크루통(54쪽 참고)을 크게 한 줌 올려 수프를 장식한다.

셀러리 그라탱

Celery Gratin

셀러리 한 다발에 몇 가지 향기로운 재료와 치즈를 더하면 풍미가 아주 좋은 사이드 디시를 완성할 수 있다. 단순함의 미학이 무엇인지 제대로 보여주는 요리법이라 할 수 있다. 셀러리 그라탱은 레어(Rare) 상태의 로스트 비프 슬라이스와 환상적인 맛의 조합을 보여준다.

≫ 4인분

셀러리 1포기
화이트 와인 식초 1큰술
타임 잔가지 4줄기
마늘 3~4쪽
월계수 잎 1개
칠리 플레이크 ¼작은술
코셔 솔트

검은 통후추
엑스트라 버진 올리브 오일 ½컵
파르미지아노 레지아노 치즈 1컵 그레이터에 간 것
무염 버터 2큰술 작은 크기로 자른 것

오븐에서 뭉근하게 익힌 셀러리는 원래의 사각거리는 식감에서 밀도 높은 부드러운 식감으로 변하며 은은한 풍미도 갖게 된다.

오븐은 약 190°C로 예열한다.

셀러리 준비

줄기를 가닥가닥 나누고 줄기 안쪽에 이물질이 남아 있지 않게 깨끗이 씻은 뒤 질겨 보이는 줄기는 필러로 줄기 표면의 섬유질을 살짝 벗겨낸다.

그라탱 준비

23×33cm의 오븐 팬에 셀러리를 평평하고 가지런히 담고, 물 ½컵과 와인 식초를 부은 뒤 타임 잔가지, 마늘, 월계수 잎을 넣는다. 칠리 플레이크와 소금 1작은술, 검은 통후추를 넉넉히 갈아 넣고 간을 한 다음 올리브 오일을 흩뿌린다.

완성

오븐 팬에 쿠킹 포일을 뚜껑처럼 덮고 오븐에 넣어 셀러리가 아주 부드러워질 때까지 25~35분 정도 굽고 꺼낸다. 포일을 제거하고 파르미지아노 치즈와 무염 버터를 골고루 뿌린다. 오븐 팬을 다시 오븐에 넣고 치즈가 녹으면서 셀러리 주변으로 촉촉히 퍼지고, 기포가 생겨 톡톡 터질 때까지 대략 15~20분 정도 굽고 꺼낸다. 약 15분 정도 식힌 뒤 국물과 함께 그릇에 담는다.

*쿠킹 포일을 제거할 때 스팀이 뜨거우니 주의한다.

Fennel
펜넬

감초 맛이 살짝 나는 펜넬은 누군가는 굉장히 좋아하는 반면 그렇지 않은 경우도 상당히 많다. 나는 수많은 해산물 요리에 펜넬을 사용하는 지중해 유역의 사람들처럼 이 채소를 사랑하는 쪽에 속한다.

펜넬은 느낌이 중요해
다양한 모양과 크기의 펜넬이 있는데 고민할 필요 없이 불룩한 구근이 여려 보이고, 속이 꽉 차서 견고하게 보이는 것을 고르면 된다. 표면이 너무 질기거나 섬유질이 많게 느껴지는 것은 피한다.

펜넬 깎기 구근을 세로 방향으로 반을 가르고 중심 부위는 그대로 둔다. 슬라이서를 활용해 아주 얇게 써는데, 이는 샐러드처럼 생으로 먹는 음식을 만들 때 사용하는 법이다.

일석삼조 채소
구근이 달려 있지 않은 펜넬은 보다 쉽게 구할 수 있다. 농부의 직거래 시장에 가면 구근에 줄기, 촘촘하며 작고 얇은 잎까지 모두 붙어 있는 펜넬을 구할 수 있다. 펜넬은 쓸모 없는 부분이 하나도 없다. 줄기는 맛과 향이 매우 좋지만 섬유질이 많아 다소 질기기 때문에 피클로 만들어 먹거나 채소 국물을 낼 때 사용하면 된다. 자잘한 이파리는 따로 잘라 두었다가 딜이나 부드러운 허브처럼 요리에 사용할 수 있다. 강렬한 감초 맛이 나는 야생 펜넬이 아니라면 풍미가 지나치게 강할까봐 걱정할 필요는 없다. 오히려 샐러드나 살사 베르데를 만들 때 허브 대신 넣어 향긋함을 선사하는 데 쓸 수 있으니 유용하다. 구근 역시 활용도가 매우 높다.

펜넬 다듬기
펜넬은 줄기부터 먼저 잘라내고 구근 가운데의 질긴 부분을 제거해야 한다. 깃털처럼 달린 잎은 허브로 이용할 수 있으니 잘라서 따로 둔다. 만약 펜넬이 섬유질이 많아 뻣뻣해 보이는 등 상태가 좋지 않다면 필러로 겉껍질을 충분히 벗겨낸다. 이정도로 손질한 다음 각 요리에 맞게 다시 손질하면 된다. 구근은 대체로 통째로 얇게 썰거나 반으로 잘라 요리하기 시작한다.

생생하게 그대로 또는 부드럽게 익혀서
펜넬은 섬유질이 풍부해 생으로 먹으려면 아주 얇게 썰어야 한다. 개인적으로는 생 펜넬을 가늘게 썰어 샐러드 재료로 자주 활용하는데, 조리하여 먹는 것도 이에 버금가게 좋아한다. 물론 펜넬에 열을 가하면 은은한 풍미는 사라지지만 식감이 훨씬 부드러워진다. 익은 펜넬에 허브와 짭짤한 올리브나 좋은 올리브 오일을 더해 풍미를 끌어올리기도 한다.

아삭거림의 극대화
생 펜넬을 그대로 낼 때는 파와 마찬가지로 얼음물을 활용한다. 얼음물에 얇게 썬 펜넬을 넣고 약 20분 정도 담가 두었다가 물에서 건져 톡톡 두드려 물기를 뺀다.

펜넬을 넣은 차가운 해산물 샐러드

Chilled Seafood Salad with Fennel, Radish, Herb, and Crème Fraîche

해산물 코너에서 싱싱하고 맛있어 보이는 것들을 선택한다. 나는 이 요리에 훈제 송어나 게, 흰 살 생선, 새우, 데치거나 그릴에 구운 관자 등을 곁들이곤 한다. 만약 채식으로 만들고 싶다면 오이를 썰어 짭짤하게 간을 해 넣거나, 삶은 햇감자를 함께 넣어도 된다. 이 요리의 핵심은 모든 재료가 상쾌하게 차가워야 한다는 것만 잊지 말자.

≫ 6인분

- 펜넬 2개(약 910g)
- 래디시 1다발(작은 것 5~6뿌리) 줄기가 싱싱한 것
- 케이퍼 ¼컵
- 엑스트라 버진 올리브 오일
- 코셔 솔트
- 레몬 1개
- 레몬 제스트 2작은술
- 칠리 플레이크 ½작은술
- 검은 통후추
- 크렘 프레슈 ½컵
- 허브 ½컵 살짝 눌러 담은 정도
  *타라곤, 파슬리, 딜 등 서너 종류
- 흰 살 생선·해산물 믹스 340g 미리 조리된 것

펜넬 준비
줄기를 잘라내고 구근만 준비해서 표면의 질긴 섬유질은 필러로 얇게 벗겨낸다. 슬라이서로 아주 얇게 길이로 썬 뒤 얼음물에 20분 정도 담갔다가 건져 키친타월로 물기를 제거한다.

*펜넬 손질하는 방법은 196쪽을 참고한다.
*슬라이서가 없다면 예리한 칼로 최대한 얇게 썬다.

래디시·케이퍼 준비
래디시는 줄기가 싱싱한 것으로 준비해서 뿌리와 줄기를 나누고 찬물에 여러 번 씻어 이물질을 제거한다. 줄기는 채소 탈수기로 물기를 없애고 뿌리는 잔뿌리를 제거한 뒤 둥근 모양대로 얇게 썬다. 케이퍼는 물에 헹구고 물기를 없앤다.

*래디시의 줄기가 너무 질기거나 싱싱하지 않을 때는 사용하지 않는다.

래디시 줄기 볶기
작은 프라이팬에 올리브 오일을 두르고 중강불에 올린다. 래디시 줄기를 팬에 넣고 소금으로 간을 한 뒤 부드러워질 때까지 약 3~4분 정도 볶는다. 레몬을 반 잘라 꾹 짜서 골고루 즙을 뿌리고 먹기 좋게 듬성듬성 썬 뒤 냉장실에 넣어 차갑게 둔다.

샐러드 양념
커다란 볼에 펜넬, 래디시 뿌리와 볶은 줄기, 나머지 레몬 ½개의 즙, 레몬 제스트를 넣어 섞고 칠리 플레이크와 소금, 통후추를 넉넉히 갈아 간을 한다. 크렘 프레슈와 허브, 케이퍼를 넣어 다시 섞은 뒤 맛이 부족하면 소금과 후추, 칠리 플레이크 혹은 레몬즙으로 샐러드의 맛이 선명해지도록 조절한다.

완성
위의 볼에 흰 살 생선과 해산물 등을 넣어 재료가 부서지지 않게 가볍게 뒤섞는다. 접시에 샐러드를 담고 올리브 오일을 약간만 뿌린 뒤 차갑게 낸다.

사과 아몬드 치즈 펜넬 구이

Roasted Fennel with Apples, Taleggio Cheese, and Almonds

이 요리는 농장에서 일하던 중에 우연히 만들게 되었다. 어느 날 저녁식사를 만드는 중에 요리에 필요한 펜넬의 양이 부족하다는 걸 뒤늦게 알게 되었다. 마침 사과가 있었기에 요리에 넣었는데 그때부터 이 레시피는 아주 유용하게 써먹고 있다. 되돌아보면 펜넬만으로는 도저히 낼 수 없는 맛의 조합이라고 할 수 있다. 주어진 재료를 적절히 사용하고, 자신의 본능을 믿고, 실패를 두려워하지 않는 일련의 과정이야말로 '훌륭한 요리'가 아닐까라는 생각을 하게 해준 즐거운 경험이었다.

≫ 6인분

펜넬 2개
(다듬어서 680g 정도)
사과(큰 것) 1개
브레번, 후지 등으로 준비
탈레지오 치즈* 170g
엑스트라 버진 올리브 오일
펜넬 소시지 220g(혹은
마일드 이탈리안 소시지
230g + 펜넬씨 ½작은술)

마늘 2쪽
칠리 플레이크 ½작은술
구운 아몬드 ½컵 *57쪽 참고
타임 잎 1작은술
코셔 솔트
검은 통후추
브레드크럼 ½컵 *55쪽 참고
무염 버터 1큰술

*taleggio. 우유로 만들어 짧게 숙성하는 연질의 세척 치즈. 맛과 향이 부드러운 편이다.

오븐은 약 190℃로 예열한다.

펜넬·사과·치즈 준비

펜넬은 줄기를 잘라내고 구근만 준비해서 세로로 8등분한다. 사과는 껍질을 벗기고 씨를 뺀 뒤 세로로 얇게 썬다. 탈레지오 치즈는 아주 작은 조각으로 손으로 찢는다.

*탈레지오는 너무 부드러워 그레이터로 갈 수 없다.

소시지 볶기

커다란 프라이팬을 중강불에 올리고 올리브 오일 1작은술을 두른 뒤 소시지를 넣어 볶는다. 소시지를 집게나 숟가락으로 부서뜨려가며 팝콘 크기로 조각내고, 핑크색이 돌지 않을 때까지 5분 정도 볶은 다음 팬에서 꺼내 한 켠에 둔다.

*펜넬 소시지나 마일드 이탈리안 소시지는 창자에 들어있지 않으며 잘게 썰거나 간 고기를 소시지 형태로 뭉쳐 놓은 것이다. 숟가락으로 으깨면 형태가 금세 으깨진다. 한국에는 이런 종류의 소시지가 없으므로 기름기가 어느 정도 있는 다진 돼지고기를 펜넬 씨와 섞어 사용하면 된다.

마늘 볶기

소시지 볶은 팬을 다시 중약불에 올리고 올리브 오일 1큰술을 두른 뒤 마늘을 대강 으깨 넣는다. 마늘이 부드럽게 익고 향이 올라오며 연한 갈색이 나도록 약 5분간 서서히 볶는데, 타지 않게 주의한다.

펜넬 굽기

마늘이 익으면 칠리 플레이크를 넣어 몇 초만 볶다가 펜넬을 넣는다. 팬에 물 ⅓컵을 붓고 뚜껑을 덮은 뒤 펜넬의 부피가 ¾으로 줄고, 부드러워질 때까지 10분 정도 익힌다. 중간중간 펜넬의 상태를 확인하며 물이 졸아들면 조금 더 넣는다. 펜넬 구이가 완성될 즈음 팬에 물기가 남아있으면 불을 세게 올려 빨리 증발시킨 뒤 불을 끈다.

완성

위의 팬에 구운 소시지를 다시 넣고 사과, 아몬드, 타임 잎을 넣은 뒤 탈레지오 치즈를 분량의 반만 넣어 잘 섞는다. 소금을 뿌리고 통후추를 넉넉히 갈아 섞은 뒤 오븐 팬에 옮겨 담는데, ½~¾ 정도만 차오르게 담는다. 나머지 치즈와 브레드크럼을 위에 뿌리고 30~35분 정도 굽고 꺼낸다. 5분 정도 그대로 둬 잠시 식힌 뒤 식탁에 낸다.

홍합과 쿠스쿠스를 넣은 펜넬 볶음

Fennel Two Ways with Mussels and Couscous

나는 펜넬의 아니스 감초 풍미를 무척 좋아한다. 피노키오나(Finocchiona 이탈리아 토스카나와 피렌체 지역의 전통 살라미로 펜넬씨가 들어 있다. 피노키오는 이탈리아어로 펜넬을 뜻한다)에 든 펜넬씨는 풍미를 한층 돋운다. 이 요리는 하나의 재료를 두 가지 방법으로 활용하고 있다. 게다가 손으로 홍합의 빈 껍데기를 잡고 시트러스 풍미의 쿠스쿠스와 칠리, 홍합 국물을 떠 먹는 재미를 선사한다. 만약 쿠스쿠스가 없다면 구운 빵을 홍합 국물에 찍어 먹을 수 있도록 준비하면 된다.

≫ 4인분

펜넬 1개 큰 것으로 준비
홍합 450g
피노키오나 살라미 110g
쿠스쿠스 1컵
*이스라엘 쿠스쿠스 혹은 프레골라(fregola) 파스타
코셔 솔트
엑스트라 버진 올리브 오일
마늘 2쪽

칠리 플레이크 ½작은술
드라이 화이트 와인 ½컵
오크통에서 숙성하지 않은 것
파슬리 잎 1컵
살짝 눌러 담은 정도
오렌지(또는 귤) 제스트 1작은술
오렌지(또는 귤) 즙 ½컵
무염 버터 2큰술

펜넬 준비

줄기를 자르고 구근은 반 잘라 가운데의 단단한 심을 제거한 뒤 0.5cm 두께로, 세로로 썬다.

*펜넬 손질하는 방법은 196쪽을 참고한다.

홍합 준비

수염을 제거한 뒤 여러 번 깨끗이 문질러 씻는다.

피노키오나 살라미 준비

세로로 반을 자르고 0.5cm 두께로 썬다.

*둥글게 썰린 살라미를 사용할 경우 2~4등분한다.

쿠스쿠스 준비

중간 크기의 소스팬에 물을 넉넉히 붓고 물이 끓으면 짭짤하게 소금을 넣는다. 쿠스쿠스를 넣고 포장지에 예시된 시간보다 1분 정도 덜 삶는다. 물을 버리고 올리브 오일을 약간 둘러 고루 섞는다.

마늘 볶기

커다란 프라이팬이나 더치 오븐에 올리브 오일 ¼컵을 붓고 중불에 올린 다음 마늘을 으깨 넣어 부드러워지고 향이 올라오며 옅은 갈색이 될 때까지 약 5분 정도 타지 않게 볶는다.

펜넬 볶기

마늘을 꺼내고 같은 팬에 펜넬과 소금 ½작은술을 넣고 펜넬이 부드러워지도록 약 15분간 볶는다.

모두 함께 끓이기

위의 팬에 불을 조금 올리고 칠리 플레이크, 홍합, 피노키오나 살라미를 넣고, 볶은 마늘도 다시 넣어 함께 볶는다. 재료가 고루 섞이면 화이트 와인을 부은 뒤 팬 뚜껑을 덮고 약 5분간 끓인다. 끓이는 중간중간 홍합 입이 벌어지도록 젓는다. 다 끓인 뒤라도 입을 벌리지 않은 홍합은 버린다.

완성

위의 팬에 파슬리와 오렌지 제스트, 오렌지즙, 버터를 넣고 잘 섞는다. 간이 부족하면 소금이나 칠리 플레이크를 더 뿌리고 쿠스쿠스를 넣어 섞은 뒤 뚜껑을 덮고 불에서 내린다. 쿠스쿠스가 따뜻하게 될 때까지 1~2분 정도 그대로 둔다. 뚜껑을 열고 모든 재료가 잘 섞이고 포슬포슬해지도록 뒤섞고 올리브 오일을 조금 흩뿌린다.

Potatoes *(Early Season)*
어린 감자

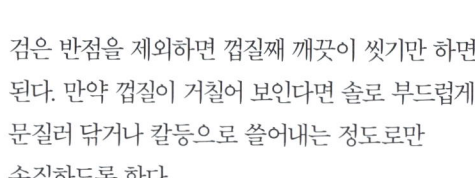

누구나 감자를 먹는다. 그렇지만 누구나 땅에서 캐낸지 얼마 안 된 진짜 햇감자를 먹는 것은 아니다. 진정한 햇감자로 만든 요리를 한번 맛보면 인생이 확 달라질 수 있다. 신선한 햇감자는 정말 맛있는 감자의 섬세함, 달콤함 그리고 정제된 맛을 모두 가지고 있기 때문이다.

크기는 중요하지 않다
초여름에 나오는 햇감자는 아직 충분히 자라지 못해 크기가 작다. 하지만 작다고 해서 맛이 덜하다는 것은 아니다. 레몬 크기의 감자나 호두만한 감자나 모두 크림처럼 부드러울 수 있다. 그렇지만 이왕이면 작은 것을 고르자. 왜냐하면 요리를 준비하는 과정이 훨씬 수월하기 때문이다. (*완숙한 감자는 412쪽에 소개한다.)

제철을 만난 햇감자는 빨강, 파랑, 노랑, 흰색으로 다양하다. 일반적으로 흰색 감자는 조밀한 질감에 고소하며, 푸르스름한 감자는 흰 감자의 맛과 식감에 깊은 단맛까지 더해진다. 이 무렵에 나오는 모든 햇감자는 맛있기 때문에 어떤 색의 감자라도 사실 상관없다. 내가 좋아하는 감자 품종을 꼽자면 태평양 연안 북서부 지역에서 많이 재배되는 것으로 붉은 로즈 골드(Rose Golds), 하얀 카롤라(Carolas), 그리고 노란 저먼 버터볼(German Butterballs) 등이다. 참고로, 작은 감자가 모두 햇감자라고 착각하는 일도 없어야 한다. 완전히 다 자라도 작고, 길쭉하며 가느다란 핑거링 감자(Fingerlings Potatoes)가 그렇다. 핑거링 감자의 경우에는 오히려 저장 감자만큼 나이가 많아 햇감자 같은 섬세한 풍미가 없을 수도 있다.

필러는 사용하지 말자
햇감자를 좋아하는 이유 중 하나는 덜 자란 껍질 덕에 껍질을 벗기지 않아도 되기 때문이다. 햇감자는 검은 반점을 제외하면 껍질째 깨끗이 씻기만 하면 된다. 만약 껍질이 거칠어 보인다면 솔로 부드럽게 문질러 닦거나 칼등으로 쓸어내는 정도로만 손질하도록 한다.

그늘지고 차가운 곳에 보관
햇감자는 종이봉투에 담아 느슨하게 묶은 뒤 어두운 곳에 저장한다. 비닐봉지는 가급적 사용하지 않도록 한다. 만약 집이 너무 습하고 더우면 냉장실에 보관하는 게 좋다. 단, 충분히 자란 다음 수확한 감자는 냉장실에 두지 말자. 차갑게 보관하면 감자의 녹말이 당으로 전환되기 때문이다. 다행히도 햇감자에는 녹말 성분이 많지 않아 맛이 확연히 변하지는 않는다. 그러나 오래 보관할수록 이상한 단맛이 나며 축적된 당분 때문에 조리하면 감자의 색이 어둡게 변할 수 있다.

간단하게 요리할수록 맛있다
채소는 가급적 생으로 먹으라고 이야기했지만 감자는 날 것으로 먹지 말아야 할 채소 중 하나이다. 독성이 있는 것은 아니지만 우선 별맛이 없고, 소화불량을 일으킬 가능성이 높기 때문이다. 햇감자의 경우 그저 끓이고, 찌고, 굽는 간단한 요리일수록 또한, 신선한 허브의 은은한 풍미를 더할수록 계속해서 맛있어진다.

> **부엌에서**
> 감자 샐러드를 맛있게 만들려면 감자가 뜨거울 때 간을 해야 양념(드레싱)이 제대로 흡수되어 감자 안쪽까지 맛이 스며든다.

레몬과 올리브 오일을 넣은 으깬 햇감자

Smashed New Potatoes with Lemon and Lots of Olive Oil

이 요리는 자체로 너무 훌륭하기 때문에 다른 곁들일 음식을 제안하기가 오히려 망설여진다. 굳이 제안하자면 신선한 허브 특히, 쪽파와 딜로 만든 약간의 피클이면 아주 충분하다.

≫ 4인분

햇감자 680g
코셔 솔트
레몬 1개

검은 통후추
엑스트라 버진 올리브 오일

감자 삶기

감자는 깨끗이 씻어 냄비에 넣고 감자 위로 약 5cm 정도 올라오게 물을 붓는다. 짭짤하게 소금을 넉넉히 넣고 감자가 아주 부드러워질 때까지 15~20분 정도 뭉근하게 삶는다. 감자가 푹 삶아지면 감자 삶은 물은 ½컵 정도 남기로 따라 버린다.

완성

삶은 감자는 감자 으깨는 도구나 포크, 혹은 나무 주걱으로 부드럽게 으깬다. 그 위에 레몬을 꾹 짜서 즙을 넣고 소금 ½작은술을 뿌린다. 통후추를 넉넉히 갈아 넣고 올리브 오일 ¼컵, 감자 삶은 물 1큰술을 넣어 간을 본다. 맛이 부족하면 레몬즙과 소금, 후추, 올리브 오일로 맛을 조절한다.

*으깬 감자가 더 부드럽길 원한다면 감자 삶은 물을 아주 조금만 더 넣는다.

유용한 아이디어

강렬한 풍미 더하기
마지막 단계에서 간을 맞추기 바로 전에 씨를 빼고 잘게 다진 올리브와 케이퍼, 다진 파를 넣는다.

캘리포니아 스타일로
아보카도를 깍둑 썰어 감자와 섞어 함께 으깬다.

기막히게 맛있는 해시 브라운
으깬 감자를 손바닥에 적당량 덜어 둥글 납작하게 만든 뒤 브레드크럼(55쪽 참고)을 앞뒤로 묻힌다. 버터를 섞은 튀김기름에 넣어 겉이 바삭하고 먹음직스러운 갈색이 날 정도로 튀긴다.

부엌에서

주문이 들어올 때마다 매번 감자를 삶을 수 없는 레스토랑이라면 다음과 같이 해보자. 감자가 아주 부드러워질 때까지 삶아 건져 둔다. 주문이 들어오면 요리하기 전에 끓는 물에 식은 감자를 넣고 뜨거운 열기가 전해지도록 잠시 두었다가 건져서 요리에 사용한다.

구운 콜리플라워 감자 샐러드

Potato and Roasted Cauliflower Salad with Olives, Feta, and Arugula

콜리플라워와 감자가 1:1의 비율로 들어간 샐러드를 한번 생각해보자. 산뜻하거나 녹말의 쫀득거리는 느낌은 덜 하겠지만 먹을수록 만족도가 높아지는 조합일 것이다. 게다가 루콜라를 섞은 페타치즈와 함께 내면 격이 달라진다. 그릴에 구운 닭고기를 올리면 더 이상 바랄 것이 없다. 간단하게 구운 플랫브레드 위에 이 샐러드를 올려도 그만이다.

≫ 4~6인분

햇감자(또는 알감자) 450g
콜리플라워 450g
적양파(작은 것) ¼개
루콜라 1줌
올리브 ⅔컵 블랙과 그린 올리브 섞어서 준비
오일에 절인 고추 피클 ¼컵
코셔 솔트
레몬즙 1개 분량
엑스트라 버진 올리브 오일
검은 통후추
타임 잎(또는 레몬타임 잎) 1작은술
칠리 플레이크 ½작은술
페타 치즈 85g

감자·콜리플라워·적양파 준비
감자는 껍질째 문질러 씻고, 콜리플라워는 작은 송이로 나눈 뒤 큰 것은 반 자른다. 적양파는 얇게 채 썰고, 루콜라는 듬성듬성 썬다.

올리브·고추 피클 준비
올리브는 씨를 빼서 다지고, 고추 피클은 씨를 빼고 듬성듬성 썬다.

감자 삶기
냄비에 감자를 넣고 물을 넉넉히 부은 뒤 짭짤하게 소금을 넣어 끓인다. 끓어오르면 불을 줄이고 감자가 아주 부드러워질 때까지 20~25분 정도 뭉근하게 삶고 물을 따라버린다.

감자 양념
삶은 감자는 포크로 눌러 대강 으깨면서 레몬즙 2작은술과 올리브 오일을 넉넉히 두르고 소금과 통후추를 갈아 넣고 한 김 식힌다.

오븐은 약 190℃로 예열한다.

콜리플라워 굽기
볼에 콜리플라워를 담고 올리브 오일 ¼컵과 소금 ½작은술을 넣어 잘 섞고 오븐 팬에 옮겨 담은 뒤 평평하게 편다. 오븐에 넣어 가장자리가 옅은 갈색이 되고 부드러워질 때까지 약 20~30분 정도 굽는다.

모두 섞어 간하기
으깬 감자에 구운 콜리플라워를 넣고 올리브, 양파, 고추 피클, 타임 잎, 칠리 플레이크를 넣어 가볍게 섞는다. 소금과 통후추를 갈아 넣고 올리브 오일과 레몬즙을 조금씩 넣어가며 다시 골고루 섞는다.

페타 치즈 준비
푸드 프로세서에 페타 치즈를 넣고 부드럽게 될 때까지 여러 번 끊어가면서 간다. 중간중간에 올리브 오일 3큰술을 나누어 넣는다.

완성
페타 치즈를 콜리플라워 감자 샐러드에 넣어 조심스레 버무리고 루콜라를 섞는다. 마지막에 간을 맞추고 상온의 온도보다 약간 따뜻할 때 접시에 담고 레몬즙을 흩뿌린다.

부엌에서

거의 대부분의 채소 샐러드는 차갑거나(얼음장처럼 차가운 것은 아니다) 상온 정도로 맞춰 내놓는 게 가장 좋다. 그렇게 해야 드레싱의 질감이 보기 좋고 풍미도 살아나기 때문이다.

구운 햇감자와 버터

Pan-Roasted New Potatoes with Butters

나는 팬에 구운 햇감자를 좋아하는데 특히, 수확 시기를 조금 지나는 바람에 생생함을 살짝 잃어버린 상태의 햇감자를 이렇게 요리해 먹으면 아주 맛있다. 프라이팬과 오븐을 오가면서 구우면 바삭바삭한 겉과 촉촉한 속을 가진 감자 요리를 맛볼 수 있다. 우선 프라이팬에 기름을 둘러 감자의 겉을 노릇하게 만들고, 마무리는 오븐에서 한다. 그래서 손이 거의 안 가는 요리이기도 하다. 만약 풍미 가득한 버터가 없다면 오븐에 굽기 전에 올리브 오일과 신선한 로즈메리, 타임 같은 허브를 함께 넣어 버무리면 된다.

» 4인분

햇감자 680g
엑스트라 버진 올리브 오일
코셔 솔트
검은 통후추
알라 디아볼라 버터
*59쪽 참고

*알라 디아볼라 버터 대신 풋마늘 버터(63쪽 참고)나 채소 피클 버터(65쪽 참고)를 사용하거나 세 가지 모두 준비해도 좋다.

오븐을 약 204°C로 예열한다.

감자 준비

깨끗이 씻은 뒤 반으로 자르거나 4등분해서 같은 크기로 맞춘다.

팬에 감자 굽기

묵직한 프라이팬을 중강불에 올리고 올리브 오일을 적당히 두른 뒤 소금과 통후추를 갈아 그 위에 흩뿌린다. 감자의 자른 단면이 아래를 향하도록 가지런하게 팬에 꽉 채워 담고 소금과 후추를 더 뿌려 간을 한다. 감자를 여러 번 뒤집어가며 노르스름하게 익을 때까지 약 6~8분 정도 굽는다.

오븐에 감자 굽기

오븐에 넣어도 되는 프라이팬을 사용했다면 그대로 오븐에 넣는다. 아니라면 구운 감자를 오븐 팬에 옮겨 담고 오븐에 넣어 굽는다. 감자를 찔러 보아 부드러워질 때까지 약 12~18분 동안 굽는다.

완성

개인 접시에 감자를 나눠 담고 직접 으깨 버터와 함께 먹을 수 있도록 컴파운드 버터(알라 디아볼라 버터 외)와 함께 낸다.

맨 위 왼쪽부터 시계 방향으로 풋마늘 버터, 채소 피클버터, 알라 디아볼라 버터. (버터 만드는 법은 60쪽 참고.)

Turnips *(Early Season)*
초여름 순무

초여름에 만나는 순무는 대부분 일본산으로 종종 하쿠레이(Hakurei) 혹은 도쿄 순무로 불린다. 이 작고 매끈한, 흰 순무(샐러드 순무라고도 불림)는 요리해도 좋고, 생으로 먹어도 기대 이상으로 맛있다. 내게 있어서 어린 일본산 순무는 아삭함과 풍부한 수분을 가진, 상급의 래디시라고 할 수 있다. 초여름의 순무는 가을과 겨울에 볼 수 있는 순무를 단지 이르게 수확한, 어린 상태라고 하기에는 맞지 않는다. 초여름의 순무는 성숙해지면 풍미가 떨어지고 쓴맛이 나며 지나치게 매워진다. 어릴 적 품고 있던 촉촉함이 그저 물기 많은 거친 섬유질로 바뀐다. 완전히 자란 순무로 요리해야 한다면 다른 종류의 채소와 함께 구워 과도한 수분과 쓸쓸한 맛을 없애야 한다.

*철 지난 순무는 420쪽에 소개한다.

오래 보관하지 않는다

제철에 이르게 수확하는 모든 뿌리채소처럼 초여름의 순무 역시 풍성하고 아름다운 녹색의 줄기와 잎을 갖고 있다. 내가 순무를 고르는 첫 번째 기준이기도 하다. 순무를 고를 때는 자연의 싱싱함을 갖고 있는 것을 고르되, 알뿌리가 비슷한 크기를 찾는다. 그래야 요리 준비와 조리가 수월하다. 집에 순무를 가져오면 가장 먼저 할 일은 잎과 줄기를 잘라 샐러드에 허브처럼 사용할 수 있게 손질하고 보관하는 것이다. 순무는 다른 뿌리채소 만큼은 아니지만 꽤 오랫동안 냉장 보관할 수 있다. 다만 구입 후 3~4일이 지나면 색이 변하니 순무의 흰색을 고스란히 접시에 옮기고 싶다면 이 기간 내에 사용하는 게 좋다.

얼음물에서 아삭아삭

초여름의 순무는 가벼운 매운맛이 나지만 성숙한 순무에서 나는 겨자향은 거의 없어서 날 것으로 그대로 먹어도 좋다. 또한 크기가 작고 흰 속살 덕에 샐러드를 굉장히 아름답게 꾸며주는 역할도 한다. 나는 순무의 껍질을 벗기지 않고 깨끗하게 씻는다. 초록색 줄기는 순무에 손가락 한 마디 정도만 남겨 놓거나 깔끔하게 잘라 내어 손질한다. 순무를 아주 얇게 썰어 얼음물에 20분 가량 담가 아삭한 식감을 낼 수 있게 준비한다.

어린 순무는 너무나도 멋진 피클 재료라고 할 수 있다. 투명한 유리병에 담아도 매력적이며, 접시 위에서도 독보적인 존재감을 드러낸다. 팬에서 찌기에도 좋고, 구워도 좋다. 왜냐하면 순무가 갖고 있는 풍부한 수분으로 인해 재빨리 익기 때문이다. 순무는 녹말 성분이 적기 때문에 으깨질 정도로 익으면 별로 매력적이지는 않다.

요거트, 허브, 양귀비씨를 넣은 순무 샐러드

Turnip Salad with Yogurt, Herbs, and Poppy Seeds

무수히 보이는 양귀비 씨는 굉장히 좋은 꽃향기와 입안에서 톡톡 터지는 즐거움을 동시에 선사한다. 이 요리에 고급스러움을 더하고 싶다면 요거트 대신 크렘 프레슈를 쓰고, 처빌도 구할 수 있다면 약간 넣는다. 깨끗이 씻은 순무의 수분을 완전히 제거하고 요리해야 하며, 만들자마자 식탁에 내야 한다. 그렇지 않으면 금방 물기가 생긴다.

》 4인분

초여름 순무(일본품종) 1다발
줄기가 싱싱한 것
허브 믹스(민트 잎, 파슬리 잎, 처빌 등) 1컵 살짝 눌러 담은 정도
쪽파 4줄기
레몬 1개

칠리 플레이크 ½작은술
코셔 솔트
검은 통후추
플레인 요거트 ½컵 *그릭 요거트는 사용하지 않음
엑스트라 버진 올리브 오일
양귀비 씨 ¼컵

부엌에서

순무는 수분 함량이 매우 높기 때문에 아삭하고 상쾌한 식감이 좋다. 하지만 수분이 많아 요리 전체를 축축하게 만들 수 있으니 샐러드를 완성한 뒤에는 바로 내는 게 좋다.

순무 준비

구근에 줄기를 0.5cm 정도 남기고 자른다. 구근은 슬라이서를 이용해 둥근 모양대로 아주 얇게 썰어 얼음물에 15~20분간 담갔다가 물기를 완전히 제거하고, 줄기는 깨끗이 씻어 듬성듬성 자른다.

*줄기가 아주 싱싱한 상태가 아니라면 올리브 오일을 두른 팬에 재빨리 볶아낸다.

허브 · 쪽파 준비

허브는 2cm 길이로 썰고, 쪽파는 가늘고 길게 어슷 썰어 얼음물에 20분 정도 담갔다가 물기를 제거한다.

완성

볼에 순무 줄기와 구근을 넣고 레몬 ½개를 꾹 짜서 즙을 뿌린 뒤 칠리 플레이크와 소금 ½작은술, 통후추를 넉넉히 갈아 넣어 잘 섞는다. 요거트를 넣고 다시 한 번 섞어 풍미가 살아나도록 간을 맞춘다. 허브와 쪽파, 올리브 오일 ¼컵을 넣어 골고루 섞고 마지막에 다시 한 번 간을 보고 완성한다.

담기

그릇에 양귀비씨를 분량의 반만 흩뿌리고 순무 샐러드를 올린 다음 나머지 양귀비씨를 뿌린다.

마른 자두, 라디치오를 넣은 순무 볶음

Sautéed Turnips with Prunes and Radicchio

대부분의 사람들에게 프룬 즉, 마른 자두는 매력적이지도 흥미롭지도 않은 식재료이다. 그러나 조리된 마른 자두는 고급스러운 질감에 마치 '토피 사탕(Toffee Candy 버터와 설탕을 뭉쳐 놓은 것 같이 깊고 진한 달콤한 맛이 나는 사탕)'같은 풍미를 갖게 된다. 이로 인해 거부할 수 없이 매력적인 요리의 면모를 지니게 된다.

≫ 4인분

초여름 순무 1다발
줄기가 싱싱한 것
라디치오(작은 것) 1개
마른 자두 4개
발사믹 식초 2큰술
엑스트라 버진 올리브 오일

마늘 2쪽
칠리 플레이크 ¼작은술
코셔 솔트
검은 통후추

순무 준비

깨끗이 씻어 구근에서 줄기를 잘라 낸다. 구근은 반으로 썰고, 줄기는 긴 것만 반으로 썬다.

라디치오 준비

2.5cm 폭으로 채 썰어 얼음물에 20분간 담갔다가 물기를 제거한다.

마른 자두 준비

씨를 빼고 4등분해서 뚜껑이 있는 그릇에 담고 발사믹 식초 1큰술을 뿌리고 따뜻한 물을 자작하게 부은 뒤 뚜껑을 덮는다. 20분 정도 그대로 둬 자두를 통통하게 불린다.

순무 굽기

뚜껑이 있는 커다란 프라이팬에 올리브 오일을 적당히 두르고 중불에 올린다. 마늘을 대강 으깨 넣어 향이 올라오며 옅은 갈색이 날 때까지 약 5분 정도 타지 않게 볶는다. 칠리 플레이크를 뿌리고 순무 구근을 넣어 굽는데, 자른 단면이 아래를 향하도록 팬 위에 얹는다. 소금과 통후추를 갈아 넣고 순무의 단면이 노릇노릇해질 때까지 약 4~5분간 굽는다. 순무를 뒤집고 마른 자두와 자두 불린 국물 3~4큰술을 넣어 뚜껑을 덮은 다음 순무를 찔렀을 때 푹 들어갈 때까지 익힌다.

*순무를 굽는 동안 자두 불린 국물을 약간 더 넣는데, 많이 넣을 필요는 없고 순무가 익는데 필요한 수분이 생길 정도면 충분하다.

완성

순무가 푹 익으면 순무 줄기와 라디치오를 넣고 불을 세게 올린 뒤 순무 줄기의 숨이 살짝 죽을 정도로만 볶고 마무리한다. 불을 끄고 소금과 통후추를 갈아 넣고 남은 발사믹 식초 1큰술을 뿌려 간을 한다. 마지막에 올리브 오일을 살짝 두른 뒤 따뜻할 때 낸다.

Season Three

Midsummer

세 번째 계절, 한여름

여름의 정점인 한여름은 시작과 끝을 달력에 명확하게 표시할 수 있는 계절이 아니기에 마치 사람의 마음처럼 예측하기 어렵다. 한여름은 나라마다 지역마다 다른 때에 나타난다. 한여름이라고 느끼는 순간이 온다면 우리는 확실하게 여름의 정점에 서 있는 것이다. 잠시 잠깐의 차가움조차 완전하게 물러난 상태, 즉 온전히 늘어질 수 있는 계절을 만끽하게 되는 것이다.

겨울이 서서히 빠져나갈 무렵이 되면 어리고 풋풋한 채소가 주는 잠깐의 즐거움을 누릴 수 있다. 날씨가 온화해지기 시작하면 선택할 수 있는 채소의 폭이 넓어지며 요리도 그만큼 광범위해진다. 이맘때 만날 수 있는 채소를 소개하자면, 콜리플라워와 브로콜리처럼 단단한 덩어리 형태의 브라시카(Brassicas, 겨자 식물이라고 불리는 배추과의 품종) 종류를 비롯해 수분감으로 갈증을 풀어주는 오이, 노란색과 녹색 혹은 보라색을 띠는 길쭉한 줄기콩, 탱탱한 젊음을 뽐내며 날렵한 모양을 한 맛좋은 여름 호박(한여름에만 맛볼 수 있다. 핫도그 빵보다 커지면 호박 속은 씨로 가득차고 물기가 많아진다) 등이 있다.

이처럼 다채로운 채소는 초여름부터 가을까지 나오며, 한여름이야말로 채소가 가장 알맞게 무르익는 때라고 할 수 있다. 우리는 마음껏 즐기는 일만 남았다. 형형색색의 샐러드, 언제 먹어도 부담 없는 파스타, 피클이나 각종 절임을 만들어 커다란 접시에 듬뿍 담아 내어 즐겨보면 어떨까.

한여름 채소와 요리

BROCCOLI
브로콜리

치즈와 레몬을 넣은 으깬 브로콜리와 감자	220
참깨, 치즈, 레몬으로 맛을 낸 브로콜리 찜	220
브로콜리와 소시지를 넣은 리가토니	222
중국풍 쇠고기 브로콜리 볶음	224
살짝 태워 맛을 낸 브로콜리 플레이트	226
치즈, 앤초비, 토마토로 맛을 낸 브로콜리 라베	228

CAULIFLOWER
콜리플라워

허브와 견과류 등으로 맛을 낸 콜리플라워 쿠스쿠스	231
구운 콜리플라워 샐러드	232
콜리플라워 라구 파스타	233
여러 가지 토핑을 올린 콜리플라워 스테이크	234
염장한 대구로 맛을 낸 콜리플라워	236
스파이시 피시소스와 콜리플라워 튀김	238

CUCUMBERS
오이

셀러리와 살구, 허브를 듬뿍 넣은 오이 샐러드	240
장미향의 호두 요거트 오이 샐러드	241
파팔로를 넣은 레몬 오이 샐러드	242
쪽파, 민트, 마른 고추를 곁들인 오이 샐러드	244

STRING BEANS
줄기콩

여름 채소 줄기콩 샐러드	247
잣 비네그레트를 곁들인 줄기콩과 쪽파 구이	248
참치 버섯 줄기콩 캐서롤	250
매콤한 소스로 맛을 낸 줄기콩 구이	252

SUMMER SQUASH
여름 호박

매콤달콤 향긋한 생 호박 샐러드	254
한여름 밤의 호박 구이	255
참치와 치즈를 듬뿍 올린 호박 구이	256
세 가지 스타일의 주키니 튀김	258

Broccoli
브로콜리

브로콜리는 굉장히 많은 채소 구성원을 거느린 브라시카(Brassica) 무리에 속한다. 케일(Kale), 콜라드(Collards), 방울양배추(Brussels Sprouts) 등을 비롯해 아주 다양한 채소가 포함되어 있다. 브로콜리 패밀리에도 여러 가지 채소가 포함되어 있다. 꽃머리가 오밀조밀 모여 있는 둥근 모양에 두툼한 줄기를 가진 일반적인 브로콜리를 비롯해 날씬하고 달콤한 맛을 가진 브로콜리니(Broccolini), 보라색을 띠며 무리 지어 피어나는 브로콜리도 있다. 가느다란 줄기가 뭉쳐 있는 스프라우팅 브로콜리(Sprouting Broccoli)는 크고 단단한 머리 부분이 아예 없다. 단지 작은 꽃뭉치(일반적인 브로콜리의 통통한 머리 부분)가 단맛이 좋은 줄기와 순에 매달려 있을 뿐이다.

튼실한 브로콜리 라베(229쪽 참고)는 한쪽 발은 브로콜리에, 다른 발은 순무에 걸치고 있는 채소로 무성한 잎과 서너 개의 꽃이 달려 있다. 쓴맛 섞인 단맛의 풍미가 강력해 개성이 뚜렷하다. 나는 이 달콤하고 쌉쌀한 맛을 소금과 지방으로 잠재우곤 하는데, 앤초비나 피시소스, 그리고 엑스트라 버진 올리브 오일을 넉넉히 활용한다.

처음 만나는 브로콜리 가족

잎이 수북한 브로콜리 라베의 친척 뻘이라고 할 수 있는 스피가렐로(Spigarello)가 농부 시장을 거쳐 레스토랑 메뉴에까지 오른다고 생각하면 기쁘기 그지없다. 이탈리아 남부를 가로지르다가 우연히 만난 이 채소는 내 마음을 사로잡았다. 얇고 부드러운 줄기에 아주 많은 잎이 달려 있으며 꽃머리가 없는 브로콜리 라베처럼 생겼으나 순한 맛은 브로콜리와 닮았다. 스피가렐로는 빠르게 조리하면 요리의 마무리에 넣기 좋다. 내가 포시즌 농장에서 일하기 전, 스피가렐로를 알지 못했던 시절에는 브로콜리 잎으로 페스토를 만들어 파스타와 스튜에 사용하곤 했었다.

초록 혹은 청록색

브로콜리와 관련된 채소를 고른다면 진한 녹색 혹은 더 깊고 독특한 청록색, 가끔은 보라색을 찾아보자. 단, 노란색은 피해야 한다. 꽃머리는 봉오리가 벌어지지 않고 촘촘히 붙어 있어야 하는데, 꽃봉오리가 벌어진 정도에 따라 얼마나 오래된 것인지 알 수 있다. 꽃자루 끝이 말라 있는 것도 피한다.

보관이 쉬운 채소

비닐봉지에 담아 냉장고에 보관한다. 브로콜리 종류는 쉽게 상하지는 않지만 단맛을 최상으로 유지한 채 먹고 싶다면 구입 후 이틀 내에 요리한다.

줄기를 버리지 말자

사실 브로콜리에서 가장 수분이 많고 달콤한 부분은 줄기이므로 머리 부분만 사지 말고 줄기가 붙어 있는 것을 사면 좋다. 보통은 잎을 떼어내는 것으로 손질을 시작하지만 나는 잎이 너무 크거나 후숙이 많이 된 것이 아니라면 함께 요리하는 것도 좋아한다. 줄기의 딱딱한 곳이나 섬유질이 질기게 뭉친 부분은 깎아서 제거한다. 요리 방법에 따라 줄기를 길고 가늘게 썰거나, 동전처럼 원형으로 얇게 썬다. 머리는 조심스럽게 가르고, 잘라서 분리한다. 줄기에 꽃머리가 달린 모양으로 손질하고 싶다면 가지 부분을 잘라가며 꽃머리를 나눈다.

녹색 채소의 감자칩이랄까

어릴 때 먹은 브로콜리는 대부분 찌거나 데친 것이었다. 파스타를 만들 때에도 여전히 찌거나 데친 브로콜리를 사용한다. 하지만 내가 좋아하는 조리법은 그릴링과 로스팅이다. 로스팅을 할 때는 미리 브로콜리에 간을 하고 올리브 오일로 버무린다. 하지만 그릴에 구울 때에는 다 익을 때까지 시즈닝을 하지 않는데, 오일이 화력을 강하게 만들어 불쾌한 냄새가 밸 수 있기 때문이다. 불에 짙게 그을려 캐러멜라이징 된 브로콜리는 질 좋은 올리브 오일과 레몬즙만 약간씩 뿌려도 중독될 만큼 매력적인 맛으로 완성된다. 녹색 채소의 감자칩이라고 불러도 과언이 아닐 맛이다.

치즈와 레몬을 넣은 으깬 브로콜리와 감자

Smashed Broccoli and Potatoes with Parmigiano and Lemon

클래식 매시드 포테이토처럼 편안하고 친근한 음식이지만 그보다 훨씬 복합적인 풍미와 풍부한 영양이 깃들어 있다. 레몬과 올리브 오일 앞에서 소심해질 필요 없다. 왜냐하면 이 두가지야말로 요리를 완성하는 재료이기 때문이다.

》 4~6인분

감자 약 900g 유콘 골드 (Yukon Golds) 또는 중간 정도의 녹말기를 가진 품종
브로콜리 340g
코셔 솔트
파르미지아노 레지아노 치즈 1컵 즉석에서 간 것
레몬즙 1개 분량
검은 통후추
엑스트라 버진 올리브 오일

감자 · 브로콜리 준비
감자는 껍질을 벗겨 반 자른다. 브로콜리는 굵은 줄기는 끝의 마른 부분을 잘라내고 질긴 껍질을 벗긴 다음 한입 크기로 자르고, 꽃은 작은 송이로 나눈다.

감자 · 브로콜리 삶기
커다란 냄비에 물을 넉넉히 붓고 바닷물 농도로 짭짤하게 소금을 푼 뒤 감자를 넣어 삶는다. 물이 끓기 시작하면 감자가 살캉하도록 15분 정도 삶고 브로콜리를 넣는다. 감자와 브로콜리가 푹 익을 때까지 6~8분 정도 더 삶은 뒤 물은 따라 버린다.

완성
감자 으깨는 도구나 커다란 숟가락으로 냄비에 담긴 감자와 브로콜리를 먹기 좋은 크기로 대강 으깬 다음 치즈와 레몬즙, 소금을 넣고 통후추를 넉넉히 갈아 뿌린다. 모든 재료가 잘 섞이면 맛을 보고 소금, 후추, 레몬즙으로 맛을 조절하고 올리브 오일 ¼컵을 넣어 마무리한다. 만들어서 바로 먹거나 따뜻하게 데워 먹는다.

참깨, 치즈, 레몬으로 맛을 낸 브로콜리 찜

Pan-Steamed Broccoli with Sesame Seeds, Parmigiano, and Lemon

프라이팬에 적은 양의 물을 붓고 채소를 익히는 방법은 찜기를 사용하는 것보다 훨씬 수월하다. 더군다나 채소가 수분을 과도하게 머금는 것도 방지 할 수 있다.

》 4인분

브로콜리 680g
레몬 1개
엑스트라 버진 올리브 오일
마늘 2쪽
칠리 플레이크 ¼작은술
코셔 솔트
검은 통후추
구운 참깨 ¼컵 *57쪽 참고
파르미지아노 레지아노 치즈 ½컵 즉석에서 간 것

브로콜리 준비
작은 송이로 나누고 큰 것은 세로로 반 잘라 크기를 일정하게 맞춘다. 두툼한 대는 껍질을 벗기고 둥글고 도톰하게 썬다.

레몬 준비
커다란 볼에 그레이터로 껍질을 갈아 넣고, 과육은 반 잘라 즙을 완전히 꾹 짠 다음 씨를 건져낸다.

브로콜리 조리
뚜껑이 있는 커다란 프라이팬에 올리브 오일을 적당히 두르고 중불에 올린다. 마늘을 대강 으깨 넣고 옅은 갈색이 되고 향이 올라올 때까지 약 5분 동안 타지 않게 볶는다. 칠리 플레이크를 넣고 브로콜리를 겹치지 않게 올린 뒤 소금 ½작은술을 뿌려 간한다. 불을 중강불로 올리고 물을 ¼컵 정도 부은 다음 바로 뚜껑을 덮는다. 브로콜리가 부드러워질 때까지 중간에 물을 서너 번 더 부어가며 익힌다. 약 10분 정도 걸린다.

*물은 브로콜리가 완전히 잠길 정도로 한꺼번에 많이 붓지 말고 브로콜리가 수증기에 의해 익도록 조금씩 붓는다.

완성
브로콜리가 다 익으면 레몬 제스트와 즙이 담긴 볼에 브로콜리를 넣고 참깨와 검은 통후추를 넉넉하게 갈아 넣은 뒤 가볍게 버무린다. 맛을 보고 소금이나 칠리 플레이크, 후추로 간을 맞춘다. 올리브 오일 ¼컵을 뿌려 다시 섞고 치즈를 뿌린 뒤 따뜻할 때 낸다.

유용한 아이디어

메인 요리로 만들기
취향에 따라 마늘을 볶을 때 고추를 함께 넣어 볶는다. 맵거나 순한 것, 신선한 것이나 마른 것 무엇이라도 좋다. 브로콜리를 넣기 전에 불을 약간 올리고 사방 2.5cm 크기로 자른 닭 가슴살 혹은 닭 다리살을 넣어 1~2분 정도 볶은 다음 브로콜리를 넣고 앞의 레시피 순서대로 조리한다.

다양한 채소 활용
브로콜리 외에도 다양한 채소를 활용한다. 예를 들어, 둥글게 썬 당근이나 콜리플라워, 여름에 나는 애호박이나 주키니 등을 더하면 색감과 맛이 더 풍부해진다.

깊고 풍부한 맛 내기
브로콜리 대신 브로콜리 라베*를 이용해 본다. 앞의 레시피대로 하되 마늘과 칠리 플레이크의 양을 늘리고 앤초비 필레 3~4개를 잘라 넣은 뒤 올리브 오일에 볶는다. 참깨는 생략하는 대신 올리브와 케이퍼를 넣어 조리한다. 파슬리 한 줌을 넉넉히 썰어 넣고 마무리한다.
*브로콜리 라베는 229쪽을 참고한다.

브로콜리와 소시지를 넣은 리가토니

Rigatoni with Broccoli and Sausage

이 요리에는 두 가지 조리 비결이 숨어 있다. 하나는 요리를 끝내기 2~3분 전에 파스타 삶는 물에 브로콜리 꽃 부분을 넣고 익히는 방법이다. 브로콜리의 물기를 털어 내고 꽃이 부서진 상태로 파스타에 넣으면 소스가 골고루 묻게 된다. 다른 하나는 소시지를 통째로 팬에 넣고 노릇하게 굽는 대신 케이싱을 벗겨 패티 모양으로 만드는 것이다. 이렇게 하면 패티 양면은 먹음직스러운 갈색으로 바삭하게 익고 속은 촉촉하다. 요리를 마무리 할 때 소시지 패티를 으깨면 씹는 맛, 부드러운 맛, 촉촉한 맛을 모두 느낄 수 있다. 오래 조리하지 않고도 다양한 식감과 풍성한 풍미를 낼 수 있는 방법이다. 요리 마무리 즈음에 뜨거운 파스타 삶은 물을 부으면 덜 익은 소시지 패티를 마저 익히는 역할을 한다.

» 4인분

- 브로콜리 450g
- 마늘 3~4쪽
- 엑스트라 버진 올리브 오일
- 이탈리안 소시지 680g
  케이싱을 벗겨 속만 준비
- 코셔 솔트
- 리가토니 230g
- 칠리 플레이크 ¼작은술
- 리코타 치즈 크림 ½컵
  *69쪽 참고
- 파르미지아노 레지아노 치즈
  1컵 즉석에서 간 것
- 검은 통후추
- 브레드크럼 ¼컵
  *55쪽 참고, 기호에 따라 준비

브로콜리 준비
작은 송이로 나누고 두툼한 줄기는 껍질을 벗긴 뒤 0.5cm 두께로 둥글게 썬다.

마늘 준비
얇게 슬라이스해서 작은 볼에 담고 마늘이 잠길 정도로 올리브 오일을 붓는다.

소시지 준비
케이싱 벗긴 소시지를 4덩이로 나누고 햄버거 패티처럼 둥글넓적하게 만든다.

리가토니 삶기
커다란 냄비에 물을 넉넉히 붓고 소금도 짭짤하게 넉넉히 넣어 끓인다. 물이 끓으면 리가토니를 넣고 포장지에 적힌 시간을 참고하여 알덴테로 삶는다.

브로콜리 송이 삶기
리가토니가 익기 3분 전, 브로콜리 송이를 넣고 리가토니와 함께 삶는다. 리가토니가 알덴테로 익으면 면수를 1컵 떠 놓고 따라 버린다.

소시지 굽기
리가토니를 삶는 동안 커다란 프라이팬에 올리브 오일을 약간 두르고 중불에 올린다. 소시지 패티를 팬에 올려 한쪽 면이 노르스름해질 때까지 4분 정도 굽는다. 여기에 둥글게 잘라 둔 브로콜리 줄기와 마늘을 넣어 볶는데, 이때 마늘을 담가 두었던 올리브 오일도 함께 넣는다. 소시지 패티를 뒤집어 완전히 익을 때까지 4분 정도 더 굽는다. 숟가락으로 소시지 패티를 작게 부수고 칠리 플레이크를 뿌려 30초 정도 볶는다. 덜어 둔 리가토니 삶은 물(뜨거운 물)을 ¼컵 정도 붓고 잠시 불을 끈다.

*열을 흡수한 고기는 계속 익고 있으므로 가운데에 선홍색이 살짝 보여도 괜찮다.

완성
위의 팬에 삶은 리가토니와 브로콜리 송이를 넣고 센 불에 올린 뒤 리가토니 삶은 물 ¼컵을 넣어 섞는다. 리코타 치즈 크림을 넣고 파르미지아노 치즈는 분량의 반만 먼저 넣어 섞는다. 소금과 검은 통후추를 넉넉히 뿌려 간을 한 다음 모든 재료가 골고루 익고 소스가 잘 섞이도록 팬을 흔들어가며 중불에서 조리하고 마무리한다. 마지막에 남은 파르미지아노 치즈와 브레드크럼을 뿌려낸다.

중국풍 쇠고기 브로콜리 볶음

Chinese Beef and Broccoli

어릴 때 포장 중국음식을 먹었던 기억을 제외하면 이 음식이 중국풍이라는 연결 고리는 찾지 못하겠다. 이 요리에서 사용하는 케이퍼 레이즌 비네그레트(냉장실에서 몇 주나 보관이 가능하다)는 돼지고기, 소시지 같은 육류는 물론이며 매우 다양한 채소와 아주 잘 어울린다. 되도록이면 언제든 요리에 사용할 수 있도록 미리 만들어 두길 권한다. 이 비네그레트를 재료에 뿌리고 요리를 완성하기까지 걸리는 시간은 고작 15분이면 충분하다.

≫ 2인분

스테이크용 쇠고기
(립아이나 안심) 340g
코셔 솔트
검은 통후추

브로콜리 450g
케이퍼 레이즌 비네그레트
⅓컵 *70쪽 참고
브레드크럼 1컵 *55쪽 참고

쇠고기 준비
소금과 통후추를 넉넉히 갈아 골고루 뿌린 뒤 10분~1시간 정도 그대로 둔다.

브로콜리 준비
아주 작은 송이로 나누고 줄기는 껍질을 벗긴 뒤 0.3cm 두께로 둥글게 썬다.

쇠고기 굽기
프라이팬을 센 불에 올린다. 고기 표면의 물기를 키친타월로 살짝 눌러 제거한 뒤 팬 위에 올리고 불을 약간 줄인다. 고기의 한쪽 면이 갈색으로 변하고 ⅓ 정도 익을 때까지 굽고, 뒤집어서 레어 혹은 미디엄 레어로 굽는다. 구운 고기를 접시에 옮기고 쿠킹 포일로 덮어 그대로 둔다. 고기를 구운 팬은 닦지 않는다.

*고기를 굽는 시간은 고기의 두께와 질감에 따라 다른데, 3cm 두께의 안심인 경우 미디엄 레어로 구우려면 대략 10분 정도 걸린다.

브로콜리 볶기
고기를 구운 프라이팬이 식기 전에 브로콜리를 모두 넣고 물 ½컵을 부은 뒤 센 불에 올린다. 뚜껑을 덮어 3~4분 정도 익히고 뚜껑을 연다. 브로콜리가 부드러워지고 물이 모두 증발할 때까지, 약 3~4분 정도 더 볶는다.

*브로콜리 송이의 크기에 따라 조리 시간을 달리한다.

브로콜리 양념
팬을 불에서 내리고 비네그레트 ⅓컵을 넣어가며 잘 섞는다. 맛을 보고 소금이나 후추, 비네그레트로 맛을 조절한다.

완성
브로콜리를 접시에 담고 스테이크를 먹기 좋게 잘라 고기와 육즙을 함께 브로콜리 위에 올린다. 그 위에 브레드크럼을 뿌려 마무리하고 바로 낸다.

> **부엌에서**
> 스테이크는 따뜻하게 내는 것도 중요하지만 무엇보다 육즙이 풍부하고 부드러워야 한다. 그러므로 고기를 구운 뒤 반드시 5~10분 정도는 그대로 둔다. 이를 레스팅(Resting)이라고 한다. 고기가 크고 두꺼울수록 레스팅 시간도 길게 잡는다.

살짝 태워 맛을 낸 브로콜리 플레이트
Charred Broccoli with Tonnato, Pecorino, Lemon, and Chiles

감자칩 대신 신선한 채소로 만든 칩스 앤 딥! 대부분의 채소는 살짝 태우면 더 맛있어지는데 특히 브로콜리가 그렇다. 단단한 줄기와 꽃을 함께 익히면 익는 정도가 달라 바삭한 식감과 촉촉함을 동시에 느끼게 해준다.

≫ 4인분

브로콜리 680g
레몬 1개
칠리 플레이크
코셔 솔트
검은 통후추
엑스트라 버진 올리브 오일
숙성된 페코리노 로마노 치즈
브레드크럼 2큰술
*55쪽 참고
톤나토
*83쪽 참고, 기호에 따라 준비

오븐의 그릴을 예열한다.

브로콜리·레몬 준비
브로콜리는 작은 송이로 나누는데, 줄기를 길게 남긴 뒤 줄기의 껍질을 벗긴다. 레몬은 길게 반 자르고 1쪽만 길이로 4등분 한다.

브로콜리 굽기
깊이가 있는 오븐 팬에 브로콜리를 평평하게 담고 오븐 그릴에 넣어 살짝 부드러워지고 약간 탈 정도로 약 5~7분간 굽는다.

*야외용 그릴에서 구워도 된다.

브로콜리 양념
구운 브로콜리를 볼에 담고 반 자른 레몬을 꾹 짜서 즙을 뿌린다. 칠리 플레이크 ½작은술, 소금, 통후추를 넉넉히 갈아 뿌린 뒤 올리브 오일 ¼컵을 부어 버무린다.

완성
브로콜리를 접시에 담고 페코리노 치즈를 그레이터에 갈아 골고루 흩뿌린다. 브레드크럼을 뿌린 다음 레몬 조각, 톤나토와 함께 낸다.

치즈, 앤초비, 토마토로 맛을 낸 브로콜리 라베

Broccoli Rabe, Mozzarella, Anchovy, and Spicy Tomato

손질한 재료를 모두 캐서롤에 담기만 하면 되는 이 요리는 '가지 파르메산(Eggplant Parmesan)'과 비슷해 보일 수 있다. 하지만 조리는 더 수월하고 영양은 풍부해진다. 채식 요리로 만들고 싶다면 앤초비를 빼면 된다.

≫ 4인분

- 브로콜리 라베 450g
- 홀 토마토 1캔(400g)
- 생 모차렐라 치즈 230g
- 엑스트라 버진 올리브 오일
- 마늘 2쪽
- 앤초비 필레 5~6장
- 칠리 플레이크
- 코셔 솔트
- 검은 통후추
- 파르미지아노 레지아노 치즈 2큰술 즉석에서 간 것

브로콜리 라베·홀 토마토 준비
브로콜리 라베는 굵고 마른 줄기는 잘라 버리고 듬성듬성 썬다. 홀 토마토는 체에 밭쳐 물기를 빼고 듬성듬성 썬다.

생 모차렐라 치즈 준비
0.5cm 두께로 둥글게 자른 뒤 펼친 다음 위아래에 모두 키친타월을 깔고 팬 등의 무거운 것을 올려 둔다. 이렇게 지긋이 눌러 치즈의 수분을 어느 정도 제거한다.

*생 모차렐라의 수분을 빼면 구울 때 먹음직스러운 갈색이 된다.

마늘·앤초비 볶기
커다란 프라이팬에 올리브 오일을 적당히 두르고 중불에 올린다. 마늘을 얇게 슬라이스 해서 넣고 마늘이 노릇노릇해지고 향이 올라올 때까지 타지 않게 약 5분간 볶은 뒤 으깬다. 앤초비를 넣고 자연스럽게 풀어지도록 볶다가 칠리 플레이크 ¼작은술을 넣는다.

브로콜리 라베 볶기
위의 팬에 브로콜리 라베를 넣고 소금과 통후추를 갈아 뿌린 뒤 골고루 섞는다. 잎의 숨이 죽고 줄기가 부드러워질 때까지 중불에서 6~8분 정도 볶는다.

홀 토마토 넣어 끓이기
홀 토마토를 넣고 브로콜리 라베와 골고루 섞는다. 브로콜리 라베가 푹 익고 토마토가 페이스트처럼 걸쭉하게 될 때까지 10~12분 정도 끓인다.

*토마토가 걸쭉해지지 않았다면 브로콜리 라베만 건져 그릇에 옮기고 토마토를 저어가며 1~2분 정도 더 끓인다.

오븐 그릴에 굽기
오븐 용기에 위의 토마토 브로콜리 라베를 평평하게 담고 모차렐라 치즈를 가지런히 올린 뒤 올리브 오일을 뿌린다. 오븐 그릴에 넣어 보글보글 끓을 때까지 약 10분간 굽는다.

완성
오븐 그릴에서 꺼내 1~2분 정도 식힌 다음 위에 파르미지아노 치즈를 골고루 뿌리고 올리브 오일을 더 뿌린 뒤 뜨거울 때 낸다.

부엌에서

생 모차렐라 치즈의 수분을 최대한 빼면 조리했을 때 고무 같은 식감을 줄일 수 있다. 키친타월과 슬라이스 한 치즈를 켜켜이 쌓아 프라이팬 같은 무거운 물건을 올려 놓으면 된다.

Cauliflower
콜리플라워

콜리플라워 하면 흰색이 떠오르겠지만 요즘에는 주황색, 녹색 심지어 선명한 보라색까지 정말 다채로운 색의 콜리플라워가 생산되고 있다. 하지만 눈을 가리고 맛을 본다면 그 차이를 알기는 힘들 것이다. 색은 접시 위의 화려함을 책임지는 역할이라고 할 수 있다.

콜리플라워는 날 것 그대로 먹을 수 있는 멋진 채소로 간만 잘 맞추면 그 자체로도 충분히 맛있다. 물론 굽고, 튀기고, 찌고, 절이는 등 어떤 방법으로 조리해도 좋을 정도로 활용도가 높은 채소이기도 하다.

고르기와 보관하기

콜리플라워는 봉오리 부분이 매우 촘촘하며 단단하고, 묵직하면서도 색이 깨끗한 것으로 고른다. 크기가 풍미에 영향을 주지는 않는다. 다만, 봉오리 부분에 거무스름한 곰팡이가 있다면 수확한지 오래 되었거나, 보관 환경이 좋지 않았을 가능성이 있으니 피하는 게 좋다. 콜리플라워는 다른 채소보다 보관 기간이 긴 편이라 냉장실에 두면 6~7일 정도는 괜찮다. 그럼에도 구입 후 4~5일 이상은 넘기지 않는 게 좋다.

효과적으로 손질하기

콜리플라워는 '커드(Curds)'라고 부르는 꽃머리, 가운데의 줄기, 부드러운 잎으로 구성되어 있는데 어느 것 하나 버리지 않고 모두 먹을 수 있다. 그러나 대부분의 잎은 수퍼마켓에 오기 전에 제거되는 편이다. 반면 농부 시장에 나오는 콜리플라워는 아삭아삭하며 수분으로 가득 찬 청자색의 잎으로 감싸진 채 판매된다. 이럴 때는 잎을 가늘게 썰어 그대로 혹은 조리해서 맛보도록 한다. 콜리플라워 봉오리 부분은 매우 빽빽하게 붙어 있어 손으로 분리하기 쉽지 않다.

우선 잎을 떼어 낸다. 잎이 부드럽고 신선하면 나중에 요리할 때 쓸 수 있으니 따로 둔다. 다음에는 칼로 줄기(기둥)를 잘라 낸다. 잎과 마찬가지로 요리에 쓸 수 있게 둔다. 콜리플라워 줄기는 브로콜리 줄기처럼 겉껍질을 벗겨낼 필요가 없으며, 끝 쪽의 마른 부분만 잘라 내면 된다. 마지막으로 작은 칼로 꽃머리를 하나씩 분리해 자른다. 길쭉하게 손질하려면 꽃머리와 이어진 줄기를 길게 가르며 분리한다. 도톰한 줄기는 동전 모양으로 썰거나 깍둑썰기를 한다.

허브와 견과류 등으로 맛을 낸 콜리플라워 쿠스쿠스
Raw "Couscous" Cauliflower with Almonds, Dried Cherries, and Sumac

이 요리는 생 콜리플라워를 부스러뜨려 만드는데 식감과 모양이 쿠스쿠스와 비슷하다. 이렇게 의외의 결과물을 쉽게 만들어보면 콜리플라워에 대한 생각이 달라질 것이다. 만일 말린 체리를 구할 수 없다면 노랑 건포도나 마른 살구를 사용해도 된다. 이 요리는 채소 그래놀라와 비교될 만큼 새콤달콤하면서도 쫀득거리는 식감을 선사한다. 재료가 건조해지지 않도록 드레싱과 시즈닝을 넉넉하게 뿌려야 한다.

≫ 4~6인분

마른 체리 85g
레드 와인 식초 ⅓컵
쪽파 3줄기
구운 아몬드 1컵 *57쪽 참고
파슬리 잎 ½컵
콜리플라워(또는 로마네스코) 340g
옻가루 2작은술
칠리 플레이크 ½작은술
코셔 솔트
검은 통후추
엑스트라 버진 올리브 오일
민트 잎 ½컵

마른 체리 준비
굵직하게 다진 뒤 작은 볼에 담고 레드 와인 식초를 넣어 체리가 통통해지도록 30분 이상 둔다.

쪽파 준비
가늘고 길게 어슷 썬 뒤 얼음물에 20분 정도 담가 두었다가 키친타월로 물기를 완전히 제거한다.

*쪽파 손질하는 방법은 93쪽을 참고한다.

아몬드·파슬리 잎 준비
아몬드는 절반 분량은 굵직하게 썰고, 나머지 반은 잘게 다진다. 파슬리 잎은 듬성듬성 썬다.

콜리플라워 준비
가운데 단단한 줄기를 제거하고 작은 송이로 나눈 뒤 푸드 프로세서에 넣어 쿠스쿠스 정도의 크기로 간다. 가는 중간중간 작동을 멈추고 상태를 살핀다.

*콜리플라워의 잎이 신선하고 단단하게 붙어 있을 때는 버리지 말고 깨끗이 손질해서 푸드 프로세서로 가는데, 송이를 갈기 전에 먼저 넣어 갈다가 송이를 넣는다.

완성
콜리플라워를 볼에 담고 쪽파와 체리, 체리를 불린 와인 식초까지 넣어 잘 버무린다. 여기에 옻가루, 칠리 플레이크, 소금 2작은술, 통후추를 넉넉히 갈아 넣고 간을 한다. 맛이 부족하면 소금, 칠리 플레이크, 혹은 와인 식초로 맛을 조절하고 올리브 오일 ¼컵과 아몬드, 파슬리 잎, 민트 잎을 넣어 골고루 섞는다. 기호에 따라 차갑게 혹은 실온의 온도로 낸다.

구운 콜리플라워 샐러드

Roasted Cauliflower, Plums, Sesame Seeds, and Yogurt

이 책에 참깨를 듬뿍 넣는 경우는 거의 없으니, 이번에는 마음껏 써보자. 색이 밝고 즙이 많은 산타 로사(Santa Rosa) 같은 마른 자두를 쓰고 싶다면, 살구와 자두를 교배하여 만든 플루오트(Pluot) 종류도 괜찮다. 단, 많이 건조하여 새콤함이 덜한 이탈리아의 마른 자두는 이 요리와 어울리지 않으니 주의하자. 이 샐러드는 은은한 풍미가 잘 퍼질 수 있도록 상온 상태로 즐겨야 가장 맛있다.

≫ 4인분

콜리플라워(큰 것) 1개
(800~900g)
마른 자두 340g
(중간 크기 3개)
쪽파 3줄기
엑스트라 버진 올리브 오일
코셔 솔트
검은 통후추

레몬즙 1개 분량
칠리 플레이크 ½작은술
플레인 요거트 ½컵
볶은 참깨 ¼컵 *57쪽 참고
파슬리 잎 1컵
살짝 눌러 담은 정도
민트 잎 ½컵

오븐을 약 220℃로 예열한다.

콜리플라워 준비

가운데 단단한 줄기를 제거하고 작은 송이로 나눈다. 잎이 싱싱하게 붙어 있다면 깨끗이 손질해서 가늘게 채 썰고, 연한 줄기는 얇게 슬라이스 한다.

마른 자두 준비

가운데 씨를 제거한 뒤 먹기 좋게 썬다.

쪽파 준비

가늘고 길게 어슷 썬 뒤 얼음물에 20분 정도 담가 두었다가 키친타월로 물기를 완전히 제거한다.

*쪽파 손질하는 방법은 93쪽을 참고한다.

콜리플라워 굽기

손질한 콜리플라워를 모두 볼에 담고 올리브 오일을 적당히 뿌린 뒤 소금 1작은술과 통후추를 넉넉히 갈아 넣고 골고루 섞는다. 오븐 팬에 콜리플라워를 평평하게 담고 오븐에 넣어 가장자리가 먹음직스러운 갈색으로 변할 때까지 15~20분간 굽고 꺼내서 완전히 식힌다.

완성

큰 볼에 구운 콜리플라워와 마른 자두, 레몬즙 ½ 분량, 칠리 플레이크, 소금 ½작은술, 통후추를 넉넉히 갈아 넣는다. 여기에 올리브 오일 ¼컵과 플레인 요거트도 넣고 골고루 섞는다. 기호에 따라 소금, 후추, 칠리 플레이크, 레몬즙을 더 넣어 맛을 조절한 뒤 참깨와 쪽파, 파슬리 잎, 민트 잎을 넣어 골고루 섞고 바로 낸다.

콜리플라워 라구 파스타

Cauliflower Ragu

이 요리는 두 가지 방식으로 조리한 콜리플라워를 맛 볼 수 있다. 처음 일부는 콜리플라워를 오랜 시간 익혀 입 안에서 녹을 정도로 부드럽게 한다. 나머지는 산뜻한 식감과 풍미를 더할 수 있게 조리해 전체적으로 조화로운 맛을 완성하고, 또 한 가지 맛의 비결이라면 파스타를 라구에 넣어 소스가 충분히 스며들게 하여 풍미를 끌어올리는 것이다. 간을 알맞게 맞추는 것 또한 매우 중요하다.

≫ 4인분

콜리플라워(큰 것) 1개
(680~800g)
*로마네스코로 대체 가능
양파 1개
마늘 3쪽
엑스트라 버진 올리브 오일
칠리 플레이크 ¼작은술
드라이 화이트 와인 ½컵
오크통에서 숙성하지 않은 것
물 1½컵
로즈메리 1줄기 큰 것으로 준비
코셔 솔트
검은 통후추
푸실리 340g
레몬즙 1큰술
무염 버터 3큰술
파르미지아노 레지아노 치즈
1컵 즉석에서 간 것

콜리플라워 준비

가운데 단단한 줄기를 제거한 뒤 아주 작은 송이로 나누고 연한 줄기는 잘게 썬다.

양파·마늘 준비

양파는 작게 다지고, 마늘은 대강 으깬다.

콜리플라워 볶기

속이 깊은 커다란 프라이팬이나 더치 오븐에 올리브 오일 ¼컵, 마늘, 칠리 플레이크를 넣고 중강불에 올린다. 마늘이 노릇해지면 콜리플라워 ⅔ 분량과 양파를 넣는다. 화이트 와인과 물 1컵, 로즈메리, 소금 1작은술, 통후추를 넉넉히 갈아 넣고 골고루 볶다가 뚜껑을 덮어 끓인다.

콜리플라워 라구 만들기

콜리플라워가 부드러워질 때까지 약 25분 정도 끓이는데, 중간중간 나무 주걱으로 콜리플라워를 으깨면서 휘젓는다. 나머지 콜리플라워와 물 ½컵을 붓고 모든 재료가 부드러워질 때까지 20분 정도 더 끓인다. 콜리플라워 라구는 묽은 페이스트 정도의 농도가 좋으므로 좀 뻑뻑하다 싶으면 물을 3~4큰술 정도를 더 넣어 농도를 조절한다.

*완성된 콜리플라워 라구는 나중에 넣은 콜리플라워의 씹는 맛이 느껴져야 한다.

파스타 삶기

콜리플라워 라구를 만드는 동안 커다란 냄비에 물을 넉넉히 붓고 물이 끓으면 바닷물 정도로 짭짤하게 소금을 넣어 끓인다. 푸실리를 넣고 포장지에 예시된 시간을 참고하여 알덴테가 되기 2분 전에 불을 끈다. 푸실리 삶은 물은 1컵 정도 남기고 푸실리는 체에 밭친다.

완성

콜리플라워 라구가 완성되면 삶은 푸실리를 넣고 레몬즙, 버터, 파르미지아노 치즈를 넣어 골고루 섞는다. 소스가 뻑뻑하면 파스타 삶은 물을 조금 넣어 농도를 조절하고, 맛이 부족하면 소금, 레몬즙, 후추 또는 치즈를 뿌려 조절한다.

여러 가지 토핑을 올린 콜리플라워 스테이크

Cauliflower Steak with Provolone and Pickled Peppers

콜리플라워를 새롭고, 풍미 가득하게 활용하는 방법이다. 게다가 미리 준비해 두기 좋은 요리라 저녁 식사에 내기에도 아주 유용하다. 여러 가지 토핑을 얹은 콜리플라워 '스테이크'를 베이킹 시트에 올려 구운 다음 완전히 식으면 서빙 전까지는 냉장실에 잠깐 둔다. 먹기 전에 다시 오븐에 넣고 데운다. 이때 너무 차가운 상태라면 조리시간이 꽤 걸릴 수 있다는 것을 염두에 두자.

≫ 2~6인분(스테이크 크기에 따라)

매콤달콤한 고추 피클 ½컵
*마마 릴 브랜드 추천
여러 가지 올리브 ⅓컵
파슬리 잎 ¾컵
살짝 눌러 담은 정도
콜리플라워(큰 것) 1개
(680~800g)
엑스트라 버진 올리브 오일
코셔 솔트
검은 통후추
브레드크럼 1½컵
*55쪽 참고
프로볼로네 치즈 1컵(85g)
굵게 간 것
케이퍼 ¼컵
레몬 제스트 1작은술
토핑용 프로볼로네 치즈 ¼컵
곱게 간 것

오븐을 약 230℃로 예열한다.

피클·올리브·파슬리 잎 손질
고추 피클은 곱게 다지고, 올리브는 씨를 빼고 다진다. 파슬리 잎은 대강 썬다.

콜리플라워 손질
줄기(기둥)의 밑부분을 평평하게 잘라 도마 위에 안정적으로 세운다. 1~1.5cm 정도 두께로 잘라 3~4장으로 넓적하게 나눈다. 콜리플라워는 크기에 따라 장 수가 달라질 수 있다. 모든 단면에 올리브 오일을 바르고 소금과 후추를 넉넉히 갈아 뿌린다. 콜리플라워 부스러기가 나왔다면 따로 모아 둔다.

콜리플라워 굽기
콜리플라워를 구울 오븐 팬은 예열한 오븐에 넣어 10분가량 데운다. 오븐 팬을 꺼내 콜리플라워가 서로 붙지 않도록 올리고 다시 오븐에 넣어 굽는다. 콜리플라워가 연해지되 너무 익어서 무르지 않도록 18~20분 정도 구워 콜리플라워 '스테이크'를 만든다.
*오븐 팬을 미리 데우는 이유는 바닥면과 윗면이 균일하게 익도록 하기 위해서이다.

토핑 믹스 만들기
콜리플라워를 굽는 동안, 브레드크럼을 비롯해 굵게 간 프로볼로네 치즈, 고추 피클, 올리브, 케이퍼, 파슬리 잎, 레몬 제스트, 그리고 자투리 콜리플라워를 한데 섞어 토핑 믹스를 만든다. 올리브 오일을 조금 넣어 모든 재료가 잘 엉기도록 한다. 맛을 보고 소금과 통후추를 넉넉히 갈아 넣어 간을 맞춘다.

토핑 올리기
콜리플라워 스테이크를 오븐에서 꺼내 그 위에 토핑 믹스를 알맞게 나눠, 소복하게 올리고 고정되게 지긋이 누른다. 다시 오븐에 넣고 토핑이 살짝 갈색으로 변하면서 바삭해지고, 치즈가 녹을 때까지 10~15분가량 굽는다.

완성
모양이 흐트러지지 않게 넓은 주걱 등의 도구를 이용해 콜리플라워 스테이크를 접시로 옮기고 곱게 간 프로볼로네 치즈를 그 위에 흩뿌린다.

염장한 대구로 맛을 낸 콜리플라워

Baked Cauliflower with Salt Cod, Currants, and Pine Nuts

염장 대구는 즐겨 사용하는 재료이지만 사전 준비가 필요하다. 요리하기 최소 하루 전날 물에 담가 소금기를 제거한 다음 여러 번 헹궈야 한다. 다행히 이 다음부터는 수월하다. 전체적으로 깊고 진한 풍미의 이 요리에 달콤하면서도 씁쓸한 맛이 나는 커런트를 넣으면 대조적인 맛이 조화를 이루며 잘 어우러진다. 잎채소로 만든 가벼운 샐러드나 쌉싸래한 맛이 나는 채소와 함께 내기에 딱 좋은 요리이다.

≫ 4인분

염장 대구살 450g
*하루 전에 미리 찬물에 담가 짠맛을 뺀다.
콜리플라워(작은 것) 1개 (약 340g)
쪽파 1줌
마늘 3쪽
마른 커런트 ¼컵
생크림(또는 크렘 프레슈) 1컵
우유(또는 물) ½컵
월계수 잎 1장
볶은 잣 ¼컵 *57쪽 참고
파슬리 잎 ¼컵
살짝 눌러 담은 정도
레몬 제스트 1작은술
검은 통후추
브레드크럼 ½컵
*55쪽 참고
칠리 플레이크(또는 알레포 고추) ¼작은술

대구 준비

염장 대구살의 소금기를 없애야 하므로 하루 전에 차가운 물에 헹군 뒤 커다란 그릇에 넣고 물을 넉넉히 부어 1-2시간 정도 담가 둔다. 소금기가 우러난 물은 버리고 다시 물을 부어 소금기를 빼는 과정을 5~6번 반복한다. 최소 12~24시간 정도 짠맛을 뺀다.

콜리플라워 준비

가운데 단단한 줄기를 제거하고 작은 송이로 나눈다.

쪽파·마늘 준비

쪽파는 2.5cm 길이로 자르고, 마늘은 대강 으깬다.

마른 커런트 준비

물에 30분 정도 담가 불린 뒤 물기를 완전히 제거한다.

대구 익히기

바닥이 두꺼운 중간 크기의 소스팬에 대구살을 넣고 생크림, 우유, 마늘, 쪽파, 월계수 잎을 차례로 넣어 보글보글 끓인다. 대구 살이 부드러워지고 포크로 찔렀을 때 살점이 떨어져 나올 때까지 약 15분간 뭉근히 끓인다.

오븐을 약 220°C로 예열한다.

대구 양념하기

대구가 다 익으면 꺼내서 커다란 볼에 넣고 포슬포슬하게 잘게 부순다. 여기에 콜리플라워, 불린 커런트, 잣, 파슬리, 레몬 제스트를 넣고 통후추를 넉넉히 갈아 넣어 골고루 섞는다.

크림 소스 만들기

대구를 익힌 팬의 크림이 걸쭉한 상태가 되도록 몇 분간 더 끓이는데, 마늘과 파는 포크나 나무 주걱으로 눌러 으깬다. 대구에서 우러나온 염분으로 따로 간을 하지 않아도 되지만 알맞은 농도가 되면 간을 한 번 보고 혹시 모자라면 간을 더한다.

*마늘은 퓌레 상태가 되도록 으깨고, 파는 어느 정도 물러질 때까지 으깬다.

완성

양념한 대구에 크림 소스를 부어 섞은 뒤 크림까지 깔끔하게 내열 용기에 옮겨 담는다. 위에 브레드크럼을 뿌린 뒤 오븐에 넣어 표면이 먹음직스러운 갈색으로 변할 때까지 약 20분간 굽고 꺼내서 10분간 식힌다. 식탁에 내기 전에 칠리 플레이크를 뿌린다.

스파이시 피시소스와 콜리플라워 튀김

Fried Cauliflower with Spicy Fish-Sauce Sauce

이 요리는 내가 뉴욕의 어느 레스토랑에서 일하며 해봤던 실험의 결과물이다. 당시 방울양배추를 아주 바삭하게 익히고 싶어 고민하던 중에 프라이팬, 오븐, 찜기, 튀김기에 일제히 넣어 보았다. 그런데 튀김기에 넣은 것을 잊어버리고 있다가 타기 직전에 꺼냈다. 결과는 튀김의 승리였다. 방울양배추의 그을린 색은 물론이며 바삭하고, 끝내주게 달콤하기까지 했다. 이후 여러 채소에 이 조리법을 활용했고, 콜리플라워가 가장 이상적인 결과를 가져온다는 사실을 알게 되었다. 튀긴 콜리플라워에 레몬, 소금, 칠리 플레이크를 넣거나 라임즙, 다진 마늘, 다진 파슬리를 넣고 버무리면 정말 맛있다. 간단한 소스나 딥만 함께 내놓아도 훌륭하다.

» 4인분

콜리플라워 1개
마늘 2쪽
엑스트라 버진 올리브 오일
튀김기름 *식물성 기름
파슬리 ½컵 곱게 다진 것
스파이시 피시소스
*79쪽 참고

콜리플라워 준비
가운데 단단한 줄기를 제거하고 작은 송이로 나눈다.

마늘 준비
얇게 슬라이스한 뒤 콜리플라워가 충분히 들어갈 만한 커다란 볼에 넣고 마늘이 잠길 정도로 올리브 오일을 붓는다.

튀김 준비
속이 깊은 냄비에 최소 8cm 정도 기름을 채운 뒤 185℃로 예열한다. 기름 온도가 오르는 동안 튀김을 건져 놓을 그릇을 준비해 키친타월을 2장 정도 깔고 냄비 옆에 둔다.

콜리플라워 튀기기
튀김기름에 열이 오르면 콜리플라워를 3~4개씩 조심스럽게 넣어 튀긴다. 짙은 갈색이 될 때까지 5분 정도 튀기고 건져서 키친타월 위에 올려 기름을 뺀다.

*한꺼번에 많이 튀기면 기름의 온도가 떨어져 콜리플라워에 기름이 스며 느끼할 수 있다.

완성
튀긴 콜리플라워를 마늘이 담긴 볼에 넣고 파슬리와 스파이시 피시소스를 넉넉히 뿌려 섞는다. 스파이시 피시소스는 따로 담아내도 된다.

시장에서
로마네스코는 콜리플라워와 브로콜리를 접목한 품종이다. 풍미는 콜리플라워와 같지만 콜리플라워보다 섬세하고 선명한 라임색이다. 가장 눈에 띄는 것은 로켓 모양이 반복되는 독특한 모양의 꽃이다.

Cucumbers
오이

오이는 상큼한 수분감과 기분 좋게 아삭거리는 식감이 있어 한 입 베어 무는 것만으로도 갈증이 해소되는 것 같다. 다른 한편으로는 그야말로 '미묘한' 맛을 지니고 있다고도 할 수 있다. 단맛이 거의 없는 멜론 같은 오이는 접시 위에 함께 올려지는 여러 풍미를 뒷받침하는 역할을 한다.

의외로 다양하다
겉이 오톨도톨하며 녹색의 일반적인 오이는 마트에서 '잉글리시 큐쿰버(English Cucumbers)' 라는 고급 품종과 나란히 놓여 있는데, 잉글리시 큐쿰버는 씨가 거의 없거나 매우 적다. 농부의 시장이나 텃밭에 나가보면 모양도 예쁘고 수분으로 가득 찬 다양한 품종의 오이를 어렵지 않게 만날 수 있다. 둥그스름한 것부터 잠수함처럼 생긴 것, 트럼펫처럼 약간 구부러진 모양도 있다. 게다가 연미색이 번지는 것을 비롯해 레몬 같은 노란색, 구릿빛, 녹색 줄무늬가 들어간 것, 얼룩진 것 등이 있으며 단색인 것도 있다. 오이의 맛은 대체로 비슷하지만 피클용 '커비(Kirby)'는 확연히 맛이 다르다. 물론 어떤 종류의 오이든지 피클로 만들어 먹을 수 있지만 커비는 샐러드로 먹는 오이보다 단단하고 수분이 적게 재배되기 때문이다.

차갑게, 공기가 닿도록 보관
오이는 시원한 것을 좋아하기 때문에 냉장실에 보관하면 된다. 이때 비닐봉지에 넣고 공기가 순환할 수 있도록 약간 느슨하게 묶어 둔다. 봉지를 꽉 묶으면 오이가 끈적거리게 되므로 주의한다.

껍질은 남기고, 씨는 파낸다
어떤 오이는 표면이 건조해지는 것을 막기 위해 왁스 처리된 채로 마트에 들어온다. 왁스 코팅된 것이나 표면이 심하게 우툴두툴하다면 껍질을 벗긴다. 그렇지 않으면 껍질은 그대로 두거나, 간격을 두고 껍질을 벗겨 줄무늬를 만든다. 이렇게 손질하면 오이의 색감은 살리게 되지만 아삭한 식감은 줄어들 수 있다. 그 다음 오이를 길게 반으로 갈라 숟가락으로 씨를 모두 긁어 낸다.

소금으로 단단하게
오이의 풍부한 수분은 상쾌함을 주지만 접시 위에 흥건한 물기를 남기며, 음식의 맛을 흐리게 하고, 다른 재료를 흐늘거리게 만드는 원인이기도 하다. 그래서 나는 요리하기 전에 소금을 뿌려 오이를 가볍게 절인다. 이렇게 하면 수분이 빠져 단단해지고, 밑간도 되며, 풍미도 좋아진다. 레시피에 따라 알맞게 오이를 썰어 소금을 뿌려 섞은 다음 체에 올려 둔다. 최소 1시간 길게는 24시간까지 그대로 두면 물이 스며 나오는 것을 볼 수 있다. 원하는 시간만큼 절였다면 키친타월에 올려 물기와 불필요한 소금을 제거한다.

다재다능한 재료.
오이는 별다른 맛이 없는 덕에 촉촉함과 아삭함이 필요한 음식에 알맞은데 대부분의 샐러드가 그렇다. 개인적으로 요거트 같은 유제품과 곁들이기를 즐기는데, 이때 개성 있는 맛을 완성하기 위해 마른 과일, 매운 고추, 향긋한 허브 등을 넣어 맛의 균형을 잡는다. 주로 오이를 그대로 사용하는 편이지만 이 책에 소개한 풍미 버터(60~68쪽)로 오이를 볶아 낸다면 구운 육류, 닭고기, 생선 요리 등과 함께 내기 좋은 훌륭한 곁들임 채소가 된다.

셀러리와 살구, 허브를 듬뿍 넣은 오이 샐러드
Cucumbers, Celery, Apricots, and Pistachios

달콤하고 새콤하며, 짭조름하고도 쌉싸래한 맛이 모두 느껴지는 가운데 식감의 다채로움까지 살아 있는 요리이다. 허브는 많이 넣을수록 맛있는데 민트, 파슬리, 바질 그리고 셀러리는 기본이다. 여기에 소렐, 여러분이 구할 수 있는 다양한 종류의 바질, 차이브, 조리한 곡물이나 쿠스쿠스 등 무엇이든 원하는 대로 넣어도 된다. 구운 양고기를 준비해 멋진 야외 테이블에서 친구들과 차가운 로제 와인을 곁들여 먹기에 제격이다.

» 4인분

오이 약 700g 여러 종류 준비
코셔 솔트
셀러리 4줄기 중간 크기로 준비
마른 살구 ½컵
마늘 1쪽
레드 와인 식초 ¼컵
구운 피스타치오 ½컵
*57쪽 참고
민트 잎 ½컵
살짝 눌러 담은 정도

파슬리 잎 ½컵
살짝 눌러 담은 정도
바질 잎 ½컵
살짝 눌러 담은 정도
셀러리 잎 ½컵
작고 연한 잎만 살짝 눌러 담은 정도 *기호에 따라 준비
칠리 플레이크 ¼작은술
엑스트라 버진 올리브 오일
검은 통후추

오이 준비

껍질이 질긴 것은 벗긴다. 양끝을 자르고 길게 반 갈라 가운데 씨를 숟가락으로 긁어낸다. 0.5cm 폭으로 어슷하게 썰어 체에 담고 소금 1½작은술을 골고루 뿌려 가볍게 섞는다.

*오이에 소금을 약간 뿌려 두면 수분이 어느 정도 제거되고 간도 살짝 밴다.

셀러리 준비

오이를 절이는 동안 셀러리는 얇고 어슷하게 썰어 얼음물에 10분 정도 담갔다가 건져서 물기를 제거한다.

마른 살구 · 마늘 · 피스타치오 준비

마른 살구는 4등분 하고, 마늘은 대강 으깬 뒤 살구와 함께 작은 볼에 담고 와인 식초를 부어 10분간 살구를 불린다. 피스타치오는 굵직하게 다진다.

완성

오이의 수분이 어느 정도 빠지면 물기를 닦아 볼에 담고 피스타치오, 민트 잎, 파슬리 잎, 바질 잎, 셀러리 잎을 넣는다. 여기에 마늘을 뺀 와인 식초와 불린 살구, 칠리 플레이크, 올리브 오일 ¼컵, 통후추를 넉넉히 갈아 넣어 골고루 섞는다. 맛이 부족하면 소금이나 와인 식초, 칠리 플레이크로 맛을 조절하고 접시에 담은 뒤 올리브 오일을 살짝 뿌려 낸다.

장미향의 호두 요거트 오이 샐러드

Cucumbers, Yogurt, Rose, Walnuts, and Herbs

이 요리는 로즈 워터의 양을 세심하게 조절하는 게 중요하다. 많이 넣으면 꽃 향기가 너무 진하게 날 수 있다. 로즈 워터는 고급 식료품점이나 중동 지역의 식재료를 판매하는 곳에 가면 구할 수 있다. 이 샐러드는 아주 예뻐서 여러 요리와 곁들여 먹을 수 있도록 플래터 스타일로 준비하면 좋지만 샐러드 단독으로 차려내도 부족함이 없다. 혹시 식용 장미 꽃잎을 구하기 어렵다면 다른 식용 꽃을 활용해도 된다.

» 4인분

오이 약 500g 여러 종류 준비
코셔 솔트
쪽파 1줌
구운 호두 ¼컵 *57쪽 참고
로즈 워터 ½작은술
화이트 와인 식초 ¼컵
플레인 요거트(또는 저지방 요거트) ½컵
*그릭 요거트는 제외
민트 잎 작게 1줌
장미 꽃잎 약간
*방부처리 하지 않은 신선한 것
검은 통후추

오이 준비

양끝을 자르고 길게 반 갈라 가운데 씨를 숟가락으로 긁어낸다. 얇고 어슷하게 썰어 체에 담고 소금 1작은술을 뿌려 가볍게 섞어 30분 정도 그대로 두었다가 키친타월로 물기를 제거한다.

쪽파 · 호두 준비

쪽파는 가늘고 길게 어슷 썬 뒤 얼음물에 20분 정도 담가 두었다가 키친타월로 물기를 제거한다. 호두는 굵직하게 다진다.

*쪽파 손질하는 방법은 93쪽을 참고한다.

완성

볼에 오이를 담고 로즈 워터와 와인 식초를 섞어 부은 다음 플레인 요거트를 넣어 섞는다. 여기에 쪽파와 호두, 민트 잎, 장미 꽃잎을 모두 넣고 소금과 통후추를 넉넉히 갈아 뿌려 간을 해서 바로 낸다.

파팔로를 넣은 레몬 오이 샐러드

Lemon Cucumbers with Onion, Papalo, and Lots of Herbs

나는 새로운 재료와 자주 마주치는 편은 아니지만 일단 만나게 되면 호감이 가는 새 록밴드를 찾아낸 기분이 들곤 한다. '파팔로(Papalo)'는 '여름의 실란트로(Summer Cilantro, 고수와 비슷한 허브)'라고 불리는데, 일반적인 실란트로와 달리 높은 온도에서 성장해 뜨거운 여름에 이르면 소멸하며 씨앗을 남긴다. 만약 파팔로를 만나게 된다면 가장 먼저 만들어야 할 음식은 바로 상큼한 샐러드이다. 꼭 '레몬 오이'를 사용할 필요는 없지만 이 오이의 아삭거림이 남다르게 좋기는 하다. 파팔로를 구할 수 없다면 허브 만으로도 충분히 맛있게 만들 수 있다. 가능하다면 파팔로씨를 구해 직접 키워본다면 분명 행복한 경험이 될 것이다.

≫ 4인분

레몬 오이(또는 다양한 종류) 약 500g
적양파 1개
코셔 솔트
차이브 1줌
화이트 와인 식초 3큰술
플레인 요거트 ¼컵
파팔로 잎 1줌 *구할 수 없다면 다른 허브로 대체
바질 잎 작게 1줌
딜 1줄기
검은 통후추
엑스트라 버진 올리브오일

레몬 오이·양파 준비
오이는 양끝을 자르고 길게 반 갈라 숟가락으로 가운데 씨를 긁어낸 다음 0.3cm 폭으로 썬다. 양파는 반 잘라 1~1.5cm 폭의 세로로 썬다.

레몬 오이·양파 절이기
오이와 양파를 함께 체에 담고 소금 2작은술을 뿌려 골고루 섞은 뒤 40분 정도 그대로 두었다가 키친타월로 물기를 제거한다.

*오이와 양파를 절이면 밑간이 되는 것은 물론이며 양파의 매운 맛이 빠지고, 오이의 수분도 약간 제거된다.

차이브 손질
6~7cm 길이로 썬다.

완성
오이와 양파를 볼에 담고 와인 식초를 뿌려 섞은 뒤 플레인 요거트를 넣어 섞는다. 여기에 준비한 허브를 모두 넣어 섞고 맛을 본 뒤 소금과 후추, 와인 식초를 넣어가며 풍미가 살도록 맛을 조절한다. 마지막으로 올리브 오일을 뿌린다.

필러로 오이의 껍질을 듬성듬성 벗겨 줄무늬 모양을 만들면, 색감은 살리면서도 질긴 식감을 줄일 수 있다.
오이를 세로로 반 갈라 가운데 씨를 제거하고 길게 어슷 썬다.

쪽파, 민트, 마른 고추를 곁들인 오이 샐러드
Cucumbers, Scallions, Mint, and Dried Chiles

개인적으로 몹시 좋아하는 오이 요리이다. 차가운 오이, 매콤한 칠리, 향기로운 민트를 한데 섞으면 되니 조리 시간이라는 게 거의 필요 없다. 이 요리는 일부의 조합보다 전체가 한데 어우러져야 더 멋진 맛을 만들어 낸다.

이 요리에서 가장 중요한 것은 와인 식초다. 나는 늦게 수확하여 가벼운 단맛과 아름다운 균형감을 가진 소비뇽 블랑으로 만든 알버트 카츠(KATZ 브랜드는 32쪽 참고)의 와인 식초를 사용했다.

≫ 4인분

오이 약 500g 여러 종류 준비
코셔 솔트
쪽파 1줌
적양파 ¼개
민트 잎 작게 1줌

칠리 플레이크 ½작은술
화이트 와인 식초 3큰술
살짝 달콤한 것
검은 통후추
엑스트라 버진 올리브 오일

오이 준비

양끝을 자르고 길게 반 갈라 숟가락으로 가운데 씨를 긁어낸 다음 종류에 따라 어떤 것은 가늘고 길게 어슷 썰고, 어떤 것은 반달 모양으로, 또 어떤 것은 막대 모양 등으로 썬다. 손질한 오이는 체에 담고 소금 1작은술을 뿌려 섞은 뒤 30분 정도 둬 수분을 약간 뺀 다음 키친타월로 물기를 제거한다.

*껍질이 질긴 오이는 줄무늬 모양으로 껍질을 벗긴다.

쪽파 · 적양파 준비

쪽파는 가늘고 길게 어슷 썬 뒤 얼음물에 20분 정도 담가 두었다가 키친타월로 물기를 제거하고, 적양파는 가늘게 채 썬다.

완성

오이를 볼에 담고 쪽파, 양파, 민트 잎, 칠리 플레이크, 와인 식초를 넣은 다음 통후추를 넉넉히 갈아 버무린다. 맛을 보고 칠리 플레이크나 후추, 식초, 소금으로 맛을 조절한다. 샐러드의 풍미가 잘 살아나면 마지막에 올리브 오일 ¼컵을 뿌려 섞는다.

오이에 소금을 뿌리면 수분이 빠지면서 속살이 단단해진다. 요리에 물이 흥건해지거나 식재료가 눅눅해지는 것을 막을 수 있으며 '피클' 같은 식감까지 얻을 수 있다.

String Beans
줄기콩

'녹색 채소'로 분류되는 푸릇푸릇한 풍미와 더불어 아이들이 좋아할 만한 흥미로운 모양의 길쭉한 줄기콩은 깍지 완두콩, 껍질콩 혹은 그냥 완두콩, 스냅 완두콩 등의 여러 이름으로도 알려져 있으며, 다양한 요리에 폭넓게 쓰인다.

다양한 색과 모양
대부분의 줄기콩은 녹색 계열이지만 창백한 노랑 까치콩이나 노르스름한 강낭콩, 여러 가지 보라색 종류들(그러나 조리되는 순간 녹색으로 변한다는 슬픈 사실이 당신의 마음을 아프게 할 수 있음)에 이르기까지 다양하다. 색깔 외에 줄기콩 마다의 차이점을 꼽으라면 바로 모양이다. 늘씬하고 길쭉한 녹색의 '하리코 베르(Haricots Verts)' 껍질콩 보다 좀 더 단단한 '블루 레이크(Blue Lake)' 종류를 비롯해 납작한 모양의 약간 창백한 색을 띠는 '로마노 빈(Romano Bean)'까지로 폭이 넓다. 특히, 로마노 빈은 마치 고기처럼 씹히는 맛이 매우 좋지만 다소 질긴 편이라 다른 줄기콩보다 오래 조리해야 한다.

콩깍지의 실은 그만 잡아 당기자
요즘 생산되는 콩들은 편리하게 손질할 수 있다. 예전에는 콩 줄기 한쪽의 섬유소를 먼저 제거하기 위해 콩을 부러뜨린 다음 실 같은 섬유소를 잡아당겨야 했다. 지금은 간단한 꺾기만으로 끝나버린다. 물론 섬유소를 당겨서 제거해야만 하는 콩들이 여전히 있지만 대부분의 줄기콩은 복잡한 과정 없이 그냥 맨 위의 작은 줄기 부위를 구부려 꺾는 것으로 손질이 끝난다.

날로 먹고 익혀 먹어도 좋은 콩
이른 시기에 수확한 연하고 어린 콩은 살캉거리면서도 부드러운 식감을 살리기 위해 조리하지 않거나 살짝 찌기만해서 내놓는다. 한여름의 콩은 풀 내음 머금은 채소 같기 때문에 다른 재료들과 함께 쓸 때 굳이 특유의 맛을 가릴 필요는 없다. 콩이 무르익으면서 달콤한 흙내음이 부각된다. 완전히 부드러워질 때까지 익히면 더욱 선명하게 그 맛을 느낄 수 있는데, 심지어 살짝 태워도 괜찮다. 성숙한 콩일수록 높은 온도나 직화로 구우면 굉장히 달콤하고 연해진다. 그러므로 너무 완숙된 콩이나 로마노 빈 품종은 푹 삶거나 스튜를 만드는 용으로 쓰는 게 알맞다.

여름 채소 줄기콩 샐러드

String Beans, Pickled Beans, Tomatoes, Cucumbers, and Olives on Tonnato

니수아즈 샐러드에서 진화한 샐러드이다. 감자와 달걀 대신 신선한 채소를 채워 넣었고, 덩어리로 사용하던 참치는 부드러운 톤나토 소스로 바꾸었다. 루콜라를 포함한 신선한 채소에 바삭한 크루통까지 더하니 계절의 변화를 붙잡는 메인 디시로 내놓아도 될 정도이다. 모든 재료는 미리 준비하고, 손님에게 내기 직전에 샐러드를 완성해야 한다.

>> 4인분

오이 1개
코셔 솔트
줄기콩 230g
방울토마토 230g
여러 색 준비
적양파 ½개
올리브 ½컵 여러 종류 준비
레드 와인 식초 2큰술
칠리 플레이크 ¼작은술
검은 통후추
엑스트라 버진 올리브 오일
톤나토 *83쪽 참고
줄기콩 피클 230g *101쪽 참고
루콜라 크게 1줌
바질 잎 작게 1줌
크루통 2컵 *29쪽 참고

오이 준비
양끝을 자르고 길게 반 갈라 숟가락으로 가운데 씨를 긁어낸 다음 0.3cm 폭으로 어슷 썰어 체에 담는다. 소금 1작은술을 뿌려 버무린 뒤 15~20분 정도 두어 수분을 뺀 다음 키친타월로 물기를 제거한다.

*껍질이 질긴 오이는 껍질을 벗긴다.

줄기콩 삶기
프라이팬에 물을 붓고 소금 1작은술을 넣어 줄기콩을 삶는데, 뚜껑을 덮고 줄기콩이 아삭할 정도로 5~6분 정도만 삶고 건져서 식힌다.

방울토마토 · 적양파 · 올리브 손질
방울토마토는 반 자르고 적양파는 가늘게 채 썬다. 올리브는 반 잘라 가운데 씨를 뺀다.

오이 샐러드 만들기
볼에 절인 오이와 토마토, 양파, 올리브를 넣고 와인 식초와 칠리 플레이크, 소금, 통후추를 갈아 넣어 섞는다. 알맞게 맛을 조절하고 올리브 오일 ¼컵을 넣어 마무리한다.

완성
접시에 톤나토를 두툼하게 펴서 깔고 삶은 줄기콩과 줄기콩 피클을 차례로 올린 뒤 오이 샐러드를 얹는다. 그 위에 루콜라와 바질 잎, 크루통을 얹고 올리브 오일을 적당히 둘러 낸다.

잣 비네그레트를 곁들인 줄기콩과 쪽파 구이

Roasted String Beans and Scallions with Pine Nut Vinaigrette

콩이 가진 자연스러운 단맛을 살리려면 굽는 방법이 가장 좋은데, 콩을 구우면 식감도 부드러워진다. 쪽파는 단순히 향신료로만 사용하는 게 아니므로 함께 구워서 넣어야 한다. 이 요리에 사용하는 잣 비네그레트는 냉장실에서 일주일 이상 보관이 가능하다.

≫ 4인분

줄기콩 약 700g
가능하면 다양한 색 준비
쪽파 3줌
엑스트라 버진 올리브 오일
코셔 솔트
검은 통후추
레드 와인 식초 1작은술

잣 비네그레트 ⅓컵
*74쪽 참고
레몬즙 ½개 분량
칠리 플레이크 ¼작은술
민트 잎 작게 1줌
바질 잎 작게 1줌
구운 잣 ¼컵 *57쪽 참고

오븐을 218°C로 예열한다.

줄기콩·쪽파 양념

쪽파는 줄기콩과 비슷한 길이로 자른다. 쪽파와 줄기콩을 함께 볼에 담고 올리브 오일을 충분히 두른 뒤 소금 ½작은술과 통후추를 넉넉히 갈아 넣어 섞는다.

줄기콩·쪽파 굽기

양념한 줄기콩과 쪽파는 2개의 오븐 팬에 나눠 담는데, 겹치지 않게 빵빵하게 깐 다음 오븐에 넣고 먹음직스러운 갈색이 될 때까지 20~30분 정도 굽는다. 다 구워지면 볼에 담은 뒤 와인 식초를 흩뿌려 섞고 10분 정도 식힌다.

*줄기콩과 쪽파는 굽는 동안 오븐 팬의 앞뒤를 한 번 바꿔야 골고루 구워진다.

완성

잣 비네그레트, 레몬즙, 칠리 플레이크를 작은 볼에 넣어 섞고 구운 줄기콩과 쪽파에 부어 골고루 섞는다. 맛이 부족하면 레몬즙, 소금, 후추 혹은 칠리 플레이크를 더해 풍미를 살리고 마지막에 민트 잎과 바질 잎, 구운 잣을 더해 가볍게 버무린다.

참치 버섯 줄기콩 캐서롤

Green Bean, Tuna, and Mushroom 'Casserole'

나는 미국 중서부지역 출신인데 어릴 때 좋아했던 음식 중 하나가 바로 추수감사절마다 먹은 줄기콩과 버섯 캐서롤이었다. 이 요리는 그 캐서롤의 어른 버전인데, 어린 시절에 받은 푸근한 위로는 그대로 담고, 맛과 영양은 높였다고 할 수 있다. 줄기콩과 버섯은 1:1의 비율로 같은 양을 준비한다. 콩의 묘미를 더 살리고 싶다면 그릴에 굽고, 날 것 그대로 가늘게 썰어 사용해도 된다. 물론 피클로 담가 둔 줄기콩을 사용해도 되며 이들을 섞어도 무방하다.

≫ 4인분

코셔 솔트
줄기콩 450g
엑스트라 버진 올리브 오일
마늘 2쪽
버섯 약 500g
가능하면 야생 버섯
검은 통후추
통조림 참치 1캔(150g)

생크림 1컵
레몬 제스트 1작은술
레몬즙 1큰술 즉석에서 짠 것
브레드크럼 ⅓컵 *55쪽 참고

줄기콩 삶기
커다란 냄비에 물을 넉넉히 붓고 바닷물처럼 짭짤하게 소금을 넉넉히 넣어 끓인다. 물이 끓으면 줄기콩을 넣고 아삭하게 4~7분 정도 삶은 뒤 체에 밭쳐 물기를 턴다.

마늘 볶기
큼직한 프라이팬에 올리브 오일 ¼컵을 붓고 중불에 올린 뒤 마늘을 대강 으깨 넣어 노릇노릇하게 될 때까지 5분 정도 볶은 다음 꺼내서 한 쪽에 둔다.

버섯·참치 볶기
위의 팬을 중강불에 놓고 버섯을 한 입 크기로 잘라 넣는다. 소금과 통후추 갈아 넣어 간을 하고 버섯의 가장자리가 노릇노릇하게 될 때까지 5~7분 정도 재빨리 볶고 기름기를 뺀 통조림 참치를 넣어 골고루 섞는다.

완성
볶은 버섯과 참치에 삶은 줄기콩을 넣고 생크림을 부어 걸쭉한 농도가 될 때까지 6~9분 정도 저으면서 끓인다. 재료에 생크림이 스며들면 레몬 제스트와 레몬즙을 넣어 섞고 소금, 후추, 레몬즙으로 맛을 조절한다. 마지막에 브레드크럼을 뿌려낸다.

매콤한 소스로 맛을 낸 줄기콩 구이

Grilled Wax and Green Beans with Tomatoes, Basil, and Spicy Fish-Sauce Sauce

내가 반드시 지키는 요리 규칙 중 하나는 그릴에 구울 재료에는 절대 기름을 바르지 않는 것이다. 이 책에서도 여러 번 언급하고 있다. 재료에 바른 기름에 불이 닿으면 불쾌한 냄새가 나지만, 재료 그대로 구우면 캐러멜라이징 되면서 재료의 맛이 점점 달콤해지며 직화 특유의 풍미도 살아난다. 이 요리를 만들 때 여러 가지 색감의 콩을 사용하면 좋겠지만 한 가지 색이라도 괜찮다.

≫ 4인분

바질 1줌 여러 종류로 준비
민트 1줌
방울토마토 2½컵
구운 헤이즐넛 ½컵
*57쪽 참고
줄기콩 230g
노랑 왁스빈 230g

쪽파 1줌
스파이시 피시소스 ⅓컵
*79쪽 참고
코셔 솔트
검은 통후추
엑스트라 버진 올리브 오일

중강불로 그릴을 예열한다.

허브 · 방울토마토 · 헤이즐넛 손질
바질과 민트는 싱싱하지 않은 것은 뜯어내고, 방울토마토는 반 자른다. 헤이즐넛은 굵직하게 다진다.

줄기콩 · 왁스빈 · 쪽파 굽기
그릴에 열이 오르면 줄기콩, 왁스빈, 쪽파를 그릴과 수직이 되게 올려 숨이 죽고 그릴 자국이 선명하게 날 때까지 굽는다.

*그릴 대신 그릴팬을 이용해서 구워도 된다.

완성
구운 줄기콩과 왁스빈을 볼에 담고 구운 쪽파는 먹기 좋은 길이로 잘라 담는다. 여기에 스파이시 피시소스를 뿌린 뒤 소금과 통후추를 갈아 간을 한다. 올리브 오일을 적당히 두르고 허브와 방울토마토를 넣은 뒤 맛이 부족하면 스파이시 피시소스, 소금, 후추로 간을 더하고 헤이즐넛을 위에 뿌려 낸다.

Summer Squash
여름 호박

마법의 힘으로 쑥쑥 자라나 동화 속 정원을 가득 채울 것 같은 호박이 여기 있다. 작은 호박이 푸짐하게 쌓여 있는 모습을 몹시 좋아하는데, 여름 호박을 제대로 즐기려면 덜 여물었을 때 수확한 것을 골라야 한다.

자랄수록 맛이 없다

호박은 특별한 맛이 없지만 담백하며, 적당히 단단하면서도 부드럽다. 그런데 익을수록 이런 특징이 사라진다. 씨앗이 성장하면서 맛은 씁쓸해지고, 수분이 늘어나며, 섬유질도 증가하기 때문이다. 너무 늦게 수확한 여름 호박은 속살은 무르고 맛도 좋지 않다는 말이다.

누르고 구부려보며 고르자

가장 흔히 볼 수 있는 주키니의 속살은 밝은 금색이다. 요즘에는 작고 둥글둥글한 모양의 '에잇 볼(Eight Ball)'이나 '론드 드 니스(Ronde de Nice)' 호박도 만날 수 있는데, 반 잘라 가운데를 조금 파낸 뒤 다른 재료로 속을 채우고 구워 먹으면 아주 맛있다. 우주선 모양 같은 '패티팬(Pattypan)' 호박도 속을 채워 그릴에 구우면 매우 만족스러운 요리가 된다. 패티팬은 툭툭 튀어나와 위로 살짝 구부러진 부분이 가장 맛있는데, 단단하고 고소하며 씨가 없기 때문이다. 길쭉하면서 밑이 넓고 전체적으로 둥그스름한 호박은 가끔 끝 부분에 씨앗들이 몰려 있기도 하다. 호박은 꽤 다양하고 특징도 제각각이지만 기본적으로 단단하고 질기지 않은 호박을 선택하려면 눌러보고 살짝 구부려 보며 상태를 파악해야 한다.

껍질에 상처를 내지 말자

호박은 상당히 예민한 채소다. 비닐봉지에 넣으면 며칠은 괜찮지만 껍질이 얇고 부드러우니 보관 시 어떠한 흠집도 나지 않도록 조심해야 한다. 호박 껍질은 연하고 매끄러우며 속살을 보호하고 잡아당겨주는 역할을 하므로 벗기지 않는 게 낫다. 몇몇 호박은 겉이 오돌토돌하거나 부드러운 작은 돌기가 있는데, 그렇더라도 최대한 상처를 주지 않게 가볍게 문질러 씻는다.

센 불과 짧은 조리 시간

아주 어리고 신선한 여름 호박은 생으로 즐기는 게 훨씬 맛있다. 단단한 질감은 피클용로 알맞다. 이때는 탄력 있고 길다란 띠 모양이 되도록 슬라이서로 아주 얇게 슬라이스 한다. 호박을 조리할 때에는 불을 최대로 올리는데, 뜨거운 불과 빠른 동작이 필수다. 센 불로 단시간에 조리하여 겉은 갈색으로 속살은 그대로 지켜야 풍미가 올라간다. 또한, 열에 오래 노출되지 않아야 수분이 빠지지 않는다. 호박 역시 오이처럼(239쪽 참고) 소금을 뿌려 준비한다. 수분을 빼내야 단단해지기 때문이다. 여물지 않은 씨앗은 파내지 않아도 된다. 이 책에서 소개하는 요리는 작고 둥글게 슬라이스하는 대신 반 잘라 손질하는 경우가 많다.

> **텃밭에서**
>
> 호박은 수꽃과 암꽃이 따로 핀다. 여러분은 텃밭에서 수꽃을 따 암꽃에 수분시켜 더 많은 호박을 얻고 싶을 것이다. 그렇다면 수꽃과 암꽃을 구별할 줄 알아야 한다. 수꽃은 굵은 중심 줄기와 멀리 긴 줄기 끝에 꼿꼿이 피지만 암꽃은 중심 줄기에 훨씬 더 가까이 핀다.

매콤달콤 향긋한 생 호박 샐러드

Squash Ribbons with Tomatoes, Peanuts, Basil, Mint, and Spicy Fish-Sauce Sauce

가늘고 길게 주키니를 손질하려면 슬라이서나 필러가 있으면 좋지만 없다면 여러분이 가진 아주 예리한 칼로 최선을 다해 주키니를 얇게 썰어보자. 이 요리는 매콤하고 짭짤하면서도, 톡 쏘는 맛과 풍부한 허브 향 그리고 견과의 고소함이 뒤섞여 있다. 태국의 그린 파파야 샐러드를 떠올리게 한다. 스파이시 피시소스(79쪽)가 있다면 재료 손질만 하여 바로 만들어 낼 수 있다.

≫ 4인분

주키니와 노란 여름 호박 4개
코셔 솔트
쪽파 1줌
방울토마토 2½컵
땅콩 ½컵
바질 잎 작게 1줌
민트 잎 작게 1줌
스파이시 피시소스 ¼컵
*79쪽 참고
엑스트라 버진 올리브 오일

호박 준비
슬라이서를 이용해 호박을 아주 얇고 길게 슬라이스해서 체에 담고 소금 1작은술을 뿌려 섞는다. 30분 정도 그대로 둬 수분을 뺀 다음 키친타월로 물기를 제거한다.

*슬라이서가 없을 때는 최대한 얇게, 둥근 모양으로 썬다.

쪽파 준비
가늘고 길게 어슷 썬 뒤 얼음물에 20분 정도 담가두었다가 키친타월로 물기를 제거한다.

*쪽파 손질하는 방법은 93쪽을 참고한다.

방울토마토·땅콩 준비
방울토마토는 반 자르고, 땅콩은 굵직하게 다진다.

완성
볼에 호박과 쪽파, 토마토, 땅콩, 바질, 민트를 넣고 스파이시 피시소스를 뿌려 섞는다. 간이 부족하면 소금으로 맞추고 올리브 오일 ¼컵을 넣어 섞는다.

한여름 밤의 호박 구이

Grilled or Roasted Summer Squash with Caper-Raisin Vinaigrette

지루하고 무료할 수 있는 어느 여름날 저녁으로 완벽한 요리이다. 이왕이면 닭다리 살을 준비해 호박과 같이 구워 즐기면 좋겠다. 그릴 위에 닭고기를 올리고 거의 다 익었을 때 반 자른 호박을 올려 굽는다. 잘 구운 닭고기는 3~4분 가량 휴지시킨 뒤 구운 호박과 비네그레트, 나머지 재료와 잘 섞으면 완성이다. 준비하는 시간도 길지 않고, 자연의 맛이 담긴 흥미로운 음식을 즐길 수 있으니 일석이조다. 미리 만들어 놓은, 냉장실의 케이퍼 레즌 비네그레트는 필수이다!

≫ 4인분

여름 호박 약 700g
다양한 색깔과 모양. 또는
애호박, 주키니
코셔 솔트
방울토마토 2½컵
엑스트라 버진 올리브 오일
칠리 플레이크 ½작은술
레몬즙 2큰술 즉석에서 짠 것
검은 통후추
케이퍼 레즌 비네그레트
¼컵 *70쪽 참고
브레드크럼 ¼컵 *55쪽 참고

호박 준비

끝을 다듬어 잘라내고 모양을 살려 도톰하게 썬다. 체에 담고 소금 2작은술을 뿌려 섞은 뒤 최소 1시간에서 최대 24시간 동안 수분을 뺀다. 2시간 이상 수분을 뺄 경우 냉장실에 둔다. 절인 호박은 키친타월로 물기를 제거한다.

*둥글넓적한 패티팬 호박을 사용할 경우 가장 볼록한 가운데를 가로질러 썬다.

그릴이나 그릴 오븐의 온도를 올린다.

호박 굽기

그릴이나 그릴 오븐이 가열되면 절인 호박을 얹어 옅은 갈색이 될 때까지 양면을 모두 굽는다. 완전히 익을 때까지 굽지 않고, 속이 살짝 살캉살캉할 정도로 굽는다.

완성

구운 호박을 볼에 담고 방울토마토를 반으로 잘라 넣은 뒤 올리브 오일과 칠리 플레이크, 레몬즙, 통후추를 갈아 넣는다. 가볍게 섞고 케이퍼 레즌 비네그레트를 넣어 버무린다. 맛이 부족하면 칠리 플레이크, 소금, 후추, 혹은 레몬즙으로 맛을 조절한다.

담기

접시에 보기 좋게 담고 브레드크럼을 흩뿌린다.

참치와 치즈를 듬뿍 올린 호박 구이

Squash and 'Tuna Melt' Casserole

입에서 살살 녹는 참치 요리를 사랑하지 않을 사람이 있을까. 이번에 소개하는 요리는 참치와 체다 치즈가 환상적인 조화를 이룬다. 게다가 여름 호박을 넣어 영양까지 풍부해졌다. 무엇보다 제철에 즐기는 여름 호박의 풍미는 더할 나위 없이 좋지 않은가.

≫ 4인분

여름 호박 약 700g 다양한 색깔과 모양, 단단하고 작은 것
코셔 솔트
쪽파 4줌
엑스트라 버진 올리브 오일
타임 잎 1작은술
칠리 플레이크 ¼작은술
검은 통후추
통조림 참치 300g
체다 치즈 1½컵 아주 가늘게 간 것

호박 준비

끝을 다듬어 잘라내고 길고 도톰하게 자른다. 체에 담고 소금 2작은술을 뿌려 섞은 뒤 최소 1시간에서 최대 24시간 동안 수분을 뺀다. 2시간 이상 수분을 뺄 경우 냉장실에 둔다. 절인 호박은 키친타월로 물기를 제거한다.

*둥글넓적한 패티팬 호박을 사용할 경우 가장 볼록한 가운데를 가로질러 썬다.

쪽파 준비

길고 가늘게 어슷 썬다.

쪽파 볶기

프라이팬에 올리브 오일을 충분히 두르고 중불에 올린다. 쪽파와 타임, 칠리 플레이크, 소금 ½작은술, 통후추를 갈아 넣고 파가 타지 않게 주의하며 특유의 향이 올라올 때까지 약 3~4분 정도 볶는다. 팬을 불에서 내리고 충분히 식힌 뒤 간을 맞춘다.

오븐을 약 230°C로 예열한다.

호박 굽기

깊이가 있는 오븐 팬에 호박의 자른 면이 바닥에 닿게 올리는데, 촘촘하지 않게 올린다. 필요하다면 오븐 팬 2개를 사용한다. 호박이 살짝 쪼그라들고 단면이 먹음직스러운 갈색이 되며 부드러워질 때까지 굽는다. 오븐은 켜 둔다.

*호박의 크기와 모양에 따라 굽는 시간이 다른데, 15cm 길이의 주키니의 경우 대략 15분 정도 걸린다.

완성

오븐용 용기에 구운 호박을 올리는데, 자른 단면이 위를 향하게 가지런히 올리고 볶은 쪽파를 위에 얹는다. 그 위에 통조림 참치를 기름을 빼서 골고루 올리고 체다 치즈도 골고루 뿌린 다음 오븐에 넣어 치즈가 녹고 보글보글 끓을 때까지 10~15분 정도 굽는다. 5분 정도 식혔다가 낸다.

세 가지 스타일의 주키니 튀김

Fried Stuffed Zucchini Flowers, Zucchini Jojos, and Zucchini Pickles

다이어트를 완벽하게 위협하는 요리이다. 튀김옷을 가볍게 입혀 세가지 형태로 주키니를 튀겨 낸다. 오레곤에서 '조조(Jojos)'라고 불리는 길쭉하고 통통한 모양도 이에 포함된다. 간단하게 먹고 싶다면 세 종류의 튀김만으로도 충분하지만 황금빛 도는 바삭한 파르미지아노 레지아노 치즈를 올린다면 여름날의 안티파스토로 딱이다. 호박꽃은 반죽을 입혀 튀겨서 그대로 내놓거나 부드러운 리코타 필링을 채워도 좋다. 자칫 이 요리법의 글줄이 너무 길게 느껴질 수 있지만 사실 매우 간단하다. 튀기기 전에 모든 재료를 잘 준비하는 것이 중요할 뿐이다.

≫ 6인분

[주키니 웨지]
어린 주키니
(약 15㎝ 길이) 3개
코셔 솔트
주키니 피클 12~16쪽
*101쪽 참고

[주키니 꽃]
바질 잎 3~4장
민트 잎 6~8장
쪽파 2줄기
구운 잣 2큰술 *57쪽 참고
오일에 절인 선 드라이
토마토 3개
리코타 치즈 ½컵
칠리 플레이크 ¼작은술
코셔 솔트
검은 통후추
주키니 꽃
(또는 다른 호박꽃) 6개

[튀김]
튀김기름 식물성으로 준비
옥수수 전분 ½컵
밀가루 ½컵
칠리 플레이크 ¼작은술
코셔 솔트
검은 통후추
탄산수 1컵

[담기]
코셔 솔트
민트와 바질 잎 작게 1줌
파르미지아노 레지아노 치즈
레몬 웨지 6쪽

[주키니 준비]
주키니 · 피클 준비

주키니는 웨지 모양으로 세로로 4등분 해서 체에 담고 소금 2작은술을 뿌려 섞은 뒤 최소 1시간에서 최대 24시간 동안 수분을 뺀다. 2시간 이상 수분을 뺄 경우 냉장실에 둔다. 절인 주키니와 주키니 피클은 각각 키친타월로 물기를 제거한다.

[주키니 꽃 준비]
허브 · 쪽파 · 잣 · 드라이 토마토 준비

허브는 손으로 대강 찢고 쪽파와 구운 잣, 선 드라이 토마토는 각각 다진다.

*선 드라이 토마토는 다져서 1큰술 정도 준비한다.

속재료 준비

볼에 리코타 치즈, 허브, 쪽파, 잣, 선 드라이 토마토, 칠리 플레이크를 모두 섞고, 소금과 통후추를 넉넉히 갈아 간을 한다.

주키니 꽃 준비

주키니 꽃을 조심스럽게 벌려 이물질 등을 털어내고 꽃술을 뗀다.

*꽃에 줄기가 있으면 자르지 말고 그대로 둔다.

꽃에 속 채우기

작은 숟가락을 이용해서 주키니 꽃 속에 속재료를 채워 넣고 속재료가 빠지지 않도록 꽃잎의 끝을 살짝 비틀어 오므린다.

[튀김 준비]
튀김기름 준비

속이 깊은 냄비에 8cm 정도 튀김기름을 붓고 190℃로 온도를 올린다. 기름의 온도가 오르는 동안 넓은 쟁반에 키친타월을 2장 깔아 냄비 옆에 둔다.

*온도계가 없을 때는 작은 빵 조각을 튀김기름에 넣고 옅은 갈색으로 변하면서 바삭해질 때까지 1분 정도 걸리면 적당한 온도다.

튀김옷 준비

볼에 옥수수 전분, 밀가루, 칠리 플레이크, 소금, 통후추를 갈아 넣고 섞은 다음 탄산수를 조금씩 부어가며 반죽을 묽게 만든다. 탄산수는 한꺼번에 붓지 말고 조금씩 부어가며 농도를 맞춘다.

[완성]
주키니 튀김 준비

소금에 절인 주키니 웨지와 주키니 피클의 물기를 각각 다시 한 번 키친타월로 닦고 접시에 담는다.

주키니 웨지 튀기기

주키니 웨지를 먼저 튀기는데, 웨지를 반죽에 담갔다 빼면서 반죽이 흐르도록 해서 튀김옷을 얇게 입히고 튀김기름에 조심스럽게 넣는다. 반죽이 부풀어 오르고 아주 연한 갈색이 될 때까지 튀기고 키친타월을 깐 쟁반에 옮겨 기름을 뺀다.

주키니 꽃 · 주키니 피클 튀기기

주키니 웨지를 다 튀겼으면 주키니 꽃과 피클 순으로 튀기는데, 주키니 웨지 튀기는 것과 같은 방법으로 튀겨낸다.

*튀김 시 한꺼번에 재료를 많이 넣으면 기름의 온도가 떨어져 재료가 기름을 흡수해 느끼해질 수 있으니 주의한다.

[담기]

접시에 튀김을 가지런히 담고 위에 소금, 민트 잎, 바질 잎, 치즈를 흩뿌린 다음 레몬 웨지를 곁들여 낸다.

네 번째 계절, 늦여름

이 무렵이면 낮의 길이가 짧아지기 시작한다. 태양의 기울기는 점점 낮아지고 햇빛이 짙은 황금색으로 물들어가면 우리에게 따뜻한 날들이 얼마 남지 않았다는 이야기이다. 지난 몇 달 동안 밭은 내리쬐는 강한 햇살과 뜨거움으로 충만했다. 마침내 모든 농작물이 드라마틱하게 변하고 있는 지금, 우리는 여전히 초여름의 채소를 맛볼 수 있으며, 늦여름의 수확물까지 함께 얻게 된다. 옥수수, 가지, 토마토, 고추 등이 그렇다. 껍질이 있는 콩도 지금이 제철이고 완벽한 수확시기이지만 다른 작물처럼 수분 함량이 높지 않으니, 신선할 때 바로 먹는 게 좋다. 이런 종류의 콩은 가을과 겨울까지 두고 먹을 수 있는 저장식품으로 아주 좋다.

한 해를 통과하며 만들어내는 나의 요리는 쉽게 구할 수 있는 제철 재료의 영향만 받는 것은 아니며, 계절의 분위기에 따라서도 좌우된다. 여름은 한 마디로 '축제'이다. 여름이 가진 색감은 정말 다양하다. 핵 과일, 멜론, 온갖 종류의 베리들은 활기 넘치는 채소와 멋진 조화를 이루어 낸다. 머지않아 서서히 차가운 공기가 스며드는 밤이 찾아올 것이고, 맛있는 요리를 만들 수 있는 멋진 시절에 대한 나의 고마운 마음도 함께 깊어질 것이다.

늦여름 채소와 요리

CORN
옥수수
—

매콤한 맛 생 옥수수 샐러드	266
피스타치오 토마토 옥수수 샐러드	268
4가지 옥수수 볶음	270
매운 버터를 바른 옥수수 구이	272
조개 토마토 옥수수 볶음을 올린 빵	274
칠리 피클 옥수수 튀김	276

EGGPLANT
가지
—

구운 가지 스프레드	278
바삭한 칩에 올린 가지 스프레드와 허브 샐러드	279
허브와 토마토를 곁들인 구운 가지 샐러드	280
구운 가지 리가토니	282
매콤한 그린 소스의 양고기 가지 스튜	284
가지 절임	286

SWEET PEPPERS AND CHILES
파프리카와 고추
—

구운 파프리카 판자넬라	290
페페로나타	292
리코타 치즈를 곁들인 피망 감자 프리타타	294
은두자와 치즈를 넣은 매콤달콤 파프리카 오븐 구이	296
치즈로 속을 채워 튀긴 파프리카	298

SHELL BEANS
강낭콩
—

완벽하게 삶은 강낭콩	300
콩 토스트	302
콩 파스타	303
강낭콩 소시지 라디치오 리조토	304
셀러리와 타라곤을 곁들인 아삭한 믹스 콩 샐러드	306

TOMATOES
토마토
—

토마토 샐러드를 올린 토마토 바른 빵	309
파로 옥수수 허브 토마토 샐러드	309
치즈와 멜론을 넣은 매콤한 토마토 샐러드	310
요거트 소스와 향신료로 맛을 낸 토마토와 병아리콩	312
한여름의 방울토마토 스파게티	314
루콜라와 페코리노를 곁들인 토마토 수프	316
아보카도, 페타, 수박을 곁들인 풋토마토 구이	317
토마토 콘서바	318

Corn
옥수수

시장에서 다양한 옥수수 재래종을 만날 수 있는 것만으로도 무척 기쁘다. 옥수수는 미국에서 방대하게 재배되는 작물로 연료, 가축의 사료 등으로도 쓰인다.

껍질을 벗기면 금세 마른다
옥수수를 고를 때, 껍질을 벗겨보지는 말자. 옥수수 알맹이가 노출되면서 금세 마르기 때문이다. 옥수수는 크기에 비해 묵직한 것, 종잇장처럼 얇고 힘 없는 껍질이 아니라 촉촉하고 촘촘한 껍질에 싸여 있는 게 좋다. 옥수수염이 붙어 있다면 말랐거나 곰팡이가 핀 것은 피한다. 만약 비 오는 날 수확한 것이라면 옥수수염이 젖어 있을 수 있지만 알맹이에는 별 영향을 주지 않는다. 만약 옥수수 알맹이를 눈으로 확인하고 싶다면 껍질 맨 윗부분을 살짝 비집고 살펴보자. 옥수수를 좋아하는 애벌레가 붙어 있을 수도 있다. 이럴 때는 당황하지 말고 벌레 붙은 옥수수를 골라 내 퇴비 더미로 옮기거나 버린다.

짧은 제철에 만끽해야
옥수수는 당질과 수분으로 구성되어 있어 냉장실에 들어가는 순간 놀랄 만큼 빠른 속도로 녹말 성분으로 전환한다. 사실 구입한 날 요리해 먹는 게 가장 좋다. 농부들의 농담 중 '물이 끓을 때까지 옥수수를 절대 따지 않는다'라는 말이 있을 정도이다. 물론 도시에 사는 우리가 누릴 수 있는 행운은 아니다. 옥수수는 여물자마자 바로 수확하기 때문에 제철 기간이 상당히 짧다. 그래서 나는 시장에 옥수수가 나타나기 시작하면 최대한 날 것 그대로 먹고자 하며, 요리한다면 가급적 열을 가하지 않고자 한다.

알갱이 분리
옥수수를 통째로 먹을 때 껍질을 벗긴 다음 성가신 수염은 떼어내야 한다. 수염이 붙어 있는 아랫부분을 잡고 잡아당기면 된다. 몇 가닥 정도는 남아도 문제가 될 건 없지만 깔끔하게 정리하고 싶다면 젖은 키친타월로 잡고 떼어낸다.
알갱이를 바르려면 먼저 도마 위에 옥수수를 눕힌다. 잘 드는 칼로 옥수수의 한쪽 면에 붙은 알맹이를 잘라 낸 뒤 옥수수를 돌려가며 이를 반복한다. 남김 없이 깨끗이 손질하되 촉촉한 옥수수 알갱이를 온전하게 얻으려면 칼을 충분히 깊게 넣어야 한다. 그렇다고 너무 지나치게 칼을 넣으면 뻣뻣하고 질긴 옥수수 심까지 자를 수 있으니 주의한다. 알갱이를 모두 발라낸 다음에는 칼등으로 옥수수 심의 겉면을 긁는다. 이렇게 하면 우유색의 달콤한 배아즙을 얻을 수 있다.

*책 속 레시피에서 사용한 옥수수는 찰옥수수나 통조림 옥수수가 아닌 생 '스위트 콘' 종류입니다.

옥수수 껍질을 벗길 때에는 두 손을 이용해 양쪽에서 잡아당긴다. 알맹이는 한쪽 면부터 자르고 이후 돌려가며 알갱이가 완전히 제거될 때까지 반복한다.

매콤한 맛 생 옥수수 샐러드

Raw Corn with Walnuts, Mint, and Chiles

이 요리는 칠리 파우더와 라임, 마요네즈, 코티하(Cotija) 치즈로 만드는 정통 멕시칸 통 옥수수 그릴 요리인 엘로트(Elote)에서 아이디어를 얻은 것이다. 샐러드처럼 간단히 먹어도 좋고, 패밀리 사이즈로 양을 늘려 커다란 플래터에 올려 내거나 혹은 렐리시(Relish)[1]로도 활용할 수 있다.

» 첫 코스 요리로 4인분

옥수수 2개
구운 호두 ⅓컵 *57쪽 참고
할라페뇨(또는 매운 고추)
1~2개
쪽파 4줄기
민트 잎 작은 1줌

라임 ½개
코셔 솔트
검은 통후추
엑스트라 버진 올리브 오일
페코리노 로마노 치즈 ¼컵
즉석에서 간 것

옥수수 · 호두 준비
옥수수는 알갱이를 칼로 잘라서 떼어내고, 호두는 굵직하게 다진다.

*옥수수 손질은 265쪽을 참고한다.

할라페뇨 준비
반 잘라 씨와 속살을 제거하고 다진다.

쪽파 준비
가늘고 길게 어슷 썰어 얼음물에 20분 동안 담갔다가 건져서 물기를 뺀다.

*쪽파 손질은 93쪽을 참고한다.

완성
볼에 옥수수, 호두, 할라페뇨, 쪽파, 민트 잎을 넣어 골고루 섞는다. 그 위에 라임을 꾹 짜서 즙을 넣고 소금과 통후추를 넉넉히 갈아 넣어 간을 한다. 올리브 오일 ½컵을 붓고 가볍게 섞은 뒤 맛을 본다.

필요하면 올리브 오일, 라임, 소금이나 후추로 맛을 조절한다.

담기
그릇에 옥수수 샐러드를 담고 페코리노 치즈를 뿌린 뒤 바로 낸다.

유용한 아이디어

조금 더 근사한 요리로
얇게 썬 가지를 그릴에 구워 옥수수 샐러드 위에 올린다.

오픈 샌드위치처럼
빵에 마늘을 문지른 다음 구워서 리코타 치즈 크림(69쪽 참고)을 바르고 옥수수 샐러드를 빵 위에 올린다.

식감이 살아 있는 살사
통밀 카르타 디 무지카(84쪽 참고)를 칩처럼 적당히 부서뜨려 준비한다. 옥수수 샐러드에 라임즙과 올리브 오일을 조금 더 넣어 디핑소스로 만들고 칩과 함께 낸다.

---

1 음식과 곁들여 먹는 소스나 양념을 일컫는다.

피스타치오 토마토 옥수수 샐러드

Corn and Tomato Salad with Torn Croutons

뜨거운 어느 여름날, 가볍게 먹을 수 있는 완벽한 샐러드. 약간의 노력만 기울여 아주 맛있는 요리를 만들었다. 신선한 생 옥수수의 아삭거림을 좋아하지만, 옥수수를 그릴에 먼저 구운 다음 알갱이를 떼어 내 사용해도 좋다.

≫ 4인분

옥수수 3개
토마토 450g
방울토마토와 섞어서 준비
구운 피스타치오 ½컵
*57쪽 참고
쪽파 3~4줄기
레드 와인 식초 ½컵
코셔 솔트
검은 통후추
크루통 2컵 *54쪽 참고
페코리노 로마노 치즈 ½컵
즉석에서 간 것
바질 잎 1줌
민트 잎 1줌
엑스트라 버진 올리브 오일

옥수수 준비
칼로 알갱이를 잘라내고, 심에 남은 즙을 칼등으로 긁어서 알갱이와 함께 2컵을 준비한다.

*옥수수 손질은 265쪽을 참고한다.

토마토 · 피스타치오 준비
토마토는 꼭지를 제거해 작은 것은 반으로, 큼직한 것은 웨지 모양으로 썰고, 피스타치오는 굵직하게 다진다.

쪽파 준비
가늘고 길게 어슷 썰어 얼음물에 20분 동안 담갔다가 건져서 물기를 뺀다.

*쪽파 손질은 93쪽을 참고한다.

완성
커다란 볼에 옥수수, 토마토, 쪽파를 넣고 와인 식초를 뿌려 가볍게 섞은 뒤 소금과 통후추를 넉넉히 갈아 간을 한 다음 크루통과 피스타치오, 페코리노 치즈, 바질 잎, 민트 잎을 넣어 섞는다. 맛을 보고 소금과 통후추를 갈아 넣어 다시 간을 하고 올리브 오일 ¾컵을 부어 섞는다.
약간 차갑거나 실온 보다 약간 낮은 온도로 낸다.

4가지 옥수수 볶음

Sautéed Corn Four Ways

여기서 소개하는 네 가지 맛의 옥수수 볶음은 기본이지만 아주 맛있다. 이를 토대로 여러분이 자신만의 방식으로 조리할 영감이 떠오르면 좋겠다. 제철 옥수수는 매일 먹어도 질리지 않는데, 높은 온도에서 재빨리 조리하는 것이 중요하다. 너무 오래 조리하면 질기고 녹말이 생성되니 단맛과 아삭거림이 남아 있을 만큼 살짝만 조리하는 것이 좋다.

≫ 4인분

[쪽파 옥수수 볶음]
옥수수 4개
쪽파 1줌
무염 버터 1큰술
코셔 솔트
검은 통후추

[크림과 치즈 옥수수 볶음]
옥수수 4개
무염 버터 1큰술
코셔 솔트
검은 통후추
생크림(또는 크렘 프레슈) ½컵
폰티나(또는 체다, 파르미시아노 레시아노, 몬터리 잭, 고다) 치즈 ½컵 즉석에서 간 것

[판체타와 핫소스 옥수수 볶음]
판체타(또는 작고 두툼한 베이컨 조각인 라돈) 60g
옥수수 4개
무염 버터 1큰술
코셔 솔트
검은 통후추
루콜라 1줌
스리라차 핫소스 약간

[고추, 래디시, 잣 옥수수 볶음]
고추 3개(큰 것 1개)
래디시 4~5줄기
옥수수 4개
무염 버터 1큰술
코셔 솔트
검은 통후추
볶은 잣 ½컵 *57쪽 참고
라임(큰 것) 웨지 1쪽

[쪽파 옥수수 볶음]
옥수수·쪽파 준비
옥수수는 칼로 알갱이를 잘라내 2½컵 정도 준비하고, 쪽파는 가늘게 어슷 썬다.

완성
프라이팬을 중강불에 올리고 버터를 녹인다. 버터가 다 녹고 기포가 가라앉으면 옥수수와 쪽파, 소금을 약간 넣고, 통후추를 적당히 갈아 1분 정도 볶는다. 옥수수에서 나온 수분이 보이면 이를 나무 주걱으로 가볍게 긁어가며 옥수수가 뜨거워지고 캐러멜라이징 될 때까지 3~4분 정도 볶는다.

[크림과 치즈 옥수수 볶음]
'쪽파 옥수수 볶음' 레시피에서 쪽파를 빼고 조리한 뒤 프라이팬에 생크림을 부어 30초 정도 끓인 다음 치즈를 넣는다. 옥수수가 소스와 골고루 섞여 부드럽게 보일 때까지 끓인다. 마지막에 소금과 통후추를 갈아 간을 하고 바로 낸다.

[판체타와 핫소스 옥수수 볶음]
판체타·루콜라 준비
판체타는 연한 갈색으로 변하면서 살짝 바삭해질 때까지 튀기듯 볶은 뒤 잘게 다지고, 루콜라는 씻어서 물기를 뺀다.

완성
'쪽파 옥수수 볶음' 레시피에서 쪽파를 빼고 조리한 다음 팬에 판체타를 넣고 후추를 넉넉히 갈아 넣어 옥수수와 함께 볶는다. 루콜라와 스리라차 핫소스를 넣어 루콜라의 숨이 살짝 죽을 정도로만 재빨리 섞고 맛을 본 뒤 필요하다면 소금과 후추, 핫소스로 맛을 내고 바로 낸다.

[고추, 래디시, 잣 옥수수 볶음]
고추·래디시 준비
고추는 둥글고 얇게 송송 썰어 씨를 빼고, 래디시는 웨지 모양으로 썰거나 작게 썬다.

완성
'쪽파 옥수수 볶음' 레시피에서 쪽파 대신 고추를 넣어 볶는다. 고추의 향이 올라 올 때까지 1분 정도 볶고 래디시와 잣을 넣어 섞는다. 그 위에 라임을 꾹 짜서 즙을 뿌린 뒤 소금과 통후추를 갈아 간을 하고 바로 낸다.

매운 버터를 바른 옥수수 구이

Grilled Corn with Alla Diavola Butter and Pecorino

이 요리는 요리법이라기보다는 '기억 알림장'이라고 해야겠다. 냉장고에서 잠자고 있는 '디아볼라 버터' 같이 훌륭한 재료가 있다면 누구나 이처럼 맛있는 요리를 뚝딱 만들 수 있다. 이 책에서 소개하고 있는 다른 컴파운드 버터(60~68쪽 참고)를 사용해도 된다. 이왕이면 여러 가지 맛의 버터를 준비해 친구들과 취향대로 즐겨보는 것도 좋겠다.

≫ 준비하는 만큼의 분량

껍질을 벗기지 않은 옥수수
기호에 따라 준비

알라 디아볼라 버터
*59쪽 참고

페코리노 로마노 치즈
즉석에서 간 것

옥수수 준비
껍질은 제거하지 말고 벗겨서 뒤쪽으로 옮기고, 수염은 말끔히 제거한다.

그릴을 중간보다 조금 센 불로 올린다.

옥수수 굽기
옥수수를 그릴 위에 올려 골고루 익도록 돌려가며 2분 정도 굽는다. 표면이 살짝 그을리고 데워질 정도로만, 거의 생 것에 가깝게 굽는다.

완성
접시에 옥수수를 옮겨 담고 그 위에 버터를 듬뿍 바른 다음 페코리노 치즈도 듬뿍 뿌린다.

> **부엌에서**
> 옥수수를 통째로 그릴에 굽는 몇 가지 방법이 있다. 껍질과 수염을 모두 제거한 채로 굽거나 껍질을 뒤쪽으로 당긴 뒤 수염만 제거해 구울 수도 있다. 덜 그을리게 구우려면 껍질과 수염을 모두 제거한 뒤 껍질 위에 옥수수를 올려 놓고 구우면 된다. 이렇게 하면 옥수수는 불에 직접 닿지 않고, 껍질에서 올라오는 열에 의해 찌듯이 익는데 불향까지 배어 좋다.

조개 토마토 옥수수 볶음을 올린 빵

Corn, Tomatoes, and Clams on Grilled Bread, Knife-and-Fork-Style

대부분의 사람들이 조개 수프에 빵을 찍어 먹고 싶어하는데, 처음부터 조개를 빵 위에 올려 놓으면 어떨까? 그렇게 만들면 나이프와 포크는 필요 없고 손만으로도 충분할 텐데 말이다. 하지만 우리는 예의 바른 사람들이기에 커트러리를 이용하는 스타일로 변형하여 소개한다.

≫ 4인분

옥수수 2개
방울토마토 230g
여러 색깔 준비
쪽파 1줌
마늘 3쪽
바지락 450g
시골빵 4장(1.3㎝ 두께)
엑스트라 버진 올리브 오일
토마토 콘서바(또는 토마토 페이스트) 1큰술 *272쪽 참고
칠리 플레이크 ½작은술

무염 버터 2큰술
코셔 솔트
검은 통후추
드라이 화이트 와인 ½컵
오크통에서 숙성하지 않은 것
파슬리 잎 ½컵
살짝 눌러 담은 정도
레몬즙 ½개 분량

옥수수·방울토마토 준비
옥수수는 알갱이를 칼로 잘라내 1¾컵 정도 준비하고, 방울토마토는 큰 것만 반 자른다.

쪽파·마늘 준비
쪽파는 가늘게 어슷 썰고, 마늘은 대강 으깬다.

바지락 준비
옅은 소금물에 해감한 뒤 깨끗이 씻는다.

빵 준비
그릴에 구워 마늘을 문지른 뒤 따뜻하게 보관한다.

마늘 볶기
커다란 프라이팬을 중불에 올리고 올리브 오일 1-2큰술을 두른 뒤 마늘을 넣어 옅은 갈색이 날 때까지 타지 않게 약 5분간 볶는다.

토마토 콘서바와 토마토 볶기
위의 팬에 토마토 콘서바를 넣고 색이 짙어질 때까지 타지 않게 약 30초 정도 볶고 쪽파를 넣어 향이 올라올 때까지 1분 정도 더 볶는다. 여기에 방울토마토, 칠리 플레이크, 버터를 넣고 소금과 통후추를 갈아 뿌린 뒤 토마토 껍질이 터지면서 즙이 나오기 시작할 때까지 약 3~4분 정도 더 볶는다.

완성
위의 팬에 조개를 넣고 와인을 뿌린 다음 뚜껑을 덮는다. 3~6분 정도 끓여 조개 입이 벌어지면 파슬리 잎과 옥수수, 레몬즙을 넣어 한소끔 볶고 소금과 후추, 칠리 플레이크 또는 레몬즙으로 맛을 살린다.

*조개 입이 다 벌어지지 않았다면 좀 더 끓인 뒤 옥수수를 넣는다.

담기
우묵한 접시에 준비한 빵을 놓고 조개 옥수수 볶음을 국물과 함께 스푼으로 떠서 빵 위에 올린다. 올리브 오일을 흩뿌리고 포크와 나이프, 그리고 빈 조개 껍데기를 담을 그릇까지 함께 낸다.

칠리 피클 옥수수 튀김

Corn Fritters with Pickled Chiles

옥수수 가루와 밀가루, 달걀, 우유 등을 넣어 둥글게 반죽해 튀긴 일명 '허쉬 퍼피(Hush Puppies)'는 북미 지역을 중심으로 알려진 스낵인데, 지금 소개하는 요리와 조리법이 비슷하다. 튀김기에 반죽을 한번에 너무 많이 넣으면 기름의 온도가 떨어져 재료가 기름에 절어버릴 수 있으니 조심한다. 튀긴 다음에는 키친타월을 올린 베이킹 시트에 담아 저온 상태의 오븐에 넣어 속이 모두 익을 때까지 굽는다.

≫ 약 24개

옥수수 2개
쪽파 3줄기
고추 피클 ⅔컵 *101쪽 참고
드라이 이스트 1작은술
밀가루 1컵
옥수수 가루 1컵
코셔 솔트
검은 통후추

우유(또는 저지방 요거트)
½컵 *그릭 요거트는 제외
물 ½컵
파르미지아노 레지아노 치즈
½컵 즉석에서 간 것
튀김기름
컴파운드 버터 *60~68쪽
참고, 기호에 따라 준비

옥수수 · 쪽파 · 고추 피클 준비

옥수수는 알갱이를 칼로 잘라낸 뒤 심은 잠시 따로 둔다. 쪽파는 가늘게 어슷 썰고, 고추 피클은 잘게 다진다.

반죽 만들기

커다란 볼에 이스트와 밀가루, 옥수수 가루, 소금 ½작은술, 통후추를 넉넉히 갈아 넣고 우유와 물을 넣어 반죽을 부드럽게 만든다. 가루가 완전히 섞이지 않으면 물을 조금 더 부어 잘 섞고 따뜻한 곳에 1시간 이상 둔다.

*2시간 이상 숙성해야 할 경우 냉장고에 두고, 사용하기 30분 전에 미리 꺼내 따뜻한 곳에 둔다.

반죽에 재료 섞기

반죽에 기포가 생기고 살짝 부풀어 오르면 옥수수를 넣고 칼등으로 옥수수 심을 힘있게 긁어 옥수수 즙도 넣는다. 준비한 고추와 쪽파, 파르미지아노 치즈까지 넣고 조심스레 섞는다.

튀김기름 준비

깊이가 있는 팬에 5cm 정도 튀김기름을 채우고 190℃로 온도를 올린다. 기름에 열이 오르는 동안 트레이에 키친타월 2장을 깔고 냄비 옆에 둔다.

*온도계가 없을 때는 작은 빵 조각을 튀김기름에 넣고 옅은 갈색으로 변하면서 바삭해질 때까지 1분 정도 걸리면 적당한 온도다.

완성

숟가락 2개로 반죽을 적당량 떠 올려 튀김기름에 조심스럽게 넣어 튀긴다. 반죽이 서로 달라붙지 않게 간격을 두고 중간중간 반죽을 뒤집어가며 골고루 튀긴다. 반죽이 전체적으로 부풀어 오르고 진한 갈색이 되면 건져서 기름을 털고 키친타월 위에 옮겨 기름을 뺀 다음 소금을 약간 뿌려 간한다.

담기

튀김을 그릇에 담고 컴파운드 버터와 함께 뜨거울 때 낸다.

Eggplant
가지

요리하기 가장 까다로운 채소라는 이유로 쉽게 손이 가지 않는 재료지만 제대로만 다루면 아주 맛있는 음식을 만들 수 있다는 양면성을 지니고 있다.

어릴수록 씨가 적다

가지는 속살의 밀도가 높으면서도 부드럽고, 가급적 씨가 없는 것이 좋은데 이런 것은 대체로 어린 열매이다. 또한, 크기에 비해 묵직하고 단단한 것이 좋다. 나뭇가지에 오래 매달려 있던 가지는 질기고, 쓴맛이 강하다. 또한, 서늘한 곳에 방치해도 가지의 맛이 떨어진다. 가지는 차가운 곳을 매우 싫어하는데, 만약 유통 중에 가지가 이런 환경에 놓이게 된다면 우리는 결코 맛있는 가지를 만날 수 없을 것이다. 그러니 직접 길러 먹거나 농부로부터 직접 구매하는 편이 맛있는 가지를 즐길 수 있는 더 나은 방법이다.

개인적으로는 아시아 품종의 가지를 좋아한다. 씨가 적을 뿐만 아니라 길쭉한 모양의 가지 하나가 1인분으로 알맞으며, 접시 위에 놓았을 때 아주 보기가 좋기 때문이다. 모양이 둥글고 큼직한 가지 역시 맛있지만 씨는 더 많다.

소금만으로도 식감이 살아난다

가지는 마치 물기를 머금은 스폰지 같다. 요리하기 1~2시간 전쯤 자른 가지의 단면에 소금을 뿌려 놓으면 말그대로 '촉촉한' 상태가 되는데, 이때 쓴맛을 가진 수분이 빠져나간다. 앞서 '스폰지'라고 표현한 이유는 가지가 다른 재료의 풍미를 흡수하기에 붙인 별명이기도 하다. 즉, 가지는 어떤 재료와 만나도 좋은 팀워크를 만들어 낸다. 다만, 기름을 과하게 흡수할 수 있으니 주의해야 한다. 해결 방법은 가지를 조리하기 전에 기름의 온도를 충분히 높이는 것이다.

채소를 생으로 먹는 것을 무척 좋아하지만 가지는 날것으로 먹지 않는 채소 중 하나이다. 서걱서걱하면서도 연한 속살의 식감은 누구라도 싫어할 느낌이다. 가지는 부드럽게 익어야 특유의 크림 같은 부드러움을 맛볼 수 있다.

껍질 벗기기

가지의 껍질은 꽤나 부드러워 그냥 먹어도 상관없지만 굳이 원한다면 벗긴다. 가끔 도드라진 형태를 만들고 싶을 때 줄무늬 모양이 나오도록 일정한 간격을 두고 껍질을 벗겨내도 좋을 듯 싶다.

구운 가지 스프레드

Roasted Eggplant Spread

독특한 풍미를 가진 아주 맛있는 스프레드로 크로스티니(Crostini) 토핑을 비롯해 디핑 소스 혹은 샌드위치 스프레드로 활용할 수 있다. 가지를 뜨거운 오븐에 구워서 만든다. 원한다면 숯불 위에 그릴을 올리고 구워도 되는데, 이렇게 하면 스모키한 향이 배어 중동 지역에서 즐기는 바바 가누쉬(Baba Ghanoush)의 맛과 상당히 비슷해진다. 어느 방법으로 요리하든지 가지를 완전히 익히는 것이 중요하다. 만약 덜 익었으면 크리미한 질감이 되지 않고, 살짝 풋내도 날 수 있다.

≫ 약 1½컵 분량

둥근 가지 450g
피시소스(또는 이탈리안 콜라투라 소스) **2작은술**
레드 와인 식초 **1작은술**
칠리 플레이크 **½작은술**
엑스트라 버진 올리브 오일
레몬 ½개

오븐을 약 230℃로 예열한다.

가지 굽기
가지는 굽는 동안 터지지 않게 칼이나 포크로 군데군데 찔러 오븐 팬에 올리고 예열한 오븐에 넣는다. 완전히 익어서 흐물거릴 때까지 크기에 따라 30분~1시간 정도 굽고 꺼내서 어느 정도 식힌 다음 반 가른다.

가지 양념
껍질은 빼고 살만 긁어 푸드 프로세서에 넣고 걸쭉한 퓌레 농도로 간다. 여기에 피시소스, 와인 식초, 칠리 플레이크, 올리브 오일 ½컵을 넣고 다시 한 번 부드럽게 간다.

완성
가지 소스가 진하고 부드러워질 때까지 피시소스, 칠리 플레이크, 올리브 오일을 넣어 맛과 농도를 조절한 뒤 기호에 따라 레몬즙을 뿌린다.

바삭한 칩에 올린 가지 스프레드와 허브 샐러드
Carta di Musica with Roasted Eggplant Spread, Herbs, and Ricotta Salad

애피타이저나 안티파스티처럼 세 가지 정도의 세트로 차려내는 요리에 포함시키기 좋은 음식이다. 리코타 살라타 대신 품질 좋은 페타 치즈를 사용해도 된다. 또한, 이 가지 스프레드 위에 작은 식용 꽃 몇 송이를 올리면 깜짝 놀랄 만큼 예쁜 모습으로 만들 수 있다.

>> **4인분**

쪽파 1줌
허브 잎 크게 1줌
민트, 파슬리, 바질 등 여러 종류 준비
레몬즙 1큰술 즉석에서 짠 것
코셔 솔트
검은 통후추

엑스트라 버진 올리브 오일
통곡물 카르타 디 무지카*
*84쪽 참고
구운 가지 스프레드
*옆 레시피 참고
리코타 살라타** 치즈 크럼블 ½컵

*통곡물 카르타 디 무지카 대신 크고 얇은 크래커 브레드 4장을 준비해도 된다.
** 치즈를 만들 때 부산물로 나오는 유청을 주원료로 만든 이탈리아 치즈를 '리코타'라 한다. 그 중 유청을 데운 다음 소금을 첨가한 것이 '리코타 살라타'다.

쪽파 준비
가늘고 길게 어슷 썰어 얼음물에 20분 정도 담갔다가 건져서 물기를 뺀다.

*쪽파 손질하는 방법은 93쪽을 참고한다.

허브 샐러드 만들기
볼에 쪽파와 허브를 넣고 레몬즙, 소금, 통후추를 넉넉히 갈아 섞는다. 맛을 보고 샐러드가 상큼하고 톡 쏘는 맛이 날 때까지 소금과 후추 또는 레몬즙으로 맛을 살리고 올리브 오일 2큰술을 넣어 마무리한다.

완성
통곡물 카르타 디 무지카 위에 가지 스프레드를 두껍게 펴 바르고 그 위에 허브 샐러드를 올린 뒤 리코타 살라타 치즈를 뿌린다. 올리브 오일도 적당량 흩뿌린다.

허브와 토마토를 곁들인 구운 가지 샐러드
Grilled Eggplant with Tomatoes, Torn Croutons, and Lots of Herbs

가지는 그릴 위에서 그 진가를 발휘하는데, 종종 속이 완전히 익어서 물러지기 전에 표면이 먼저 까맣게 타버릴 때가 많다. 가지를 어느 정도 잘 구운 뒤 따뜻한 장소로 옮겨 몇 분간 그대로 놓아 둔다. 이렇게 하면 가지 속에 있는 수증기가 날아가면서 저절로 조리되는 효과가 있는데 그 덕분에 여러분이 가지에서 얻고자 하는 풍부한 질감까지 얻을 수 있다.

≫ 4인분

가지 680g *가능하면 길고 가는 아시아 품종
코셔 솔트
토마토 450g 여러 종류 준비
쪽파 4줄기
레드 와인 식초 ½컵
검은 통후추
크루통 1컵 *54쪽 참고
허브 2줌 바질, 민트, 파슬리, 차이브, 고수 등 다양하게 준비
엑스트라 버진 올리브 오일

가지 준비
끝을 잘라내고 세로로 반 자른 뒤 단면에 소금을 골고루 넉넉히 뿌린다. 체에 담고 최소 1시간에서 최대 12시간 정도 절이는데, 2시간 이상 절일 경우 냉장실에 넣는다.

토마토 · 쪽파 준비
토마토는 큰 것은 한 입 크기, 방울토마토는 반 자른다. 쪽파는 가늘게 어슷 썬다.

그릴을 중간보다 조금 센 불에 올린다.

가지 굽기
가지의 수분을 닦고 그릴 위에 올린 뒤 껍질 쪽은 살짝 굽고 속은 연하게 익을 때까지 뒤집어가며 약 10분 정도 굽는다.

*가지를 오븐에 구울 때는 가지에 올리브 오일 2큰술을 바르고 유산지를 깐 오븐 팬에 가지의 자른 단면이 밑으로 가게 올리고 230°C에서 부드럽게 익을 때까지 약 18분간 굽는다.
*가지는 품종에 따라 굽는 시간을 달리한다.

완성
커다란 볼에 구운 가지를 담고 와인 식초, 소금 ½작은술, 통후추를 넉넉히 뿌린 다음 가볍게 버무린다. 토마토, 쪽파, 크루통, 허브를 넣어 섞고 올리브 오일 ½컵을 부은 뒤 다시 한 번 가볍게 섞는다. 마지막으로 간을 하고 몇 분간 그대로 둬 토마토에서 나온 즙이 크루통에 흡수될 때까지 기다렸다가 낸다.

시장에서
방대한 스펙트럼을 가진 매력적인 아시아 품종의 가지에 주목하자. 작은 토마토나 날씬한 오이 모양의 가지를 비롯해 줄무늬, 보라색, 녹색, 붉은색, 오렌지색, 심지어 흰색 등 품종이 아주 다채롭다. 열에 의해 조리되는 동안 껍질의 색이 희미하게 사라지니 가능한 다양한 모양과 품종의 가지를 사용하면 더 멋진 요리를 완성할 수 있다.

구운 가지 리가토니

Rigatoni and Eggplant alla Norma

전통적인 시칠리아 파스타 요리인 '알라 노르마(Alla Norma)'는 한 오페라에 등장하는 비운의 주인공 이름과 동일하다고 한다. 그러나 내게는 부엌에서 시간 보내기를 좋아하는 어떤 이탈리아 할머니를 떠오르게 한다. 그 할머니는 이 요리처럼 간단한 재료들로 아주 맛있는 음식을 뚝딱 만들어내는 놀라운 분일 것이다.

≫ 2인분

가지 1개(약 340g)
코셔 솔트
엑스트라 버진 올리브 오일
마늘 2쪽
이탈리안 소시지 230g
방울토마토 약 2컵
오레가노 잎 1큰술(또는 마른 오레가노 1작은술)
칠리 플레이크 ½작은술
검은 통후추
리가토니 230g
페코리노 로마노 치즈 ½컵 즉석에서 간 것
리코타 살라타 치즈 크럼블 ½컵

가지 손질

가지는 1.5cm 두께로 썬 뒤 다시 1.5cm 폭으로 썰어 체에 담고 소금 1작은술을 골고루 뿌려 1~2시간 정도 그대로 둔다. 수분이 어느 정도 빠지면 손으로 지긋이 눌러 물기를 쏙 짠다.

마늘 볶기

커다란 프라이팬을 중불에 올리고 올리브 오일을 적당량 두른 뒤 마늘을 대강 으깨 넣는다. 마늘이 아주 부드러워지고 특유의 향기가 나면서 옅은 갈색으로 변할 때까지 약 5분간 타지 않게 볶는다.

소시지 굽기

소시지의 케이싱을 벗겨 내고 패티 모양으로 3장을 만든 뒤 위의 팬에 얹어 굽는다. 겉은 옅은 갈색이 나고 속은 거의 다 익을 때까지 여러 번 뒤집어가면서 약 5분간 굽는다. 나무 주걱이나 뒤집개로 소시지를 굵직하게 부수고 덜어낸다.

가지 볶기

팬에 다시 올리브 오일 2큰술을 두르고 중강불에 올린 다음 절인 가지를 넣어 골고루 익을 때까지 6~8분 정도 볶는다.

*가지가 다 들어가지 않으면 두 번에 나눠 볶는다.

토마토 볶기

위의 팬에 방울토마토, 오레가노, 칠리 플레이크를 넣고 소금과 통후추를 넉넉히 갈아 넣고 팬 바닥을 긁어가며 볶는다. 볶는 동안 토마토가 터지고 즙이 흘러나와 다른 재료와 뒤범벅이 되며 마치 소스에 버무린 것 같은 농도가 되도록 6~8분 정도 볶는다. 덜어 둔 소시지를 이 팬에 다시 넣어 뒤섞는다.

파스타 삶기

재료를 볶는 동안 냄비에 물을 넉넉히 붓고 바닷물처럼 짭짤하게 소금을 넣어 끓인다. 물이 끓으면 리가토니를 넣고 포장지에 제시된 알덴테 조리 시간보다 1분 정도 적게 삶는다. 파스타 삶은 국물 약 ½컵을 따로 떠놓고 파스타를 건진다.

완성

가지와 토마토를 볶은 팬에 파스타를 넣고 1~2분 정도 저어가며 볶은 뒤 페코리노 치즈를 넣어 섞는다. 맛을 본 뒤 칠리 플레이크와 소금, 통후추를 갈아 넣고 간을 맞춘 다음 파스타 삶은 물을 넣어가며 농도를 조절한다.

담기

그릇에 파스타를 담고 리코타 살라타 치즈를 뿌린 뒤 올리브 오일을 살짝 흩뿌려 낸다.

매콤한 그린 소스의 양고기 가지 스튜
Braised Eggplant and Lamb with Yogurt and Spiced Green Sauce

이 요리에는 양의 어깨살을 사용한다. 어깨살이 다른 부위보다 맛이 깊고 결합조직이 많아 제대로 조리하기만 하면 입에서 녹을 정도로 육질이 아주 연해지기 때문이다. 모양이 온전한 양 어깨살을 구하기란 쉽지 않으니 조각으로 손질된 것을 사용해도 된다. 구입한 조각이 너무 크다면 먹기 좋게 썰어 요리한다. 플랫브레드도 준비한다. 빵에 양고기를 넣고 랩처럼 말아서 즐길 수 있다. 아마 이제껏 먹어본 적 없는 최고의 지로(Gyro)[1]를 경험하게 될 것이다. 커다란 그릇에 쿠스쿠스와 토마토 샐러드를 담아 이 요리와 함께 내면 늦여름에 완벽하게 어울리는 한 끼를 차려낼 수 있다.

4~6인분

가지 900g	계핏가루 ½작은술
양파 1개(약 230g)	고수 가루 ½작은술
양 어깨살 약 1kg	칠리 플레이크 ¾작은술
엑스트라 버진 올리브 오일	월계수 잎 1개
코셔 솔트	우유(또는 저지방 요거트) 1컵
검은 통후추	스파이시 그린 소스 ¾컵
마늘 3쪽	*80쪽 참고
큐민 가루 1큰술	쿠스쿠스 4컵 *이스라엘 산
올스파이스 가루 ½작은술	

*쿠스쿠스 대신 플랫브레드 4장(86쪽 참고)을 준비해도 된다.

가지·양파·양고기 준비
가지는 껍질을 벗겨 2.5cm 폭으로 썰고, 양파는 곱게 다진다. 양고기는 4cm 크기로 썬다.

양고기 볶기
커다란 프라이팬이나 더치 오븐에 올리브 오일을 적당히 두르고 중강불에 올린다. 키친타월로 양고기의 핏물을 닦은 다음 팬에 반만 넣은 뒤 소금과 통후추를 넉넉히 갈아 뿌리고 골고루 익을 때까지 5~7분 정도 볶는다. 고기가 다 익으면 덜어내고 다시 팬에 나머지 고기를 넣어 같은 방법으로 익혀 덜어낸다.

*고기를 익히는 동안 수분이 많이 나오는데, 한번에 다 넣으면 수분을 날리는 시간이 오래 걸리니 나눠서 볶는 게 좋다.

양파 볶기
팬의 불을 약하게 줄이고 올리브 오일을 조금 더 두른 뒤 마늘을 대강 으깨 넣는다. 마늘이 옅은 갈색이 날 때까지 볶다가 양파를 넣고 소금을 약간 뿌린 다음 중약불로 줄인다. 양파가 부드러워지고 향이 나면서 노르스름해질 때까지 4~5분 정도 골고루 볶는다. 여기에 큐민 가루, 올스파이스 가루, 계핏가루, 고수 가루, 칠리 플레이크, 월계수 잎을 넣어 모든 재료가 잘 섞이도록 휘젓고 바닥을 긁어가며 타지 않게 약 1분간 볶는다.

고기 넣어 끓이기
위의 팬에 볶은 고기와 고기에서 나온 육즙까지 넣고 자작할 정도로 물(약 1½컵)을 붓는다. 한소끔 끓인 뒤 불을 약하게 줄이고 뚜껑을 덮어 끓이는데, 양고기가 야들야들하고, 칼로 찔렀을 때 약간 질깃할 때까지 45분~2시간 정도 끓인다. 중간중간 타지 않게 젓는다.

*끓이는 시간은 고기에 따라 다르다.

가지 넣어 끓이기
위의 팬에 가지를 넣고 재료가 골고루 섞이게 저은 뒤 스튜가 너무 뻑뻑하면 물 ½컵을 더 붓는다. 뚜껑을 덮고 양고기와 가지가 완전히 부드러워질 때까지 20~30분간 끓인다.

완성
국물이 바특해지면 양고기와 가지를 함께 맛보고 소금, 후추, 혹은 칠리 플레이크로 간을 맞춘다. 국물이 너무 묽거나 풍미가 약하면 고기와 가지를 꺼낸 뒤 국물만 몇 분간 더 끓여 농도와 맛을 조절한 다음 고기와 가지를 넣는다.

담기
그릇에 양고기 가지 스튜를 담고 요거트를 넉넉하게 1스푼 올린 다음 스파이시 그린 소스를 뿌리고 쿠스쿠스 혹은 플랫브레드와 함께 낸다.

---

1 그리스 음식으로, 돼지고기의 여러 부위를 회전 구이 한 것으로 닭고기, 양고기, 쇠고기 등으로도 만든다. 피타 브레드에 토마토, 양파, 양상추 등을 넣어 랩처럼 말아서 먹는다.

가지 절임

Preserved Eggplant

이 요리는 전형적인 피클과는 좀 다르다. 가지 절임은 식초가 주는 톡 쏘는 시큼한 맛뿐 아니라 올리브 오일에서 비롯된 고급스럽고 풍성한 풍미를 가지고 있다. 맛을 한번 보면 다목적 양념으로 사용하고 싶어질 것이다. 완성한 가지 절임은 밀폐력이 좋은 병에 담아 냉장실에 보관한다.

≫ 약 950㎖ 분량

가지 450g
코셔 솔트
레드 와인 식초 ½컵
마늘 6쪽
로즈메리 3줄기
엑스트라 버진 올리브 오일

저장 용기 준비

입구가 넓은 500㎖ 유리병 2개를 준비해서 깨끗이 씻은 다음 끓는 물에 열탕소독 한다.

가지 준비

껍질을 벗기고 굵은 건 열십자(+)로 길게 4등분 하고, 가는 건 반 가른 뒤 병보다 약간 짧게 자른다.

*껍질은 꼭 벗기지 않아도 된다. 줄무늬를 만들고자 한다면 필러로 깎아도 좋다. 모양과 크기에 신경 쓰지 말고 먹기 좋게 잘라도 된다.

가지 절이기

체에 담아 소금 2작은술을 골고루 뿌려 섞고 2~8시간 정도 절인 뒤 수분을 최대한 없애기 위해 손으로 꾹꾹 눌러 짠다. 가지 위에 쿠킹 랩을 이중으로 덮고 무거운 것을 올려 2시간 정도 그대로 둬 남은 수분을 뺀다.

*2시간 이상 절일 때는 냉장고에 둔다.

가지 식초에 버무리기

키친타월로 가지의 물기를 닦고 볼에 담은 다음 와인 식초를 부어 골고루 섞는다. 가지를 유리병에 담고 마늘을 으깨 넣은 뒤 로즈메리를 넣는다.

완성

가지가 완전히 잠길 정도로 병에 올리브 오일을 붓는데, 중간중간 병을 바닥에 탁탁 치면서 병 속의 공기를 뺀다. 뚜껑을 닫고 냉장고에 넣어두면 1달까지 보관 가능하다. 1주일 후부터 먹을 수 있다.

유용한 아이디어

풍미가 좋은 미트볼 만들기
미트볼 반죽에 가지 절임을 잘게 다져 넣고 양고기, 잣, 건포도, 브레드크럼, 페타 치즈를 넣어 반죽한다.

그릴에 구운 고기 소스로 이용
가지 절임을 가늘거나 작게 썰어 살사 베르데(82쪽 참고)와 섞은 다음 플랭크 스테이크, 양고기 찹스테이크, 혹은 구운 닭다리와 함께 낸다.

간단하지만 맛있는 파스타 만들기
신선한 오레가노, 칠리 플레이크, 리코타 치즈, 엑스트라 버진 올리브 오일로 만든 파스타에 가지 절임을 다져 넣는다.

Sweet Peppers and Chiles
파프리카와 고추

크레파스처럼 아주 다양한 색깔을 가진 파프리카는 정원에서 가장 선명한 채소 중 하나이다. 짙은 한밤중처럼 새까만 것부터 초콜릿색, 노란색, 오렌지색, 매력적인 빨간색에 이르기까지 다양한 색은 파프리카의 매력 중 하나이다. 신선한 파프리카는 과육이 아삭하고, 그릴이나 오븐에 구우면 부드러워진다. 또한, 파프리카와 고추는 깨끗한 수분을 품고 있다.

달콤함과 매콤함의 관계

싱싱해 보이는 파프리카를 골라 맛을 보자. 파프리카 간의 가장 큰 차이점을 꼽으라면 풍미보다는 속살의 두께와 수분감이 아닐까 싶다. 마트에서 쉽게 구할 수 있는 둥그스름한 파프리카는 어떤 재료라도 그 속에 넣을 수 있을 만큼의 공간이 넉넉하다. 하지만 나는 다양한 색의 파프리카 중 초록색은 피하는 편이다. 초록색 파프리카는 완전히 여물지 않은 상태라서 매운 맛을 상쇄해주는 당분이 충분히 생성되지 않았기 때문이다. 그래서 나는 초록색 고추는 좋아하지만 초록색 파프리카는 그다지 좋아하지 않는 편이다.

매운 맛도 다양한 고추

고추의 세계를 보자면 그 맛과 매콤함의 정도를 예측하기 힘들 정도로 폭이 넓다. 품종에 따라 매운 정도를 짐작할 수 있지만 식물이 땅에서 자라기 시작하면 얼마나 매워질 지 아무도 모른다. 물론 대부분의 고추는 대체로 적당한 매운맛을 지니지만 어떤 고추는 마치 입 속에 불을 지르는 악당 같은 것도 있다. 재배 환경이나 조건 역시 영향을 주는 요소로 알려져 있으며 덥고 건조한 날씨에서 자란 고추일수록 더 매운 것이 일반적이다.
좋아하는 파프리카 품종은 강렬한 붉은색을 띠는 '립스틱(Lipstick)'과 '피망(Pimiento)'으로 껍질 두께가 다소 두툼하고 씹히는 식감이 특징이다. 상대적으로 길쭉하고 날씬하지만 굉장히 달달한 '지미 나델로(Jimmy Nardello)'도 있다. 고추는 '애너하임(Anaheim)' 품종을 좋아한다. 많이 맵지 않으면서 고추의 풍미를 그대로 갖고 있기 때문이다. 윤이 나는 짙은 암녹색의 멋들어진 '포블라노(Poblanos)' 고추는 순한 맛부터 엄청나게 매운 것까지 다양하다. 포블라노는 고추 속 공간이 넉넉해 속을 채우는 요리를 하기에 좋다. 달콤한 파프리카와 매운 고추는 냉장실에서 5~6일 정도 보관할 수 있고, 불에 구워 껍질을 벗긴 뒤 올리브 오일을 약간 부어 냉장실에 두면 날 것으로 보관하는 것보다 4-5일 정도 더 둘 수 있다.

구운 다음 껍질 벗기기

파프리카와 고추는 불에 구워 껍질을 벗겨내는 것이 가장 좋은 방법이다. 웨스트 코스트와 뉴 멕시코 지역의 농부 시장에는 가을이면 고추를 뜨거운 가스불에 굽고 있는 상인들을 쉽게 볼 수 있다. 철망으로 만든 드럼통을 돌려가며 고추를 굽는데, 이를 구경하고 그 향을 맡는 경험이야말로 아주 흥미롭다. 집에서는 그릴 오븐이나 야외용 그릴을 이용한다. 그릴 오븐을 사용할 경우라면 파프리카나 고추를 오븐 속 그릴 위에 놓고 껍질 전체가 골고루 까맣게 되게 가끔 뒤집어가며 10~12분 정도 굽는다. 그릴을 사용한다면 그릴 위에 철망을 올리고 굽는다. 다 구워지면 커다란 그릇에 옮기고 키친타월을 덮어 15분간 둔다. 이렇게 하면 뜨거운 김을 한동안 가둬 재료가 완전히 부드러워지고 껍질도 수월하게 벗길 수 있다. 구운 재료가 식으면 가운데 심과 씨를 손으로 조심스레 당겨 제거한다. 이때 그릇 안에서 손질해야 불 내음 가득 밴 즙까지 얻을 수 있다. 심과 씨를 제거한 후 검게 그을린 껍질을 잡아당기거나 문질러 벗긴다. 표면에 껍질이 조금 남아 있어도 크게 상관없다. 이제 재료를 살짝 벌려 안에 남아 있는 씨를 완전히 없앤다.

마지막으로, 고추는 매운맛을 줄이기 위해 껍질 안쪽의 돌기를 잘라내야 하는데 이 부위에 매운맛이 몰려 있기 때문이다.

피망이나 파프리카를 깔끔하게 채 썰려면 위와 아래를 먼저 잘라낸다. 그 다음 반으로 갈라 씨와 속살을 제거하고 채 썬다.

구운 파프리카 판자넬라
Roasted Pepper Panzanella

여름의 절정인 8월 어느 날 야외에서 즐기는 점심 식사로 완벽한 샐러드이다. 무엇보다 파프리카의 풍성한 즙과 올리브 오일, 식초 등을 빵이 충분히 머금었을 때(빵이 흐물흐물해서는 안 된다) 이 음식의 식감이 절정에 이른다. 따라서, 피크닉이나 포틀럭파티에 이 요리를 가져가고자 한다면 크루통과 모차렐라 치즈를 따로 담아 맨 마지막에 섞는다. 고기를 먹지 않는다면 살라미를 생략하면 된다.

» 4인분

파프리카 4개(약 910g)
빨간색, 주황색, 노란색 등
적양파 ½개
스파이시 살라미 60g
얇게 썬 것
생 모차렐라 치즈 110g
다진 마늘 2쪽 분량
레드 와인 식초 2큰술
칠리 플레이크 ½작은술
코셔 솔트

검은 통후추
오레가노 가루 1큰술
세이보리 가루 1큰술
*오레가노 가루로 대체 가능
민트 잎 ½컵
살짝 눌러 담은 정도
엑스트라 버진 올리브 오일
크루통 54쪽 레시피의
2배 분량

오븐의 그릴을 가열한다.

파프리카 굽기
파프리카를 오븐 그릴에 넣어 껍질이 까맣게 그을리고 부풀어 오를 때까지 10~12분 정도 굴려가며 골고루 굽는다. 구운 파프리카를 볼에 옮겨 담고 키친타월을 덮어 15분 정도 그대로 둔다. 이렇게 하면 속살이 완전히 부드러워지고 껍질도 잘 벗겨진다.

양파·살라미·모차렐라 치즈 준비
양파는 가늘게 채 썰고, 살라미는 듬성듬성 썬다. 생 모차렐라 치즈는 작게 손으로 뜯는다.

오븐을 200°C로 예열한다.

파프리카 양념
파프리카가 충분히 식으면 껍질을 말끔히 벗기고 씨를 제거한 다음 2.5cm 폭의 길이로 썰어 볼에 담는다. 여기에 양파, 다진 마늘, 와인 식초, 칠리 플레이크, 소금 1작은술, 통후추를 넉넉히 갈아 넣고, 오레가노 가루, 세이보리 가루, 민트 잎의 절반을 넣어 섞은 다음 올리브 오일 ½컵을 붓고 다시 섞는다.

완성
위의 볼에 살라미와 크루통을 넣어 잘 섞은 뒤 파프리카에서 나온 국물이 빵에 스며들도록 15~30분 정도 그대로 둔다. 접시에 샐러드를 보기 좋게 담고 생 모차렐라 치즈를 올린 다음 나머지 민트 잎을 흩뿌려 낸다.

텃밭에서

빨간 고추의 품종이 따로 있는 것은 아니다. 초록 고추가 익으면서 붉게 변하는 것이다. 모든 신선한 고추는 달거나 매운 맛이 나며, 처음에는 녹색으로 열매가 맺힌다. 익어가며 여러 가지 색으로 바뀌는데 대체로 빨간색이지만 간혹 노란색, 주황색, 보라색 심지어 초콜릿색 같은 것도 있다. 보라색이나 갈색의 고추는 조리하면 원래의 색은 사라지고 녹색으로 변한다.

페페로나타

Peperonata

페페로나타는 우리집 팬트리에 없어서는 안 될 필수품인데 여러분도 갖춰 두면 분명 유용할 것이다. 위스콘신에서 살던 어린 시절에는 그릴에 구운 소시지 위에 페페로나타를 듬뿍 올려 먹곤 했다. 요리가 완성될 무렵에 방울토마토를 넣는 게 나만의 방식인데, 마지막에 들어간 재료로 인해 요리의 풍미가 좋아지고 식감도 살아나며 보기에도 아름다워진다. 페페로나타는 거의 모든 음식과 곁들일 수 있기 때문에 한번에 많이 만들어두면 좋다. 아주 간단하게는 구운 빵 위에 페페로나타를 올려 먹는 방법만으로도 아주 성공적일 수 있다.

≫ 약 8컵 분량

파프리카 약 1.8㎏
여러 가지 색깔과 품종
토마토 약 900g
일반 토마토와 방울토마토
섞어서 준비
쪽파 3줌
엑스트라 버진 올리브 오일

마늘 5쪽
칠리 플레이크 ½작은술
코셔 솔트
검은 통후추
레드 와인 식초(또는 발사믹
식초나 셰리 식초) **1큰술**
타임(또는 오레가노) **6줄기**

파프리카 준비
꼭지를 떼고 반 갈라 속살과 씨를 모두 제거한 뒤 반은 가늘게, 반은 굵게 채 썬다.

토마토·쪽파 준비
일반 토마토는 한 입 크기로 썰고, 방울토마토는 큰 것만 반으로 썬다. 쪽파는 5cm 길이로 썬다.

마늘 볶기
더치 오븐처럼 묵직하고 커다란 냄비를 중불에 올리고 올리브 오일 ⅓컵을 붓는다. 마늘을 대강 으깨 넣고 향이 나면서 부드러워지고 옅은 갈색이 될 때까지 약 5분 정도 타지 않게 볶는다.

파프리카·토마토 볶기
위의 팬에 파프리카와 쪽파 절반 분량, 칠리 플레이크, 소금을 넣고 통후추를 넉넉히 갈아 뿌린다. 중강불로 올려 파프리카가 약간 무를 때까지 5분 정도 볶고 일반 토마토를 넣어 한소끔 볶는다.

완성
파프리카와 토마토가 아주 부드러워질 때까지 30분간 중간중간 저어가며 끓이다가 방울토마토를 넣고 남은 쪽파와 와인 식초, 타임을 넣어 섞는다. 방울토마토가 툭툭 터지고 즙이 흘러나와 걸쭉하게 졸여질 때까지 계속 저어가며 끓인다. 맛을 보고 소금, 후추, 와인 식초 또는 칠리 플레이크로 맛을 조절한 뒤 올리브 오일을 조금 뿌려 마무리한다.

*방울토마토를 넣을 때에는 파프리카 토마토 소스가 냄비 바닥과 옆에 달라붙기 시작하는 농도가 돼야 한다. 나무 주걱으로 자주 긁어가며 타지 않게 끓인다.

유용한 아이디어

아침 식사에 활용
단출한 치즈 오믈렛에 몇 숟가락 올리기만 해도 맛이 달라진다.

속이 편한 음식으로
부드러운 폴렌타(polenta)* 위에 올려 먹는다.
*옥수수 가루를 끓는 물에 넣고 만든, 매우 되직한 죽 형태의 이탈리아 요리.

풍미 가득한 토핑으로
뭉근하고 촉촉하게 조린 고기와 함께 내놓는다.

해산물 요리와 함께
대구 혹은 가자미 같은 흰살 생선이나 스테이크 위에 올려 함께 구워 낸다.

리코타 치즈를 곁들인 피망 감자 프리타타

Red Pepper, Potato, and Prosciutto Frittata Topped with Ricotta

요리 자체로 본다면 프리타타를 활용한 덴버식 오믈렛의 한 종류이지만 감히 말하건대 이 요리가 훨씬 맛있다고 장담한다. 구운 파프리카와 감자, 그리고 포슬포슬한 리코타 치즈 등 촉촉한 재료들을 올리기 때문에 자칫 프리타타가 부서질 수 있다. 그래서 나는 팬에서 꺼내기 전에는 절대 프리타타를 뒤집지 않는다. 대신 팬을 기울여 프리타타가 미끄러지듯 접시 위로 옮겨 가게 한다. 나는 간단하고 매콤한 맛이 나는 그린 샐러드와 프리타타를 함께 내는 걸 좋아한다.

≫ 3~4인분

감자 230g
코셔 솔트
빨강 피망
(또는 파프리카) 2개
쪽파 1줌
무염 버터 2큰술
얇게 썬 프로슈토 110g
검은 통후추

달걀 6개
파르미지아노 레지아노 치즈
½컵 즉석에서 간 것
엑스트라 버진 올리브 오일
리코타 치즈 ½컵

감자 준비

껍질을 벗기고 냄비에 넣은 뒤 물을 넉넉히 붓고 짭짤하게 소금을 넣어 끓인다. 부드러워질 때까지 15~20분 정도 삶고 건진다. 어느 정도 식은 다음 작게 썬다.

피망·쪽파 준비

감자를 삶는 동안 피망은 꼭지를 떼고 반 갈라 속살과 씨를 제거한 다음 길이로 채 썰고, 쪽파는 가늘게 어슷 썬다.

오븐을 200℃로 예열한다.

채소·프로슈토 볶기

지름 25cm 정도의 프라이팬(오븐에 넣을 수 있는 것으로 준비)을 중강불에 올리고 버터를 넣어 녹인다. 피망과 쪽파, 프로슈토를 넣고 소금과 통후추를 갈아 간을 한 다음 피망이 부드러워질 때까지 5~7분 정도 볶는다. 피망의 표면이 갈색으로 변하지 않게 불 조절을 잘 해야 한다. 삶은 감자를 넣어 함께 볶는다.

달걀 준비

커다란 그릇에 달걀, 소금 1작은술, 통후추를 갈아 뿌린 뒤 파르미지아노 치즈를 뿌린다. 달걀이 완전히 풀어질 때까지 저은 다음 위의 팬에 붓는다.

프리타타 만들기

팬을 중불로 낮추고 달걀물이 다른 재료와 섞여 익을 때까지 2분 정도 그대로 둔다. 달걀물이 바닥으로 내려갈 수 있게 프리타타의 바닥면을 주걱으로 살짝 들어 올린다. 이런 식으로 위에 고여 있는 달걀물을 바닥면으로 보내어 익히기를 반복한다. 이렇게 하면 켜켜이 층이 생겨 한번에 다 넣고 익힌 프리타타보다 식감이 훨씬 부드럽다.

프리타타 굽기

달걀물이 거의 익고 맨 윗부분만 덜 익은 상태에서 리코타 치즈를 듬성듬성 올린 다음 오븐에 넣는다. 프리타타가 완전히 익고 리코타 치즈에 살짝 갈색이 돌 때까지 약 5분간 굽는다.

완성

팬을 오븐에서 꺼내 2분 정도 그대로 두었다가 주걱이나 작은 칼로 프리타타 가장자리와 바닥을 한 번 둘러 팬에서 떼어내 도마나 식힘망으로 옮긴다. 프리타타의 모양이 부서지거나 갈라지면 조심스럽게 팬에서 모두 떼어내 둥근 모양으로 맞춰 놓으면 된다. 피자 모양으로 잘라 낸다.

은두자와 치즈를 넣은 매콤달콤 파프리카 오븐 구이
Sweet and Hot Peppers, 'Nduja', and Melted Cheese

은두자(Nduja.153쪽 참고)는 지중해 지역인 이탈리아의 칼라브리아에서 전해오는 음식으로 일종의 소시지 스프레드이다. 맛있는 살라미의 매콤함과 시큼한 맛을 동시에 가지고 있는데, 만약 이 재료를 구할 수 없다면 잘게 다진 스페인산 초리조나 소프레사타(Soppressata)로 대체할 수 있다. 이 요리는 오븐에서 나오자마자 바로 먹어야 가장 맛있으므로 식탁 위에 차가운 화이트 와인이나 맥주, 그리고 바삭한 빵을 미리 준비해 놓도록 하자.

>> 4인분

주황 파프리카 1개
쪽파 1줌
할라페뇨 1~3개
*기호에 따라 수량 조절
엑스트라 버진 올리브 오일
마늘 3~4쪽
은두자 110g *153쪽 참고

타임 잔가지 3~4개
폰티나 치즈 113g 굵게 간 것
탈레지오 치즈 227g
한 입 크기로 썬 것
구운 시골빵
(또는 통곡물 카르타 디 무지카 *84쪽 참고)

파프리카 준비
구워서 얇은 껍질을 벗긴 뒤 씨를 제거하고 길이로 가늘게 채 썬다.

*구워서 껍질 벗기는 방법은 289쪽을 참고한다.

쪽파·할라페뇨 준비
쪽파는 7-8cm 길이로 썰고, 할라페뇨는 반 갈라 씨와 속살을 제거한 뒤 가늘게 채 썬다.

마늘 볶기
커다란 프라이팬을 중불에 올리고 올리브 오일 2큰술을 두른 뒤 마늘을 대강 으깨 넣는다. 마늘이 부드러워지고 향이 나면서 옅은 갈색이 될 때까지 약 5분간 볶는다.

쪽파·할라페뇨 볶기
위의 팬에 쪽파와 할라페뇨를 넣고 향이 나며 옅은 갈색으로 변할 때까지 5분간 볶는다. 볶으면서 마늘은 잘게 으깬다.

*마늘이 탈 것 같다면 꺼냈다가 나중에 넣어 으깬다.

오븐을 230℃로 예열한다.

완성
4컵 분량이 들어가는 작은 캐서롤이나 4개의 작은 오븐용 그릇을 준비해 바닥에 은두자를 도톰하게 깐다. 그 위에 구운 파프리카와 쪽파·할라페뇨 볶음을 올리고 타임을 얹은 뒤 폰티나 치즈와 탈레지오 치즈를 섞어 얹고 올리브 오일을 적당량 두른 다음 오븐에 넣는다. 치즈가 녹아 기포가 생길 때까지 약 10분간 굽고 따뜻할 때 구운 시골빵이나 카르타 디 무지카와 함께 낸다.

치즈로 속을 채워 튀긴 파프리카

Cheese-Stuffed and Pan-Fried Sweet Peppers

이 요리의 장점은 고추 안에 여러 재료를 넣어서 만드는 멕시코 요리인 '칠리 렐레뇨(Chile Relleno)'와 마찬가지로 파프리카 속의 공간을 활용해 만든다는 것이다. 톡 쏘는 맛의 페타 치즈, 녹아서 흘러내리는 폰티나 치즈, 달콤하고 고소한 크림 맛의 리코타 치즈가 한데 뒤섞여 있는 조합을 가장 좋아하는데, 치즈는 입맛에 따라 변화를 줘도 상관없다.

≫ 메인 디시 2인분, 애피타이저 4인분

파프리카(큰 것) 4개(또는 포블라노나 애너하임 같은 작은 고추 8개) *288쪽 참고
파슬리 잎 2큰술
쪽파 2줄기
페타 치즈 ½컵 대강 썬 것
폰티나 치즈 ½컵 즉석에서 간 것
리코타 치즈 1컵
코셔 솔트
검은 통후추
밀가루 적당량
달걀물 1개 분량
엑스트라 버진 올리브 오일
피클 살사 베르데
*82쪽 참고, 기호에 따라 준비

파프리카 준비

구워서 얇은 겉껍질을 벗기고 모양을 그대로 유지한 채 윗부분만 잘라 씨를 발라낸다.

*파프리카를 구워서 껍질 벗기는 방법은 289쪽을 참고한다.

파슬리 · 쪽파 준비

파슬리 잎은 다지고, 쪽파는 가늘게 어슷 썬다.

치즈 믹스 만들기

작은 볼에 페타 · 리코타 · 폰티나 치즈를 넣어 골고루 섞고 다진 파슬리와 쪽파를 넣은 다음 소금과 통후추를 갈아 간을 한다.

파프리카에 치즈 믹스 채우기

준비한 파프리카에 치즈 믹스를 꼼꼼히 채워 넣고 윗부분을 꾹 눌러 마무리한다. 튀김옷으로 사용할 밀가루와 달걀물은 그릇에 각각 덜어 준비한다.

파프리카 튀기기

커다란 프라이팬을 중강불에 올리고 올리브 오일을 약 1.5cm 정도 붓는다. 기름이 달아오르기 시작하면 준비한 파프리카에 밀가루와 달걀물 순으로 가볍게 옷을 입히고 기름에 조심스럽게 넣어 튀기듯이 굽는다.

완성

파프리카의 한쪽 면이 보기 좋은 갈색으로 변할 때까지 2~3분간 튀기듯이 굽고 뒤집어서 반대 쪽도 동일하게 튀기듯이 굽는다. 잘 튀긴 파프리카는 키친타월 위에 올려 기름을 빼고 따뜻한 상태에서, 입맛에 따라 살사 베르데와 함께 낸다.

*파프리카를 구울 때 팬에 한꺼번에 많이 넣어 구우면 기름 온도가 떨어져 파프리카가 기름을 흡수해 느끼할 수 있으니 적당량씩 넣어 굽는다.

Shell Beans
강낭콩

강낭콩은 아주 오래 전에 우연히 알게 된 재료이다. 당시 비닐봉지에 담겨 있던 단단하고 건조한 것들이 본래는 신선하고 촉촉한 콩이었다는 사실을 알고 나서 점차 흥미를 느끼게 되었다. 강낭콩과에 속하는 콩들은 오래 저장할 수 있게 가공되는 경우가 많아 신선한 상태로 먹을 수 있는 기회는 매우 적다. 강낭콩은 여름이 끝나는 즉시 콩을 크리미하게 만드는 충분한 양의 녹말로 가득 차 통통해진다.

보일 때 많이 산다

강낭콩이 늦여름의 특산물처럼 느껴지는 이유는 식료품점에서 몇몇 품종이 보이기 시작해도 농부 시장에서는 고작 서너 개의 가판대에서만 겨우 보이기 때문이다. 나는 모든 품종의 강낭콩을 좋아하지만 이탈리아 요리에서 많은 영감을 얻은 내 요리들 덕에 특히 '볼로티(Borlottis)'를 가장 좋아한다. 크렌베리콩이라고도 부르는데 조리를 해도 형태를 유지하는 견고함은 물론 씹는 식감이 좋고 달콤하며 크리미하다. '카넬리니(Cannellini)', '푸가토리오(Purgatorio)' 이외 다른 흰콩들 역시 맛과 질감이 뛰어나다. 최근에는 신선한 병아리콩으로 여러 실험적인 요리를 만들고 있는 중이다. 가능한 많은 콩을 구입하고, 안쪽에 곰팡이가 생기지 않도록 깍지는 1-2일 내로 모두 벗긴다. 이 종류의 콩들은 냉동보관이 효과적이므로 먹고 남은 분량은 비닐에 담아 냉동실에 두면 가을, 겨울 내내 먹을 수 있다. 책에 소개된 콩 레시피들은 마른 콩으로 만들어도 맛있으니 신선한 것에 굳이 집착할 필요 없이 상황에 따라 이용한다.

부엌에서

마른 콩으로 요리할 때 방해 요소는 소금이 아니라 바로 산(acid)이다. 따라서, 콩을 삶는 동안 속까지 간이 배도록 소금을 충분히 넣는 것은 되지만 콩이 완전히 연해지기 전에 토마토나 와인 혹은 다른 산성 재료를 넣어서는 안 된다.

완벽하게 삶은 강낭콩
Perfect Shell Beans

콩을 조리할 때 정확한 양과 시간은 예측하기 힘들다. 왜냐하면 콩의 종류와 신선도, 건조함의 정도에 따라 달라진다. 심지어 같은 조건을 가진 콩이라도 각각의 상태와 성질도 영향을 받는다. 그러나 지금부터 소개하는 방법을 따라하면 어떤 상황에서도 완벽한 콩요리를 만들어 낼 수 있다. 비결은 약한 불로 콩을 익히며 세심하게 관찰하는 것이다. 완벽하게 조리하려면 불을 끈 뒤 뜸들이는 시간을 줘야 하며 콩이 거의 다 삶아졌는지 제대로 확인해야 한다. 이렇게 하면 콩이 무르지 않아 형태를 유지하기 때문에 나중에 다시 데우거나 다른 요리에 활용하기 좋다. 참고로, 좋은 엑스트라 버진 올리브 오일을 넣고 만든 완벽한 콩 요리만큼 맛있는 건 없다고 할 수 있다.

≫ 삶은 콩과 풍미 좋은 콩 삶은 물 5컵 분량

강낭콩 4컵
(또는 마른 강낭콩 2컵)
로즈메리(큰 줄기) 1개
마른 고추(또는 페페론치노)
1개 작은 것으로 준비
월계수 잎 1장

마늘 1쪽
코셔 솔트
물 8~10컵
엑스트라 버진 올리브 오일

마른 강낭콩을 준비했을 때

큰 냄비에 마른 콩을 넣고 콩 위로 약 5cm 정도 올라오게 찬물을 부은 뒤 하룻밤 정도 충분히 불린다. 다음 날 물은 버리고 콩은 헹군 뒤 분량을 재어 보면 대략 4컵이 된다.

강낭콩 준비

커다란 냄비에 강낭콩과 로즈메리, 마른 고추, 월계수 잎을 넣고 마늘을 대강 으깨 넣은 다음 소금 1½작은술을 넣는다. 콩 위로 대략 3cm 올라오게 물을 붓는다.

*콩을 삶으면 부피가 늘어나니 냄비는 넉넉한 크기로 준비한다.
*물은 일반 콩은 대략 8컵, 불린 콩은 대략 10컵 정도 붓는다.

콩 삶기

냄비 뚜껑을 연 채로 센불에 올리고 끓기 시작하면 보글보글 끓을 정도로 불을 줄여 콩이 반 정도 익을 때까지 대략 30분 정도 뭉근히 삶는다. 마른 콩의 경우 1시간 내외로 삶으면 된다. 콩이 반 정도 익으면 소금 1½작은술과 올리브 오일을 적당량 넣고 콩이 완전히 부드럽게 익을 때까지 약한 불에서 계속 끓인다. 콩이 다 익었는지 중간중간 확인한다.

*콩이 반 정도 익었는지 알아보려면 예상 시간보다 조금 일찍 콩을 2~4알 꺼내 씹어본다. 쉽게 씹을 수 있을 만큼 부드럽지만 퍽퍽하고 속에서 미세한 알갱이가 느껴진다면 반 정도 익은 것이다.

완성

콩이 다 삶아지면 불을 끄고 서서히 식도록 그대로 두었다가 맛을 보고 간이 부족하면 소금을 넣어 간을 맞춘다. 올리브 오일도 한번 더 듬뿍 뿌린 뒤 완전히 식힌다.

*만약 불을 조금 늦게 꺼서 콩이 물러질까 걱정된다면 냄비를 불에서 내리자마자 콩을 볼에 담고 얼음물을 부어 콩의 온도를 내린다.
*콩 삶은 물은 버리지 말고 잘 보관하면 다른 레시피에 활용할 수 있다.

유용한 아이디어

간단하게 카술레 만들기

고기와 콩을 넣고 뭉근히 끓인 요리를 '카술레(Cassoulet)'라고 한다. 카술레를 간단하게 만들려면 오븐용 그릇에 삶은 콩을 넣고 품질 좋은 마늘 소시지를 슬라이스해서 넣은 뒤 빵가루로 덮는다. 마지막에 올리브 오일을 뿌리고 기포가 올라올 때까지 오븐에서 굽는다.

디핑 소스 만들기

푸드 프로세서에 삶은 콩과 콩 삶은 물을 적당량 넣어 퓌레 상태로 간다. 여기에 구운 마늘을 넣고 큐민이나 훈연한 파프리카 가루와 같은 향신료를 살짝 뿌린 다음 올리브 오일도 적당량 넣어 섞는다. 따뜻하게 데워서 빵 또는 찍어 먹을 수 있는 채소와 함께 낸다.

맛있는 수프 만들기

작은 냄비에 다진 베이컨이나 판체타를 넣고 갈색이 나도록 볶는다. 다진 토마토(통조림이나 가공된 토마토도 괜찮다) 몇 조각을 넣고 걸쭉할 때까지 졸인다. 콩과 콩 삶은 물 5~6국자를 냄비에 담고 닭 육수나 채소 끓인 물을 넣어서 묽게 만든다. 여기에 타임 잔가지 1개를 넣고 잘 어우러질 때까지 끓인다. 반 정도는 퓌레로 만들고 나머지는 씹는 질감이 있게 둔다.

콩 토스트

Beans on Toast

최고의 콩을 제대로만 조리하면 그 자체가 완벽한 음식이라고 할 수 있다. 내가 아는 최고의 콩은 오레곤 주 가스통 출신인 안토니(Anthony)와 캐롤 부타드(Carol Boutard)가 재배한 에어즈 크릭 농장(Ayers Creek Farm)의 크렌베리콩(Borlotti Beans)이다. 사는 곳 가까이에 콩을 재배하는 곳이 있다면 제철에, 신선할 때 가능한 많이 먹고, 남은 것은 냉동하여 두고두고 먹길 권한다.

>> 4인분

마늘 2쪽
로즈메리 잎 1큰술
엑스트라 버진 올리브 오일
칠리 플레이크
코셔 솔트

삶은 강낭콩 3컵
콩 삶은 물까지 포함해서 준비 *300쪽 참고
검은 통후추
시골빵 4장 두툼하게 썬 것

마늘 · 로즈메리 준비
마늘은 1쪽은 최대한 얇게 썰고, 1쪽은 반으로 썬다. 로즈메리 잎은 듬성듬성 썬다.

향신료 오일 만들기
작은 냄비에 올리브 오일 ½컵을 두르고 얇게 썬 마늘과 로즈메리 잎, 칠리 플레이크 1자밤, 소금 1자밤을 넣어 약한 불에 올려 데운다. 마늘이 옅은 갈색으로 변하기 시작하면 불을 끄고 오일에 향신료의 향이 스며들도록 약 15분 동안 그대로 둔다.

콩 스프레드 만들기
푸드 프로세서에 삶은 콩 2컵을 넣고 퓌레 상태가 될 정도로 곱게 간 뒤 콩 삶은 물 조금, 올리브 오일 ½컵을 넣어 다시 한 번 간다. 부드러운 스프레드 정도의 농도가 될 때까지 필요에 따라 콩 삶은 물과 올리브 오일을 더 넣어가며 간 다음 맛을 보고 칠리 플레이크나 소금, 통후추를 갈아 넣어 간을 맞춘다.

빵 굽기
빵은 토스터나 그릴 혹은 오븐을 이용해 겉은 바삭하고 속은 촉촉하게 구운 뒤 반으로 썰어 둔 마늘을 빵 표면에 문지른다.

완성
빵 위에 콩 스프레드를 듬뿍 발라 접시에 올리고 나머지 콩을 숟가락으로 떠 빵 위에 올린 다음 향신료 오일을 건더기와 함께 떠서 흩뿌린다.

콩 파스타

Beans and Pasta

이탈리아 로마의 정통 요리인 '파스타 에 파졸리(Pasta e Fagiole)'를 해석하면 '파스타와 콩'이란 뜻이다. 두 가지 모두 전분으로 이루어진 재료라니 얼핏 이해할 수 없는 조합이라고 생각할 수 있지만 토마토 덕분에 진하고 크리미한, 균형 잡힌 소스가 만들어진다. 나는 늦여름 밤에 이 요리를 만들어 따뜻하게 즐기는 편인데, 내가 사는 곳은 일찍부터 밤공기가 쌀쌀해지기 때문이다. 만약 생 콩을 제때 구할 수 없다면 연중 내내 구할 수 있는 말린 작은 흰콩이라도 좋다.

≫ 2~3인분

통조림 홀 토마토 ½컵
로즈메리 2작은술
코셔 솔트
리카토니 110g *디탈리니 같은 작은 파스타도 상관없음
엑스트라 버진 올리브 오일
마늘 3쪽

토마토 콘서바(또는 토마토 페이스트) 2큰술 *토마토 콘서바는 318쪽 참고
칠리 플레이크 ½작은술
삶은 강낭콩 2컵
*300쪽 참고
파르미지아노 레지아노 치즈 2컵 즉석에서 간 것

*기호에 따라 파르미지아노 레지아노 치즈와 페코리노 로미노 치즈를 섞어서 준비해도 된다.

통조림 토마토 · 로즈메리 준비

통조림 홀 토마토는 꺼내서 포크로 으깨고, 로즈메리는 다진다.

파스타 삶기

냄비에 물을 넉넉히 붓고 바닷물처럼 짭짤하게 소금을 넣어 끓인다. 물이 끓으면 파스타를 넣고 포장지에 알덴테로 예시된 시간보다 1분 정도 덜 삶는다. 면수 1컵을 덜어 두고 파스타를 건진다.

*파스타는 추후에 콩과 함께 다시 조리해야 하니 알덴테보다 덜 삶는 게 좋다.

마늘 볶기

커다란 냄비에 올리브 오일을 적당량 두르고 중약불에 올린 뒤 마늘을 대강 으깨 넣는다. 마늘이 아주 부드럽게 익고 옅은 갈색이 날 때까지 타지 않게 약 5분간 볶는다.

토마토 콘서바 볶기

위의 냄비에 토마토 콘서바와 로즈메리, 칠리 플레이크를 넣고 골고루 섞은 다음 5~8분 정도 볶는다. 볶는 동안 토마토 콘서바가 캐러멜라이징 되면서 맛이 깊어지는데, 나무 주걱이나 실리콘 주걱으로 팬 바닥을 긁어가며 볶는다.

토마토 콩소스 만들기

위의 냄비에 으깬 토마토를 분량의 반만 넣고 색이 짙어지고 기름 층이 나타나는 등 소스가 농축될 때까지 3~4분간 저어가며 끓인 다음 삶은 콩과 파스타 삶은 물 ½컵을 넣어 4~5분간 저어가며 끓인다.

완성

토마토 콩소스가 부드러워지고 걸쭉해지면 파스타와 나머지 으깬 토마토를 넣고 골고루 섞으면서 1~2분 정도 볶는다. 소스가 너무 뻑뻑하면 파스타 삶은 물을 조금 더 넣어 섞고 맛을 본 뒤 소금이나 칠리 플레이크로 간을 맞춘다. 파스타 위에 올리브 오일을 넉넉히 두르고 치즈를 올려 마무리한다.

*완성된 파스타는 촉촉하되 소스가 국물처럼 묽으면 안되므로 농도 조절에 신경을 써야 한다.

강낭콩 소시지 라디치오 리조토

Risotto with Shell Beans, Sausage, and Bitter Greens

이 요리는 전통적인 리조토라기보다는 크리미한 콩을 넣은 쌀요리라고 하는 것이 낫겠다. 이태리 태생의 셰프이자 작가로 유명한 '마르첼라 하잔(Marcella Hazan)'의 레시피에서 영감을 받았다. 다른 점이라면 쌉쌀한 맛이 나는 채소들이 조금 들어갔다는 것이다.

≫ 4~6인분

라디치오(작은 것) 1개
(약 220g)
양파 ½개
파슬리 잎 ½컵
살짝 눌러 담은 정도
소시지 230g
마늘 향이 있는 것
콩 삶은 물(또는 쇠고기나
닭 육수) 5컵 *물로 대체 가능
엑스트라 버진 올리브 오일
코셔 솔트
삶은 강낭콩 1컵 *300쪽 참고
아르보리오 쌀(또는
카르나놀리 쌀) 1½컵
검은 통후추
루콜라 크게 2줌
파르미지아노 레지아노 치즈
½컵 즉석에서 간 것
페코리노 로마노 치즈 ½컵
즉석에서 간 것

라디치오 준비
잎을 1장씩 떼서 얼음물에 30분 이상 담갔다가 물기를 제거한 다음 한 입 크기로 썬다.

양파 · 파슬리 · 소시지 준비
양파는 다지고, 파슬리 잎은 듬성듬성 썬다. 소시지는 껍질을 벗기고 다진다.

콩 삶은 물 데우기
작은 냄비에 콩 삶은 물을 붓고 끓기 바로 전에 불에서 내린다.

양파 · 소시지 볶기
모든 재료가 들어가고도 남을 정도로 큰 프라이팬이나 더치 오븐에 올리브 오일을 적당량 두르고 중강불에 올린다. 양파와 소금 1자밤을 넣어 양파가 투명해질 때까지 약 2분간 타지 않게 볶고 소시지를 넣는다. 소시지의 분홍색이 없어질 때까지 3~4분간 더 볶는다. 소시지는 볶으면서 으깬다.

콩 볶기
팬의 불을 중약불로 줄이고 삶은 콩은 분량의 반만, 콩 삶은 물은 ½컵만 넣어 부드러운 페이스트 상태가 되도록 콩을 으깨가며 볶는다.

쌀 넣어 끓이기
팬에 쌀을 넣어 섞고 나머지 콩과 콩 삶은 물 1컵을 넣은 뒤 불을 세게 올려 한소끔 끓인 다음 불을 줄이고 중간중간 저어가며 끓인다. 끓이는 도중에 국물이 줄어들면 콩 삶은 물 1국자를 더 넣고 센 불로 올렸다가 끓어오르면 다시 불을 줄이고 쌀이 부드럽게 익을 때까지 20~25분 정도 끓인다. 쌀이 푹 퍼져 죽처럼 되지 않게 주의한다. 쌀이 알맞게 익으면 소금과 통후추를 갈아 간을 한다.

*끓일 때 불 조절을 잘 해야 하는데, 센 불에서 끓이면 수분은 빨리 증발하고 쌀은 익지 않으니 한소끔 끓인 뒤 불을 줄여 중간중간 저어가며 보글보글 끓인다.
*콩 삶은 물이 부족할 때는 따뜻한 물로 대신한다.

완성
리조토의 농도가 원하는 상태가 되면 라디치오, 루콜라, 파슬리를 넣고 골고루 섞은 뒤 불을 끈다. 준비한 치즈는 분량의 반만 넣어 휘젓고 마지막에 소금과 통후추를 갈아 간을 한다. 콩 삶은 물로 농도를 맞추고 바로 낸다. 남은 치즈는 그릇에 따로 담아 낸다.

셀러리와 타라곤을 곁들인 아삭한 믹스 콩 샐러드
Crunchy Mixed-Bean Salad with Celery and Tarragon

세 종류의 콩으로 만드는 샐러드로 아삭함과 함께 다양한 맛이 특징이다. 만약 다양한 종류의 강낭콩을 구할 수 있으면 모두 섞어 넣어도 된다. 서로 다른 모양과 크기, 색이 섞인다면 즐거움도 배가 될 것이다.

≫ 4인분

깍지콩과 줄기콩 230g
*둘 중 하나만 준비해도 됨
코셔 솔트
셀러리 4~6줄기
잎이 달린 연한 줄기
쪽파 ½줌
파슬리 1묶음
타라곤 잎 ½컵
살짝 눌러 담은 정도

페페론치노 절임 ½컵
절임 국물도 준비
케이퍼 2큰술
삶은 콩 2컵 *300쪽 참고
레몬 1개
검은 통후추
엑스트라 버진 올리브 오일
반숙 달걀 4개 *92쪽 참고

깍지콩 · 줄기콩 삶기

냄비에 물을 넉넉히 붓고 짭짤하게 소금을 넣어 끓인다. 물이 끓으면 깍지콩을 넣어 1분간 삶는다. 아삭하게 삶은 깍지콩은 바로 찬물에 담가 잔열을 제거하고 물기를 턴다. 줄기콩도 같은 방법으로 살짝 데친다.

*깍지콩이 햇콩이라면 삶는 시간을 조금 늘린다.

셀러리 · 쪽파 준비

셀러리는 잎은 잘라서 듬성듬성 썰고, 줄기는 0.5cm 폭으로 어슷 썬다. 쪽파는 얇게 어슷 썰어 얼음물에 20분 정도 담갔다가 물기를 제거한다.

*쪽파 손질하는 방법은 93쪽을 참고한다.

파슬리 · 타라곤 준비

파슬리는 잎과 줄기를 잘라 나눈 뒤 잎은 듬성듬성 썰고, 줄기는 반만 다진다. 타라곤 잎은 듬성듬성 썬다.

페페론치노 · 케이퍼 준비

페페론치노 절임을 듬성듬성 썰고, 케이퍼는 물에 헹구고 물기를 제거한 뒤 다진다.

삶은 콩 준비

물에 한 번 헹구고 물기를 턴다.

완성

큰 그릇에 준비한 깍지콩, 줄기콩, 삶은 콩, 셀러리, 파슬리 잎, 다진 파슬리 줄기, 타라곤 잎, 쪽파, 페페론치노 절임과 절임 국물을 약간 넣어 섞는다. 여기에 레몬 껍질을 그레이터에 곱게 갈아 넣고 케이퍼를 넣은 다음 통후추를 갈아 섞는다. 마지막에 올리브 오일 ½컵을 부어 가볍게 섞는다.

담기

그릇에 샐러드를 담고 반숙 달걀을 손으로 가볍게 터뜨려 골고루 얹는다. 마지막에 레몬을 꾹 짜서 즙을 뿌린다.

Tomatoes
토마토

살고 있는 지역에서 바로 구할 수 있는 채소와 상업적인 대량 생산 채소 사이의 차이가 가장 잘 드러나는 제철 채소는 토마토일 것이다. 오직 제철에 수확한 것만이 우리들의 마음을 사로잡을 수 있다.

다양한 선택의 폭

다행히도 많은 농부가 서로 다른 모양과 크기, 색깔의 토마토를 시장에 선보이고 있다. 예를 들어, '작은 토마토 열매'인 방울토마토는 산도가 높고 선명한 맛을 지녔으며, 노란색일 경우에는 상대적으로 담백하다. 선 골드(Sun Gold)의 경우 귤과 오렌지를 합쳐 놓은 것 같은 노랑과 주황색이 돋보이는 품종으로 아주 달콤하며 귤과 닮은 면모를 지니고 있다. 간식으로 즐기거나 재빠르게 볶아 간단하게 토마토 소스를 만들기에 알맞다. 그래서인지 선 골드를 좋아하는 이들이 많다. 나는 붉은 덩굴토마토인 브랜디와인(Brandywine)을 비롯해 단단하고 검붉은 블랙 크림(Black Krim), 오렌지색 조합이 인상적인 올드 저먼(Old German) 품종을 아주 좋아한다. 토마토는 완전히 여물지 않아도 쓸모가 많다. 열매가 붉게 물들기를 기다리는 동안 어린 녹색 토마토를 이용해 각종 요리에 풍성한 즙과 아삭함, 산뜻한 신맛을 더할 수 있기 때문이다. 토마토를 구입하기 전에 맛을 보라고 권하고 싶지만 현실적으로는 어렵다. 토마토 콘서바(318쪽) 같은 요리를 하기 위해 대량으로 구입해야 한다면 반드시 먹어보는 게 좋다. 왜냐하면 여러분의 저장 계획이 생각만큼 성공적이지 못할 때 그 실망감은 아주 클 수밖에 없기 때문이다. 지역 농산물이라고 하여 늘 뛰어난 맛이 나는 것은 아님을 잊지 말자.

보관과 손질

토마토를 냉장고에 보관하는 방법이 옳은지에 대한 의견은 여전히 분분하다. 몇몇 식품학자는 차가운 온도에 토마토를 두면 놀라울 정도로 개성 넘치는 특징들이 약해지면서 맛이 떨어진다고 주장한다. 이에 반대하는 학자들도 분명히 있다. 그렇지만 덜 익은 토마토가 빨리 익기를 바란다면 냉장실에 넣지 말라는 점에는 모두가 동의하고 있다. 만약 선반에 올려둔 토마토에 벌레들이 몰려들까 걱정된다면 가벼운 천으로 덮어 두면 된다. 하루 이틀 내로 요리하거나 먹는다면 토마토가 상할 일은 전혀 없다. 토마토는 단단한 꼭지 부위를 제거하는 것 말고는 특별히 손질할 게 없다. 어떤 요리사는 껍질을 벗기고 씨를 전부 제거하기도 하지만 나는 투박한 질감을 좋아하는 편이라 토마토의 자연스러운 부분을 없애는 데 시간을 낭비하는 일은 하지 않는다.

토마토 샐러드를 올린 토마토 바른 빵

Tomato-Rubbed Grilled Bread Topped with Tomato Salad

스페인 사람들은 '판 콘 토마테(Pan con Tomate)'라고 불리는 스낵을 즐겨 먹는데, 구운 빵에 마늘과 토마토를 문지르고 올리브 오일을 뿌려 먹는 간단한 요리이다. 여기에 즙이 가득한 방울토마토 샐러드까지 한 움큼 올려 토마토를 이중으로 즐기는 레시피를 소개한다.

≫ 첫 코스로 4인분

방울토마토 약 2컵
여러 색깔 준비
토마토 1개
레드 와인 식초 1큰술
코셔 솔트
검은 통후추

시골빵 4장 두툼하게 썬 것
마늘 2쪽
엑스트라 버진 올리브 오일
리코타 치즈 크림 *69쪽 참고

방울토마토 · 토마토 준비
방울토마토는 작은 것은 반으로 썰고, 큰 것은 열십자(+)로 4등분 한다. 토마토는 반으로 썬다.

방울토마토 양념
그릇에 방울토마토를 담고 와인 식초와 소금, 통후추를 넉넉히 갈아 섞은 뒤 잠시 그대로 둔다.

빵 준비
그릴 오븐이나 토스터 혹은 그릴에 빵을 노릇하게 굽고 마늘을 반으로 썰어 빵의 모든 면에 꼼꼼히 문지른 다음 솔로 올리브 오일을 조금 바른다. 토마토를 빵 한 면에만 문지르는데, 빵 2장에 토마토 1쪽씩 사용한다.

완성
빵의 토마토 바른 면에 리코타 치즈 크림을 펴 바르고 접시에 올린 다음 방울토마토를 국물과 함께 빵 위에 얹는다. 올리브 오일을 흩뿌려 낸다.

파로 옥수수 허브 토마토 샐러드

Farro with Tomatoes, Raw Corn, Mint, Basil, and Scallions

우리집 냉장고에는 삶은 누에콩이 여름 내내 보관돼 있어 언제라도 간단한 식사를 만들고 싶을 때 이용할 수 있다. 이 레시피를 발판 삼아 다른 채소, 과일, 허브, 견과류 등 원하는 재료로 자신만의 즉흥 요리를 만들어 보자. 충분한 수분과 상큼함을 가진 토마토를 넣는 것이 중요한데 영양면에서도 매우 건강한 요소이다.

≫ 4인분

쪽파 1줌
방울토마토 약 2컵
옥수수 4개
조리해서 식힌 파로 3컵
*89쪽 참고
그루통 2컵 *54쪽 참고
민트 잎 1줌

바질 잎 1줌
레드 와인 식초 ½컵
칠리 플레이크 1작은술
코셔 솔트
검은 통후추
엑스트라 버진 올리브 오일

쪽파 준비
얇게 어슷 썰어 얼음물에 20분 정도 담갔다가 물기를 제거한다.

*쪽파 손질하는 방법은 93쪽을 참고한다.

방울토마토 · 옥수수 준비
방울토마토는 반으로 썰고, 옥수수는 칼로 알갱이를 잘라낸다.

완성
커다란 그릇에 파로, 크루통, 쪽파, 토마토, 옥수수를 넣고 옥수수 심에 남아 있는 즙도 칼등으로 긁어 넣은 다음 민트 잎과 바질 잎을 넣어 섞는다. 와인 식초, 칠리 플레이크, 소금 1작은술, 통후추를 넉넉히 갈아 넣은 다음 맛을 보고 부족하면 소금, 후추, 칠리 플레이크로 맛을 조절한다. 올리브 오일 ¾컵을 섞은 뒤 바로 낸다.

치즈와 멜론을 넣은 매콤한 토마토 샐러드

Tomato, Melon, and Hot Chile Salad with Burrata

토마토와 멜론, 매운 고추 피클이 만나면 새콤달콤한 맛에 매콤함이 더해져 복잡 미묘하고도 감칠맛 나는 음식이 된다. 다양한 색의 토마토와 멜론을 사용하면 파티 메뉴로 손색없을 정도로 아름다워진다. 가능하다면 부라타 · 모차렐라 · 버팔로 치즈 중 어떤 걸 사용해도 좋으나 치즈가 없더라도 충분히 훌륭한 샐러드이다. 크리미한 부라타 치즈가 토마토와 멜론을 제대로 감싸게 하려면 손으로 치즈를 뜯어 올리는 것이 가장 좋다.

≫ 4인분

토마토 680g 토마토와 방울토마토를 섞어서
멜론 680g
코셔 솔트
검은 통후추
매운 고추* ½컵
화이트 와인 식초(또는 레드 와인 식초) ½컵
바질 잎 작게 1줌
엑스트라 버진 올리브 오일
부라타 치즈(또는 생 모차렐라 치즈) 2덩이

*오일에 절인 칼라브리안 고추 같은 매운 고추 혹은 페페론치노처럼 조금 덜 매운 고추 피클

토마토 준비
토마토는 한 입 크기의 웨지 모양으로 썰고, 방울토마토는 반으로 썬다.

멜론 준비
껍질을 벗기고 씨를 긁어낸 뒤 웨지 모양으로 얇고 길게 썬 다음 한 입 크기로 자른다.

토마토 · 멜론 양념
커다란 그릇에 토마토와 멜론을 넣고 소금과 통후추를 넉넉히 갈아 뿌린다. 여기에 매운 고추를 다져 넣고 와인 식초를 뿌려 가볍게 섞는다.
맛을 보고 새콤달콤하고 매콤한 맛이 조화를 이룰 때까지 소금, 후추, 매운 고추, 와인 식초로 맛을 조절한다.

완성
위의 볼에 바질 잎과 올리브 오일 ½컵을 넣어 섞고 부라타 치즈를 손으로 찢어 올려 가볍게 섞은 다음 바로 낸다.

요거트 소스와 향신료로 맛을 낸 토마토와 병아리콩

Israeli-Spiced Tomatoes, Yogurt Sauce, and Chickpeas

사람들이 우리집에 식사하러 올 때면 나는 여러 향신료를 묻힌 토마토와 병아리콩, 요거트 소스로 맛을 낸 요리를 준비하곤 한다. 그리고 플랫브레드를 그릴에 굽는다. 만약, 옻(Sumac) 가루를 구할 수 없다면 토마토 위에 레몬즙 몇 방울만 떨어뜨려보자.

≫ 6인분

토마토 3개(작은 것 6개)
*방울토마토 섞어서 가능
오이 1개
적양파 ½개
허브 잎 2컵 바질, 민트, 파슬리 섞어서 준비
옻 가루 1작은술
고수 가루 ½작은술
큐민 가루 ½작은술
칠리 플레이크 ½작은술
코셔 솔트
다진 마늘 1~2쪽 분량
저지방 요거트(또는 우유)
¾컵
검은 통후추
스리라차 같은 핫소스
삶은 병아리콩 1컵
*통조림도 가능
레드 와인 식초 2큰술
엑스트라 버진 올리브 오일
플랫브레드 *86쪽 참고

토마토·오이 준비
토마토는 0.5cm 두께로 둥글게 썰고, 오이는 껍질을 벗기고 반 갈라 가운데 씨를 숟가락으로 제거한 뒤 잘게 썬다.

*방울토마토를 함께 준비했다면 반으로 썬다.

적양파·허브 준비
적양파는 얇게 채 썰고, 허브 잎의 절반은 다지고 나머지 반은 큰 것만 손으로 대강 찢는다.

혼합 향신료 준비
작은 그릇에 옻 가루, 고수 가루, 큐민 가루, 칠리 플레이크, 소금 1작은술, 다진 마늘을 잘 섞는다.

토마토 양념하기
유산지 위에 토마토를 가지런히 올리고 그 위에 혼합 향신료를 골고루 뿌려 1시간 정도 그대로 둔다.

요거트 소스 준비
그릇에 요거트, 오이, 다진 허브, 소금과 통후추를 넉넉히 갈아 넣고 핫소스를 섞어 15분~1시간 정도 숙성시킨 뒤 맛을 보고 다시 간을 맞춘다.

병아리콩 샐러드 준비
다른 그릇에 병아리콩과 양파, 와인 식초, 나머지 허브를 넣어 섞고 소금과 통후추를 갈아 간을 한 다음 올리브 오일을 뿌려 섞는다.

완성
접시에 양념한 토마토를 평평하게 깔고 토마토에서 생긴 국물도 위에 뿌린다. 토마토 위에 요거트 소스를 골고루 올리고 병아리콩 샐러드를 얹은 뒤 갓 구운 플랫브레드와 함께 낸다.

> **시장에서**
> 옻(Sumac) 가루는 중동 식재료를 파는 상점이라면 쉽게 구매할 수 있으며 온라인 쇼핑몰에서도 구할 수 있다. 야생 관목 지역에서 자생하는 붉은 베리에서 추출되는 옻 가루의 경우 굵은 칠리 플레이크와 약간 비슷해 보이지만 맵지 않고 시큼한 맛이 난다.

한여름의 방울토마토 스파게티

Spaghetti with Small Tomatoes, Garlic, Basil, and Chiles

클래식한 요리인 '파스타 알 포모도로(Pasta al Pomodoro)'에서 영감을 받아 만든 것이다. 가볍게 즐기는 여름 파스타로 이보다 더 간단하게 조리하는 것은 아마 없을 테다. 여름에 나는 어떤 종류의 방울토마토를 사용하더라도 완벽하다. 소스는 파스타를 삶는 동안 만들면 된다. 오랜 시간 끓여 만든 소스에서는 찾아볼 수 없는 토마토 자체의 깊은 풍미와 따뜻함, 토마토의 생기발랄함을 모두 즐길 수 있다.

2인분

코셔 솔트
엑스트라 버진 올리브 오일
마늘 1~2쪽
방울토마토 3컵 여러 가지 색
칠리 플레이크 ½작은술
검은 통후추
바질 잎 크게 1줌

스파게티(또는 링귀니) 230g
무염 버터 1큰술
브레드크럼 *55쪽 참고, 기호에 따라 준비
파르미지아노 레지아노 치즈 *기호에 따라 준비

파스타 삶을 물 준비
커다란 냄비에 물을 넉넉하게 붓고 바닷물처럼 짭짤하게 소금을 넣어 끓인다.

마늘 볶기
커다란 프라이팬을 중불에 올리고 올리브 오일 2큰술과 마늘을 대강 으깨 넣는다. 마늘이 아주 부드러워지고 향이 올라오면서 옅은 갈색이 될 때까지 약 5분 동안 타지 않게 볶는다.

토마토 볶기
팬에 방울토마토를 반 남짓하게 넣고 토마토 껍질이 툭툭 터질 때까지 대략 5~8분 정도 볶는다. 터지지 않은 토마토는 눌러서 터뜨린다.

*토마토가 터지면서 토마토의 수분이 기름과 만나 여기저기 심하게 튀어 오르면 뚜껑을 잠시 덮어둔다.

토마토 소스 만들기
팬의 불을 끄고 토마토를 지긋이 눌러 으깬 뒤 칠리 플레이크와 소금, 통후추를 넉넉히 갈아 넣고 간을 한다. 팬에 다시 불을 켜고 바질을 분량의 반만 넣은 뒤 불을 약하게 줄여 소스가 약간 걸쭉하게 될 때까지 5분 정도 중간중간 저으면서 끓인다.

파스타 삶기
토마토 소스를 만드는 동안 끓는 물에 파스타를 넣고 봉투에 예시된 알덴테 시간보다 1~2분 적게 삶아 건진다. 파스타 삶은 물은 1컵 정도 남겨둔다.

완성
토마토 소스가 담긴 팬을 중강불에 올리고 파스타를 넣는다. 파스타에 소스가 골고루 묻게 휘저은 뒤 남은 토마토를 모두 넣고 토마토가 따뜻하게 데워질 때까지 볶는다. 파스타가 적당히 익으면 남은 바질과 올리브 오일, 버터를 넣어 섞는다. 불을 끄고 재료가 골고루 섞이도록 팬을 흔든 뒤 간을 보고 그릇에 담는다. 기호에 따라 브레드크럼과 치즈를 뿌려 낸다.

루콜라와 페코리노를 곁들인 토마토 수프
Tomato Soup with Arugula, Torn Croutons, and Pecorino

타임 대신 신선한 바질이나 민트, 파슬리, 로즈메리 같은 다른 허브를 사용해도 된다. 페코리노 치즈가 없다면 파르미지아노 치즈를 넣어도 되고, 만약 채식을 한다면 치즈는 생략한다. 이 수프는 차갑게 먹어도 아주 맛있다. 게다가 완성한 수프를 몇 인분씩 나누어 포장한 다음 냉동실에 얼려 두면 여름의 맛을 겨울에도 즐길 수 있다.

≫ 4컵 또는 2그릇 분량

- 토마토 약 1.1kg 잘 익은 것
- 양파 1개
- 루콜라 2줌
- 엑스트라 버진 올리브 오일
- 마늘 2쪽
- 타임 잎 1작은술
- 코셔 솔트
- 스리라차 같은 핫소스 약간
- 검은 통후추
- 크루통 1컵 *54쪽 참고
- 페코리노 로마노 치즈

토마토 준비
꼭지와 꼭지에 붙은 단단한 심을 제거한 뒤 웨지 모양으로 6~8등분 한다.

양파 · 루콜라 준비
양파는 얇게 채 썰고, 루콜라는 굵은 줄기를 잘라낸다.

마늘 · 양파 볶기
커다란 프라이팬을 중불에 올리고 올리브 오일을 적당량 두른 뒤 마늘을 대강 으깨 넣고 양파와 타임을 넣는다. 소금으로 밑간 한 뒤 마늘과 양파가 부드러워지고 향긋한 냄새가 올라올 때까지 약 5분간 타지 않게 저어가며 볶는다. 양파와 마늘의 색이 노르스름해지지 않게 주의한다.

완성
팬에 토마토를 넣고 불을 조금 세게 올린 뒤 뚜껑을 덮어 토마토 국물이 흘러나오도록 약 5분간 익힌 다음 블렌더나 푸드 프로세서에 넣어 간다. 부드러운 퓌레 상태가 되면 핫소스를 약간 뿌리고 간이 부족하면 소금과 통후추를 갈아 간한다.

담기
오목한 그릇에 수프를 담고 루콜라와 크루통을 올린다. 페코리노 치즈를 갈아 올린 뒤 통후추도 두세 번 갈아 뿌린 다음 올리브 오일을 약간 흩뿌려 낸다.

유용한 아이디어

간단한 치오피노* 만들기
껍질과 내장을 제거한 새우와 조갯살, 가자미살 혹은 익힌 게살 등을 섞은 해산물 2컵을 준비해 뜨거운 토마토 수프에 넣고 끓인다. 루콜라와 페코리노 치즈는 빼고 레몬즙만 뿌려 완성한다.
*치오피노(Cioppino)는 샌프란시스코에서 탄생한 요리로 미국에 정착한 이태리 요리사가 만든 해산물 스튜이다. 게와 조개, 새우, 가리비, 홍합, 오징어 그리고 단단하고 흰 생선살로 만든다.

더 풍성한 수프로 변신
삶은 흰콩, 잘게 잘라 볶은 소시지, 손으로 찢은 바질 1줌을 더 넣으면 훨씬 풍성한 맛이 느껴지는 수프가 된다.

풍미 더하기
붉은 파프리카를 구워서 토마토를 넣을 때 같이 넣고, 타임을 넣을 때에 훈연 파프리카 가루 1큰술을 넣는다.

아보카도, 페타, 수박을 곁들인 풋토마토 구이
Grilled Green Tomatoes with Avocado, Feta, and Watermelon

이 샐러드는 여름의 끝 무렵, 풋토마토가 많이 남아 있고 멜론이 여전히 달콤할 때에 만들면 좋다. 시장이나 텃밭에서 쇠비름을 찾을 수 있다면 함께 넣어보자. 사실 쇠비름은 여기저기에서 흔하게 자라는 식물이라 집에 마당이 있다면 쉽게 구할 수 있지만 만약 어디에서도 구할 수 없다면 생략한다.

≫ 4인분

풋토마토 4개
아보카도 1개 잘 익은 것
수박 2쪽
2.5cm 두께로 썬 것
쪽파 1줌
칠리 플레이크 ½작은술
코셔 솔트
발사믹 식초 4큰술
검은 통후추
바질 잎 작게 1줌
민트 잎 작게 1줌
쇠비름 작게 1줌
*기호에 따라 준비
엑스트라 버진 올리브 오일
페타 치즈 1컵

*쇠비름을 준비할 경우 굵고 단단한 줄기는 꺾어서 제거한다.

> **텃밭에서**
> 쇠비름은 한해살이 식물로 쉽게 자라고 흔하게 볼 수 있는 잡초의 일종이다. 어쩌면 이런 이유로 간과되거나 주목 받지 못할 수 있지만, 사실 알고 보면 비타민 E를 비롯해 베타카로틴, 비타민 C, 미네랄과 오메가-3 지방산의 함량이 매우 높은 수퍼 푸드라고 해도 과언이 아니다.

토마토 · 아보카도 준비
토마토는 꼭지와 단단한 심을 제거한 뒤 가로로 반 자르고, 아보카도는 반으로 잘라 씨를 제거한다.

수박 · 쪽파 준비
수박은 사방 2.5cm 크기의 주사위 모양으로 썰고, 쪽파는 아주 길게 어슷 썬다.

토마토 굽기
프라이팬이나 그릴팬을 아주 뜨겁게 가열한 뒤 토마토의 자른 단면을 팬 바닥에 올린다. 과육이 부드러워지고 그릴 자국이 생길 때까지 약 5분간 굽고 꺼내서 살짝 식힌다.

쪽파 굽기
프라이팬이나 그릴팬에 파를 넣고 토마토와 동일한 방법으로, 파가 부드러워지고 그릴 자국이 생길 때까지 5~7분 동안 한두 번 뒤집어가며 굽는다.

완성
구운 토마토는 한 입 크기로 썰고, 구운 파는 반 잘라 모두 커다란 볼에 담은 뒤 칠리 플레이크, 소금, 발사믹 식초 2큰술을 넣고 통후추를 갈아 골고루 섞는다. 여기에 숟가락으로 아보카도를 한 입 크기로 둥글게 떠 넣고 수박과 바질 잎, 민트 잎, 쇠비름을 넣어 다시 잘 섞는다. 남은 발사믹 식초 2큰술과 소금, 후추, 올리브 오일 ½컵을 넣어 간을 한 뒤 페타 치즈를 주사위 모양으로 작게 잘라 얹고 올리브 오일을 흩뿌려 마무리 한다.

토마토 콘서바

Tomato Conserva

토마토 페이스트를 직접 만드는 일이 흥미롭다고 생각해본 적이 거의 없겠지만 바로 이점이 콘서바(Conserva)[1]의 진정한 숨은 의미가 아닐까 싶다. 제철인 토마토와 양질의 올리브 오일, 그리고 만드는 이의 관심과 집중력이 상당히 요구되기 때문에 콘서바는 알루미늄 캔에 담긴 토마토 페이스트와는 근본적으로 다를 뿐만 아니라 비교할 수 없는 풍미를 자아낸다. 캐러멜라이즈 된 약간의 당분만으로도 깊고 달콤한 맛을 내는, 큰 솥 하나 가득한 콘서바! 왠지 기교를 좀 부리고 싶을 때 만들어 보는 최고의 저장식품이라 할 수 있다.

≫ 약 2컵 분량

토마토 약 3.6㎏
엑스트라 버진 올리브 오일

토마토 준비
꼭지를 떼고 반으로 썰어 단단한 심을 제거한 뒤 듬성듬성 썬다.

토마토 끓이기
높이가 낮고 폭이 넓은 큼직한 냄비에 토마토를 넣고 올리브 오일 ½컵을 두른 뒤 센불에 올린다. 부글부글 끓어오를 때까지 한소끔 끓인 뒤 보글보글 약하게 끓도록 중불이나 중약불로 줄여 중간중간 저어가며 농도가 진해질 때까지 30~50분 정도 끓인다. 끓이는 동안 토마토가 바닥에 눌어붙지 않게 주의한다.

토마토 씨와 껍질 거르기
토마토가 따뜻할 때 푸드밀(Food Mill)을 이용해 토마토 씨와 껍질을 걸러낸다. 푸드밀이 없을 때에는 고운 체에 담고 꾹꾹 눌러가며 내린다.
오븐을 약 150℃로 예열한다. 그 동안 가장자리 턱이 높은 오븐 팬(33×46cm 1개, 또는 23×33cm 2개)이나 더치 오븐 중 하나를 선택해 올리브 오일을 바른다.

완성
걸러 낸 토마토를 오븐 팬에 옮겨 담고 오븐에 넣어 걸쭉한 퓌레 상태가 될 때까지 약 3시간 정도 굽는다. 가장자리는 갈색으로 변하거나 타기 쉬우니 굽는 동안 실리콘 주걱으로 바깥쪽 소스는 가운데로, 가운데 소스는 바깥쪽으로 섞는 과정을 반복한다. 이후 오븐 온도를 약 90℃로 내려 되직한 상태가 될 때까지 굽는다.*
완성된 콘서바는 토마토 페이스트처럼 토마토 향이 강하고 굉장히 되직한 상태이다.

*오븐의 온도를 내린 상태에서 경우에 따라 오븐에 밤새 내버려두기도 한다. 이 단계에서는 크게 주의를 기울이지 않아도 되지만 때때로 완성 농도가 되었는지 살펴보긴 해야 한다.

보관
냉동이 가능한 밀폐용기나 지퍼백에 소분해서 얼리거나 열탕소독한 유리병에 담아 냉장 보관한다.

---

[1] 스페인어로 재료를 저장하거나 보존하기 위한 조리 기법을 뜻한다.

다섯 번째 계절, 가을

가을은 한마디로 달콤하면서도 씁쓸한 계절이다. 하루하루 기온이 급격히 내려가듯 낙엽도 우수수 떨어지고, 눈 깜짝할 사이에 사라져버린 찬란했던 인생의 전성기처럼 파릇파릇한 채소들 역시 어느 순간 자취를 감춰버린다

그러나 여름의 풍요로웠던 시절이 지났음에도 우리는 가을의 느릿한 발걸음을 기꺼이 환영할 수밖에 없다. 바깥보다는 실내의 따뜻한 스토브 옆에 앉아 오래 머무르면서 아티초크를 삶고, 마지막 남은 칠리를 구울 것이다. 또한, 가을비가 내린 뒤 새롭게 등장한 신선한 버섯을 볶으며 시간을 보낼 준비도 되어 있다. 한편, 이 시기에는 추위를 좋아하는 채소들이 주인공이 되는데, 바로 방울양배추나 콜라드, 케일과 같은 단단한 잎과 줄기를 가진 근채류이다. 차가운 밤의 온도와 종종 찾아오는 서리 덕분에 놀랍도록 달콤한 맛을 지녔으며, 뿌리 역시 아주 달다. 특히, 첫 수확한 방울양배추와 케일 잎을 비롯한 몇몇 가을 채소는 여전히 생으로도 먹을 수 있다. 물론, 이전보다는 스토브를 더 많이 이용하고 뜨거운 열기로 채소를 익히는 계절임은 명백한 사실이다.

Melons

Heirloom Tomatoes
3⁵⁰ /lb

Artchokes
4⁰⁰ /lb.

가을 채소와 요리

BEETS(LATE SEASON)
완숙한 비트
—

홀스래디시를 곁들인 시트러스
구운 비트 샐러드   326

스파이시 그린 소스를 곁들인
구워 으깬 비트   328

곡물, 씨앗, 치즈, 허브를
곁들인 구운 비트와 당근   329

BRUSSELS SPROUTS
방울다다기양배추
—

방울양배추 시저 샐러드   330

당근 피클, 호두, 고수,
시트러스 비네그레트를 곁들인
방울양배추 샐러드   332

그뤼에르와 프로슈토를
곁들인 방울양배추 그라탱   334

판체타 비네그레트를
곁들인 방울양배추 구이   335

CARROTS(LATE SEASON)
완숙한 당근
—

살구, 피스타치오, 파로를
곁들인 구운 당근 샐러드   337

구운 파로 맛을 더한
당근 샐러드   338

꿀과 버터를 얹어
구운 당근   340

피칸 크러스트 당근 파이   342

SWISS CHARD
근대
—

할라페뇨를 넣은 적근대
오픈 토스트   344

건포도 잣 적근대 파스타   346

근대와 리크, 허브,
리코타로 만든 크로스타타   348

COLLARDS
콜라드
—

캐슈넛 버터로 맛을 낸 버섯
콜라드 샐러드   350

프리카와 포도를 곁들인
콜라드 샐러드   352

콩과 파르미지아노 린드를
넣은 콜라드 스튜   353

KALE
케일
—

최초의 케일 샐러드   355

새콤달콤하게 볶은 케일
토스트   357

케일로 만든 만능
파스타 소스   358

물냉이 버터를 넣은
'콜캐논'   359

버섯 케일 라자냐   360

MUSHROOM
버섯
—

어란을 곁들인 버섯 토스트   363

그레몰라타 스타일의
구운 버섯 샐러드   364

버섯과 소시지를 곁들인
파스타   366

버섯 홍합 볶음을 곁들이는
스테이크   368

그린 허브 마요네즈를
곁들인 버섯 튀김   370

Beets *(Late Season)*
완숙한 비트

비트는 가을에 이르기까지 몇 달 동안 땅속에 묻혀 있으면서 크기가 커지고 감미로운 맛이 늘어난다. 상대적으로 크기가 작은 봄 비트는 통으로 혹은 반으로 잘라 요리한다면, 커다란 비트는 굵직하게 썰어 굽는 것이 최적이다. 노란색이 섞인 강렬한 붉은 빛의 불스 블러드(Bull's Blood) 비트를 구워서 만든 비트 샐러드는 경이롭다고 할 수 있다.

뿌리에 집중하자

비트가 다 자란 가을에도 자주 보지 못하는 것이 비트의 녹색 줄기 부분이다. 일반적으로 줄기는 시간이 지나면 손상되고 물러 애초에 제거한 채로 시장에 유통된다. 따라서 가을 비트를 사용할 때에는 오직 뿌리에만 집중하는 편이다. 땅의 양분을 받아 만들어진 달콤한 맛은 시트러스 종류나 매콤한 칠리, 또는 비트와 같은 땅속 작물인 홀스래디시 같은 재료와 조화를 이룬다.

날씨에 따라 맛이 바뀔 수도

예년보다 아주 더운 여름을 지낸 비트는 달콤하긴 해도 섬유질 함량이 높고 살짝 나무 같은 향이 날 수 있다는 것을 염두에 두자.

장기 보존 가능

모든 뿌리채소가 그렇듯 비트 역시 조건만 맞는다면 장기간 보존이 가능하다. 뿌리채소들만 따로 저장해두는 특별한 공간이 없더라도 냉장실에 두면 되는데 약간의 습도 유지는 필요하다. 따라서 랩으로 비트를 둘둘 말아 감싼 다음 채소 전용 식품 칸에 넣으면 끝!

홀스래디시를 곁들인 시트러스 구운 비트 샐러드

Roasted Beet, Citrus, and Olive Salad with Horseradish

이탈리아 사람들은 적양파와 올리브를 넣은 간단한 시트러스 샐러드를 즐겨 먹는다. 여기에 비트를 더해보자. 비트의 붉은 색감이 시트러스 종류의 과일과 만나면 한결 보기 좋은 요리가 된다. 맛의 촉매제 역할을 하게 될 홀스래디시는 재료의 모든 풍미를 불러모아 놀랍도록 맛있는 결과물을 만들어낼 것이다.

≫ 4인분

비트 680g 여러 색깔 준비
코셔 솔트
오렌지 1개(또는 귤 2개)
라임 1개
블랙·그린 올리브 ⅓컵
적양파(작은 것) ¼개
레드 와인 식초 2큰술
칠리 플레이크 ¼작은술
파슬리 잎 1컵
살짝 눌러 담은 정도
엑스트라 버진 올리브 오일
홀스래디시 5㎝

오븐을 약 190℃로 예열한다.

비트 준비
줄기와 가는 뿌리를 잘라내고 흙이나 이물질이 없도록 깨끗이 씻은 다음 반 자른다.

비트 굽기
오븐 팬에 비트를 겹쳐지지 않게 올리고 소금을 약간 뿌려 밑간한 뒤 물 ¼컵을 붓는다. 오븐 팬을 쿠킹포일로 덮어 오븐에 넣고 비트가 완전히 부드러워질 때까지 30분~1시간 정도 굽는다. 오븐에서 비트를 꺼내 손으로 만질 수 있을 만큼 식으면 껍질을 벗기고 반달 모양으로 도톰하게 썬다.

*비트의 크기와 두께에 따라 익는 시간이 다르니 중간중간 뾰족한 것으로 찔러 익은 정도를 확인한다.

오렌지·라임 준비
오렌지는 속껍질까지 벗겨 과육만 준비한다. 이렇게 세그먼트할 때 흘러나온 즙은 잘 모아 둔다. 라임은 세그먼트하듯 속껍질까지만 썰어낸 뒤 씨를 빼고 둥근 모양을 살려 얇게 썬다.

*오렌지 과육 준비하는 방법은 391쪽을 참고한다.

올리브·양파 준비
올리브는 씨를 빼서 잘게 듬성듬성 썰고, 양파는 얇게 채 썬다.

완성
오렌지즙, 와인 식초, 소금 ½작은술, 칠리 플레이크를 잘 섞어 비트에 뿌리고 골고루 섞은 뒤 2~3분 정도 그대로 두었다가 다시 한 번 버무린다. 여기에 올리브와 적양파, 파슬리 잎, 오렌지 과육, 라임을 넣어 섞고 올리브 오일을 넉넉히 두른 뒤 마지막으로 간을 맞춘다.

*시간이 여유로울 때는 샐러드를 내기 전에 1시간(혹은 하룻밤) 정도 냉장고에 넣어 차게 두었다가 내기 바로 전에 와인 식초, 소금, 칠리 플레이크로 맛을 조절한다.

담기
홀스래디시를 갈아 접시에 뿌리고 그 위에 샐러드를 담는다. 개인 접시에 샐러드를 덜고 그 위에도 홀스래디시를 갈아 뿌린다.

스파이시 그린 소스를 곁들인 구워 으깬 비트

Roasted and Smashed Beets with Spiced Green Sauce

따뜻한 비트는 놀라운 맛을 지니고 있다는 게 내가 이 요리를 사랑하는 첫 번째 이유이다. 으깬 비트의 질감이 중독성 있는 허브 소스와 잘 어울린다는 게 두 번째 이유이다. 만약 이르게 수확한 비트가 없다면 묵혀 둔 비트를 사용해도 괜찮다. 대신 굽기 전에 껍질은 미리 벗겨내는 것이 좋다.

≫ 4인분

비트 8개(약 680g)
작은 것으로 준비
코셔 솔트
검은 통후추

엑스트라 버진 올리브 오일
스파이시 그린 소스
*80쪽 참고

완성

비트를 완성 접시에 옮겨 담고 매운 그린 소스를 비트 위에 뿌려 따뜻할 때 낸다. 실온 정도로 식혀서 내도 좋다.

*보기에 괜찮으면 접시에 옮기지 말고 주물 팬에 담긴 채로 내도 좋다.

오븐을 약 190°C로 예열한다.

비트 준비

흙이 없게 깨끗이 문질러 씻고 껍질이 거칠면 벗긴 다음 큰 것은 4등분, 작은 것은 2등분해서 비슷한 크기로 맞춘다. 커다란 볼에 비트를 담고 소금과 후추를 넉넉하게 갈아 뿌리고 올리브 오일을 뿌려 버무린다.

비트 굽기

오븐 팬이나 주물 팬에 비트를 담고 쿠킹포일을 덮어 오븐에 넣는다. 비트가 충분히 부드러워질 때까지 35~55분 정도 구운 다음 꺼내서 쿠킹포일을 벗기고 다시 오븐에 넣는다. 비트가 푹 익고 촉촉하게 될 때까지 10~12분 정도 더 굽는다.

*비트는 크기에 따라 익는 시간이 다르니 중간중간 뾰족한 것으로 찔러가며 확인한다.

비트 으깨기

비트를 오븐에서 꺼내 컵 또는 컵처럼 바닥이 평평한 도구로 지긋이 눌러 툭툭 갈라질 정도로만 으깬다.

*비트를 산산조각 내기보다 갈라질 정도로만 대강 으깨야 소스가 잘 스며든다.

곡물, 씨앗, 치즈, 허브를 곁들인 구운 비트와 당근

Roasted Beets and Carrots with Couscous, Sunflower Seeds, Citrus, and Feta

구운 뿌리채소들은 서로 잘 어울리는데 특히, 비트와 당근은 그 달착지근함에 있어서 최고의 궁합을 자랑한다. 여기에 톡 쏘는 풍미의 드레싱과 짭조름한 치즈까지 더한다면 맛의 수준이 완전히 달라진다.

≫ 4~6인분

비트 약 450g 여러 색깔 준비
당근 230g
가능하면 여러 색깔 준비
양파(또는 샬롯) 230g
엑스트라 버진 올리브 오일
코셔 솔트
검은 통후추
시트러스 비네그레트 ½컵
*73쪽 참고

이스라엘 쿠스쿠스 1컵
타임 잔가지 1개
칠리 플레이크 ½작은술
마늘 1쪽
구운 해바라기씨 ½컵
고수 잎 1컵
살짝 눌러 담은 정도
페타 치즈 크럼블 ½컵

오븐을 약 230℃로 예열한다.

비트·당근·양파 준비

비트는 껍질을 벗겨 한 입 크기로 썰고, 당근은 둥글고 도톰하게 썬다. 양파도 한 입 크기로 썬다.

비트·당근·양파 굽기

비트는 볼에 담아 올리브 오일을 적당량 두른 뒤 소금과 통후추를 갈아 가볍게 버무리고 오븐 팬에 옮겨 담아 오븐에서 10분 동안 구워 낸다. 비트를 굽는 동안 당근과 양파에 올리브 오일, 소금, 통후추를 갈아 넣고 섞는다. 여기에 구운 비트를 섞어 오븐 팬에 평평하게 옮겨 담고 모든 채소가 옅은 갈색으로 변하고 부드러워질 때까지 12~15분 정도 오븐에서 굽는다. 구운 채소를 볼에 담고 시트러스 비네그레트를 뿌려 골고루 섞는다.

쿠스쿠스 삶기

중간 크기의 냄비에 물을 붓고 짭짤하게 소금을 넉넉히 넣어 끓인다. 물이 끓으면 쿠스쿠스와 타임, 칠리 플레이크를 넣고 마늘은 대강 으깨 넣는다. 쿠스쿠스 봉투에 예시된 조리 시간에 따라 삶은 뒤 물은 따라버리고 타임과 마늘은 건져낸다.

완성

구운 채소에 쿠스쿠스, 해바라기씨, 고수 잎을 넣어 뒤섞는다. 맛을 보고 부족하면 시트러스 비네그레트, 소금, 후추, 칠리 플레이크로 맛을 조절한다. 마지막에 페타 치즈 크럼블을 뿌리고 따뜻할 때 내거나 실온 정도로 식혀서 낸다.

Brussels Sprouts 방울다다기양배추

오랜 시간이 흘러서야 대부분의 사람들이 방울다다기양배추(이후 방울양배추로 표기)를 제대로 조리하는 방법을 알아냈다. 따라서, 아무 생각없이 그냥 물에 넣고 펄펄 끓여내는 일은 없을 거라 믿는다. 한편, 방울양배추는 달콤한 맛과 견과류의 풍미가 알차게 담긴 채소로 많은 사랑을 받고 있다.

아주 작은 양배추

방울양배추의 달콤한 맛은 따뜻한(뜨거운 것은 아님) 낮과 차가운 밤이 반복되면서 만들어진 것이다. 밤에 내리는 서리는 채소를 굉장히 달콤하게 만들지만 과한 열기는 씁쓸한 맛을 만들기도 한다. 방울양배추는 태생적으로 매우 작은 양배추이므로 매끈하고 보기 좋은(단단하게 잎이 여며진) 양배추 모양새라면 상품으로 무난하다. 참고로, 크기는 맛에 영향을 주지 않는다는 점도 기억하자.

손질하기

굵은 가지에 촘촘하게 달린 방울양배추(매우 재미있는 형태인데 이렇게 온전한 형태로 판매하는 곳은 드물다)를 구할 수 있다면 날카로운 칼로 양배추만 잘라낸다. 낱개로 포장된 제품을 샀다면 건조한 윗부분을 조금 잘라낸다. 벌레가 먹은 자국이 있거나 누렇게 변색되고 지저분한 겉잎이 보이면 벗긴다. 굽는 요리에 쓴다면 반으로 자르고, 삶으려면 반으로 자른 뒤 단면을 바닥에 놓고 심지를 중심으로 부채살처럼 0.5cm 두께로 썬다. 샐러드를 위한 준비도 동일한 방법으로 하되 최대한 가늘게 채 썬다.

뜨거운 열기로 익히거나 생 것으로

배추 속에 속하는 채소들처럼 방울양배추 또한 구이나 볶음 같은 고열 요리에 잘 어울린다. 이처럼 뜨거운 열에 닿으면 달콤한 성분이 캐러멜화 되므로 거부할 수 없는 맛을 지니게 된다. 하지만 나는 가을임에도 불구하고 풍성한 초록색을 지닌 이 조그만 채소를 즐겨 먹는다. 생으로 먹을 때는 아주 얇게 슬라이스 해서 슬로우(Slaw) 나 샐러드에 이용한다. 다소 시간이 걸리는 일이긴 해도 그만한 가치가 충분하다.

방울양배추 시저 샐러드

Raw Brussels Sprouts with Lemon, Anchovy, Walnuts, and Pecorino

시저 샐러드의 완벽한 시트러스 버전이라 할 수 있는 샐러드로 개인적으로 매우 좋아하는 메뉴다. 게다가 방울양배추의 놀라운 영양소들까지 그대로 섭취할 수 있으니 이보다 더 좋을 수는 없을 것 같다. 일찍 수확한 방울양배추의 경우 연한 잎들이 매우 얇기 때문에 그냥 먹어도 맛있지만 채칼이나 예리한 칼로 최대한 얇게 썰어서 준비한다.

≫ 2인분

방울양배추 230g
앤초비 필레 4~5장
마늘 1쪽
엑스트라 버진 올리브 오일
구운 헤이즐넛(또는 굵직하게 다진 호두) ¾컵

레몬 ½개
코셔 솔트
검은 통후추
브레드크럼 2큰술
*55쪽 참고
페코리노 로마노 치즈

방울양배추 준비
세로로 반 썬 뒤 단면을 도마에 두고 예리한 칼로 최대한 가늘게 길이로 채 썬다.

앤초비 · 마늘 · 헤이즐넛 준비
앤초비는 아주 곱게 칼로 다지고, 마늘도 곱게 다진 뒤 올리브 오일을 뿌려둔다. 헤이즐넛은 굵직하게 빻거나 칼로 다진다.

샐러드 양념
볼에 방울양배추 채를 넣고 레몬을 꾹 짜서 즙을 뿌려 섞는다. 여기에 다진 앤초비와 마늘을 넣고 소금은 약간만, 통후추는 넉넉히 갈아 섞는다. 올리브 오일은 넉넉히 뿌려 버무린다.

*재료를 손으로 섞어 골고루 간이 잘 스미도록 한다.

완성
샐러드의 맛을 보고 소금, 후추 혹은 레몬즙으로 간을 맞춘 다음 헤이즐넛과 브레드크럼을 넣고 모든 재료가 골고루 섞이도록 버무린 뒤 넓은 접시에 담는다. 마지막에 페코리노 치즈를 갈아 뿌린다.

샐러드의 포슬포슬한 식감을 살리기 위해 방울양배추를 가늘게 채 써는 과정이 중요하다.

당근 피클, 호두, 고수, 시트러스 비네그레트를 곁들인 방울양배추 샐러드

Brussels Sprouts with Pickled Carrots, Walnuts, Cilantro, and Citrus Vinaigrette

이 샐러드는 상온이나 따뜻한 상태로 먹어야 더 맛있다. 만약 미리 만들어 냉장실에 보관했다면 차려 내기 20분 전에 냉장실에서 꺼내 놓는다. 볶아서 삶은 파로(89쪽 참고)를 섞어 만들면 든든한 한끼 식사로도 충분하다. 시트러스 비네그레트는 한번 만들면 냉장실에서 2주 정도는 보관할 수 있다.

≫ 2~3인분

방울양배추 340g
당근 피클* ⅓컵 *100쪽 참고
구운 호두(또는 헤이즐넛이나 피칸) ½컵 *57쪽 참고
쪽파 1줌
고수 잎 ½컵
살짝 눌러 담은 정도
파슬리 잎 ½컵
엑스트라 버진 올리브 오일
마늘 1쪽
코셔 솔트
검은 통후추
시트러스 비네그레트 ¼컵
*73쪽 참고

*홈메이드(100쪽 참고)가 좋지만 마트에서 구매한 제품도 상관없다.

방울양배추 · 당근 피클 · 구운 호두 준비

방울양배추는 반으로 썰고, 당근 피클은 얇게 어슷 썬다. 구운 호두는 으깨거나 굵직하게 다진다.

쪽파 · 허브 준비

쪽파는 얇게 어슷 썰고, 고수 잎과 파슬리 잎은 듬성듬성 썬다.

마늘 볶기

커다란 프라이팬을 중불에 올려 뜨겁게 달구고 올리브 오일 ¼컵을 부은 뒤 마늘을 대강 으깨 넣는다. 마늘이 부드러워지고 옅은 갈색이 나며 향이 올라올 때까지 5분 정도 타지 않게 볶고 건져 따로 둔다.

방울양배추 굽기

팬의 불을 약간 세게 하여 방울양배추의 자른 단면을 팬 바닥에 두고 소금과 통후추를 갈아 간을 한 뒤 완전히 부드러워질 때까지 8-10분간 굽는다. 볶은 마늘을 다시 넣고 나무 주걱으로 꾹꾹 눌러가며 양배추들 사이로 으깬 마늘이 잘 묻을 수 있게 한다.

*중간에 방울양배추가 갈색이 되면 불을 줄여 타지 않게 굽는다.

당근 피클 · 쪽파 · 호두 섞기

방울양배추가 다 익었으면 불을 끄고 여기에 당근 피클과 쪽파, 호두는 반만 넣어 잘 섞는다.

*열기가 있는 팬에서 당근 피클과 쪽파 등을 넣어 버무리면 모든 재료가 따뜻해진다.

샐러드 양념

위의 팬에 시트러스 비네그레트를 뿌려 섞고 고수 잎과 파슬리 잎을 각각 반씩 넣어 다시 버무린다. 맛을 보고 소금과 후추 혹은 시트러스 비네그레트로 맛을 살린다.

완성

비네그레트를 더 넣어야 한다면 내기 전에 살짝 뿌려 따뜻할 때 접시에 담는다. 기호에 따라 곁들여 먹을 수 있게 남은 견과류, 파슬리 잎, 고수 잎은 따로 담아 낸다.

시장에서

농부 시장에 가면 줄기에 그대로 붙어 있는 방울양배추를 가지고 나오는 사람이 있을 수도 있다. 그냥 버리기에 아까운 줄기는 과정이 매우 복잡하긴 하지만 퇴비로 만들어 사용할 수 있다. 방울양배추는 줄기에서 떼어내 알알이 손질된 것을 구입하는 게 편리하긴 하다.

그뤼에르와 프로슈토를 곁들인 방울양배추 그라탱
Gratin of Brussels Sprouts, Gruyère, and Prosciutto

이 요리는 방울양배추와 베이컨의 조합이라는 고전적인 공식에서 아이디어를 얻어 만든 것으로 아주 중독성 있는 맛이다. 만약 냉장고에 남아 있는 걸 당신이 우연히 발견한다면 아주 행복해하면서 아무도 모르게 혼자 먹어 치울 수도 있다.

≫ 4인분

방울양배추 680g
양파 1개(170~230g)
프로슈토 60g
엑스트라 버진 올리브 오일
코셔 솔트
검은 통후추

생크림(또는 크렘 프레슈) 1컵
그뤼에르 치즈 110g
즉석에서 간 것
브레드크럼 ¼컵
*55쪽 참고, 기호에 따라 준비

오븐을 약 200℃로 예열한다.

방울양배추 · 양파 · 프로슈토 준비
방울양배추는 반으로 썰고, 양파는 한 입 크기보다 작게 썬다. 프로슈토는 잘게 썬다.

방울양배추 · 양파 양념
커다란 볼에 손질한 방울양배추와 양파를 넣고 올리브 오일을 적당량 두른 뒤 소금 ½작은술과 통후추를 넉넉히 갈아 뿌려 골고루 섞는다.

방울양배추 · 양파 굽기
오븐 팬에 방울양배추와 양파를 펼쳐 담아 오븐에 넣는다. 방울양배추가 약간 아삭거릴 정도로 15~20분간 구운 뒤 꺼낸다. 오븐은 그대로 켜둔다.

완성
구운 채소를 그라탱 그릇이나 오븐용 그릇에 담는데, 재료가 너무 겹치지 않도록 넓은 그릇을 사용한다. 구운 채소 위에 프로슈토를 골고루 얹고 생크림을 부은 뒤 위에 그뤼에르 치즈를 뿌려 다시 오븐에 넣는다. 치즈와 생크림이 보글보글 끓을 때까지 15~20분 정도 굽는다. 위에 브레드크럼을 뿌리고 5분 정도 식혔다가 낸다.

판체타 비네그레트를 곁들인 방울양배추 구이
Roasted Brussels Sprouts with Pancetta Vinaigrette

수요일쯤 되면 저녁 메뉴로 뭐가 좋을지 고민인데, 그럴 때 딱 해 먹기 좋은 요리다. 방울양배추 한아름을 구운 뒤 풍미 가득한 육즙 드레싱을 뿌려 완성한다. 다른 종류의 비네그레트를 사용해도 되며 심지어 오일과 식초만으로 간단히 맛을 내도 좋다. 무엇보다 복잡한 준비 과정 없이 맛있는 사이드 디시를 만들 수 있다는 게 장점이다. 이외 와일드 라이스(Wild Rice)[1] 와 함께 곁들여 먹거나 돼지고기 어깨살 스테이크와 곁들여도 좋다.

≫ 4인분

방울양배추 680g
타임 1½작은술
엑스트라 버진 올리브 오일
코셔 솔트

검은 통후추
판체타 비네그레트 ½컵
*72쪽 참고

오븐을 약 220°C로 예열한다.

방울양배추 · 타임 준비
방울양배추는 열십자(+)로 4등분하고, 타임은 다진다.

방울양배추 굽기
볼에 방울양배추와 올리브 오일, 타임을 넣어 잘 섞고 소금과 통후추를 넉넉히 갈아 뿌린다. 두 개의 오븐 팬에 방울양배추를 평평하게 담고 오븐에 넣어 굽는다. 균일하게 익을 수 있도록 중간중간 한두 번 뒤섞어가며 완전히 부드러워질 때까지 20~22분 정도 굽는다.

*방울양배추가 너무 무르지 않도록 주의하며, 살짝 들뜬 양배추 잎은 갈색으로 변하거나 살짝 탈 수도 있는데 오히려 맛을 더 살릴 수 있으니 신경 쓰지 않아도 된다.

완성
다 구워진 방울양배추를 볼에 담고 판체타 비네그레트를 넣어 섞은 뒤 간이 부족하면 소금과 통후추를 갈아 간을 맞춘다.

---

1 야생 벼 혹은 줄풀쌀이라 불리는 열매로 생김새나 이름과 달리 쌀이 아니다. 북아메리카에 거주하는 원주민의 주식으로 수백 년 동안 재배되어 왔으며 덕분에 인디언 라이스 혹은 캐나다 라이스라고도 부른다. 가늘고 긴 모양의 와일드 라이스는 검게 보이지만 짙은 갈색에 가깝고 속은 하얗다. 글루텐 성분이 없으며 식이섬유와 미네랄, 단백질이 풍부하다. 삶은 뒤 주로 샐러드나 시리얼에 뿌려 먹는다.

Carrots *(Late Season)*
완숙한 당근

몇 가지 뿌리채소와 마찬가지로 당근 역시 봄에 소개(178쪽의 어린 당근 참고)했지만 가을 당근으로 다시 찾아왔다. 가을의 당근은 더 크고, 더 단단하며, 섬유조직도 더욱 오밀조밀하다. 그러나 가을이 깊어갈수록 나무처럼 뻣뻣해지기도 한다. 가을 당근의 가장 큰 특징이라면 봄철 햇당근에서 풍기는 솔향과 레몬같은 향은 적지만 대신 엄청난 달콤함을 지니고 있다.

껍질은 벗기자
가을에 수확한 당근에는 줄기와 잎이 달려 있지 않다. 수분을 머금고 있는 여린 줄기와 잎을 즐길 수 있는 때는 오직 봄뿐이다. 가을 당근이 껍질은 상당히 질긴 편이므로 대체로 벗겨서 사용한다.

늙은 것이 아닌 성숙한 것
당근은 주황색이 일반적이지만 철 지난 시장에서 여러 색의 당근을 만날 수도 있다. 색깔과 상관없이 선명하고 밝은 느낌이 나야 신선한 것이다. 만졌을 때 매끈하고 단단하며 쪼개지거나 갈라진 상처 없이 반듯한 것이 좋다. 잘 익은 가을 당근을 고르되 너무 오래 방치된 것은 피해야 한다.

가을 당근은 크다!
큼직한 가을 당근이야 말로 채칼을 쓰기에 적합한 크기이며 작게 썰기에도 좋다. 퓌레로 만들어도, 구워 먹기에도 최적이다. 봄 당근이 유연하고 화사한 달콤함을 가졌다면 땅속에서 차가운 나날을 꿋꿋이 보낸 가을 당근의 매력은 깊고 진한 달콤함이다. 이는 뿌리채소의 전형적인 특징이기도 하다.

살구, 피스타치오, 파로를 곁들인 구운 당근 샐러드

Farro and Roasted Carrot Salad with Apricots, Pistachios, and Whipped Ricotta

고소한 파로와 당근, 살구, 리코타 치즈의 조합은 당근 케이크와 비슷한 느낌을 주는데, 풍미 가득한 단맛이 강하다. 살구 대신 대추야자나 마른 체리 혹은 이 둘을 섞어서 사용해도 좋다. 파로는 그윽한 풍미가 날 때까지 팬에 볶은 뒤 조리해야 한다.

» 4인분

당근 약 230g
마른 살구 약 110g
적양파 ½개
엑스트라 버진 올리브 오일
칠리 플레이크 ¼작은술
코셔 솔트
검은 통후추
조리한 파로 2컵 *89쪽 참고
화이트 와인 식초 3큰술
파슬리 잎 ½컵
살짝 눌러 담은 정도
구운 피스타치오 ½컵
*57쪽 참고
리코타 치즈 크림 *69쪽 참고
리코타 살라타(또는 페타 치즈) 크럼블 ½컵

오븐을 약 190℃로 예열한다.

당근·마른 살구·적양파 준비

당근은 길이로 반 썬 다음 도톰하게 어슷 썰고, 마른 살구는 듬성듬성 썬다. 적양파는 얇게 채 썬다.

당근 굽기

볼에 당근을 넣고 올리브 오일을 살짝 두른 다음 칠리 플레이크와 소금 1작은술, 통후추를 서너 번 갈아 섞는다. 오븐 팬에 당근을 평평하게 올려 연한 갈색이 되고 부드러워질 때까지 약 15분간 굽고 살짝 식힌다.

완성

큰 볼에 구운 당근과 파로, 살구를 담고 와인 식초를 뿌려 잘 섞는다. 맛을 보고 소금으로 간을 한 뒤 칠리 플레이크를 더 넣는다. 파슬리와 양파, 피스타치오를 넣어 다시 가볍게 섞고 소금, 칠리 플레이크, 와인 식초로 맛을 조절한 다음 올리브 오일 ¼컵을 둘러 섞는다.

담기

접시에 리코타 치즈 크림를 적당히 펴 바르고 그 위에 샐러드를 올린 다음 리코타 살라타 크럼블을 흩뿌린다. 올리브 오일을 마지막으로 아주 살짝 뿌려 낸다.

구운 파로 맛을 더한 당근 샐러드

Grated Carrot Salad with Grilled Scallions, Walnuts, and Burrata

가을 당근은 추운 밤을 잘 견뎌낸 덕에 속이 옹골차고 매우 달콤하며 적당히 큼직해 채 써는 게 수월하다. 재료 중 앤초비는 반드시 넣는 것이 좋은데 구운 파, 부라타 치즈와 꽤 잘 어울리기 때문이다. 사실 이 요리는 사람들이 왜 앤초비를 그토록 사랑하는지 이해할 수 있는 메뉴라 할 수 있다.

≫ 4인분

당근 340g
구운 호두 1컵 *57쪽 참고
파슬리 잎 ½컵
살짝 눌러 담은 정도
앤초비 필레 2장
쪽파 15~16줄기
엑스트라 버진 올리브 오일

레몬즙 ¼컵 즉석에서 짠 것
칠리 플레이크 ½작은술
코셔 솔트
검은 통후추
부라타 치즈(또는 생 모차렐라 치즈) 1덩어리

당근·호두 준비

당근은 4~5cm 길이로 곱게 채 썰고, 호두는 굵직하게 다진다.

*당근은 박스 그레이터를 이용해 채 썰어도 되는데, 중요한 것은 최대한 가늘게 썰어야 간이 잘 밴다는 점이다.

파슬리 잎·앤초비 준비

파슬리 잎은 듬성듬성 썰고, 앤초비는 곱게 다진다.

쪽파 굽기

쪽파는 프라이팬이나 주물 팬의 길이에 맞춰 자른 뒤 팬에 올리브 오일을 두르고 중강불에 올린 다음 가지런히 얹는다. 쪽파를 자주 뒤집어가며 표면이 거뭇거뭇할 정도로 8~10분 정도 굽는다. 이렇게 태우듯 구우면 연해지고 단맛이 많이 올라온다.

*그릴에 구워도 되는데, 그릴에 구울 때는 오일을 바르지 않는다.

완성

커다란 볼에 당근 채를 담고 구운 쪽파, 호두, 앤초비, 파슬리 잎, 레몬즙, 칠리 플레이크, 소금 ½작은술을 넣은 뒤 통후추를 약 20번 정도 갈아 뿌린다. 모든 재료를 골고루 섞고 간이 잘 배도록 잠시 그대로 두었다가 다시 간을 맞추고 올리브 오일 ¼컵을 뿌려 섞는다.

담기

접시에 샐러드를 담고 부라타 치즈나 생 모차렐라 치즈를 손으로 대강 찢어 샐러드 위에 골고루 얹고 올리브 오일을 조금 뿌려 마무리한다.

꿀과 버터를 얹어 구운 당근

Burnt Carrots with Honey, Black Pepper, Butter, and Almonds

당근은 구우면 본래 가지고 있던 단맛이 응축한다. 당근을 거무스름하게 태우 듯 구울 때 생기는 쓴맛이 버터, 꿀과 기똥차게 좋은 맛의 균형을 이루어 환상적인 풍미를 선사한다. 원한다면 신선한 허브를 넣어도 좋은데, 소량의 타임이나 윈터 세이보리(Winter Savory)[1]가 가장 잘 어울린다.

≫ 4인분

당근 680g
엑스트라 버진 올리브 오일
화이트 와인 식초 2큰술
코셔 솔트
검은 통후추

무염 버터 2큰술
꿀 2큰술
구운 아몬드 ½컵
*57쪽 참고

완성
오븐 팬에 유산지를 깔고 당근을 펼쳐 담은 뒤 버터를 조각 내서 골고루 얹는다. 그 위에 꿀을 골고루 뿌리고 오븐에 넣어 당근이 부드럽게 익을 때까지 5-7분간 굽는다. 오목한 그릇에 당근을 담고 식초, 소금, 혹은 통후추를 갈아 간을 맞춘다. 마지막에 아몬드를 다져 뿌리고 마무리한다.

오븐을 약 245℃로 예열한다.

당근 굽기
굵은 것만 세로로 반 잘라 오븐 팬에 가지런히 담고 올리브 오일 1큰술을 골고루 뿌려 오븐에 넣는다. 아주 진한 갈색으로 변할 때까지 약 10~12분간 굽는다. 오븐은 끄지 말고 150℃로 낮춘다.

*다 구운 당근은 끝 쪽의 가는 부분이 살짝 타진 해도 완전히 부드러운 것이 아닌 아삭할 정도로만 익혀야 한다.

당근 양념
당근이 손으로 만질 수 있을 만큼 식으면 1.5cm 두께로 어슷 썰어 커다란 볼에 담고 와인 식초를 뿌리고 소금과 통후추를 갈아 간한다. 골고루 섞고 와인 식초가 당근에 스며들 때까지 약 5분간 그대로 둔다.

---

1 박하과에 속하는 식물로 잎이 작고 녹갈색을 띤다. 일년생인 여름 세이보리와 다년생인 겨울 세이보리 두 종류가 있다. 수프, 샐러드, 스튜, 육류 요리, 생선요리, 달걀 요리 등에 두루 사용한다.

피칸 크러스트 당근 파이

Carrot Pie in a Pecan Crust

나는 당근을 아주 많이 먹는 편인데, 날 것 혹은 절여서 샐러드에 넣기도 하고, 그릴에 굽기도 하며 당연히 케이크도 만드니 파이라고 안 될 일인가. 물론 호박 파이처럼 잘랐을 때 모양이 잘 나오는 편은 아니지만 말랑하면서도 섬세한 식감이 그에 진배없다. 주의할 점은 당근은 섬세한 단맛을 충분히 가지고 있으므로 단맛을 많이 더할 필요는 없다는 것이다. 피칸 크러스트는 깊고 진한 풍미를 더해준다. 당근 파이는 아침 식사로 아주 훌륭하다.

≫ 지름 23cm 파이 1개 분량(약 6~8인분)

당근 910g(약 6개 분량)
코셔 솔트
설탕 ½컵
생크림(또는 크렘 프레슈) 1½컵
무염 버터 2큰술
달걀 2개
달걀노른자 1개 분량
밀가루
피칸 반죽 *87쪽 참고

당근 준비

껍질을 벗기고 2.5cm의 폭으로 썰어 냄비에 담은 뒤 잠길 정도로 물을 붓고 소금 2작은술을 넣어 끓인다. 한소끔 끓어오르면 불을 약하게 줄이고 부드러워질 때까지 20~25분 정도 삶는다. 다 익으면 물을 따라 버리고 블렌더에 넣는다.

캐러멜 소스 준비

소스팬에 설탕과 물을 ¼컵씩 넣고 설탕이 물에 충분히 잠기는지 확인한 다음 천천히 저어가며 끓인다. 끓어오르면 중약불로 줄이고 짙은 호박색으로 변하고 캐러멜 향이 날 때까지 젓지 말고, 중간중간 팬을 서너 번 흔들어가며 5~6분간 끓인다. 이후 생크림 ¼컵을 조심스럽게 붓고 생크림과 시럽이 잘 섞일 때까지 휘저은 뒤 버터와 소금 1꼬집을 넣어 녹인다.

파이 필링 준비

위의 캐러멜 소스를 당근이 들어 있는 블렌더에 붓고 남은 생크림 1¼컵, 달걀, 달걀노른자를 순서대로 넣어가며 곱게 간다. 완전히 부드러워질 때까지 블렌더를 제일 세게 돌린다. 파이 크러스트를 준비하는 동안 한 켠에 놓아둔다.

*생크림과 달걀, 달걀노른자를 블렌더에 갈 때는 한 가지를 넣고 충분히 간 다음 다른 재료를 넣어 갈아야 한다.

파이 크러스트 준비

작업대에 밀가루를 가볍게 흩뿌리고 피칸 반죽을 지름 약 36cm 크기로 동그랗게 민다. 밀대에 반죽을 돌돌 말아 접고 지름 23cm 파이 틀에 조심스럽게 올린다. 이때, 반죽을 잡아당기지 말고 늘어지는 반죽은 안쪽으로 밀어 넣는다. 남는 반죽은 파이 틀 가장자리에 올려 도톰하고 예쁘게 장식하는데, 가장자리 전체에 예쁜 주름을 만든다. 완성된 파이 반죽은 냉동실에 30분간 두거나 냉장실에서 1시간 휴지시킨다.

오븐을 약 200℃로 예열한다.

파이 크러스트 굽기

파이 크러스트 위에 종이포일이나 쿠킹포일을 깔고 그 위에 쌀이나 콩을 채운 뒤 포일을 안쪽으로 조금 말아 접어 둔다. 오븐에 넣고 크러스트의 가장자리가 부풀어 오르고 연한 갈색이 될 때까지 약 10분간 굽는다. 오븐 온도를 160℃로 낮추고 포일과 안에 담긴 재료를 조심스럽게 빼낸 뒤 크러스트 바닥의 수분을 없애기 위해 20분간 더 굽는다.

*160℃에서 굽는 동안 크러스트의 가장자리가 진한 갈색으로 변하지 않도록 중간중간 체크하고 혹시 그럴 것 같다면 오븐 온도를 150℃로 낮춰 굽는다.

완성

파이 크러스트에 당근 필링을 붓고 필링이 굳을 때까지 160℃의 오븐에서 약 1시간 정도 구워낸 뒤 식힘망 위에 올려 식힌다. 자르기 전에 충분히 식혀야 한다는 것을 잊지 말자.

> **텃밭에서**
> 밤사이 내리는 서리 덕분에 달달해진 가을 당근을 일컬어 '설탕 당근'이라고도 부른다.

Swiss Chard
근대

비트를 좋아하지 않는다면 근대 역시 좋아하지 않을 가능성이 높다. 이 둘은 동일한 계보를 갖고 있는데다가 유사시 근대를 대신해 비트 그린(Beet Greens)으로 사용하기도 한다. 게다가, 미네랄 특유의 광물질 같은 향이 느껴지고 맛도 흙처럼 거친 특성을 갖고 있다 보니 근대에 대한 싫고 좋음은 극명하게 갈린다.

조리해도 살아 있는 식감

근대가 지닌 흙 풍미는 시금치 등에 함유된 옥살산(Oxalic Acid)*의 씁쓸한 맛을 지닌 다른 녹색 채소들로 중화 시킬 수 있다. 하지만 만일 시금치와 근대 중 하나만을 사용한다면 나의 선택은 언제나 근대다. 조리한 후에도 어느 정도 살아 있는 근대 잎의 식감 때문이다. 시금치의 경우 열로 익히면 축 늘어지고 살짝 끈적거리는 느낌이 있어 사실 별로 좋아하지 않는다. 이런 개인적인 이유로 이 책에는 시금치가 없다!

*유기화합물로 수산이라고도 부르며, 양배추, 브로콜리, 파슬리, 시금치 등의 식물에서 발견된다.

잎과 잎줄기를 따로 손질

잎 가운데에 또렷하게 보이는 굵직한 잎줄기에는 섬유질이 풍부하다. 따라서 잎과 줄기를 분리해 따로 조리한다. 우선 줄기에서 잎을 잘라낸다. 잎은 요리에 따라 전체를 쓰거나 차곡차곡 쌓아 돌돌 말아 원하는 폭으로, 굵게 혹은 가늘게 썬다. 줄기는 한데 모아서 일정한 길이로 썰거나 어슷하게 썬다. 굵은 것은 길이로 갈라 썰면 된다. 줄기는 한 번 볶아 내면 뻣뻣함이 살짝 누그러지기 때문에 나중에 조리할 때 식감의 균형을 맞출 수 있다.

할라페뇨를 넣은 적근대 오픈 토스트
Rainbow Chard with Garlic and Jalapeños

포시즌 농장에서 일하던 시절, 여러 종의 고추를 재배하면 좋을 것이라 생각했다. 그러나 메인 주의 밤은 기온이 낮은 탓에 이 지역 농부들은 고추 키우기를 달가워하지 않았고 좋은 생각이 아니라 여겼다. 하지만 그 결과 우리 농장에서 키운 고추들이 농장 직원들 식탁에 더 많이 오르게 되었다. 이 요리는 당시 가장 인기 있었던 요리다. 마늘, 식초, 엑스트라 버진 올리브 오일을 듬뿍 넣을 것을 권한다.

≫ 4인분

적근대 1줌
마늘 3쪽
할라페뇨 1~2개
엑스트라 버진 올리브 오일
코셔 솔트
검은 통후추
레드 와인 식초 4큰술
시골빵 4장 두툼하게 썬 것

근대 준비

세로로 반 접어 굵은 잎줄기를 도려내 듯 잘라낸 다음 줄기가 굵고 단단하면 송송 썰고, 연하면 세로로 가늘게 채 썬다. 잎은 몇 장씩 겹쳐 돌돌 말아 채 썰거나 손으로 찢는다.

마늘·할라페뇨 준비

마늘은 2쪽은 대강 으깨고 1쪽은 반으로 썬다. 할라페뇨는 반 갈라 씨와 속살을 제거한 뒤 송송 썬다.

근대 줄기 볶기

커다란 프라이팬이나 더치 오븐에 올리브 오일 ¼컵을 두르고 중불에 올린다. 으깬 마늘을 넣고

부드럽고 진한 향이 올라오면서 옅은 갈색이 될 때까지 타지 않게 약 5분간 볶는다. 여기에 할라페뇨를 넣어 1분 정도 볶다가 근대 줄기를 넣고 소금과 통후추를 갈아 뿌린다. 줄기가 약간 연해질 때까지 4~5분간 더 볶는다.

근대 잎 볶기

위의 팬에 근대 잎을 넣어 볶는데, 팬에 다 들어가지 않으면 서너 줌만 넣고 숨이 죽을 때까지 집게로 볶은 다음 나머지 잎을 넣어 볶는다. 근대 잎의 숨이 죽으면 물을 약간 뿌리고 팬 뚜껑을 덮은 뒤 8-10분간 익힌다. 수분이 많이 나와 팬 바닥에 물이 흥건하면 불을 세게 올려 수분을 증발시킨 뒤 와인 식초, 소금과 통후추를 갈아 뿌려 고루 섞는다. 팬을 불에서 내리고 올리브 오일을 조금 섞어 맛과 식감이 조화롭게 어우러질 때까지 약 1-2시간 정도 그대로 둔다.

*하루 전에 만들어서 냉장실에 넣어두면 편리하다.

완성

시골빵은 그릴에 굽거나 토스터에 구운 뒤 반으로 썰어 둔 마늘을 빵 표면에 문질러 바른다. 빵 위에 볶은 근대를 조심스레 얹고 올리브 오일을 한번 둘러 낸다.

건포도 잣 적근대 파스타

Spaghetti with Swiss Chard, Pine Nuts, Raisins, and Chiles

여러 재료가 어우러져 짭짤하고 달콤하며, 매콤하면서도 흙 내음까지 자아내는 이 파스타는 만들기가 정말 간단하다. 행여 먹다가 남으면 프리타타로도 만들어 먹을 수 있다. 오븐에 넣어도 되는 프라이팬에 남은 파스타를 담고, 치즈를 올리고, 달걀물을 부어 오븐에서 구우면 된다. 이때 프리타타 바깥으로 삐죽 튀어나온 파스타는 바삭함을 선사한다.

≫ 3~4인분

건포도 ½컵
레드 와인 식초
적근대 1줌
코셔 솔트
스파게티(또는 탈리아텔레나 엔젤 헤어) 230g
엑스트라 버진 올리브 오일
마늘 2쪽
잣 ½컵
칠리 플레이크 ½작은술
검은 통후추
무염 버터 3큰술
파르미지아노 레지아노 치즈

건포도 준비

삭은 볼에 건포도를 담고 와인 식초와 따뜻한 물을 약간씩 부어 뚜껑을 덮어 둔다. 건포도가 살짝 부풀어 오를 때까지 약 20분간 불리고 물기를 뺀다.

근대 준비

세로로 반 접어 굵은 줄기를 도려내듯 잘라낸 다음 줄기가 굵고 단단하면 송송 썰고, 연하면 세로로 가늘게 채 썬다. 잎은 먹기 좋게 손으로 찢는다.

파스타 삶기

커다란 냄비에 물을 붓고 바닷물처럼 짭짤하게 소금을 넣어 끓인다. 물이 끓으면 스파게티를 넣고 봉투에 알덴테로 예시된 시간보다 1분 정도 덜 삶는다. 파스타 삶은 물을 약 ½컵을 떠 놓은 뒤 체에 밭쳐 스파게티를 건진다.

파스타 소스 준비

스파게티를 삶는 동안 커다란 프라이팬을 중약불에 올리고 올리브 오일을 적당량 두른다. 여기에 마늘을 대강 으깨 넣고 잣도 함께 넣어 연한 갈색이 되도록 약 5분간 타지 않게 약한 불에서 볶은 뒤 칠리 플레이크를 넣는다. 매콤한 향이 번질 때까지 10초 정도 재빨리 볶고 불려 둔 건포도를 넣는다.

소스에 근대 넣어 볶기

불을 중불로 올리고 근대 줄기를 넣은 뒤 소금과 통후추를 갈아 간을 하고 근대 줄기가 살짝 부드러워질 때까지 3~4분 정도 볶는다. 근대 잎을 모두 넣고 파스타 삶은 물을 약간 부은 다음 팬 뚜껑을 덮어 근대 잎이 숨이 죽을 때까지 2~3분간 둔다.

완성

근대 잎의 숨이 죽으면 스파게티와 버터를 넣어 잘 섞고 소금과 후추 혹은 칠리 플레이크로 맛을 조절한다. 마지막에 치즈를 갈아 골고루 뿌리고 올리브 오일을 둘러 그릇에 담는다.

근대와 리크, 허브, 리코타로 만든 크로스타타
Swiss Chard, Leek, Herb, and Ricotta Crostata

근대로 만든 크로스타타(Crostata)[1]를 보면 알 수 있듯이 짙은 녹색의 채소들은 파이와 타르트를 만들기에 적합하다. 윗면을 반죽으로 덮지 않고 만들기 때문에 타르트 틀이 따로 필요 없으니 번거롭지도 않다. 연한 근대와 잘 어울리는 재료로는 단맛을 가진 리크(Leek)와 풍성한 허브를 꼽을 수 있다. 이들 덕에 신선하고 부담 없는 맛이 난다. 이 요리는 사이다(Cider)[2] 한 잔과 아주 잘 어울리는 음식이니 참고할 것.

> **4~6인분**

근대 1줌
리크(또는 대파) 2줄기
엑스트라 버진 올리브 오일
마늘 3쪽
칠리 플레이크 ½작은술
코셔 솔트
검은 통후추
리코타 치즈 1컵
파르미지아노 레지아노 치즈
1컵 즉석에서 간 것
허브(딜, 고수, 민트, 파슬리 등) 1컵 살짝 눌러 담은 정도
레몬 제스트 2작은술
달걀 2개
밀가루
호두 반죽 *87쪽 피칸 반죽을 호두로 대체

근대 준비
세로로 반 접어 줄기를 도려내 듯 잘라낸 다음 줄기가 굵고 단단하면 송송 썰고, 연하면 세로로 가늘게 채 썬다. 잎은 몇 장씩 돌돌 말아 채 썬다.

리크 준비
길게 반으로 가른 뒤 0.5cm 폭으로 잘게 썬다.

근대 줄기·리크 볶기
커다란 프라이팬이나 더치 오븐에 올리브 오일 ¼컵을 두르고 중불에 올린다. 마늘을 대충 으깨 넣고 부드럽고 진한 향이 올라오면서 옅은 갈색이 될 때까지 타지 않게 약한 불로 5분간 볶는다. 근대 줄기와 리크, 칠리 플레이크를 넣고 소금과 통후추를 갈아 뿌린다. 재료가 부드러워지면서 향이 올라올 때까지 8-10분 정도 볶는다.

근대 잎 볶기
위의 팬에 근대 잎을 넣어 볶는데, 팬에 다 들어가지 않으면 서너 줌만 넣고 숨이 죽을 때까지 볶은 다음 나머지 잎을 넣어 볶는다. 근대 잎의 숨이 죽으면 물을 약간 뿌리고 팬 뚜껑을 덮은 뒤 8-10분간 익히고 볼에 옮겨 담아 식힌다.

근대 필링 준비
근대를 식히는 동안 다른 볼에 리코타 치즈, 파르미지아노 레지아노 치즈, 허브, 레몬 제스트, 달걀을 넣어 잘 섞는다. 여기에 볶은 근대를 넣고 소금, 후추, 칠리 플레이크로 맛을 조절한다.

오븐을 약 190℃로 예열한다.

반죽 준비
작업대에 밀가루를 살짝 흩뿌리고 호두 반죽을 지름 38cm의 둥근 모양으로 밀대로 민 다음 밀대에 돌돌 만다. 오븐 팬에 유산지를 깔고 그 위에 반죽을 조심스럽게 풀어 옮긴다.

크로스타타 만들기
근대 필링을 반죽 중앙에 올리고 가장자리에서 7-8cm 정도를 남기고 펼친다. 필링을 다 펼친 뒤 반죽 가장자리를 조심스럽게 잡아 필링을 향해 덮듯이 돌려가며 접는데, 필링 주변으로 느슨한 주름을 만든다. 완벽하지 않아도 괜찮으니 이 과정에서 시간을 낭비하지 않는다.

완성
크로스타타를 오븐에 넣고 먹음직스러운 갈색이 날 때까지 25~30분 정도 굽고 오븐 온도를 약 160℃로 낮춰 반죽이 완전히 바삭해질 때까지 15~20분 더 굽는다. 유산지째 식힘망 위에 올려 15분 정도 식힌 다음 따뜻할 때 먹기 좋게 잘라 낸다.

---

1 이탈리아에서 유래된 타르트 혹은 파이의 일종이다. 여러 재료를 섞어서 필링을 만드는데, 허브를 넣기도 하는 등 종류가 매우 다양하다. 디저트 혹은 세이보리 푸드로도 만들 수 있다.
2 우리가 흔히 생각하는 탄산음료가 아닌 사과즙을 발효시켜 만든 일종의 알코올 음료로 역사와 전통이 매우 깊다. 유럽 전역에서 흔히 만날 수 있으며 영국과 아일랜드가 특히 유명하다.

Collards
콜라드

대부분의 사람들은 '콜라드'라고 하면 통통한 돼지 다리와 함께 커다란 냄비에 넣고 하루 종일 끓여 먹는 채소라고 생각한다. 이 음식은 미국 남부 지방을 상징하는 요리로 남부인들에게는 소울푸드로 여겨지며 주로 바비큐와 곁들여 먹는다. 이는 모두 사실이며, 한편으로는 새로운 요리의 시작이라고 할 수 있다.

케일과 비슷한 콜라드

많은 사람들이 좋아하는 케일 샐러드를 비롯해 케일 칩은 한번 먹으면 멈출 수가 없고, 뭉근히 삶은 케일을 넣은 그라탱 또한 포크에 묻은 것까지 남김없이 핥아먹을 정도로 맛있다. 이처럼 인기가 높은 케일을 콜라드로 대체할 수 있다. 이 두 채소는 맛과 식감이 매우 비슷할 뿐만 아니라 개성 강한 재료들을 수용할 수 있는 듬직한 기반이 되기도 한다. 비록 케일이나 콜라드의 준비 작업이 그리 간단한 일은 아니지만 명시된 조리 과정대로 따라하다 보면, 놀랄 정도로 연해지기 때문에 하루 종일 삶을 필요는 없어진다. 단, 이는 줄기가 제거된 (354쪽 참고) 경우에만 해당되고, 잎만 발라낸 다음에는 샐러드나 파스타, 수프용으로 얇게 썬다. 데칠 때는 통으로 넣은 뒤 식혀서 재료를 감싸는 용도로 쓰고, 뭉근하게 삶으면 굉장히 부드러워진다.

색깔이 관건

덜 자란 어린 잎이나 녹색 새싹채소가 아니라면 녹색 채소의 크기는 선택 시 그리 중요한 항목이 아니다. 중간 크기의 콜라드 잎은 이보다 큰 콜라드의 맛과 동일하다. 문제는 바로 색이다. 콜라드의 잎이 생기 있고 싱싱하게 보이는 것은 기본이며, 진한 녹색일수록 좋다. 잎이 누렇거나 축 처지고 끝 부분이 무른 것은 신선하지 않은 것이다. 구입한 즉시 비닐봉지에 넣어 냉장실에 두면 며칠은 괜찮다.

캐슈넛 버터로 맛을 낸 버섯 콜라드 샐러드

Shaved Collard Greens with Cashews and Pickled Peppers

배추의 친척인 콜라드는 케일과 매우 가깝다. 즉, 케일로 샐러드를 만들 수 있다면 콜라드로도 안 될 일이 아니다. 콜라드에 캐슈넛과 캐슈넛 버터를 곁들이면 예상 밖의 놀라운 맛이 완성되는데, 한 입 먹어보면 바로 알 수 있다.

≫ 4인분

버섯 170g 가을에 나는 향이 진하지 않은 것(느타리, 양송이, 새송이 등)
코셔 솔트
콜라드 340g
붉은 양배추(또는 양배추) 340g *작은 것 ¼통 정도
페페론치니 피클 ⅓컵

구운 캐슈넛 ¼컵
*57쪽 참고
캐슈넛 버터 6큰술
화이트 와인 식초 2큰술
페페론치니 피클 국물 2큰술
엑스트라 버진 올리브 오일
검은 통후추

오븐을 약 200℃로 예열한다.

버섯 손질

느타리버섯은 가닥가닥 나누고, 양송이버섯은 모양을 살려 도톰하게 썬다. 다른 버섯을 준비했다면 먹기 좋은 크기로 손질한다.

버섯 굽기
오븐 팬에 유산지를 깔고 버섯을 겹치지 않게 올린 뒤 오븐에 넣어 연한 갈색이 될 때까지 15~30분간 굽는다. 꺼내서 소금을 약간 뿌리고 식힌다. 버섯을 구울 때는 오일을 뿌리지 않는다.

콜라드·붉은 양배추 준비
버섯을 굽는 동안 콜라드를 손질하는데, 가운데 두꺼운 줄기는 잘라내고 잎은 서너 장씩 겹쳐 돌돌 만 뒤 가늘게 채 썬다. 붉은 양배추는 가운데 단단한 심을 제거하고 최대한 가늘게 채 썬다.

페페론치니 피클·캐슈넛 준비
페페론치니 피클은 잘게 다지고 캐슈넛은 굵직하게 다진다.

드레싱 준비
작은 볼에 캐슈넛 버터와 와인 식초, 피클 국물, 다진 페페론치니 피클을 넣어 휘젓고 올리브 오일 2큰술을 두른 뒤 소금과 통후추를 넉넉히 갈아 넣는다. 맛을 보고 각각의 재료로 맛을 조절한다.

완성
큰 볼에 버섯과 콜라드, 붉은 양배추를 담고 드레싱을 부어 잘 섞는다. 맛을 보고 와인 식초나 피클 국물, 소금, 또는 후추로 맛을 조절한 다음 캐슈넛을 위에 뿌린다.

*드레싱이 다소 걸쭉하므로 집게를 이용해 골고루 섞어야 한다.

프리카와 포도를 곁들인 콜라드 샐러드
Collards with Freekeh, Hazelnuts, and Grapes

프리카는 그 자체만으로 쫀쫀하게 씹히는 식감이 좋기 때문에 생 콜라드보다 익힌 콜라드와 더 잘 어울린다. 포도는 촉촉한 과즙과 함께 계절의 풍미를 선사하는 재료이다. 만약 헤이즐넛이 없다면 볶은 아몬드나 살짝 볶은 호두를 넣으면 된다.

≫ 4인분

- 콜라드 1줌
- 포도알 2컵
- 헤이즐넛 ½컵 *57쪽 참고
- 쪽파 1줌
- 프리카 1컵
- 마늘 4쪽
- 레드 와인 식초
- 코셔 솔트
- 검은 통후추
- 칠리 플레이크
- 엑스트라 버진 올리브 오일

콜라드 · 포도 · 헤이즐넛 준비
콜라드는 줄기를 잘라내 제거하고 잎만 가로로 5cm 폭으로 썬다. 포도는 반으로 썰고, 헤이즐넛은 굵직하게 다진다.

쪽파 준비
가늘고 길게 어슷 썬 뒤 얼음물에 20분 동안 담갔다가 건져서 물기를 뺀다.

*쪽파 손질하는 방법은 93쪽을 참고한다.

프리카 삶기
프리카는 90쪽을 참고해 삶고, 체에 받친 뒤 넓게 펼쳐 식힌다. 프리카 삶은 물은 냄비에 따로 둔다.

콜라드 삶기
프리카 삶은 물을 불에 올리고 마늘을 대강 으깨 넣은 뒤 와인 식초를 약간 넣고 콜라드를 넣어 끓인다. 뚜껑을 닫고 콜라드가 아삭하게 익을 정도로 12-20분간 삶은 뒤 물은 따라 버리고 식힌다.

완성
콜라드와 프리카를 커다란 볼에 담고 포도, 헤이즐넛, 쪽파를 넣어 골고루 섞는다. 여기에 와인 식초 ¼컵과 소금, 후추, 칠리 플레이크 ¼작은술을 뿌린 뒤 다시 섞는다. 맛을 보고 간을 맞춘 뒤 올리브 오일 ¼컵을 두른다. 맛이 스며들게 최소 15분 정도 두었다가 낸다.

콩과 파르미지아노 린드를 넣은 콜라드 스튜
Stewed Collards with Beans and a Parmigiano Rind

전통적인 미국 남부 요리로, 주로 햄 혹(Ham Hock)이라 불리는 무릎과 발 사이에 붙은 고기와 콜라드를 넣어 만든 진한 스튜이다. 나는 이를 채식 레시피로 다시 만들었다. 그럼에도 고기가 주는 감칠맛은 차마 포기할 수 없어 이를 파르미지아노 린드(Rind)[1]로 살렸다. 단단한 린드를 잘라냈으니 나머지 치즈 조각으로 무얼 해 먹을지는 여러분의 몫이다.

≫ 6인분

콜라드 1줌
양파 1개
삶은 강낭콩 *300쪽 참고
마늘 3쪽
린드 1조각 파르미지아노 레지아노 치즈에서 잘라낸 것
로즈메리(큰 것) 1줄기
마른 작은 고추 1개 *칠레 데 아르볼(chile de árbol) 같은 것
엑스트라 버진 올리브 오일
구운 빵 *기호에 따라 준비

콜라느 · 양파 준비
콜라드는 줄기를 잘라낸 뒤 잎만 가로로 채 썰고, 양파는 가늘게 채 썬다.

강낭콩 · 콜라드 조리
강낭콩은 300쪽을 참고해서 삶는데, 콩이 2/3 정도 익으면 마늘을 으깨 넣고 양파와 치즈 린드, 로즈메리, 고추, 콜라드를 모두 넣는다. 콜라드의 숨이 죽어 물에 푹 잠길 때까지 3~4분 정도 끓인다.

완성
콩이 푹 익으면 냄비를 불에서 내리고 최소 30분 정도 그대로 두었다가 로즈메리와 고추를 빼낸다. 따뜻할 때 볼에 옮겨 담고 위에 올리브 오일을 뿌린 뒤 구운 빵과 함께 낸다.

유용한 아이디어

남부스타일 닭고기와 소시지를 얹은 스튜
프라이팬에 닭고기 몇 조각, 매콤한 소시지 슬라이스 몇 개를 넣어 노릇하게 볶은 뒤 콩과 콜라드 위에 살포시 올린다. 고기가 완전히 잠기지 않을 만큼만 물을 붓고 닭고기가 완전히 익을 때까지 충분히 끓인다. 핫소스를 약간 뿌려 맛을 더한다.

폴렌타와 곁들이기
폴렌타를 끓여 파르미지아노 치즈와 칠리 플레이크를 넉넉히 뿌려 매콤한 맛을 더한다. 콜라드와 콩을 그 위에 올리고 스튜 국물을 듬뿍 뿌려 낸다.

빵을 얹어 구워 먹기
완성한 스튜를 오븐용 그릇에 담고 콘브레드 부스러기를 올린다. 그 위에 올리브 오일을 두르거나 작은 버터 조각을 올린다. 이 둘을 같이 넣으면 더 좋다. 오븐에 넣어 표면이 노릇해지고 가장자리가 바삭해지도록 구워 낸다.

---

[1] 베이컨이나 치즈의 두꺼운 껍질을 말하며, 치즈의 경우 가장 바깥쪽에 해당된다. 물론 치즈를 덮기 위해 사용되는 왁스나 천을 제외한 층을 가리키므로 먹을 수 있는 부분이다.

Kale
케일

한동안 모든 요리 잡지는 한결같이 '케일은 현재 가장 주목받고 있는 채소라고 이야기했다. 흥미로운 점은 잠깐의 반짝 인기가 아니었다는 것이다. 벌써 수년째 많은 사랑을 받은 덕분에 케일은 의심의 여지없이 미국인이 가장 선호하는 채소로 입지를 굳혔다. 사실, 이와 비슷한 잎채소 종류는 이제 가정과 레스토랑의 식탁에 완전히 자리를 잡았다고 해도 과언이 아니다.

무엇이든 될 수 있는 케일

일반적으로 케일은 시금치나 상추처럼 연하거나 얇지 않은 탓에 당연히 삶거나 쪄야 하는 채소로 알고 있다. 하지만 이는 여러 조리 방법 중 하나에 불과하다. 실제로 거의 모든 사람들이 케일을 우연히 알게 되고, 사랑에 빠진 뒤 다양한 케일 샐러드를 즐기게 된다. 얇게 썰어 드레싱과 섞으면 잎의 부드러움과 흥미로운 식감뿐 아니라 뒤에 찾아오는 도드라지는 쓴맛도 즐길 수 있다. 나는 봄에 나는 어린 케일도 좋지만 가을의 성숙한 케일을 더 선호하는 편이다. 특히 연중 마지막으로 생산되며 볼트 모양의 꽃과 순을 지닌 '라브(Rabe)'라 불리는 케일을 만나는 것은 아주 특별하다.

세 종류의 케일이 있다

케일은 세 가지 유형으로 나뉜다. 라치나토(Lacinato)*의 경우 가장 달콤한 종류이지만 전반적으로 맛보다는 식감에서 큰 차이점을 갖고 있다. 또한, 가장 납작한 잎을 갖고 있어 손질이 상당히 수월한 편이다. 컬리 케일(Curly Kale)은 말 그대로 구불구불한 모양을 가지고 있는데 주름의 정도가 심하고 쓴맛이 강하다. 러시안 케일(Russian Kale)은 붉거나 짙은 보라색 줄기와 오크 잎이 가늘고 길쭉하면서도 마디마디 갈라진 모양을 가지고 있다. 맛은 셋 중에서 가장 무난하다. 다른 채소들과 마찬가지로, 케일 역시 축 늘어져 있거나 누렇고 흐물흐물해 보이는 것은 피한다. 비닐봉지에 담아 냉장실에 두면 일주일 정도는 보관할 수 있다.

*이탈리아에서 최초로 재배되었다. 투스카니 지방에서 오랫동안 재배되어 요리에 사용되고 있는 이유로 투스칸 케일(Tuscan Kale)이라고도 하고, 블랙 케일이란 의미의 카볼로 네로(Cavolo Nero)라고도 한다.

간단한 사전 준비

케일로 어떤 요리를 만들 것인가에 따라 다르겠지만 기본적으로 케일 잎은 전체를 얇게 썰거나 줄기에서 잎만 떼어내 썰거나 다지는 것이 일반적이다. 케일 잎 중심에 뻗어 있는 굵은 잎줄기는 먹을 수 있는 부분임에도 질길 수 있어 생으로 먹는 것이 약간 부담스러울 수 있다. 또한, 조리하는 데에도 시간이 오래 걸리기 때문에 잎을 넣기 전에 줄기를 먼저 썰어서 익히는 방법으로 준비하거나 올리브 오일을 묻혀 오븐에 구운 다음 그냥 스낵으로 먹을 수도 있다.

케일은 얇게 슬라이스하되 입안에서 감기는 식감은 살리고 질긴 느낌은 없앨 정도가 적당하다.

최초의 케일 샐러드
The Kale Salad That Started It All

이 샐러드로 내 인생은 바뀌었다. 2007년 뉴욕 브루클린에 위치한 레스토랑 '프래니(Franny's)'에서 일하던 중 한겨울의 샐러드 재료를 도저히 찾을 수가 없어서 미칠 지경이었다. 특히, 나는 슈퍼마켓에서 판매하는 '어린잎채소 믹스'를 너무 싫어했는데(여전히 싫다), 아무리 편리한 제품이라도 맛이 없고, 식감도 느낄 수 없다. 나는 '채소 믹스' 사용에 반발하는 마음으로 케일 샐러드를 최초로 만들었고 이 샐러드에 대한 사람들의 반응을 전혀 예측하지 못했다. 뉴욕 타임즈에 케일 샐러드가 소개되자 세상은 이 샐러드를 끝없이 갈구할 것 같은 모습으로 변했다.

≫ 2~4인분

라치나토 케일 1줌
다진 마늘 ½쪽 분량
페코리노 로마노 치즈
즉석에서 간 것
엑스트라 버진 올리브 오일
레몬즙 1개 분량
칠리 플레이크 ⅛작은술
코셔 솔트
검은 통후추
브레드크럼 ¼컵
*55쪽 참고

케일 준비

가운데 두꺼운 줄기를 제거한 뒤 5~6장씩 차곡차곡 쌓아 단단하게 돌돌 만다. 0.2cm 폭으로 아주 가늘게 채 썰어 찬물에 헹구고 채소 탈수기로 물기를 완전히 제거한다.

드레싱 준비

작은 볼에 다진 마늘과 페코리노 치즈 ¼컵, 올리브 오일 약간, 레몬즙, 칠리 플레이크, 소금 ¼작은술을 넣고 통후추를 넉넉하게 갈아 넣어 잘 섞는다.

완성

케일을 볼에 담고 드레싱을 뿌려 손으로 골고루 섞는다. 맛을 보고 레몬즙이나 소금, 칠리 플레이크, 통후추를 갈아 간을 맞춘 뒤 케일이 드레싱으로 인해 살짝 부드러워질 때까지 약 5분간 그대로 둔다. 샐러드를 접시에 담고 브레드크럼을 올린다. 페코리노 치즈를 뿌리고 올리브 오일을 뿌려 마무리한다.

부엌에서

오랜 시간 조리하지 않고도 케일을 연하게 만드는 방법은 손질한 케일을 서너 시간 냉동실에 넣어둔다. 이렇게 하면 질긴 섬유 조직이 파괴된다. 냉동실에서 꺼낸 다음에는 바로 조리한다.

새콤달콤하게 볶은 케일 토스트

Wilted Kale, Alone or Pickled on Cheese Toast

나는 다양한 채소에 새콤달콤함(Agrodolce[1])을 더하곤 하는데, 특히, 잎채소에 즐겨 사용하는 방법이다. 새콤달콤함, 대지의 풍미가 깃든 케일, 크리미한 치즈를 빵 위에 켜켜이 쌓는 것은 내가 정말 좋아하는 방법이다. 물론, 좋은 올리브 오일로 풍미의 균형을 한 번 잡아줘야 한다.

≫ 2인분

노랑 건포도 ¼컵
화이트 와인 식초 3큰술
케일 230g *라치나토 케일이면 더 좋음
구운 호두 ¼컵 *57쪽 참고
엑스트라 버진 올리브 오일
마늘 1쪽
코셔 솔트
검은 통후추
칠리 플레이크 ¼작은술
구운 빵 2장
리코타 치즈 크림 *69쪽 참고

건포도 준비
작은 볼에 노랑 건포도와 와인 식초를 넣고 1시간 정도 건포도를 불린다.

케일·호두 준비
케일은 가운데 줄기를 제거한 뒤 한 입 크기로 손으로 찢고, 구운 호두는 굵직하게 다진다.

마늘 볶기
커다란 프라이팬이나 더치 오븐에 올리브 오일 ¼컵을 두르고 중불에 올린다. 마늘을 대강 으깨 넣고 마늘이 부드러워지고 특유의 향이 올라오면서 옅은 갈색이 될 때까지 타지 않게 5분 정도 볶는다.

케일 볶기
위의 팬에 케일을 넣어 볶는데, 팬에 다 들어가지 않으면 서너 줌만 넣고 숨이 죽을 때까지 볶은 다음 나머지를 넣어 볶는다. 소금과 통후추를 갈아 뿌리고 물을 약간 부은 뒤 뚜껑을 덮어 케일이 부드러워질 때까지 중불에서 8-10분 정도 익힌다. 케일에서 수분이 많이 나와 바닥에 수분이 흥건하면 뚜껑을 열고 불을 키워 증발시킨다. 여기에 불린 건포도와 건포도를 불린 와인 식초, 칠리 플레이크를 넣어 골고루 섞어가며 잠시 볶는다. 팬을 불에서 내리고 올리브 오일을 한 번 둘러 맛이 배도록 1-2시간 정도 그대로 둔다.

*하루 전날 미리 만들어 두어도 좋다. 대신 차게 내지 말고 상온의 온도로 맞춰 낸다.

완성
구운 빵에 리코타 치즈 크림를 두껍게 바르고 볶은 케일을 수북하게 올린다. 그 위에 호두를 골고루 뿌리고 올리브 오일을 살짝 뿌려 낸다.

텃밭에서
추위를 견딜 수 있는 식물일수록 색이 짙고 영양소도 많다. 채소 전문가이자 '어린잎채소 믹스'를 처음 재배한 농부인 프랭크 모튼(Frank Morton)으로부터 아주 많은 지식을 배웠는데, 그중 하나는 저온에 강한 식물은 색소를 포함해 용해성 물질이 내재돼 있어 강한 추위에도 얼지 않는다는 것이었다. 따라서 진한 색의 겨울 채소를 고르면 건강을 한 움큼 집어 드는 것이나 다름없다.

---

[1] 새콤달콤한 맛의 소스를 일컫는 이탈리아어로 설탕과 식초로 맛을 내는 경우가 많다.

케일로 만든 만능 파스타 소스

Kale Sauce with Any Noodle

이 소스는 파스타를 삶는 동안 만들 수 있을 만큼 간단해서 주중 저녁이나 주말 점심에 만들어 먹기에 알맞다. 짙은 녹색 또한 매력적이며 풍미 또한 완벽한 균형을 이룬다. 케일을 블렌더에 넣을 때 물이 너무 많은 듯해도 걱정하지 말 것. 오히려 제대로 갈려면 약간의 물이 더 필요할지도 모른다.

» 메인 디쉬 2인분, 또는 첫 코스 4인분

코셔 솔트
엑스트라 버진 올리브 오일
마늘 2쪽
케일 450g *가능하면
라치나토로 준비

리가토니(또는 파파르델레)
230g
검은 통후추
파르미지아노 레지아노 치즈
¾컵 즉석에서 간 것

케일·파스타 삶을 물 준비
커다란 냄비에 물을 넉넉히 붓고 바닷물처럼 짭짤하도록 소금을 넉넉히 넣어 끓인다.

마늘 볶기
물이 끓는 동안 작은 냄비나 프라이팬을 중불에 올리고 올리브 오일 ¼컵을 두른 뒤 마늘을 대강 으깨 넣는다. 마늘이 지글거리면 불을 줄이고 향이 올라오면서 옅은 갈색이 될 때까지 5~7분간 볶은 뒤 오일과 마늘을 작은 볼에 옮겨 식힌다.

케일 삶기
가운데 줄기를 제거하고 위의 끓는 물에 넣어 약 5분 정도 삶는데, 너무 익어 물러지지 않게 주의한다. 삶은 케일은 건져서 블렌더에 넣는다. 이때 물기를 굳이 뺄 필요는 없다.

파스타 삶기
케일 삶은 물은 버리지 말고 다시 팔팔 끓인 뒤 파스타를 넣어 삶는다. 포장지의 예시 따라 알덴테로 삶아 체에 건져 두고, 파스타 삶은 물은 ½컵 정도 따로 둔다.

케일 퓌레 준비
케일이 담긴 블렌더에 볶은 마늘과 올리브 오일을 넣고 파스타 삶은 물을 조금만 넣어 퓌레 상태가 되도록 간다. 소금과 통후추를 갈아 넣어 간한다. 이때 파스타 삶은 물을 넣으면 진한 농도를 만드는 데 도움이 된다.

완성
물기를 뺀 파스타를 마늘을 볶아 낸 팬이나 냄비에 넣고 케일 퓌레를 부은 뒤 파르미지아노 치즈를 분량의 반만 넣어 섞는다. 파스타 삶은 물을 아주 조금만 넣어 파스타에 소스가 부드럽게 골고루 묻게 한 뒤 올리브 오일을 한 번 두르고 남은 치즈를 뿌려 낸다.

*파스타와 소스를 섞을 때 농도가 묽으면 약한 불에서 살짝 볶으며 마무리한다.

물냉이 버터를 넣은 '콜캐논'

Colcannon with Watercress Butter

콜캐논(Colcannon)은 아일랜드의 전통음식으로 으깬 감자와 케일 혹은 양배추와 리크를 넣어 만든다. 나는 여기에 물냉이 버터 한 덩이를 톡 떨어뜨려 나만의 레시피로 완성했다. 만약 이른 봄에 케일을 구할 수 있다면 풋마늘 버터(63쪽 참고)로 바꾸어 만들어 보자.

≫ 4인분

감자 910g
케일 1줌
*가능하면 라치나토로 준비
리크(또는 대파) 1줄기
무염 버터 2큰술
생크림(또는 크렘 프레슈) ½컵

코셔 솔트
검은 통후추
물냉이 버터 4큰술
*66쪽 참고

감자·케일·리크 준비

감자는 껍질을 벗겨 알감자 크기로 썬다. 케일은 잎 가운데 줄기를 제거한 뒤 7cm 폭으로 찢는다. 리크는 길게 반 갈라 깨끗이 씻고 0.5cm 폭으로 송송 썬다.

채소 삶기

커다란 냄비에 감자를 넣고 감자가 충분히 잠길 정도로 물을 부은 뒤 짭짤할 정도로 소금을 넣어 감자가 살캉살캉하게 익을 정도로 약 15분간 삶는다. 여기에 케일을 넣어 1분 삶고, 리크를 넣어 1분 더 삶는다. 채소 삶은 물 1컵 정도는 남기고 체에 밭쳐 물을 따라 버린다.

*모든 채소는 부드럽게 푹 삶아져야 한다.

완성

삶은 채소는 다시 냄비에 넣고 감자를 으깨가며 섞는다. 여기에 무염 버터와 생크림을 넣어 섞고 소금과 통후추를 갈아 간을 한다. 뜨거울 때 그릇에 담고 바로 물냉이 버터를 중앙에 떨어뜨려 음식의 열기로 녹인다.

텃밭에서

'한물갔다'라는 표현은 다소 부정적인 뉘앙스를 지니고 있지만 배추와 그 비슷한 채소들은 그 반대라고 할 수 있다. 특히, 식물의 꽃자루(Rabe or Raab)는 봄철에 누군가의 정원이나 농부시장에서 종종 볼 수 있는데, 구체적으로 말하면 추운 겨울을 이겨낸 순무, 케일, 양배추, 그리고 일본산 품종인 미즈나(Mizuna)와 같은 채소일 것이다. 만일 여러분들이 봄에 이들을 심었다면 이른 가을에 꽃자루를 만날 수 있을 것이다. 조그만 꽃봉오리(나중에 꽃을 피울)가 달려 있는 가는 순들은 길쭉한 모양이며 매우 달콤하고 부드러우며 가는 아스파라거스 줄기 같은 경쾌한 질감까지 가지고 있다. 따라서 샐러드에 생으로 넣어 먹거나 살짝 볶기만 한다. 꽃자루 꽃들의 알싸하고 쓴맛은 시간이 지날수록 대체로 부드러워진다.

버섯 케일 라자냐

Kale and Mushroom Lasagna

케일이 들어간 라자냐는 토마토와 고기의 전형적인 조합보다 훨씬 더 가볍고 섬세한 맛과 환상적인 풍미를 지니고 있다. 케일 대신 유사한 채소들을 섞어서 만들어도 좋은데, 대신 다른 층과 조화를 이루도록 충분히 부드러워질 때까지 조리해야 한다.

» 6인분

양송이버섯(또는 갈색 양송이버섯*) 340g	검은 통후추
케일 450g	노-보일 라자냐**
무염 버터 6큰술	255g짜리 1팩
밀가루 ¼컵	레몬 제스트 1개 분량
채소 국물 2컵	리코타 치즈 454g
우유 1컵	파르미지아노 레지아노 치즈
코셔 솔트	1½컵 즉석에서 간 것

*cremini mushroom : 흑갈색의 약간 단단한 양송이버섯으로 흰색 보다 풍부한 맛과 향을 가지고 있다.
**공장에서 미리 전처리가 되어 나오므로 따로 끓일 필요가 없다.

버섯·케일 준비
버섯은 잡티를 털어내고, 케일은 잎 가운데 줄기를 잘라내고 가늘게 채 썬다.

화이트 소스 준비
중간 크기의 소스팬에 버터 4큰술을 넣어 중불에서 녹인 뒤 밀가루를 넣고 1~2분간 저어 부드러운 페이스트 상태로 만든다. 여기에 채소 국물과 우유를 붓고 멍울이 생기지 않도록 거품기로 풀면서 재빨리 휘젓는다. 재료가 골고루 섞이면 불을 낮추고 소스가 약간 걸쭉하게 될 때까지 5분간 더 끓이고 소금과 통후추를 갈아 밑간 한다.

*시판 채소 스톡을 사용할 경우에는 간이 돼 있으므로 맛을 봐 가며 소금 간을 한다.

버섯 볶기
커다란 프라이팬을 중강불에 올리고 남은 버터 2큰술을 녹인 뒤 버섯을 넣고 소금과 통후추를 갈아 넣어 볶는다. 버섯에서 나온 수분이 증발하고 점점 짙은 갈색으로 변하면서 팬 바닥에 조금씩 달라붙을 때까지 10~12분 동안 팬 바닥을 긁어가며 볶고 그릇에 옮겨 식힌다.

케일 볶기
버섯을 볶은 프라이팬을 다시 중강불에 올리고 케일을 넣은 뒤 소금만 약간 뿌려 볶는다. 자주 뒤집어가며 부드럽게 익을 때까지 12~15분 정도 볶고 소금과 통후추를 갈아 넣어 간한다.

*볶는 동안 너무 마르거나 뻑뻑하면 물을 약간 넣는다.

오븐을 약 190°C로 예열해 놓고 라자냐를 조합한다.

라자냐 준비
대략 23×33cm 크기의 오븐용 그릇에 화이트 소스를 반 분량보다 적게 덜어 평평하게 펴 바른다. 그 위에 라자냐를 가지런히 올리는데, 공간이 남으면 라자냐를 재단해서 완전히 덮는다. 라자냐 위에 볶은 버섯과 케일 순으로 평평하게 쌓고 라자냐를 올린다. 그 위에 레몬 제스트와 리코타 치즈를 섞어 골고루 펴 바르고 라자냐를 올린 뒤 남은 화이트 소스를 펴 바른다. 마지막에 파르미지아노 치즈를 골고루 뿌린다.

완성
준비한 라자냐를 오븐에 넣어 치즈가 옅은 갈색이 나고, 국물이 흘러 가장자리에 기포가 생길 때까지 약 40~50분 정도 굽는다. 다 구운 라자냐는 꺼내서 20분 정도 식혔다가 잘라서 낸다.

부엌에서

뒥셀(Duxelles)이라고 부르는, 여러 재료를 섞은 버섯 볶음을 이 요리에 사용하기도 한다. 이것은 곱게 다진 버섯과 양파, 허브 등을 버터에 넣고 페이스트가 될 때까지 볶은 것으로 오믈렛, 파스타, 속을 채운 닭 가슴살 등 깊은 감칠맛을 내고 싶을 때 사용하면 손쉽게 풍미를 살릴 수 있다.

Mushrooms
버섯

고기 맛이 느껴지는 포르치니(Porcini) 버섯, 연한 살구버섯, 쭈글쭈글한 잎새버섯, 섹시한 송로버섯. 이같은 야생 버섯은 끊임없는 영감의 원천이 되어주지만 재배할 수 없기에 자연의 신이 선사하는 선물 같은 것이다. 야생 버섯은 봄, 가을에 모두 구할 수 있다. 하지만 이 책의 '가을'에서는 선선한 날 따스하게 느껴지는 나무 향의 풍미를 잘 머금고 있는 버섯들을 다루고 있다. 또한, 부엌 한 켠에 늘 자리잡고 있을, 다양한 요리에 쓸 믿을 만한 재료이자 재배 가능한 갈색 양송이 같은 버섯도 다룰 것이다.

탱탱하고 시들지 않은 것
버섯은 원래 수분이 많기 때문에, 만약 쭈글쭈글하고 메말라 보이면 수확한지 한참 되었다는 의미이고, 표면이 축축하고 끈적거리는 버섯 또한 싱싱한 것이 아니다. 이외에도 멍들거나 갈변한 흔적 없이 통통하고 신선한 버섯을 골라야 하므로 나는 비가 내린 주에 채집한 야생 버섯은 피하는 편이다. 아무래도 물기를 잔뜩 머금고 있다 보면 변질할 위험이 더 크기 때문이다. 버섯은 종이봉투에 담아 냉장실에 보관한다. 비닐봉지에 넣으면 수분이 응결되어 상하기 쉽다.

씻을까 말까?
야생 버섯은 목초지나 숲에서 자라는 반면 인위적으로 재배하는 버섯은 토양 같은 무균의 매개체를 통해 생식한다. 버섯은 성장하는 동안 나무나 바위, 인공 서식지에 딱 붙어 있다. 버섯을 물에 헹구는 것은 그다지 좋은 생각이 아닌데, 스폰지 같아서 물을 잔뜩 흡수해 본래 갖고 있던 수분보다 함량이 더 늘어나기 때문이다.
물에 젖은 수건이나 키친타월로 눈에 보이는 이물질을 닦아내는 편이 낫다. 곰보버섯만은 예외로, 벌집처럼 생긴 탓에 구멍 안이 다소 지저분한 편이므로 흐르는 물에 살짝 헹군 뒤 조심스럽게 털어 말리면 된다.
대부분의 버섯 줄기는 완벽할 정도로 맛있는 부위이므로 줄기 끝의 건조한 부분만 잘라내는 게 좋다. 그러나 표고버섯의 줄기는 너무 질기고 씹는 맛이 좋지 않아 제거하는 것이 좋다. 그래도 진하고 깊은 맛이 우러나오므로 밑국물을 만들 때에는 유용하며, 머시룸 버터(64쪽 참고)의 재료로도 훌륭하다. 커다란 포르토벨로(Massive Portobello) 버섯을 조리할 때에는 필요 없는 수분이 들어갈 수 있는, 갓 아래의 검은 주름은 긁어내도록 한다.

수분 조절이 관건
버섯으로 무슨 요리를 하든지 처음에 수분만 잘 잡아내면 아주 맛있게 완성할 수 있다. 그러려면 프라이팬을 센 불에 올린 뒤 오일이나 버터를 충분히 넣고 버섯을 갈색이 될 때까지 양면을 골고루 볶는 것이다. 이때 버섯을 한꺼번에 많이 넣으면 수증기가 발생할 수 있으니 조금씩 나눠 넣고 볶아야 한다. 마치 스튜를 끓일 때 고기를 잘 그슬려야 하는 것과 비슷하다.

부엌에서
버섯은 엄청난 양의 물을 흡수하는 작은 스폰지나 다름 없기 때문에 먹음직스러운 갈색으로 볶기에도, 바삭하게 요리하기에도 어려움이 있다. 따라서, 버섯의 수분을 어느 정도 제거하려면 쟁반에 키친타월을 깐 다음 버섯을 가지런히 놓고, 덮개 없이 냉장실에 하룻밤 둔다.

어란을 곁들인 버섯 토스트

Double Mushroom Toast with Bottarga

보타르가(Bottarga)는 생선의 알을 소금에 절여 말린 음식으로 주로 숭어 알로 만들며 참치 알로 만든 것도 있다. 보타르가를 곱게 갈거나 얇게 썰어 요리에 넣으면 아주 강렬한 감칠맛이 난다. 버섯 역시 감칠맛을 내는 글루타민산염을 많이 함유하고 있기 때문에 이 둘이 만나면 풍미는 배가 되고 고기처럼 깊은 맛이 난다. 만약 보타르가를 구하기 어렵다면 파르미지아노 레지아노 치즈로 대신한다.

≫ 첫 코스로 4인분

엑스트라 버진 올리브 오일
마늘 3쪽
야생 버섯*(또는 갈색 양송이버섯과 섞음) 450g
코셔 솔트
검은 통후추
무염 버터 2큰술

다진 파슬리 ¼컵
레몬 제스트 1작은술
시골 빵 4장 두툼한 것
머시룸 버터
*64쪽 참고, 기호에 따라 준비
보타르가
레몬 웨지

*마른 잎새 버섯, 살구 버섯, 뿔나팔 버섯 같은 야생버섯

버섯 볶기

커다란 프라이팬을 중불에 올리고 올리브 오일을 적당량 두른 다음 마늘 2쪽을 으깨 넣는다. 마늘이 부드러워지고 향이 나면서 옅은 갈색이 날 때까지 타지 않게 약 5분 정도 볶고 버섯을 넣은 뒤 불을 약간 올린다. 소금과 통후추를 갈아 넣고 버섯에서 나온 수분이 증발하거나 흡수될 때까지 5-8분간 재빨리 볶는다.

*버섯은 종류에 따라 볶는 시간을 달리한다.

버섯 양념

버섯이 갈색으로 변할 때까지 3-4분간 더 볶고 불에서 내린 뒤 버터와 파슬리, 레몬 제스트를 넣어 잘 섞은 뒤 심심하게 간을 맞춘다.

완성

빵을 그릴에 굽거나 토스터에 구운 뒤 남은 마늘 1쪽을 반으로 썰어 빵 표면에 문지른다. 그 위에 머시룸 버터를 얇게 펴 바르고 볶은 버섯을 올린 뒤 보타르가를 갈아 넉넉히 뿌린다. 레몬 웨지와 함께 접시에 담아 낸다.

그레몰라타 스타일의 구운 버섯 샐러드
Roasted Mushrooms, Gremolata-Style

여러 종류의 버섯을 사용하면 식감과 풍미가 훨씬 좋아진다. 이 요리는 갈색 양송이버섯, 포르치니 버섯, 고슴도치버섯, 느타리버섯으로 만들었다.

시즈닝이 가벼울수록 숲의 향을 머금은 야생 버섯의 풍미는 살아난다. 나는 이 요리를 사이드 디시로 내거나 그릴에 구운 생선, 찐 고기 요리 혹은 미트볼 위에 올리곤 한다. 사실 그레몰라타(Gremolata)시즈닝을 뺀 기본적인 버섯 볶음 샐러드가 더 널리 쓰이고 있긴 하다.

≫ 작은 사이드 디쉬 4인분

갈색 양송이버섯과 야생 버섯* 680g *양송이버섯과 시판 버섯으로 대체 가능
레몬 ½개
케이퍼 1큰술
엑스트라 버진 올리브 오일
마늘 4쪽

코셔 솔트
검은 통후추
브레드크럼 2큰술
*55쪽 참고
다진 파슬리 2큰술

*야생 버섯은 말린 잎새버섯, 살구버섯, 뿔나팔버섯 등으로 준비한다.

오븐을 약 200℃로 예열한다.

버섯 준비
이물질을 털어내거나 헹군 뒤 마른 줄기나 상한 부분이 있으면 잘라 낸다. 모두 비슷한 크기로 자르거나 손으로 찢어 볼에 담고 올리브 오일을 두른 뒤 마늘 2쪽을 대강 으깨 넣는다. 소금과 통후추를 넉넉히 갈아 섞고 버섯에 잘 스미도록 손으로 버무린다.

*표고버섯을 사용할 때는 기둥은 떼어 낸다.

버섯 굽기
오븐 팬에 유산지를 깔고 버섯을 펼쳐 올린 뒤 오븐에 넣어 버섯이 갈색으로 변하고 가장자리가 바삭해질 때까지 10~25분 정도 굽는다.

*중간에 버섯을 뒤집어가며 골고루 굽는다. 버섯은 수분량에 따라 굽는 시간이 달라진다.

레몬·케이퍼 손질
버섯을 굽는 동안 레몬은 껍질을 갈아 제스트를 만들고 과육을 꾹 짜서 즙을 낸다. 케이퍼는 물에 씻고 물기를 제거한 뒤 다진다.

완성
볼에 구운 버섯과 남은 마늘 2쪽을 다져 넣고, 레몬 제스트, 레몬즙, 브레드크럼, 케이퍼, 파슬리를 넣어 섞은 뒤 소금과 통후추를 갈아 간을 한다.

유용한 아이디어

즉석 스트로가노프 만들기
립아이나 안심 같은 부드러운 쇠고기 스테이크 부위를 센 불에서 재빨리 굽고 얇게 썰어 팬에 옮겨 다시 굽는다. 이때 그레몰라타 스타일의 구운 버섯을 함께 넣는다. 크렘 프레슈와 쇠고기 육수를 약간 붓고 풍미가 잘 어우러지도록 잔잔하게 끓인다. 먹음직스러운 버터의 윤기가 흐르는 달걀국수와 함께 낸다.
*스트로가노프(Stroganoff)는 얇게 저민 쇠고기와 양파, 버섯을 버터에 볶은 뒤 쇠고기 육수를 부어 끓이고 사우어 크림으로 마무리한 러시아 전통 요리로 주로 밥과 함께 먹는다.

오믈렛 필링으로 활용
구운 버섯, 염소 치즈, 그리고 신선한 딜과 파슬리를 섞어 오믈렛 필링으로 쓴다.

파스타 소스로
파스타를 삶은 뒤 파스타 삶은 물은 덜어 둔다. 삶은 파스타에 구운 버섯, 저민 마늘, 다진 파슬리, 버터 약간, 그리고 치즈를 넉넉하게 갈아 넣어 잘 섞는다. 면수를 조금 넣어 모든 재료가 부드럽게 어우러지도록 한 뒤 통후추를 많이 갈아 넣고 마무리한다.

> **부엌에서**
> 그레몰라타(gremolata)는 이탈리아식 양념으로 시트러스류의 제스트와 다진 마늘, 파슬리를 비롯한 신선한 허브로 만든다. 여러분의 시즈닝 박스에 유용한 구성 중 하나가 될 수 있다.

버섯과 소시지를 곁들인 파스타

Mushrooms, Sausage, and Rigatoni

어린 시절에 버섯과 펜넬, 소시지를 올린 피자가 저녁식사로 준비될 때면 나는 버섯을 몽땅 골라내곤 했다. 그토록 싫어한 버섯이었건만 맛의 조합은 선명하게 각인되어 있었다. 이 요리는 파스타를 삶은 직후 바로 조리에 들어갈 수 있도록 미리 재료 준비를 완벽히 끝내야만 한다.

≫ 메인 디쉬 2~3인분 혹은 첫 코스 4인분

야생 버섯* 450g	검은 통후추
*갈색 또는 흰 양송이버섯과 다른 버섯 혼합	무염 버터 1큰술
코셔 솔트	파르미지아노 레지아노 치즈 즉석에서 간 것
리가토니 230g	페코리노 로마노 치즈 즉석에서 간 것
마늘 소시지** 230g	브레드크럼 ¼컵
엑스트라 버진 올리브 오일	*55쪽 참고
마늘 2쪽	

*야생 버섯은 말린 잎새버섯, 살구버섯, 뿔나팔버섯 등으로 준비한다.

**여기서 사용한 소시지는 케이싱 안에 다진 고기와 지방, 향신료가 들어가 있는 것으로 주로 케이싱을 벗겨 요리에 사용한다. 이탈리아 살시챠(Salsiccia) 등이 그 예이다.

버섯 준비

큰 것은 작은 것에 맞춰 자르거나 찢는다.

파스타 삶기

커다란 냄비에 물을 넉넉히 붓고 바닷물처럼 짭짤하게 소금을 넣어 끓인다. 물이 끓으면 리가토니를 넣어 봉투에 예시된 시간보다 1~2분 정도 덜 삶고 면수를 1컵 남긴 뒤 체에 밭친다.

소시지 준비

케이싱을 벗겨 3장의 넙적한 패티로 만든다. 큼직한 프라이팬을 중불에 올리고 패티를 넣어 여러 번 뒤집어가며 속이 완전히 익을 때까지 구운 뒤 잘게 부순다. 이때, 육즙을 살짝 졸이면서 부수는데, 바닥이 검게 타지 않게 주의한다.

*구워 부순 고기나 소시지의 육즙을 졸이는 과정을 폰드(Fond)라 하는데, 디글레이징(Deglazing)의 기초가 되는 단계이자 종종 갈색으로 변한 재료의 부스러기를 의미하기도 한다.

버섯 볶기

소시지는 덜어 두고 기름은 따라 버린 뒤 팬을 중약불에 올린다. 올리브 오일 ¼컵을 붓고 마늘을 으깨 넣는다. 마늘이 부드럽게 익고 향이 올라오며 옅은 갈색이 될 때까지 5분간 타지 않게 볶는다. 중강불로 올리고 버섯을 넣은 뒤 소금과 통후추를 넉넉하게 갈아 넣는다. 버섯의 가장자리가 갈색으로 변하기 시작할 때까지 6~12분간 빠르게 볶는다.

*버섯의 종류와 크기, 수분 함량에 따라 볶는 시간은 달라진다. 볶는 동안 마늘이 탈 것 같으면 바로 빼낸다.

숲 속으로 산책하러 갈 때마다 뿔나팔버섯을 한 바구니 가득 따오기도 하다.

완성

팬을 불에서 내리고 버터를 넣은 뒤 면수를 3~4큰술 정도 넣어 팬을 흔들어가며 섞는다. 파스타와 소시지를 넣어 섞고 치즈와 면수를 약간만 더 넣어 부드럽게 되도록 다시 한 번 섞는다. 간이 부족하면 소금과 통후추를 갈아서 간을 하고 브레드크럼을 뿌린 뒤 바로 낸다.

시장에서

요즘의 몇몇 '야생' 버섯은 사람에 의해 재배되고 있지만 여전히 야생의 진한 나무 향에 재미있는 모양과 식감을 갖고 있다. 잎새버섯, 표고버섯, 느타리버섯 등이 대표적이다.

버섯 홍합 볶음을 곁들이는 스테이크

Sautéed Mushrooms and Mussels in Cream on Sliced Steak

일반적으로 고기와 해산물이 동시에 나오는 메뉴를 서프 앤 터프(Surf and Turf)라고 하며, 이를 내 방식대로 한번 만들어 보았는데, 버섯과 홍합만으로도 충분히 맛있다. 페스카테리안(Pescatarian)[1]을 위한 메뉴라면 스테이크를 빼고, 레시피의 양을 두 배로 늘려 만들면 된다.

≫ 4인분

스테이크용 쇠고기*(립아이 또는 뉴욕 스트립) 450g
코셔 솔트
검은 통후추
야생 버섯** 450g
갈색 또는 흰 양송이버섯과 다른 버섯 혼합
홍합 450g
무염 버터 3큰술
마늘 3쪽 굵직하게 다진 것
엑스트라 버진 올리브 오일
허브 1줌 *세이지, 타임, 로즈메리, 세이보리 등 준비
칠리 플레이크 ½작은술
생크림 ¾컵
레몬즙 1작은술
즉석에서 짠 것

*야생 버섯은 말린 잎새버섯, 살구버섯, 뿔나팔버섯 등으로 준비한다.
**목초를 먹고 자란 쇠고기나 마블링이 좋은 쇠고기로 준비한다.

> **부엌에서**
> 홍합은 손질이 번거롭지 않은 해산물이라 조리가 쉬운 편이다. 흐르는 물에 껍데기끼리 비벼가며 깨끗이 씻은 뒤 껍데기에 붙어 있는 수염을 떼어 낸다.

쇠고기 준비

양면에 소금과 통후추를 넉넉히 뿌려 밑간하고 냉장실에 넣었다가 조리 30분 전에 미리 꺼내둔다. 키친타월로 살짝 눌러 표면의 핏물을 제거한다.

*가급적 하루 전날 준비해서 냉장실에 두었다가 사용하는 게 좋다.

버섯 · 홍합 준비

버섯은 큰 것만 작은 것에 맞춰 자르거나 찢고, 홍합은 수염을 떼고 깨끗이 씻는다.

쇠고기 굽기

프라이팬을 센 불에 올려 달군 뒤 고기를 얹고 불을 조금 낮춘다. 너무 익거나 표면이 바삭해지지 않게 주의하며 짙은 갈색이 되도록 3~4분간 굽는다. 버터와 마늘, 올리브 오일 1큰술을 넣고 숟가락으로 뜨거운 버터와 육즙을 고기 위에 뿌려가며 1~2분 정도 더 구운 뒤 고기를 뒤집는다. 허브를 넣고 허브와 버터의 풍미가 고기에 스미도록 버터와 육즙을 계속 고기 위에 뿌려가며 미디움-레어로 굽는다. 고기가 다 구워지면 도마 위에 올려 레스팅한다.

*고기 두께 약 2.5cm 기준으로 미디움-레어로 구우려면 대략 8-10분간 정도 걸린다.

버섯 볶기

고기를 구운 팬에서 허브를 빼내고 중강불로 올린 뒤 버섯과 칠리 플레이크를 넣어 버섯의 숨이 살짝 죽고 가장자리가 쫄깃하게 익을 정도로 약 8분간 팬을 흔들어가며 볶는다.

---

1 우유와 달걀, 해산물은 먹는 채식주의자를 일컫는다.

완성
위의 팬에 홍합을 모두 넣고 팬을 좌우, 위아래로 흔들어가며 홍합 입이 벌어질 때까지 약 10분간 볶는다. 생크림을 붓고 홍합과 버섯에 크림이 잘 스며들도록 이리저리 젓는다. 벌어지지 않은 홍합은 빼낸다. 여기에 레몬즙을 넣어 섞고 소금과 후추, 칠리 플레이크를 뿌려 간을 맞춘다.

*홍합을 볶는 동안 버섯이 타지 않게 주의한다.

담기
스테이크를 먹기 좋게 썰어서 접시에 가지런히 담고 그 위에 버섯 홍합 볶음을 올려 낸다. 홍합 껍데기를 담을 그릇도 함께 낸다.

그린 허브 마요네즈를 곁들인 버섯 튀김

Crispy Mushrooms with Green Herb Mayonnaise

버섯을 튀기면 나무의 그윽한 향기와 고기 같은 식감을 바삭한 튀김옷 안에 잡아 둘 수가 있다. 식물의 향과 육류의 식감이라는 이 대조적인 조합이 식욕을 자극한다. 나는 이 요리에 레몬즙과 치즈만 뿌려 간단하게 먹는 편이지만 강렬한 허브 마요네즈와 함께 먹는다면 아주 색다른 경험을 하게 될 것이다.

≫ 애피타이저로 4~6인분

야생 버섯* 450g
*갈색 또는 흰 양송이버섯과 다른 버섯 혼합
튀김용 식물성 기름(또는 올리브 오일)
옥수수 전분 ½컵
밀가루(중력분) ½컵
탄산수 1컵

칠리 플레이크 ¼작은술
코셔 솔트
검은 통후추
파르미지아노 레지아노 치즈
레몬 웨지 4쪽
그린 허브 마요네즈
*76쪽 참고

*야생 버섯은 말린 잎새버섯, 살구버섯, 뿔나팔버섯 등으로 준비한다.

버섯 준비

큰 것은 작은 것에 맞춰 자르거나 찢는다.

튀김기름 준비

속이 깊은 냄비에 5cm 정도 튀김기름을 붓고 190℃로 열을 올린다. 기름의 온도가 오르는 동안 쟁반에 키친타월을 2장 겹쳐 깔아 냄비 옆에 둔다.

*기름을 붓고 기름 위로 5~6cm 정도 여유가 있는 깊이의 냄비를 준비해야 안전하다.
*온도계가 없을 때는 작은 빵 조각을 튀김기름에 넣고 옅은 갈색으로 변하면서 바삭해질 때까지 1분 정도 걸리면 적당한 온도다.

반죽 준비

기름을 데우는 동안 옥수수 전분과 밀가루를 볼에 넣어 골고루 섞고 탄산수를 부어가며 묽은 반죽이 되게 섞는다. 반죽에 칠리 플레이크와 소금, 통후추를 갈아 넣어 간을 한다.

완성

버섯을 반죽에 푹 담갔다가 여분의 반죽을 털어 가볍게 튀김옷을 입히고 튀김기름에 조심스럽게 넣는다. 한꺼번에 많이 넣으면 기름의 온도가 떨어져 반죽에 기름이 스며드니 조금씩 넣어가며 튀긴다. 튀김옷이 부풀어 오르고 바삭하게 튀겨지면 키친타월에 옮겨 기름을 빼고 소금을 약간 뿌리고 통후추를 갈아 재빨리 간한다.

*버섯이 완전히 익어야 하므로 튀김을 건진 뒤 반드시 확인한다.

담기

튀긴 버섯을 접시에 담고 파르미지아노 치즈를 넉넉히 갈아 뿌린다. 레몬 웨지와 그린 허브 마요네즈를 곁들여 낸다.

여섯 번째 계절, 겨울

생기발랄함이 사라지는 겨울이 오면 싱싱한 채소는 기대할 수 없다. 하지만 다양한 뿌리채소와 저장 감자, 모든 요리에 유용한 겨울 호박 그리고 두말하면 잔소리인 양배추 등을 떠올려 보면 아무 것도 없을 것만 같은 겨울이 지닌 풍요로움이 그저 놀랍기만 하다.

겨울의 미각은 의외로 섬세하면서도 그윽하다. 따뜻한 계절 내내 의기양양했던 파릇한 녹색 채소의 맛은 찾을 수 없지만, 겨울은 거친 땅의 내음을 가득 품은 맛, 은은함, 그리고 믿거나 말거나 기분 좋은 달콤함을 가져온다.

단단한 겨울 채소 대부분은 영하로 떨어지는 날씨 덕에 단맛이 증폭된다. 서리가 내리는 동안 식물의 녹말 성분이 당으로 전환되는 현상을 콜드 스위트닝(Cold-Sweetening)이라 한다. 비트와 당근, 파스닙 같은 뿌리채소 그리고 브로콜리나 양배추, 방울양배추 같은 배추의 친척들은 모두 얼음 결정체가 주는 손상으로부터 세포를 보호하기 위해 녹말을 재빨리 당분으로 전환시킨다. 따라서 이 계절의 첫 서리는 주방에 보내는 맛있는 신호라 해도 과언이 아니다.

겨울 채소와 요리

CABBAGE
양배추

레몬, 버터, 타임을 곁들인
양배추 찜 … 378

호두와 치즈, 사바 식초를
곁들인 양배추 구이 … 379

톡톡 씹히는 씨앗과 레몬을
곁들인 양배추 튀김 … 380

양파와 파로를 넣은
양배추 수프 … 382

양배추와 버섯을 넣은
핸드 파이 … 384

CELERY ROOT
셀러리악

브라운 버터, 오렌지,
대추야자, 아몬드를 넣은
셀러리악 샐러드 … 386

마늘과 타임 풍미의
으깬 셀러리악 … 387

셀러리악과 밀, 구할 수 있는
가을 채소를 모두 넣은
차우더 … 388

시트러스와 홀스래디시를
곁들인 셀러리악 튀김 … 390

DRIED CORN AND POLENTA
말린 옥수수와 폴렌타 … 392

KOHLRABI
콜라비

시트러스와 크림으로
맛을 낸 콜라비 샐러드 … 397

콜라비 브랑다드 … 398

ONIONS(STORAGE)
저장 양파

양파 판체타 타르트 … 400

소시지와 빵을 넣은
양파 수프 … 402

양파 듬뿍 쇠고기 찜 … 404

PARSNIPS
파스닙

시트러스와 올리브를
곁들인 파스닙 샐러드 … 406

새콤달콤한 렐리시를 올린
파스닙 수프 … 408

레몬 글레이즈를 뿌린
파스닙 케이크 … 409

POTATOES(LATE SEASON)
완숙한 감자

감자 치즈 팬케이크 … 413

허브와 마늘을 곁들인
으깬 감자 구이 … 414

RUTABAGA
루타바가

물냉이와 버터를 곁들인
으깬 루타바가 … 417

사과와 햄을 곁들인
으깬 루타바가 … 418

메이플 시럽, 후추, 로즈메리로
맛을 낸 루타바가 구이 … 418

TURNIPS(LATE SEASON)
완숙한 순무

알라 디아볼라 버터를
곁들인 순무 찜 … 420

비네그레트와 브레드크럼을
곁들인 순무 구이 … 422

감자와 리크를 넣은
순무 수프 … 423

프리카와 버섯, 아몬드를
넣은 순무 샐러드 … 424

WINTER SQUASH
겨울 호박

브라운 버터를 곁들인
생 호박 샐러드 … 427

리크를 넣은 호박 리조토 … 428

폰티나 치즈를 넣은
아란치니 … 429

꿀을 뿌려 먹는 호박 '도넛' … 430

요거트, 호두, 스파이시 소스를
곁들인 구운 호박 샐러드 … 432

호박 볼로네제 … 434

Cabbage

양배추

양배추는 종종 케일, 방울양배추와 같은 매혹적인 배추 패밀리에 가려져 제대로 주목을 받지 못하지만 알고 보면 이만큼 멋진 채소도 없다. 특히, 몇 달 동안 이어지는 혹독한 추위에도 양배추의 당분은 더욱 강해진다.

동서양의 만남
양배추는 크게 유럽과 아시아, 두 개의 카테고리로 나뉜다. 유럽의 양배추는 '화이트'라고도 부르는 녹색 양배추를 포함해 빨강 혹은 보라색(적색), 그리고 사보이 양배추(Savoy Cabbage)[1]등이 있다. 가장 흔한 아시아 품종의 양배추로는 배추와 청경채 등이 손꼽힌다. 이 둘의 가장 큰 차이점은 맛보다는 식감이다. 아시아 양배추들이 유럽산에 비해 덜 단 편이나.

묵직하고 풍성한 외모
유러피언 양배추를 고를 때는 무게감이 있고 속이 꽉 차 있으며 겉잎이 찢어지거나 누렇게 변하지 않은 것이 좋다. 아시안 양배추는 이보다는 상대적으로 가벼우면서 잎이 무성할수록 신선하다. 하나의 양배추에는 많은 잎이 붙어 있으므로 이를 알뜰히 잘 먹을 수 있는 계획을 세우는 게 좋다. 다행히 비닐봉지에 넣고 느슨하게 묶어 냉장실에 두면 오랫동안 보관이 가능하다.

강한 양념과 열에도 기 죽지 않는다
어떤 종류를 선택하더라도 싱싱한 양배추는 고추나 라임, 피시 소스(액젓류), 참기름과 같은 다소 강렬한 재료와 섞여도 아삭하고 상쾌한 느낌을 준다. 그렇기 때문에 강한 양념이 들어간 샐러드나 슬로우(Slaw)에 매우 잘 어울리는 재료라고 할 수 있다. 찌면 풍부한 즙이 생성되고 그릴이나 팬에 노릇스름하게 굽거나 약한 불에 올려 수프나 스튜로 천천히 끓이면 달콤한 맛이 난다.

> **텃밭에서**
>
> 기온이 갑자기 떨어지면 많은 채소들이 추위에서 살아남기 위한 준비를 한다. 녹말을 당분으로 전환하는 것이다. 높은 당분은 어는 점을 낮추기 때문에 채소 입장에서는 전한율이 높을수록 추위를 견디는 데 도움이 된다. 채소의 이런 노력은 조리 시 맛의 장점으로 작용한다. 대체로 모든 뿌리채소들과 가을 아티초크, 그리고 양배추 같은 배추 패밀리의 채소들은 겨울 서리를 서너 번 맞은 뒤에 더욱 달콤해진다.

---

[1] 일반적인 녹색 양배추보다 봉오리가 더 넓게 퍼져 있고 부드러우며 섬유조직의 결이 격자무늬인 것이 특징이다. 프랑스 사보이 지역에서 기원된 것으로 17세기경부터 먹었을 것으로 추정하고 있다. 최대 수확기는 여름에서 가을이다. 고를 때에는 중간 정도의 녹색에서 연한 녹색을 띠는 것, 잎이 싱싱한 것이 좋다.

레몬, 버터, 타임을 곁들인 양배추 찜

Steamed Cabbage with Lemon, Butter, and Thyme

부드러우면서도 동시에 아삭한 질감을 가진 멋진 요리를 대접하고 싶을 때 이 요리를 하면 대조적인 식감을 잘 살릴 수 있다. 나는 이렇게 간단하고도 기초적인 조리법을 좋아한다. 여기에 핫소스, 파르미지아노 치즈, 빵가루 등을 더해 촉촉하게 즐기는 것 또한 좋아한다.

≫ 4인분

양배추 450g
코셔 솔트
마늘 2쪽
레몬즙 ½개 분량
무염 버터 2~3큰술
타임 잎 ½작은술
검은 통후추

양배추 준비
열 십자(+)로 4등분해서 가운데 심을 잘라내고 다시 세로로 반씩 자른다. 크기가 큰 양배추는 한 번 더 자른다.

양배추 찌기
커다란 냄비에 1.5cm 정도 물을 부어 끓인다. 물이 끓으면 양배추와 소금 1작은술을 넣고 마늘을 으깨 넣는다. 뚜껑을 덮어 1분 정도 찐 뒤 양배추가 골고루 익도록 뒤집는다. 이때 잎이 떨어져 나가도 상관없다. 냄비에 물이 바특하면 약간 더 넣고 다시 뚜껑을 덮어 양배추가 아삭하면서도 부드러워질 때까지 4~6분 정도 더 찐다.

완성
냄비의 물을 따라 버리고 양배추를 먹기 좋게 한 입 크기로 썰어 그릇에 차곡차곡 쌓는다. 레몬즙, 버터, 타임 잎을 넣고 통후추를 넉넉히 갈아 뿌려 간을 맞춘다.

양배추의 심 제거하기
양배추는 사전 준비가 거의 필요 없는 편리한 채소이다. 가장 먼저 양배추의 가운데를 중심으로 열십자(+)로 4등분한다. 꼭지 부위의 삼각형 모양으로 된 단단한 중심부를 자른다. 그리고 만들고자 하는 요리에 맞게 아주 얇게 혹은 두껍게 썰거나 아니면 자를 필요 없이 그냥 그대로 이용한다. 만약 잎 중에 두껍고 단단한 줄기가 있다면 예리하고 작은 칼로 그 부위만 도려낸다.

호두와 치즈, 사바 식초를 곁들인 양배추 구이
Roasted Cabbage with Walnuts, Parmigiano, and Saba

나는 양배추를 큼지막하게 잘라 굽는 것을 좋아한다. 특히, 호두 등 몇 가지 재료로 만든 가니시를 올리면 자칫 단순할 수 있는 요리가 과하지 않으면서도 흥미롭고 특별한 음식이 된다. 양배추를 그냥 통으로 구워도 좋은데, 이 경우 오븐에서 꺼낸 뒤 잠시 휴지(Resting)해야 한다. 이후, 오븐 온도를 더 높게 올리고 양배추를 넣어 더 굽는다. 오븐에서 꺼내자마자 바로 식탁에 내놓는다.

≫ 4~6인분

사보이 양배추 1통
마늘 2쪽
구운 호두 ⅓컵 *57쪽 참고
무염 버터 4큰술
코셔 솔트
검은 통후추
엑스트라 버진 올리브 오일

브레드크럼 ⅓컵
*55쪽 참고
파르미지아노 레지아노 치즈
즉석에서 간 것
레몬즙 1개 분량
사바 식초(또는 발사믹 식초)
*32쪽 참고

오븐을 약 245°C로 예열한다.

양배추·마늘·호두 준비
양배추는 열십자(+)로 잘라 가운데 심을 제거하고, 마늘과 구운 호두는 각각 굵직하게 다진다.

양배추 굽기
양배추 표면에 버터를 문질러 바르고 소금을 뿌린 다음 통후추를 갈아 간을 한다. 양배추를 오븐 팬에 담아 예열한 오븐에 넣고 갈색으로 변하면서 끝 부분은 바삭해지고, 가운데는 부드러워질 때까지 10~15분 정도 굽는다.

호두 드레싱 준비
양배추를 굽는 동안 작은 볼에 마늘을 넣고 올리브 오일 ¼컵을 붓는다. 여기에 호두, 브레드크럼, 파르미지아노 치즈, 소금을 넣고 통후추를 넉넉히 갈아 뿌린 뒤 레몬즙 2큰술을 넣어 골고루 섞는다. 맛을 보고 간을 한 번 더 맞춘다.
이 드레싱은 가볍게 흘러내리는 살사 같아야 한다. 레몬의 상큼함, 치즈의 짭조름함, 호두와 브레드크럼의 바삭함을 자아내는 맛이면 충분하며, 화사해야 한다.

양배추 양념
구운 양배추에 사바 식초 1큰술을 골고루 흩뿌린 뒤 간이 배도록 가볍게 뒤섞는다. 이때 양배추의 모양이 망가지지 않도록 조심하는데, 잎이 몇 장 떨어지는 것은 상관없다.

완성
양배추는 그대로 혹은 한 입 크기로 잘라 그릇에 가지런히 담고 호두 드레싱을 끼얹는다. 그 위에 사바 식초와 레몬즙을 조금 더 흩뿌리고 치즈를 갈아 듬뿍 얹는다.

톡톡 씹히는 씨앗과 레몬을 곁들인 양배추 튀김

Battered and Fried Cabbage with Crispy Seeds and Lemon

특별한 애피타이저를 찾고 있는가? 일본식 튀김 스타일의 바삭하고 매콤한 양배추 요리는 친구들과 즐기거나 술과 곁들이기에 최적의 음식이다. 이 요리는 조리하자마자 바로 먹어야 맛있기 때문에 음식을 맛보기 전에 조리되는 모습을 지켜보는 즐거움까지 누릴 수 있다. 요리를 낼 때는 레몬즙을 살짝 뿌린다. 조금 더 맛있게 먹고 싶다면 디핑 소스로 톤나토(83쪽 참고)를 준비해 작은 그릇에 담아 곁들여 내자.

≫ 애피타이저로 4인분

양배추 ¼통	펜넬씨 1작은술
식물성 튀김기름	큐민씨 1작은술
(또는 올리브 오일)	고수씨 1작은술
옥수수 전분 ½컵	칠리 플레이크
밀가루(중력분) ½컵	코셔 솔트
탄산수 1컵	검은 통후추
양귀비씨[1] ¼컵	레몬 ½개

양배추 준비

가운데의 심을 잘라낸 뒤 잎을 1장씩 떼어 한 입에 먹기 좋게 손으로 찢는다. 잎은 튀김 팬에 맞는 크기로 찢어야 한다.

튀김기름 준비

속이 깊은 냄비에 7~8cm 정도 튀김기름을 붓고 190°C로 열을 올린다. 기름의 온도가 오르는 동안 쟁반에 키친타월을 2장 깔아 냄비 옆에 둔다.

*기름 위로 8cm 정도 여유가 있는 깊이의 냄비를 준비해야 튀길 때 기름이 튀어 올라도 안전하다.
*온도계가 없을 때는 작은 빵 조각을 튀김기름에 넣고 옅은 갈색으로 변하면서 바삭해질 때까지 1분 정도 걸리면 적당한 온도다.

반죽 준비

기름을 데우는 동안 옥수수 전분과 밀가루를 볼에 넣어 골고루 섞고 탄산수를 부어가며 반죽을 묽게 만든다. 반죽에 양귀비씨, 회향씨, 큐민씨, 고수씨, 칠리 플레이크 ¼작은술, 소금 ½작은술을 넣고 통후추를 넉넉하게 갈아 넣는다.

*좀 더 매콤하게 먹고 싶다면 칠리 플레이크를 더 넣는다.

튀기기

양배추 잎은 한 쪽씩 반죽에 푹 담갔다가 여분의 반죽을 털어 얇게 튀김옷을 입히고 튀김기름에 조심스럽게 넣는다. 많은 양을 한꺼번에 넣으면 기름의 온도가 떨어져 바삭해지지 않고 기름에 절은 느낌이 날 수 있으니 조금씩 넣어가며 튀긴다. 튀김옷이 부풀어 오르고 연한 금색이 될 때까지 튀기고 준비해 둔 키친타월에 올려 기름을 뺀다.

완성

양배추 튀김을 접시에 담은 뒤 소금을 약간 뿌리고 레몬을 꾹 짜서 즙을 흩뿌려 바로 낸다.

---

1 **Poppy Seeds** 외국에서는 베이킹과 디저트에 많이 사용하는 재료이지만 한국에서는 구할 수 없다.

양파와 파로를 넣은 양배추 수프

Comforting Cabbage, Onion, and Farro Soup

이 수프는 마치 할머니가 끓여준 것처럼 따뜻하고, 편안하여 마음의 위안을 준다. 요리법이 다소 옛날 방식이긴 하지만 추운 날, 비가 흩뿌리는 날이면 먹고 싶어 진다.

≫ 4인분

- 양배추 450g
- 양파 1개
- 엑스트라 버진 올리브 오일
- 코셔 솔트
- 검은 통후추
- 마늘 3쪽
- 로즈메리(또는 타임)
- 잔가지 1개
- 레드(또는 화이트) 와인 식초 1큰술
- 파로 ⅔컵 *89쪽 참고
- 닭 육수(또는 저염 치킨 스톡) 4컵
- 레몬즙 1큰술 즉석에서 짠 것
- 파르미지아노 레지아노 치즈 1컵 즉석에서 간 것

양배추 · 양파 준비

양배추는 가운데의 심을 잘라낸 뒤 심은 아주 곱게 다지고, 나머지는 통으로 놓고 채 썰거나 잎을 몇 장씩 겹쳐 돌돌 말아 0.3cm 폭으로 채 썬다. 이렇게 곱게 채 써는 것을 쉬포나드(Chiffonade)라고 한다. 양파도 곱게 채 썬다.

양배추 심 · 양파 볶기

커다란 냄비나 더치 오븐에 올리브 오일 ¼컵을 두르고 중불에 올린다. 양파와 다진 양배추 심, 소금 1꼬집, 통후추를 넉넉히 갈아 넣고 양파가 부드러워지고 향이 날 때까지 10분 정도 저어가며 볶는다. 여기에 마늘을 으깨 넣고 5분 정도 더 볶는다.

*볶는 동안 양파가 갈색이 되지 않게 주의한다.

양배추 잎 찌기

위의 냄비에 채 썬 양배추 잎과 로즈메리를 넣고 뚜껑을 덮는다. 양배추에서 수분이 빠져나오고 부드러워지도록 최소 30분 정도 찐다. 양배추가 완전히 익으면 와인 식초를 부어 젓고, 소금과 통후추를 갈아 간한다.

파로 준비

양배추를 찌는 동안 소스팬을 중불에 올리고 올리브 오일을 약간 두른 뒤 파로를 넣어 향이 올라올 때까지 저어가며 5-8분 동안 볶는다.

완성

볶은 파로를 양배추에 쏟아 붓고(양배추를 파로에 넣어도 된다. 더 넓은 팬에 재료를 모으면 된다.) 닭 육수를 붓는다. 국물이 한 번 끓어오르면 불을 약하게 줄이고 파로가 완전히 익고 국물에 맛이 우러날 때까지 25~30분 정도 뭉근히 끓인다. 여기에 레몬즙을 넣어 섞고 소금과 통후추, 또는 레몬즙을 더 넣어 맛을 조절한다.

*레몬즙을 넣기 전에 수프가 너무 걸쭉하면 물이나 닭 육수를 ½컵 정도 넣어 농도를 조절한다.

담기

오목한 볼에 수프를 담고 파르미지아노 치즈를 듬뿍 뿌린 뒤 올리브 오일을 한 번 두르고 치즈를 따로 담아 곁들여 낸다.

양배추와 버섯을 넣은 핸드 파이
Cabbage and Mushroom Hand Pies

이 요리는 8개 분량인데 양이 너무 많다면 만들어서 얼려 두면 된다. 속재료를 만들고, 파이를 잘 빚은 다음, 충분히 식혀서 굽지 않은 상태로 냉동실 전용 지퍼백에 넣어 얼린다. 이렇게 하면 한 달까지 보관할 수 있다. 먹을 때는 냉동실에서 꺼내 해동할 필요 없이 175℃의 오븐에 넣고 1시간 동안 구우면 된다.

》 8개 분량

사보이 양배추 230g
리크(또는 대파) 1개
버섯 230g
엑스트라 버진 올리브 오일
코셔 솔트
검은 통후추
발사믹 식초 2작은술
우스터 소스 2작은술
디종 머스터드 2작은술
파르미지아노 레지아노 치즈
½컵 즉석에서 간 것
레몬즙 ½개 분량
핫소스
페이스트리 반죽 *88쪽 참고
밀가루(중력분)

양배추·리크·버섯 준비

양배추는 열십자(+)로 썰어 가운데 심을 제거한 뒤 곱게 채 썬다. 리크는 흰 부분부터 연한 녹색 부분까지만 준비해서 반으로 갈라 0.5cm 폭으로 송송 썬다. 버섯은 얇게 썬다.

*양배추는 채 썰어 4컵, 리크는 송송 썰어 2컵 정도 준비한다.

버섯 볶기

커다란 팬에 올리브 오일을 크게 한 번 두르고 중불에 올린다. 버섯을 넣고 소금과 통후추를 갈아 밑간 한 뒤 부드러워지고 향이 올라올 때까지 약 8분간 볶아 커다란 그릇에 덜어 둔다.

리크·양배추 볶기

팬에 다시 올리브 오일 1큰술을 두르고 리크를 넣는다. 소금과 통후추를 갈아 밑간하고 리크가 부드러워지고 향이 올라올 때까지 볶되 갈색이 나지 않게 주의하며 약 3분간 볶는다. 양배추를 넣고 소금과 통후추를 갈아 밑간한 다음 물 ¼컵을 붓는다. 뚜껑을 덮고 중불로 올린 다음 양배추의 숨이 죽을 때까지 5분간 익힌다. 뚜껑을 열고 양배추가 노르스름해질 때까지 8분 정도 더 볶는다.

*리크를 볶는 중간 마르는 것 같으면 뚜껑을 덮거나 물을 1숟가락 정도 넣으면 촉촉함을 유지할 수 있다.

파이 속 준비

버섯이 담긴 커다란 볼에 볶은 양배추를 넣고 발사믹 식초, 우스터 소스, 머스터드, 파르미지아노 치즈, 레몬즙, 핫소스를 넣어 잘 섞은 뒤 맛이 부족하면 소금, 후추, 핫소스 또는 레몬즙으로 맛을 조절한다. 한 김 식힌 뒤 완전히 식을 때까지 냉장고에 넣어둔다. 속재료가 따뜻한 상태로 파이를 만들 수는 없기 때문이다.

파이 반죽 준비

준비한 페이스트리 반죽을 8등분해서 각각 지름 7~8cm 정도로 평평하고 동그랗게 눌러 편다. 반죽이 손에 달라붙으면 밀가루를 묻혀 가며 모양을 잡는다. 작업대 위에 밀가루를 약간 뿌리고 각각의 반죽을 지름 18cm 정도가 되도록 밀대로 편다. 완전히 동그랗지 않아도 괜찮다.

파이 만들기

파이 속을 8등분하여 각각의 반죽 가운데에 올리되 가장자리에 2~3cm 정도를 남긴다. 가장자리에 물을 발라 반달 모양으로 접어 꼭꼭 누른다. 이때 속재료가 펑퍼짐하지 않고 볼록해지게 모양을 잡는다. 가장자리는 포크로 눌러 주름 모양을 만든다. 완성된 파이는 즉시 냉장고에 넣고 30분 정도 차갑게 둔다.

*만약 부엌이 너무 덥다면 파이를 하나씩 완성할 때마다 바로 냉장고에 넣자.

오븐을 약 190°C로 예열한다.

완성

파이 위에 작은 칼집을 3개 내서 모양을 내고 오븐 팬에 가지런히 올린 뒤 오븐에 넣는다. 파이가 골고루 연한 갈색이 날 때까지 30~40분 정도 굽는다. 칼집 사이로 올라온 작은 기포들은 신경 쓰지 않아도 된다. 오븐에서 꺼낸 파이는 식힘망 위에 올려 한 김 식힌 뒤 따뜻하게 낸다.

*미리 구워 식었을 때는 190°C 오븐에 10분 정도 다시 굽는다.

Celery Root
셀러리악

시장에서 셀러리악을 보고 그냥 지나친다고 해도 이해할 만하다. 울퉁불퉁하고 둔탁하며 털 많은 외모는 도무지 예쁘지가 않아 자신이 얼마나 대단한 채소인지를 알릴 길이 없기 때문이다. 하지만 셀러리악은 우아한 풍미를 내는 채소인데다가 요리하기에도 쉬운 재료이다. 은은한 셀러리의 풍미를 가진 감자라고 생각한다면 꽤 매력적이지 않은가?

생김새보다는 무게
셀러리악은 크고 무거운 뿌리를 선택하는 것이 가장 중요하니 2~3개쯤 들고 무게를 비교해보자. 그렇다고 너무 뿌리처럼 보이는 것은 피하는 게 좋다. 껍질을 벗겨 손질할 때에는 너무 두껍게 깎아내지 말아야 과육을 최대한 보존할 수 있다.

손질한 뒤 바로 사용
셀러리악은 조리하기 직전까지 손질과 세척을 하지 않는 게 좋다. 아주 빠르게 갈변하기 때문이다. 그럼에도 불구하고 몇 시간 전에 미리 손질해야 한다면 레몬즙을 넣은 물에 푹 담가 놓는다.

원하는 대로 요리
대부분의 뿌리채소들과 마찬가지로 셀러리악 역시 잘게 갈거나 얇게 썰어 요리하면 생으로도 얼마든지 먹을 수 있다. 또한, 끓이거나 찐 다음 으깨서 요리해도 좋고, 기름과 허브로 버무리거나 감자처럼 오븐에 구워 먹어도 맛있다.

브라운 버터, 오렌지, 대추야자, 아몬드를 넣은 셀러리악 샐러드

Celery Root with Brown Butter, Oranges, Dates, and Almonds

신선한 셀러리악은 셀러리 줄기처럼 강렬한 향을 가지고 있다. 셀러리악이 더 단단한 편이지만 섬유질은 적다. 이 레시피는 고소한 브라운 버터의 미묘한 풍미와 함께 오렌지의 화사함, 아몬드의 짭조름한 맛, 대추야자의 달콤함이 모두 어우러진 새로운 조합의 샐러드이다.

≫ 4인분

오렌지	코셔 솔트
(또는 블러드 오렌지) 2개	검은 통후추
셀러리악 340g	엑스트라 버진 올리브 오일
(작은 것 1개, 큰 것 ½개)	구운 아몬드 ¼컵
대추야자 ½컵	*57쪽 참고
차이브 1줌	파슬리 잎 작게 1줌
칠리 플레이크 ¼작은술	무염 버터 2큰술

오렌지 준비
1개는 강판에 갈아 제스트를 만든 다음 반으로 잘라 1쪽은 즙을 내고, 나머지 1쪽은 작게 썬다. 나머지 1개는 양 끝을 자르고 예리한 칼을 이용해 위에서 아래로 속껍질까지 썰어낸다. 과육에 붙어 있는 흰 껍질은 꼼꼼히 제거한다. 세로로 반 자른 뒤 자른 단면이 아래로 향하게 도마 위에 놓고 0.3cm 두께의 반달 모양으로 썰어 커다란 그릇에 옮겨 담는다.

셀러리악 · 대추야자 · 차이브 준비
셀러리악은 거칠고 투박한 표면을 다듬어 반으로 썬다. 검게 보이는 갈라진 틈이 보이면 파낸다. 너무 크면 4등분한 뒤 최대한 얇게 썬다. 슬라이서나 필러를 활용하면 수월하다. 너무 울퉁불퉁한 면이라면 다른 면부터 얇게 손질한다. 모양보다 두께를 신경 써야 한다. 대추야자는 씨를 빼서 굵게 채 썰고, 차이브는 7-8cm 길이로 썬다.

샐러드 준비
오렌지를 담아 둔 큰 그릇에 셀러리악, 대추야자, 오렌지즙을 넣고 오렌지 제스트는 분량의 반만 넣는다. 여기에 칠리 플레이크와 소금 1작은술, 통후추를 갈아 넣고 간을 한다. 샐러드의 풍미가 확 살아날 때까지 간을 맞춘다. 올리브 오일을 크게 한 번 두르고 아몬드, 차이브, 파슬리 잎을 넣어 버무린 뒤 맛이 부족하면 칠리 플레이크, 소금, 통후추를 갈아 맛을 조절한다.

브라운 버터 준비
버터를 작은 소스 팬에 넣고 중불에 올린 뒤 버터의 수분이 증발하고 우유의 고형 성분이 팬 바닥에서 노르스름하게 변할 때까지 1-2분간 몇 초 간격으로 저으면서 끓인다. 버터의 색이 짙은 금빛이 되고 고소한 향이 날 때까지 몇 초간 더 끓인 다음 불을 끈다.

완성
접시에 샐러드를 담고 브라운 버터를 그 위에 뿌린 뒤 나머지 오렌지 제스트를 흩뿌린다.

마늘과 타임 풍미의 으깬 셀러리악

Mashed Celery Root with Garlic and Thyme

으깬 감자를 완벽하게 대체할 수 있는 방법이다. 그라탱부터 수프까지 다양한 음식에 이용할 수 있는 기본 레시피다.

≫ 4인분

셀러리악 680g	타임 잔가지 4개
우유 1컵	코셔 솔트
마늘 6쪽	검은 통후추
월계수 잎 1장	무염 버터 2큰술

셀러리악 준비
칼로 거칠고 투박한 표면을 깎아 다듬는다. 검게 보이는 갈라진 틈이 있으면 파내고 듬성듬성 작게 썬다.

셀러리악 삶기
중간 크기의 소스팬에 셀러리악과 우유, 마늘을 으깨 넣고, 월계수 잎, 타임 잔가지를 넣는다. 소금과 통후추를 갈아 간을 하고 뚜껑을 덮어 끓인다. 우유가 끓어 넘치지 않게 중간중간 뚜껑을 열어가며 셀러리악이 부드럽게 익을 때까지 20분 정도 끓이고 월계수 잎과 타임을 빼낸다. 거의 완성될 즈음 우유가 멍울져 보여도 괜찮다.

완성
팬에 있는 재료를 모두 푸드 프로세서에 붓고 버터를 넣어 퓌레 상태가 될 때까지 간다. 모자라는 간은 소금과 통후추를 갈아 맞춘다.

*셀러리악이 어느 정도 씹히길 원한다면 푸드 프로세서를 이용하는 대신 버터를 넣고 으깬다.

유용한 아이디어

다른 뿌리채소와 함께
셀러리악을 일부 덜어내고 감자나 순무로 대체하면 더 복잡미묘한 풍미와 크리미한 질감을 더할 수 있다. 만약 트러플 버터가 있다면 무염 버터 대신 사용한다.

치즈와 굽기
으깬 셀러리악을 납작한 오븐용 그릇에 담고 탈레지오 치즈와 염소 치즈 혹은 파르미지아노 레지아노 치즈를 얹고 그 위에 브레드크럼을 약간 뿌린 뒤 오븐에서 굽는다.

부드러운 수프
퓌레 상태로 만든 셀러리악에 물, 생크림, 육수 등을 넣어 수프로 만들어도 좋다.

셀러리악과 밀, 구할 수 있는 가을 채소를 모두 넣은 차우더

Celery Root, Cracked Wheat, and Every-Fall-Vegetable-You-Can-Find Chowder

가을과 겨울에 나는 모든 채소는 이 수프 요리에 너무나도 잘 어울린다. 셀러리악 퓌레는 강한 단맛을 비롯해 수프의 풍미를 해칠 수 있는 특정한 맛이 도드라지지 않게, 부드럽게 잡아주는 역할을 한다. 굵게 빻은 거친 밀 대신 파로나 다른 곡물을 사용할 수 있지만 수프가 너무 되직해지거나 죽처럼 될 가능성이 있다. 추운 날에는 걸쭉한 음식도 잘 어울리지만 이 점을 참고할 필요는 있다.

》 8인분

셀러리악(작은 것) 1개 (약 340g)
양파 230g
채 썬 케일 2컵
셀러리 줄기 1대
당근(작은 것) 1개
순무(큰 것) 1개
감자 1개
마늘 3쪽
무염 버터 3큰술
코셔 솔트
검은 통후추
올리브 오일 2큰술
밀 1컵 굵게 빻은 것
타임 잔가지 5~6개
루콜라 크게 1줌

셀러리악 · 양파 · 케일 준비
셀러리악은 거칠고 투박한 표면을 칼로 깎아 다듬는다. 검게 보이는 갈라진 틈이 보이면 파낸 다음 늠성늠성 삭게 썬다. 양파는 재 썰고, 케일도 가늘게 채 썰어 2컵 준비한다.

셀러리 · 당근 · 순무 · 감자 준비
셀러리 줄기는 굵직하게 다지고, 당근, 순무, 감자도 껍질을 벗긴 뒤 굵직하게 다진다.

셀러리악 퓌레 만들기
뚜껑이 있는 냄비에 셀러리악과 양파를 넣고 마늘 1쪽을 으깨 넣는다. 버터와 물 ½컵, 소금 1작은술을 넣은 뒤 통후추를 20번 정도 갈아 넣고 뚜껑을 덮은 다음 모든 재료가 흐물흐물할 때까지 20~25분 정도 끓인다. 잠시 식힌 뒤 푸드 프로세서나 블렌더에 붓고 퓌레 상태가 될 정도로 간다.

*셀러리악의 크기에 따라 끓이는 시간을 조절한다.

밀 볶기
커다란 냄비나 더치 오븐에 올리브 오일을 두르고 중불에 올린다. 남은 마늘 2쪽을 으깨 넣고 부드러워질 때까지 몇 분간 볶은 뒤 밀을 넣고 불을 약하게 줄인다. 마늘이 타지 않게 주의하며 밀 특유의 깊은 향이 올라올 때까지 중간중간 저어가며 7~8분 정도 볶고 타임을 넣는다.

채소 끓이기
위의 냄비에 셀러리, 당근, 순무, 감자, 소금 1작은술을 넣고 뚜껑을 덮은 뒤 중불로 올린다. 재료의 색이 진해지지 않도록 살피며, 가끔씩 저어가며 10~15분 정도 볶는다. 채소에서 1.5cm 정도 올라오게 물을 붓는다. 뚜껑을 덮고 불을 세게 올려 모든 채소가 부드럽게 익도록 15~20분간 팔팔 끓인다. 여기에 케일을 넣고 몇 분간 더 끓인다. 어느 정도 씹는 식감이 남도록 너무 오래 익히지는 않는다.

완성
위의 냄비에 셀러리악 퓌레를 붓고 잘 섞어 수프를 완성한다. 간이 부족하면 소금으로 간을 하고 후추 특유의 매콤한 맛과 채소의 은은하고 달콤한 맛이 조화를 이루도록 통후추는 넉넉히 갈아 넣는다.

*수프의 농도가 너무 걸쭉하거나 죽처럼 되면 물을 더 넣어 끓인다.

담기
수프는 따뜻할 때 그릇에 담고 루콜라를 얹어낸다.

시트러스와 홀스래디시를 곁들인 셀러리악 튀김
Fried Celery Root Steaks with Citrus and Horseradish

샐러드를 굳이 올리지 않아도, 이 노릇노릇하고 바삭한 채소 스테이크는 아주 맛있다. 모차렐라 치즈 튀김 같은 포근한 느낌을 가진 음식이지만 영양 면에서 훨씬 우수하며 세련되기도 하다. 채식주의자를 위한 주요리로 좋으며, 로스트 포크의 곁들임 요리로 내도 잘 어울린다. 살짝 까다로워 보일 수 있는 두 단계의 조리 과정이 있다. 셀러리악이 완벽하게 익었는지를 확인하는 것, 그리고 튀기는 시간을 최소화하는 것이다.

》 4인분

셀러리악 1개(약 910g)	판코 브레드크럼¹ 1¼컵
파슬리 잎 ½컵	밀가루(중력분) 1컵
페페론치노 ¼컵	달걀물 1개 분량
엑스트라 버진 올리브 오일	시트러스 과육* 1컵
코셔 솔트	속껍질까지 벗겨 준비
고수씨 가루 ½작은술	검은 통후추
*고수 씨를 빻은 가루	홀스래디시

*오렌지나 블러드 오렌지, 귤, 자몽, 한라봉 등 여러 종류를 준비하면 더 좋다.

오븐을 약 200℃로 예열한다.

셀러리악 준비
칼로 거칠고 투박한 껍질을 벗기고 검게 보이는 갈라진 틈이 보이면 파낸 다음 2cm 두께로 썬다.

파슬리 잎 · 페페론치노 준비
파슬리 잎은 잘게 썰고, 페페론치노는 가늘게 슬라이스 한다.

셀러리악 굽기
올리브 오일에 소금을 섞어 셀러리악과 버무려 코팅한 다음 오븐 팬에 가지런히 올린다. 오븐에 넣어 셀러리악이 너무 무르지 않게, 부드러워질 때까지만 15~20분 정도 굽고 꺼내서 식힌다.

튀김 준비
셀러리악이 식는 동안 판코 브레드크럼과 고수씨 가루를 섞고 밀가루, 달걀물, 판코 브레드크럼 믹스 순으로 나란히 둔다. 쟁반에 키친타월을 2장 겹쳐 깔아둔다. 프라이팬에 올리브 오일을 0.5cm 정도 높이로 넉넉히 붓고 190℃로 예열한다.

셀러리악 튀김
셀러리악이 완전히 식고 기름에 열이 오르면 셀러리악에 밀가루를 살짝 묻히고, 달걀물에 담갔다가 톡톡 턴다. 판코 브레드크럼 믹스를 골고루 충분히 입혀 손으로 꾹꾹 누른다. 손이 지저분해질 수 있으니 양손을 쓰지 말고 한 손으로 작업하는 게 좋다. 튀김옷 입은 셀러리악을 기름에 넣고 뒤집어가며 옅은 갈색이 될 때까지 약 2~3분 정도 튀기듯 굽고 키친타월 위에 올려 기름을 뺀다.

*셀러리악에 달걀물을 가볍게 입힌 뒤 판코 브레드크럼 믹스에 올려 손으로 꾹꾹 눌러가며 튀김옷을 입혀야 브레드크럼이 잘 묻는다.

완성
큰 그릇에 셀러리악 튀김, 파슬리, 페페론치노, 시트러스 과육을 넣어 섞고 소금과 통후추를 넉넉히 갈아 간을 한다.

담기
양념한 셀러리악 튀김을 접시에 담고 그 위에 시트러스를 올린 뒤 강판에 홀스래디시를 넉넉히 갈아 흩뿌려 뜨겁고 바삭할 때 낸다.

시트러스 과육 분리하기

시트러스류는 여러 겨울 채소와 잘 어울리는 과일로, 상큼한 풍미와 과즙이 풍부하다. 커다란 자몽이나 아주 작은 페르시안 라임 등 종류에 관계없이 동일하게 적용되는 이 기술은 예리하고 날카로운 칼을 써야 하며 방법은 쉽지만 꽤나 유용하다.
시트러스의 양 끝을 잘라 세워둔다. 예리한 칼을 속껍질이 있는 부분에 대고 위에서 아래로 모양을 따라 껍질을 썰어 낸다. 서두르지 말고 껍질이 넓게 벗겨지도록 하고, 속껍질이 남아 있으면 깎아낸다.
시트러스를 손으로 잡고 과육만 1쪽씩 잘라내는데, 속껍질과 과육 사이에 칼집을 넣고 속껍질에서 과육만 1쪽씩 분리해낸다. 이 과정은 도마보다는 그릇 위에서 해야 떨어지는 과즙을 낭비하지 않고 모을 수 있다. 또한 과육을 발라내고 남은 속껍질은 꾹 짜서 최대한 과즙을 낸다.

---

1 **Panko breadcrumbs** 빵에서 분리된 가루라는 의미로 아시아 스타일의 빵가루다. 즉, 튀김 재료에 가볍게 묻히는 미백의 코팅 재료로, 손으로 만드는 것보다 훨씬 입자가 작고 바삭거림이 오래 유지되는 특징이 있어 서양 요리에도 많이 이용되고 있다.

Dried Corn and Polenta
마른 옥수수와 폴렌타

옥수수 가루 Cornmeal

싱싱하고 푸릇푸릇한 제철 채소들을 다루고 있는 책에서 갑자기 말린 옥수수 가루인 콘밀(Cornmeal)을 언급하는 것이 이상할지도 모른다. 하지만 봄에 만드는 말린 누에콩처럼 말린 옥수수는 풍성한 계절이 빚어낸 산물이다. 옥수수를 말리고 빻아 음식의 재료로 가공하는 일이야말로 계절의 너그러움을 다음 계절까지 이어주는 과정이라 할 수 있다. 폴렌타의 경우 이 책의 다양한 레시피에 등장하는 재료이자 자연의 동반자이다. 그리고 내가 너무나도 사랑하는 이탈리아 요리의 본질이기도 하다.

폴렌타 Polenta

폴렌타는 단순한 요리 레시피가 아니라 일종의 종교(또는 믿음)와 같다고 해야 할까? 한마디로, 원초적이고 순수하며, 소박하지만 완벽한 폴렌타 한 그릇이 가진 유연함은 무궁무진하다. 이를 조리하는 방법은 어렵지 않게 찾을 수 있으니, 그 중에서 마음에 드는 것으로 선택하면 된다. 그동안 수도 없이 만들어본 내가 소개하는 이 방법은 결국 내가 믿는 종교인 셈이다.

완벽한 폴렌타를 위한 6단계

좋은 옥수수를 찾아야 한다

지역에 옥수수를 재배하는 농부가 있고 이를 신선하게 빻을 수 있는 제분소까지 있다면 더이상 바랄 게 없지만, 양질의 기성 제품들도 꽤 많이 나와있는 편이다. 단, 인스턴트 폴렌타는 전혀 마음에 들지 않는다. 그저 그런 맛과 전혀 매력적이지 않은 식감이 매우 거슬리기 때문이다. 부디 사용하지 않길 바란다. 나는 다행히도 오레곤 주 가스통(Gaston) 지역에 있는 에이어 크릭 농장(Ayers Creek Farm)의 앤서니와 캐롤 부타드에게 공급받고 있다. 앤서니는 이 지역 최고의 말린 콩, 말린 옥수수 전문가로서 그의 플린트 콘(Flint Corn) 품종으로 만든 폴렌타는 이탈리아와 다른 곳에서 봤던 폴렌타 만큼이나 뛰어나다.

폴렌타와 물의 비율이 중요하다

물과 폴렌타의 비율은 5대 1로 맞춘다. 이 비율은 아마도 다른 레시피보다 물의 양이 조금 더 많을 것이다. 물이 부족할 시 되직하고 수분이 제대로 스며들지 못하는 상태가 되는데, 만약 이런 상태라면 물을 조금 더 넣고 오래 조리하면 된다. 폴렌타가 물을 더이상 흡수할 수 없으면 남아도는 물은 증발해 버리므로 크게 상관은 없다.

끓는 물에 폴렌타를 넣으면 멍울을 방지할 수 있다

한 손에는 거품기를 잡고 다른 손에는 폴렌타를 들고 있는 상태로 일정하게 끓어오르는 물에 폴렌타를 부어가며 그와 동시에 거품기로 마구 휘젓는다. 이외 다른 방법도 있지만 경험상 이렇게 하는 것이 최선의 방법이고 결과물은 언제나 최고이다.

넣은 즉시, 가장 낮은 불로 낮춘다
이렇게 해야만 폴렌타가 바닥에 달라붙지 않고 타지 않는다. 그러나 더 중요한 이유는 폴렌타가 화산처럼 끓어올라 뜨거운 곤죽이 되는 것을 막고, 주변을 지저분하게 만들지 않도록 하기 위함이다.

오래 끓인다
레스토랑에서 폴렌타를 조리할 때에는 중간중간 맛을 보면서 다 되었는지 결정하기까지 몇 시간이 걸리고, 이보다 적은 양을 집에서 만든다고 해도 2시간 30분 정도는 필요하다. 개인적으로 모든 옥수수 가루의 건조한 알갱이들이 수분을 완전히 흡수해서 포슬포슬하고 부드러우면서도 촉촉하고 크리미한 상태가 되길 원한다. 궁극적인 목표는 폴렌타가 접시 위의 다른 음식을 침범하지 않고 숟가락으로 뜰 수 있는 탄력과 농도를 맞추는 것이다. 폴렌타를 다시 데울 때에는 물을 조금 넣고 저어주면서 약한 불에서 끓이면 쉽게 데울 수 있다.

내놓기 전까지는 간을 하지 않는다
그 이유는 오래도록 조리하는 탓에 수분이 재료에 흡수되고 증발해버려 잔여 소금의 양을 조절하기가 까다롭기 때문이다. 따라서, 사람들에게 내놓기 바로 전에 소금 한 꼬집 정도와 함께 약간의 치즈와 버터를 넣는 방법이 적절하다.

유용한 아이디어

생 옥수수 낱알과 함께 끓인 뒤 치즈를 갈아 뿌린다
인생의 즐거움 중 하나는 뭐든지 두 배로 만드는 것이다.

다른 재료를 조금씩 넣어 혼합한다
익힌 생선, 굵게 다진 고기, 피클, 여러 종류의 치즈와 함께 뒤섞어 뻑뻑할 때까지 식힌 다음 둥그런 케이크 모양으로 작게 만들어 튀긴다. 또는 치즈와 버터만 넣고 케이크 모양으로 만들어 브랑다드(Brandade)[1], 고기 스튜, 그릴에 구운 생선, 블루 치즈나 모든 종류의 부드러운 생 치즈와 함께 내놓는다.

라구와 함께 올린다
물론, 그 위에 파르미지아노 치즈를 듬뿍 올린다.

삶은 채소와 수란을 함께 올린다
훈제 고기도 옆에 놓고 핫소스도 잊지 말고 뿌린다.

캐서롤 요리에 이용한다
폴렌타 위에 볶은 소시지와 채소, 치즈, 토마토 소스를 얹어 굽는다.

마스카포네 치즈와 메이플 시럽을 넣은 다음 진하게 졸인 대추야자를 올린다
이 요리는 아침 식사나 디저트로 알맞다.

---

1 소금에 절인 대구와 올리브 오일, 감자를 이용해 죽처럼 만드는 겨울 음식으로 주로 빵과 함께 먹는다.

Kohlrabi
콜라비

가볍고 재미있는 이름과 그 생김새에 비해 심각할 정도로 맛있는 채소가 바로 콜라비이다. 아삭거림과 풍부한 수분감은 마치 순무와 사과가 함께 빚어낸 사랑스러운 아이 같다. 지금까지 한 번도 콜라비로 요리해본 적이 없는 사람들은 놀라운 경험을 하게 될 것이다. 나는 콜라비를 생으로도 먹고 익혀서 활용하기도 하는데 조리할 때에는 촉촉함이 살아 있는 아삭함을 그대로 살리고자 하는 편이다.

작은 것이 맛있다

보라색과 녹색이 일반적이다. 색깔이 맛에 영향을 미치지는 않으니 원하는 색으로 고르되, 작은 것을 선택하는 게 좋다. 콜라비는 클수록 나무 향이 강하고, 스폰지 같은 질감일 확률이 높기 때문이다. 만약 줄기와 잎이 그대로 달려 있는 콜라비를 구입한다면 이를 버리지 말고 콜라드, 케일, 근대처럼 부재료로 활용하면 된다. 콜라비는 다른 겨울 채소들과 마찬가지로 낮은 기온에서 성장할수록 당분 함량이 높아 달콤하다.

손쉬운 준비 과정

일반적인 콜라비 손질법은 질기고 거친 겉껍질을 벗겨내는 게 전부인데, 어린 콜라비는 이런 손질조차 생략해도 된다. 손질한 콜라비는 강판에 갈거나 슬로우(Slaws)를 만들기 위해 아주 가늘게 채를 썬다. 슬로우를 만들 때 사과를 넣으면 아주 잘 어울린다. 이 외에도 얇게 저며서 샐러드에 넣고, 깍둑썰기 하여 수프를 만들거나 볶아 먹기도 한다.

시트러스와 크림으로 맛을 낸 콜라비 샐러드

Kohlrabi with Citrus, Arugula, Poppy Seeds, and Crème Fraîche

이 요리와 사랑에 빠질 준비가 되었는가? 너무 간단하지만 신선한 콜라비의 매력과 풍미를 극명하게 보여주는 요리이다. 만약 크렘 프레슈가 없다면 사워크림을 써도 괜찮다.

≫ 4인분

시트러스 과육 3개 분량
*오렌지, 귤 등 달콤한 맛으로 준비
콜라비 450g
크렘 프레슈 ½컵
양귀비씨[1] 2큰술
코셔 솔트
검은 통후추
루콜라 크게 4줌
시트러스 비네그레트 2~3큰술 *73쪽 참고

시트러스 준비
블러드 오렌지, 오렌지, 귤 종류처럼 달콤한 맛이 있는 종류를 준비해 391쪽을 참고하여 과육을 발라내고, 과즙도 따로 준비한다.

콜라비 준비
껍질을 벗기고 웨지 모양으로 써는데, 준비한 시트러스 과육과 비슷한 크기로 썬다. 콜라비에 크렘 프레슈 3큰술과 양귀비씨를 섞고 소금과 통후추를 넉넉히 갈아 간한다.

루콜라 준비
굵고 질긴 줄기를 잘라내고 긴 것만 반으로 자르거나 먹기 좋은 길이로 자른다.

완성
남아 있는 크렘 프레슈를 각각의 개인 접시에 펴 바른다. 다른 그릇에 루콜라, 준비한 시트러스 과육과 과즙, 시트러스 비네그레트를 담아 재빨리, 골고루 섞고, 크렘프레슈 바른 접시 위에 적당량 올린 뒤 맨 위에 콜라비를 보기 좋게 올린다.

1 **Poppy seed** 양귀비 꽃의 씨앗이다. 서양에서 제과, 제빵을 비롯하여 여러 요리에 사용하는 식재료인데 우리나라에는 유통되지 않아 구할 수 없다. 사진 속에 보이는 작고 둥글며 까만 알갱이가 바로 양귀비씨이다.

콜라비 브랑다드

Kohlrabi Brandade

포시즌 농장에서 일하던 시절, 바다에서 불어오는 짭조름한 바람과 해조류가 우리가 일구는 밭의 토양에 막대한 영향을 주고, 그로 인해 콜라비는 소금기를 가진다는 사실을 알게 되었다. 덕분에 정통 프렌치 스타일은 아닐지라도 염장한 대구로 만드는 브랑다드(394쪽 참고)에 콜라비를 넣는 것이 가능하겠다는 생각이 들었다. 이 요리를 서브할 때는 저민 마늘을 문질러 노릇하게 구운 빵과 함께 내거나 여러 가지 방법으로 선보일 수 있다. 기억할 것은 염장 대구는 반드시 하루 전에는 미리 손질을 해 놓아야 한다는 것이다.

》 6~8인분

염장 대구¹ 230g	월계수 잎 1개
콜라비 450g	마른 고추(칠레 데 아르볼)
감자 340g	1개
파슬리 잎 ½컵	코셔 솔트
마늘 6쪽	레몬 ½개
우유	엑스트라 버진 올리브 오일
검은 통후추	마늘을 문질러 구운 빵

염장 대구 준비

겉에 묻은 소금을 다 털어낸 뒤 찬물에 담가 2시간마다 물을 갈아가며 최소 8시간 이상 소금기를 뺀다. 또는 하루 전 미리 찬물에 담가 냉장고에 두는 게 좋은데, 그런 다음엔 깨끗한 찬물로 옮겨 2시간 동안 더 담가 둔다. 소금기를 뺀 대구는 물기를 닦고 사방 약 2.5cm 크기로 썬다.

콜라비·감자·파슬리 준비

콜라비와 감자는 모두 껍질을 벗겨 사방 1.5cm 크기의 주사위 모양으로 썰고, 파슬리 잎은 잘게 썬다.

우유에 재료 삶기

커다란 냄비에 대구와 콜라비, 감자를 넣고 마늘을 대강 으깨 넣는다. 재료가 반 이상 잠기도록 우유를 붓고 통후추를 넉넉히 갈아 넣는다. 월계수 잎과 마른 고추를 넣고 끓어오르면 불을 약하게 줄여 콜라비와 감자가 부드럽게 익고 대구 살이 포슬포슬하게 될 때까지 약 20분간 뭉근히 끓인다. 수증기가 빠져나갈 수 있게 뚜껑을 조금 열어 둔다. 체에 밭쳐 건더기와 우유를 분리한 뒤 우유는 냄비에 다시 붓고 건더기는 월계수 잎과 고추를 골라낸 다음 따로 둔다.

완성

우유가 약 1컵 분량이 될 때까지 팔팔 끓여 졸인다. 간이 부족하면 소금을 약간 넣어 간을 하되 염장한 대구가 있다는 사실을 잊지 말자.
따로 두었던 건더기인 채소와 대구를 다시 우유에 넣어 부드러운 퓌레 농도가 되게 으깨고 저어가며 끓인다. 재료가 잘게 쪼개지며 뭉치지 않고 잘 퍼져 매끄러운 질감이 되어야 한다. 여기에 파슬리를 넣고 맛을 본 뒤 간이 부족하면 소금을 더 넣는다. 통후추를 넉넉히 갈아 뿌리고 레몬을 꾹 짜서 즙을 넣은 뒤 올리브 오일을 넉넉히 둘러 브랑다드를 완성한다.

담기

마늘을 문질러 구운 빵을 준비하고 그 위에 브랑다드를 한 숟가락 올려 낸다. 푸짐한 간식이나 가벼운 한 끼 식사로 좋다.

유용한 아이디어

브랑다드 튀김과 채소를 곁들인다
마른 버섯을 물에 불려 잘게 다지고 가늘게 썬 당근 피클이나 펜넬, 달걀을 브랑다드에 넣어 섞는다. 한 입 퍽 만한 크기로 만들어 브레드크럼을 골고루 묻힌 뒤 기름을 넉넉히 둘러 튀기듯 구워서 기름기를 살짝 뺀 다음 데친 채소와 함께 낸다.

감자칩 크러스트를 묻혀 굽는다
버섯을 조금 준비해서 센 불에서 재빨리 볶은 뒤 브랑다드에 넣어 섞는다. 오븐용 그릇에 담고 그 위에 잘게 부순 감자칩과 눌러 으깬 크루통(54쪽 참고)을 3대 1의 비율로 섞고 다진 로즈메리 약간, 곱게 간 체다 치즈를 섞어서 올린다. 치즈를 더 갈아 뿌린 다음 230°C의 오븐에서 치즈 표면이 노릇하게 되도록 구워 낸다.

---

1 **Salt Cod** 흰 살 생선인 대구를 소금에 푹 절여 만든다. 프랑스, 이탈리아, 포르투갈, 스페인 등에서 두루 즐겨 먹는 식재료이다. 우리가 생각하는 '자반'을 훨씬 넘어서는, 짠맛이 아주 강한 염장 생선이다.

Onions (Storage)
저장 양파

만약 채소의 세계에서 미처 존경받지 못한 영웅이 있다면 그 주인공은 바로 양파이다. 게다가 '저장' 양파는 더 특별하다. 여기에서 말하는 '저장'이란 건조를 거쳐 장기간 보관할 수 있도록 만든 것을 의미한다. 눈을 찌르는 것처럼 매운 향이 나는 양파라도 완전히 성숙한 것이라면 단맛으로 가득 찬다. 이런 양파를 천천히 볶아 익히면 흐물흐물하지 않으면서도 매끈한 질감이 난다. 겨울이 깊어질수록 흰색·황색·붉은색 양파와 셜롯이 시장에 더 자주 보인다. 우연히 비달리아(Vidalia)와 왈라왈라(Walla Walla) 같은 달콤한 봄 품종들을 만난다고 해도 겨울에 나온 이상 쉽게 물러지고 상하기 쉬운 상태일 것이다. 양파가 1년 내내 나오는 채소가 아니라는 사실을 기억하면 되도록 사지 않는 편이 낫다. (어린 양파에 대한 내용은 148쪽 참고)

색깔마다 용도가 다르다

일반적으로 흰색·황색·붉은색 양파는 서로 대체하거나 함께 섞어서 자유롭게 사용하지만 양파마다 특징이 달라 적합한 용도도 다르다. 흰색 양파는 황색 양파보다 더 순하고 깔끔한 맛을 내므로 생으로 먹기에 적합하다. 살사를 만들거나 가니시에 사용하기에 가장 좋다. 붉은색 즉, 적양파는 흰 양파처럼 생으로 먹기에 좋다. 적양파에는 안토시아닌이라는 색소가 들어 있는데, 식초 같은 산성 재료와 만나지 못하면 보라색이 금세 푸르스름한 회색으로 변해버린다. 때문에 새콤한 양념이 들어가는 샌드위치, 샐러드, 피클에 사용하면 좋다. 황색 양파는 특별한 주의 사항이 필요 없는, 가장 대중적인 재료이다. 투명해질 때까지 볶아 화사한 양파의 맛을 내거나, 천천히 오래 볶아 달콤한 맛이 나도록 캐러멜라이징하는 요리에 잘 어울린다. 마지막으로, 셜롯은 고유한 특성에 따라 마늘 같은 복잡한 풍미를 갖고 있다.

열기와 습기는 피한다

양파를 고를 때에는 물컹한 부분이 없고, 단단히 여물었으며, 잘 건조되어 종이처럼 얇은 껍질을 가진 것이 좋다. 또한, 코를 가까이 대었을 때 아무 냄새가 나지 않는 게 좋다. 만약 매콤한 냄새가 난다면 이미 썩기 시작했다는 표시이다. 열기와 수분은 양파의 최대 적이다. 열기는 양파를 발아시키고, 수분은 곰팡이를 생기게 한다. 언제나 바람이 잘 통하는 건조한 곳에 두고, 비닐봉지에 넣거나 냉장실에 보관해서도 안 된다. 얼핏 감자를 보관하는 환경과 비슷해서 양파와 감자를 함께 두기도 하는데, 그러면 양파가 감자의 발아를 돕는 가스를 방출하기 때문에 좋지 않다.

---

1 여기서 말하는 흰색 양파(White Onion)는 겉 껍질까지 흰색인 양파를 말한다. 한국에서 주로 먹는 양파는 겉껍질이 연한 갈색인 황색 양파(Yellow Onion)이다.

양파 판체타 타르트
Onion and Pancetta Tart

키슈(Quiche)와 이 맛 좋은 타르트의 차이는 커스터드 크림의 양이다. 양파의 달콤한 풍미를 한껏 뽐내기 위해 키슈처럼 많은 양의 커스터드 크림을 넣지 않고, 최소화한다. 타르트는 완성한 다음 날 먹으면 더 맛있다.

》 지름 약 25cm 타르트 1개 분량

양파(큰 것) 1½개	코셔 솔트
밀가루(중력분)	검은 통후추
호두 반죽* 87쪽 레시피의 ⅔ 분량	달걀노른자 1개 분량
엑스트라 버진 올리브 오일	생크림(또는 크렘프레슈) ½컵
다진 판체타 85g	그뤼에르 치즈 57g(½컵) 굵게 간 것

오븐을 약 200°C로 예열한다.

양파 준비
껍질을 벗기고 얇게 슬라이스 해서 3컵 정도 준비한다.

타르트 반죽 준비
작업대에 밀가루를 약간 흩뿌리고 호두 반죽을 올린 뒤 지름 33cm 정도 되게 밀대로 민다. 바닥이 분리되는, 지름 25cm 타르트 틀 위에 반죽을 펼치고 테두리 안쪽에 반죽이 밀착되도록 지긋이 눌러 빈틈없이 붙인다. 살짝 위로 넘치는 반죽은 떼어내지 말고 도톰하고 균일한 두께로 가장자리에 붙인다.

타르트 쉘 준비
베이킹용 유산지(파치먼트 페이퍼)나 쿠킹 포일을 반죽 위에 깔고 그 안에 마른 콩이나 파이 무게 추를 채운 뒤 오븐에 넣어 반죽이 익고 가장자리가 연한 갈색이 될 때까지 약 10분간 굽는다. 오븐의 온도를 약 160°C로 낮추고 타르트 쉘을 꺼내 유산지와 콩을 제거한 뒤 다시 오븐에 넣어 20분간 더 굽고 식힘망 위에 올려 식힌다. 오븐은 끄지 말고 그대로 둔다.

판체타 볶기
커다란 팬이나 더치 오븐을 중불에 올리고 올리브 오일을 적당량 두른 뒤 판체타를 넣는다. 지글거리는 소리가 나면 불을 약간 줄이고 판체타의 기름이 빠져나오고 노르스름해질 때까지 약 7분간 볶는다. 너무 오래 볶아 진한 갈색이 되거나 바삭해지면 안 된다.

양파 볶기
볶은 판체타에 양파를 넣고 소금과 통후추를 넉넉히 갈아 간을 한다. 양파가 아주 부드러워지고 연한 갈색이 될 때까지 30분 정도 볶는다. 이때 양파가 타지 않게 바닥을 긁어가며 볶는다. 불에서 내리고 완전히 식힌다.

타르트 속 준비
커다란 그릇에 달걀노른자와 생크림을 넣고 거품기로 젓는다. 소금과 통후추를 갈아 간을 하고 그뤼에르 치즈, 볶은 판체타와 양파를 넣어 골고루 섞는다.

완성
위의 타르트 속을 타르트 쉘에 담고 표면을 매끄럽게 정리한 뒤 오븐에 넣고 20분 정도 굽는다. 한 김 식힌 다음 잘라서 낸다.

Note
87쪽 피칸 반죽 레시피에서 피칸 대신 호두를 사용한다. 이 요리는 분량의 ⅔만 필요하므로 나머지 ⅓은 다른 요리에 쓸 수 있게 냉동실에 넣어 보관한다.

소시지와 빵을 넣은 양파 수프

Onion Bread Soup with Sausage

농장에서 일하던 시절, 메인(Maine) 주의 추운 겨울 내내 나와 직원들의 사랑을 받은 수프이다. 그때 이후 우리집과 레스토랑의 단골 메뉴로 자리 잡았다. 저장 양파를 활용해 만드는 완벽한 요리로 파파 알 포모도로(Pappa Al Pomodoro, 토마토 빵 수프)에서 영감을 얻었다. 채식하는 이들이 먹는다면 소시지를 빼면 된다.

≫ 6인분

양파와 적양파 약 2.3㎏
이탈리안 소시지 450g
*기호에 따라 준비
엑스트라 버진 올리브 오일 1큰술
무염 버터 1큰술
드라이 화이트 와인 1컵
*오크통에서 숙성하지 않은 것

코셔 솔트
검은 통후추
타임 잔가지 3개
월계수 잎 1개
쇠고기 육수* 8컵
시골빵(2.5㎝ 두께) 3장
체다 치즈 2컵 즉석에서 간 것
홀스래디시

양파 · 소시지 준비

양파는 껍질을 벗겨 0.3cm 폭으로 채 썰고, 이탈리안 소시지는 껍질을 벗겨 준비한다.

양파 조리

거나한 냄비나 더치 오븐을 중불에 올리고 올리브 오일과 버터를 넣는다. 버터가 녹으면 양파를 넣고 맨 밑의 양파에서 수분이 나와 부드러워질 때까지 5~6분간 젓지 말고 그대로 둔다. 불을 약간 줄이고 위쪽의 양파가 밑으로 가게 뒤집는다. 양파가 모두 부드러워지고 보기 좋은 진한 갈색이 될 때까지 수시로 뒤적인다. 바닥의 흘러나온 양파즙이 탈 것 같으면 불을 더 줄이고 물이나 와인을 약간 붓는다. 양파를 조리하는데 최소 30~45분, 혹은 그 이상 걸릴 수도 있다.

소시지 볶기

양파를 조리하는 동안 소시지를 팬에 넣고 중불에 올린다. 덩어리를 잘게 부수고 생고기의 색이 보이지 않을 때까지 약 5분간 저어가며 볶는다. 키친타월에 올려 기름기를 뺀다. 채식 메뉴라면 소시지는 뺀다.

양파 수프 만들기

양파 냄비의 불을 중강불로 올리고 소금 1작은술과 통후추를 넉넉하게 갈아 뿌린다. 타임과 월계수 잎을 넣고 화이트 와인을 부어 끓인다. 타지 않게 중간중간 바닥을 긁어가며 알코올이 날아가고 풍미가 진하게 피어날 때까지 5분 정도 끓인다. 중불로 줄이고 쇠고기 육수를 부은 뒤 20분 정도 끓이고 소시지를 넣는다. 간이 부족하면 소금으로 간을 맞춘다.

그릴 오븐을 예열한다. 일반 오븐이라면 200℃로 예열한다.

빵 준비

2컵 분량 크기의 오븐용 그릇을 6개 준비해서 오븐 팬 위에 올리고 빵을 손으로 잘게 대강 찢어 6개의 그릇에 균등하게 나눠 담는다.

완성

수프를 국자로 떠서 빵이 담긴 그릇에 붓고 빵이 수프를 흡수하도록 3~4분 정도 그대로 둔다. 그 위에 체다 치즈를 골고루 뿌리고 그릴 오븐에 넣어 치즈에 기포가 살짝 생길 때까지 2~3분 정도 굽고 꺼낸다. 홀스래디시를 곱게 갈아 뿌리고 따뜻할 때 낸다.

텃밭에서

달콤한 양파로 분류되는 왈라왈라(Walla Walla) 혹은 비달리아(Vidalia)는 사실 일반 양파보다 덜 달다. 당분 함량은 실제로 비슷하지만 달콤한 양파 종류에는 눈물을 유발하는 유황 성분인 피루브산(Pyruvic Acid)의 함량이 훨씬 낮다. 달콤한 양파류는 유황 성분이 적은 화산토에서 잘 자라며, 이것이 피루브산 감소에 영향을 미친다.

Note

쇠고기 육수는 직접 만들지 않는다면 시판용을 구해 사용한다. 저염의 닭 육수와 쇠고기 육수를 1대 1로 섞어야 좋다.

양파 듬뿍 쇠고기 찜

Braised Beef with Lots and Lots of Onions

이 요리는 몇 가지의 기본 재료만으로 만드는 기적의 레시피 중 하나이다. 특별한 기술이 필요 없고 조리법도 까다롭지 않은데 놀랄 만큼 맛있는 풍미로 인해 영혼까지 행복하게 해주는 감동적인 음식이다. 따라서, 이 자체만으로도 너무 훌륭하며, 남은 것으로는 즉석 요리로 변신이 가능하다.

≫ 4인분 + 넘치는 분량

쇠고기 살치살 약 1.4㎏	무염 버터 2큰술
코셔 솔트	마늘 6쪽
검은 통후추	타임 잔가지 작게 1줌
양파 910g	드라이 화이트 와인 1컵
엑스트라 버진 올리브 오일 2큰술	오크통에서 숙성하지 않은 것

쇠고기·양파 준비
쇠고기는 2~3조각으로 큼직하게 썰고, 소금과 통후추를 뿌려 밑간한 다음 접시에 올린다. 고기의 온도가 상온 정도로 될 때까지 1시간 정도 그대로 두었다가 키친타월로 눌러 핏물을 닦는다. 양파는 최대한 얇게 채 썬다.

오븐을 약 150℃로 예열한다.

쇠고기 굽기
뚜껑이 있는 오븐용 냄비나 더치 오븐을 중강불에 올리고 올리브 오일을 석낭양 두른다. 쇠고기를 냄비에 얹어 불을 약간만 줄인 뒤 고기를 움직이지 말고 바닥이 노릇노릇해질 때까지 약 6분간 굽는다. 이런 식으로 고기의 모든 면에 색이 나도록 뒤집어가며 굽는다. 팬에 남아 있는 육즙 색이 너무 진해지지 않도록 신경써야 한다.

양파 조리
위의 냄비에 버터와 양파, 마늘을 으깨 넣고 타임도 넣는다. 소금과 통후추를 갈아 살짝 간을 하고 재료를 골고루 섞어 한 번 볶은 뒤 양파를 고기 아래로 밀어 넣는다. 양파의 수분이 냄비 바닥에 남아 있는 육수와 버터를 디글레이징하는 데 도움이 된다. 양파가 부드러워지고 향이 날 때까지 약 10분간 가열한다. 양파가 갈색이 되거나 마르지 않게 주의한다.

완성
위의 냄비에 와인을 붓고 뭉근히 끓인 뒤 뚜껑을 덮어 오븐에 넣는다. 고기가 부드럽게 익고 국물이 진해질 때까지 1시간 30분~3시간 정도 조리한다. 고기의 두께에 따라 조리 시간이 달라진다.

담기
푹 삶은 고기를 도마 위에 놓고 15분간 휴지한 뒤 두툼하게 썰거나 손으로 잘게 찢어 그릇에 가지런히 담는다. 양파의 간을 맞춘 뒤 고기 위에 올린다.

유용한 아이디어

고기 스튜로 활용
조리한 고기를 작게 썰어 삶아서 으깬 감자와 셀러리악, 당근을 넣어 섞는다. 물이나 고기 육수를 조금 넣어 재료를 휘저어가며 끓인다.

영양 만점 수프
조리한 고기를 몇 점 다지고 양파와 육즙, 얇게 썬 순무와 당근, 손으로 찢은 케일 잎을 함께 냄비에 넣고 육수를 부어 끓인다. 모든 재료가 부드러워질 때까지 푹 끓인 뒤 바삭한 빵과 함께 낸다.

플래터로 차려내기
쇠고기를 먹기 좋게 썰어서 접시에 가지런히 놓은 뒤 그 위에 양파와 육즙을 듬뿍 뿌려 상온 상태로 먹는다. 여러 종류의 피클과 홀스래디시를 보기 좋게 손질해 담고, 빵을 손으로 찢어 버터와 함께 담아 낸다.

이탈리안 비프 샌드위치
쇠고기와 양파를 육즙과 함께 데운다. 바게트를 슬라이스 하거나 반으로 자른다. 고기와 양파로 빵 속을 가득 채우고 육즙이 있는 냄비에 빵을 넣어 묻히면 조금 지저분해 보일 수는 있지만 완벽한 샌드위치가 된다.

> **텃밭에서**
> 연중 내내 최상의 상태로 양파를 보관하려면 통풍이 잘 되는 따뜻한 곳에 두고 수분을 날린 뒤 겉껍질이 말라 종이처럼 나풀거릴 때까지 약 3주간은 말려야 한다.

Parsnips
파스닙

파스닙을 일종의 하얀색 당근처럼 여긴다면 마치 미국인을 캐나다인으로 착각하는 것이나 마찬가지이다. 물론 유사한 점들이 있지만 엄연히 다른 종이다. 우선, 파스닙은 당근 종류보다 녹말 성분이 훨씬 많다. 맛은 고소하면서 당근보다 달짝지근하며, 당근처럼 다양한 방법으로 조리할 수 있는 채소이다. 구워도 좋고 으깨거나 볶아도 되며, 샐러드용으로 얇게 저미거나 스튜에 넣어 펄펄 끓여도 상관없다. 심지어 부드럽고 달콤한 케이크에 넣어도 훌륭하다.

겨울은 최고의 조력자
파스닙은 가을 무렵부터 시장에 등장하지만 겨울에 나오는 것이 훨씬 달콤하다. 급작스럽게 떨어진 기온으로 인해 녹말이 당분으로 전환되기 때문이다. 심지어 어떤 농부들은 파스닙의 당분을 최대치로 끌어올리기 위해 일부러 겨울에 수확하지 않고 이듬해 봄까지 기다리기도 한다. 파스닙은 작거나 중간 크기의 단단한 것을 고른다. 큰 것은 나뭇가지 같은 불쾌한 느낌이 있으니 피하는 게 좋다. 만약 어쩔 수 없이 큰 것을 구입해야 한다면 작게 잘라 육수에 넣어 활용한다. 파스닙을 비닐봉지에 담아 냉장고에 보관하면 몇 주 정도는 저장할 수 있다.

껍질은 벗기지 않는다
가을 당근은 다소 질기고 쏩쏠한 맛이 있어 종종 껍질을 벗겨 사용하지만 파스닙은 뿌리의 향기가 껍질에 많이 남아 있기 때문에 그대로 두는 편이다. 또한, 껍질 벗긴 파스닙이 공기와 닿으면 사과나 감자처럼 갈변하므로 조리에 바로 쓰지 않는다면 레몬즙을 뿌린 물에 담가두어야 한다.

시트러스와 올리브를 곁들인 파스닙 샐러드
Parsnips with Citrus and Olives

슬라이서나 필러로 파스닙을 얇고 길게 베어낸다. 손질한 파스닙은 얼음물에 담가 본래의 아삭한 식감을 한껏 살린다. 큼직하게 여문 커다란 파스닙은 안쪽 가운데가 나무처럼 뻣뻣할 수 있으니 가급적 작은 것으로 선택한다.

》 4인분

파스닙 450g	블랙 올리브 1컵
화이트 와인 식초 ¼컵	코셔 솔트
오렌지 3개	검은 통후추
쪽파 3줄기	엑스트라 버진 올리브 오일

파스닙 준비
끝을 잘라내고 필러를 이용해 길이대로 아주 얇고 길게 베어낸다. 길이는 달라도 상관 없지만 얇아야 한다. 준비한 분량의 와인 식초 중 절반 분량을 얼음물에 붓고 파스닙을 담가 30분 정도 둔다.

오렌지 준비
1개는 강판에 갈아 제스트를 만든 다음 속껍질까지 벗겨 과육만 발라내고 남은 속껍질에서 과즙도 짜낸다.

*오렌지 과육과 과즙 내는 방법은 391쪽을 참고한다.

쪽파·블랙 올리브 준비
쪽파는 아주 가늘게 어슷 썰어 얼음물에 30분 정도 담갔다가 물기를 제거하고, 블랙 올리브는 가운데 씨를 발라내고 듬성듬성 썬다.

완성
파스닙은 채소 탈수기를 이용해서 물기를 완전히 제거해 그릇에 담고 오렌지 제스트, 오렌지 과육, 오렌지 과즙, 올리브, 쪽파를 넣어 살살 섞는다. 소금과 통후추를 갈아 섞은 다음 간이 배도록 15분간 두었다가 올리브 오일을 뿌려 섞는다.

새콤달콤한 렐리시를 올린 파스닙 수프

Parsnip Soup with Pine Nut, Currant, and Celery Leaf Relish

이 수프를 만들려면 재료의 수분과 약간의 지방을 활용해 천천히 조리해야 하는데, 이때 채소의 즙이 빠져나오는 과정을 일명 '땀 빼기'라고 부른다. 한편, 이 레시피는 달콤하고 섬세한 파스닙 퓌레가 렐리시 토핑의 복합적이면서도 매혹적인 맛을 돋보이게 하는 데 도움이 된다는 점도 알려준다.

≫ 메인 디시로 2인분, 스타터로 4인분

파스닙 570g
셀러리 큰 줄기 1개(또는 작은 줄기 3~4개)
양파(작은 것) ½개
파슬리 잎 ¼컵
엑스트라 버진 올리브 오일
무염 버터 2큰술
코셔 솔트
검은 통후추
마른 커런트 ¼컵
레드 와인 식초 2큰술
구운 잣 ¼컵 *57쪽 참고
레몬 제스트 1작은술
레몬즙 1작은술
즉석에서 짠 것
칠리 플레이크 ⅛작은술

파스닙·셀러리 준비

파스닙은 필러로 껍질을 벗겨 둥근 모양을 살려 1.5cm 두께로 썰고, 셀러리 줄기는 1.5cm 폭으로 송송 썬다. 줄기 셀러리 끝의 잎은 잘게 썰어 ¼컵을 준비한다.

양파·파슬리 준비

양파는 얇게 채 썰고, 파슬리 잎은 듬성듬성 썬다.

수프 준비

냄비에 올리브 오일을 조금 두르고 중강불에 올린다. 파스닙, 셀러리 줄기, 양파, 버터를 넣고 소금과 통후추를 약간 갈아 넣어 볶다가 불을 약하게 줄이고 뚜껑을 덮는다. 채소가 갈색으로 변하지 않으며 부드럽게 익을 때까지 10~15분간 은근히 익힌다. 여기에 물을 자작하게 2컵 정도 붓는다. 불을 세게 올리고 다시 뚜껑을 덮어 채소가 무르게 익을 때까지 5~10분간 끓인다.

렐리시 준비

채소가 익는 동안 큼직한 그릇에 마른 커런트를 담고 와인 식초를 부어 최소 15분 정도 통통하게 불린다. 여기에 잣, 파슬리, 셀러리 잎, 레몬 제스트, 레몬즙, 칠리 플레이크를 넣고 소금과 통후추를 갈아 섞는다. 마지막에 올리브 오일을 뿌려 마무리한다. 새콤한 재료 덕에 상당히 화사한 맛이 느껴진다.

완성

채소 냄비를 불에서 내리고 3~4분 정도 식힌 다음 블렌더에 넣어 간다. 뻑뻑하되 흐르는 정도의 퓌레 농도가 되도록 뜨거운 물을 조금씩 부어가며 곱게 간다. 간이 부족하면 소금과 통후추를 갈아 간을 맞춘다. 이때, 수프 위에 올라가는 렐리시의 맛이 강렬하다는 점을 고려하며 간을 맞추는 게 좋다.

담기

수프를 개인 그릇에 담고 위에 렐리시 한 숟가락을 떠서 올린 뒤 낸다.

레몬 글레이즈를 뿌린 파스닙 케이크

Parsnip, Date, and Hazelnut Loaf Cake with Meyer Lemon Glaze

주키니 브레드와 당근 케이크가 존재한다면 파스닙 케이크 역시 만들지 못할 이유가 없다. 만들 때 넣은 올리브 오일 덕에 촉촉함이 그대로 살아 있는 케이크를 며칠 동안은 맛볼 수 있다. 글레이즈를 뿌리지 않으면 아침식사 대용으로도 좋다.

≫ 20cm x 13cm 케이크 1개 분량

파스닙 230g
다진 대추야자 ½컵
구운 헤이즐넛 ¾컵
*57쪽 참고
녹인 버터
밀가루(중력분)
레몬즙 2큰술 즉석에서 짠 것
슈가 파우더 1컵
레몬 제스트 2작은술
검은 통후추
베이킹소다 1작은술
코셔 솔트 1작은술
달걀(큰 것) 2개
설탕 ¾컵
흑설탕 ¼컵
바닐라 에센스 1작은술
엑스트라 버진 올리브 오일 ⅔컵

파스닙 · 대추야자 · 헤이즐넛 준비

파스닙은 대강 2.5cm 폭으로 듬성듬성 썰고, 대추야자는 가운데 씨를 뺀 뒤 다져서 준비한다. 헤이즐넛도 다진다.

오븐을 약 160°C로 예열한다.

팬 준비

20cm×13cm의 로프 팬 안쪽에 붓을 이용해서 버터를 꼼꼼히 바르고 밀가루 서너 숟가락을 넣어 이리저리 흔들어 코팅한 뒤 여분의 가루는 털어낸다.

레몬 글레이즈 준비

그릇에 레몬즙과 슈가 파우더를 넣어 섞고 레몬 제스트 1작은술을 넣은 뒤 통후추를 여러 번 갈아 뿌려 레몬 글레이즈를 완성한다.

파스닙 갈기

파스닙을 푸드 프로세서에 넣고 쿠스쿠스 같은 입자가 될 때까지 순간 작동 버튼을 눌러가며 간다. 1½컵 분량이 되는지 확인한 뒤 다시 푸드 프로세서에 넣는다. 프로세서가 없으면 강판에 곱게 간다.

대추야자 믹스 준비

큼직한 그릇에 밀가루 1¼컵, 베이킹소다, 소금을 넣고 포크나 거품기로 잘 섞는다. 여기에 다진 대추야자를 넣고 대추야자가 서로 엉기거나 뭉치지 않게 가루 재료와 골고루 섞는다.

반죽 준비

파스닙이 담긴 푸드 프로세서에 달걀과 설탕, 흑설탕, 바닐라 에센스, 나머지 레몬 제스트를 넣고 골고루 섞일 때까지 곱게 간 뒤 올리브 오일을 붓고 순간작동으로 갈아 크리미한 상태로 만든다. 이것을 대추야자 믹스에 부어 잘 섞는다. 헤이즐넛을 뿌리고 멍울이 없어질 때까지 골고루 섞어 반죽을 완성한다.

완성

반죽을 준비한 로프 팬에 붓고 오븐에 넣어 반죽이 살짝 부풀어오를 때까지 35~45분 정도 굽는다. 구운 케이크는 팬에서 바로 꺼내지 말고 10분간 식힌다. 팬 가장자리를 칼로 둘러 케이크를 빼내어 쟁반을 받친 식힘망 위에 올린다. 케이크 위에 레몬 글레이즈를 골고루 뿌린다.

*케이크가 거의 구워진 것 같으면 꼬치나 작은 칼로 반죽 가운데를 찔러본다. 아무 것도 묻어 나오지 않으면 다 구워진 것이다. 유리나 도자기 재질의 팬에 반죽을 넣어 구우면 시간이 더 필요하다.

텃밭에서

겨울이 끝나고 봄이 시작되기까지의 시간을 '헝거 갭(Hunger Gap)'이라고 한다. 긴 겨울 동안 보지 못한 싱싱한 녹색 잎채소가 그리워지는 순간을 의미한다. 내내 먹은 겨울 채소에 질렸거나 직접 재배한 채소를 모두 소진하고 나니 봄날의 래디시와 상추 같은 잎채소가 간절히 생각나기 시작하는 때를 말한다. 이런 시간 차에도 불구하고 꿋꿋하게 나오는 채소가 있으니 바로 추운 겨울을 견딘 파스닙이다. 오랫동안 땅속에 있던 덕에 풍부한 단맛을 지녔다.

겨울에도 끄떡없는 강인함을 지닌 채소들은 늦여름이나 이른 가을부터 성장하기 시작해 겨우내 차가운 땅속에서 휴면기를 갖는다. 추위로 인해 생성된 당분을 몸에 가득 채운 채소는 봄이 올 때쯤 세상 밖으로 나갈 준비를 한다. 이맘때 더 큼직해지고, 성숙하며, 단맛도 좋아진다. 이러한 계절의 변화를 이용해 제 맛을 키우기 가장 좋은 것이 바로 뿌리채소이다. 게다가 채소를 품고 있는 대지가 눈으로 덮이면 단열재 역할을 하며 채소를 보호해주기까지 한다.

Potatoes *(Late Season)*
완숙한 감자

봄에 나오는 연하고 작은 어린 감자를 사랑하지 않을 수 없지만 걸림돌이 하나 있다면 그 자체로 너무 완벽한 나머지 실험적인 요리에 활용하기 어렵다는 것이다. 반면, 완전히 영근 감자는 활용 범위가 굉장히 넓어서 무엇이든 만들고 싶게 하는 채소이며, 어떤 요리에도 사용할 수 있다. (어린 감자 내용은 204쪽 참고)

전분이 많거나 적거나?
감자는 열원이 무엇이든, 어떤 맛을 내고자 하든 상관없이 다양한 조리에 활용할 수 있지만 녹말 함량만큼은 반드시 고려해야 한다. 미국산 러셋 감자(Russet Potatoes)처럼 껍질이 황갈색인 감자는 녹말 함량이 아주 높아 수분을 잘 머금는 편이라 조리하면 포슬포슬한 질감이 난다. 러셋 감자는 구이, 으깬 감자, 수프, 프렌치 프라이에는 제격이나 샐러드나 해시 브라운, 그라탱을 만들기에는 적합하지 않다. 후자의 요리에는 녹말 함량이 중간이거나 낮은 감자를 사용하는 게 낫다. '왁시(Waxy)'라고 불리는 노랗거나 붉은 껍질의 감자와 저먼 버터볼(German Butterball) 같은 토종 감자가 이에 해당된다.

현명하게 고르자
봉지에 든 감자를 아무 생각 없이 구입하는 이들이 많은데, 결코 좋은 방법이 아니다. 봉지 안에 든 감자의 모양이나 상태를 정확히 알 수 없을 뿐만 아니라 최고의 상태가 아닌 채로 봉지에 들어가는 경우가 종종 있기 때문이다. 따라서 직접 보고 무른 구석 없이 묵직하고 단단한 것을 골라야 한다. 녹색으로 변한 부분이 있는 감자도 피해야 하는데, 이는 햇빛에 너무 오래 노출되어 생기는 식물 염기체인 솔라닌(Solanine)이란 가벼운 독성 물질이 퍼졌음을 의미하기 때문이다.

제대로 저장하기
감자를 집으로 가져오자마자 바로 어둡고 차갑지 않은, 서늘한 장소에 두어야 한다. 냉장고에 넣으면 낮은 온도로 인해 녹말이 당분으로 변하므로 이는 가급적 피한다. 혹시라도 감자가 녹색으로 변한 것 같으면 사용하기 전에 이 부위를 모두 제거한다. 양파와 감자를 함께 두어서도 안 된다. 양파에서 나오는 가스로 인해 감자의 싹이 나올 수도 있기 때문이다. 싹 서너 개 정도는 그냥 잘라내면 되지만, 어쨌거나 감자가 성장을 시작했다는 의미이다. 이런 감자는 잘게 부수어 비료로 쓰거나 텃밭에 심는 편이 더 낫다.

감자를 준비할 때
감자를 삶을 때는 껍질을 그대로 두어야 수분이 과도하게 흡수되는 것을 방지할 수 있다. 특히, 녹말 함량이 중간 혹은 그 이하인 감자는 껍질이 아주 얇기 때문에 굳이 벗겨낼 필요가 없다. 감자를 미리 썰어 두어야 한다면 레몬즙이나 식초를 넣은 물에 담가 두어야 갈변 현상을 막을 수 있다.

감자 치즈 팬케이크

Fried Potato and Cheese Pancake

이 팬케이크는 겉은 바삭하고 속은 촉촉함을 뽐내기에 '겉바속촉'을 즐기기에 충분하다. 여기에 스파이시 그린 소스(80쪽 참고) 혹은 피클 살사 베르데(82쪽 참고)를 뿌려도 좋고, 올리브 오일과 레몬으로 드레싱을 한 잎채소나 허브, 치즈를 듬뿍 얹어 내도 좋다.

》 메인 디시로 2인분, 사이드로 4인분

감자* 450g (큰 것 2개)
전분 함량이 높지 않은
것으로 준비
코셔 솔트
채 썬 양파 1컵

엑스트라 버진 올리브 오일
파르미지아노 레지아노 치즈
110g (약 2컵) 즉석에서 간 것
검은 통후추

*책에서는 유콘 골드(Yukon Gold) 종 감자를 사용했다.

감자 준비

껍질을 벗겨서 열십자(+)로 4등분하여 커다란 냄비에 넣는다. 감자가 충분히 잠길 정도로 물을 넉넉히 부은 뒤 짭짤하게 소금을 넣고 감자가 완전히 익을 때까지 20~25분간 삶은 다음 물을 따라 버린다.

양파 준비

감자를 삶는 동안 양파를 준비한다. 채 썬 양파는 올리브 오일을 적당량 두르고 중불에 올린 팬에 넣어 부드러워지고 향이 날 때까지 타지 않게 8분 정도 볶는다.

팬케이크 반죽 준비

커다란 그릇에 삶은 감자를 넣고 으깨는 도구나 나무 주걱으로 곱게 으깬다. 작은 덩어리가 보일 정도로 으깨도 괜찮다. 여기에 볶은 양파와 파르미지아노 치즈를 넣고 소금과 통후추를 넉넉히 갈아 간을 한다.

완성

지름 24cm의 코팅 팬에 올리브 오일을 적당량 두르고 중강불에 올린다. 오일이 뜨거울 때 감자 반죽을 한 국자 가득 떠서 팬 위에 올리고 윗부분을 조심스레 눌러 둥글고 평평하게 만든다. 감자를 넣자마자 기름이 지글거리지 않으면 불을 더 세게 한다. 감자 팬케이크 바닥이 보기 좋은 금빛 갈색이 되도록 굽고 뒤집어서 노릇하고 바삭하게 굽는다. 감자 팬케이크가 너무 기름지면 키친타월 위에 올려 기름을 빼고 즉시 낸다. 팬케이크를 한 번에 뒤집기 어렵다면 접시나 도마를 활용해 뒤집으면 편리하다.

허브와 마늘을 곁들인 으깬 감자 구이

Crushed and Fried Potatoes with Crispy Herbs and Garlic

이 요리는 세계적으로 유명한 프렌치 셰프인 자크 페펭(Jacques Pépin)에 의해 엄청난 주목을 받았지만 사실, 이름 모를 여러 요리사들이 수세기에 걸쳐 오랫동안 발전시켜 온 것이다. 남은 감자를 활용해 바삭하면서도 크리미한 그야말로 '감자다움'이 무엇인지 보여 주는 요리이다.

≫ 4인분

감자*(작은 것) 680g
전분 함량이 높지 않은
것으로 준비
엑스트라 버진 올리브 오일
마늘 2쪽
로즈메리 잎 1작은술

타임 잎 1작은술
코셔 솔트
검은 통후추
칠리 플레이크 ¼작은술
레몬 웨지 4쪽

*책에서는 유콘 골드(Yukon Gold) 감자를 사용했다.

오븐을 약 200℃로 예열한다.

감자 (패티) 준비

감자는 껍질째 깨끗이 씻어 오븐 팬에 올리고 오븐에 넣어 굽는다. 칼로 찔렀을 때 푹 들어갈 정도로 부드러워질 때까지 약 30분간 굽고 꺼내서 잠시 식힌다. 감자를 손으로 만질 수 있을 만큼 충분히 식으면 손바닥이나 팬 혹은 접시 뒷면으로 한 번 꾹 눌러 으깬다. 감자가 너무 크면 으깬 뒤 손으로 한 입 크기로 부순다. 기름에 튀겨질 때 바삭거리는 면이 많아지도록 감자를 울퉁불퉁한 패티 모양으로 만든다.

완성

커다란 팬에 약 1.5cm 정도 올리브 오일을 넉넉히 붓고 아주 뜨겁게 달군다. 감자 패티를 조금 떼서 기름에 넣어 본다. 바로 지글거리면 감자 패티를 넣어 튀기듯 굽는다. 패티 바닥이 보기 좋은 갈색이 되면 뒤집어서 다시 노릇하게 굽는다. 패티가 완전히 튀겨지기 30초 전에 마늘을 대강 으깨 넣고 로즈메리와 타임을 넣어 향을 낸 뒤 건져낸다.

튀긴 감자는 키친타월에 올려 여분의 기름을 제거한다. 소금과 통후추를 갈아 뿌리고, 칠리 플레이크도 뿌려 간을 한다.

*감자는 크기에 따라 굽는 시간을 조절한다.
*여러 번에 나누어 오일을 보충하며 튀긴다면 그때마다 새 마늘과 허브를 넣어 향을 내는 게 좋다.

담기

4개의 개인 접시에 감자를 나눠 담고 레몬 웨지를 1개씩 올려 낸다.

Rutabaga
루타바가

많은 요리사가 이 멋진 겨울 뿌리채소를 구하는 데 어려움을 겪고 있다. 우선 이름이 무척이나 생소하다. 채소를 잘 모르는 분들이라면 스웨덴 순무라 불리는 이 루타바가를 커다란 순무(Turnip)로 착각할 수 있다. 그래서 루타바가 입문자들은 판매대에 놓인 루타바가를 순무로 보기 십상이다. 반대로 순무 판매대 앞에서 서성이는 경우가 많고, 결국 찾기를 포기해야 한다. 그러나 이는 그리 놀라운 일이 아니다.

포기하지 말 것!
생으로 먹으면 은은한 풍미가 느껴지고, 열에 의해 조리되면 살짝 달콤하면서도 깊은 맛이 나는 루타바가는 분명 더 깊이 알아볼 만한 가치가 있는 채소이다. 가장 손쉽게 접근하는 방법은 일단 굽는 것이다. 올리브 오일과 허브를 곁들이거나 감자와 당근, 파스닙 같은 다른 겨울 채소와 함께 구워 보자. 또는 다량의 버터와 크림을 곁들여 으깨어 보는 것도 좋다. 특히 약간 달콤한 재료와 어우러지면 아주 맛있기에 메이플 시럽을 글레이즈처럼 살짝 뿌려보거나 으깨 준비한 사과나 당근과 함께 슬로우(Slaw)를 만들어도 잘 어울릴 것이다.

제대로 된 뿌리를 고른다
루타바가는 양배추와 순무의 교배종으로 순무와 아주 많이 닮았다. 하지만 순무보다 훨씬 크고 뿌리 위쪽은 보라색이며 그 아래로는 거의 노란색에 가까운 흰 채소이다. 루타바가를 고를 때에는 크기에 비해 단단하고 묵직한 것이 좋고, 비닐봉지에 넣어 냉장고에 보관한다. 저장성이 좋기 때문에 몇 주 동안은 괜찮다. 대부분의 루타바가는 줄기와 잎이 달려 있지 않지만 만약 남아 있다면 순무나 비트의 줄기와 잎처럼 손질해서 부재료로 이용하면 된다. 본격적인 요리를 위해 썰거나 다지기 전까지는 필러로 껍질만 한 번 벗겨야 하는데, 루타바가의 신선함을 유지하기 위해 왁스 코팅을 자주 하기 때문이다.

물냉이와 버터를 곁들인 으깬 루타바가
Mashed Rutabaga with Watercress and Watercress Butter

농부들의 소박한 요리이자 내가 겨울마다 즐겨 먹는 음식이다. 정말 쉽고 간단하게 만들 수 있으며 달콤한 맛과 은은한 뿌리의 향을 느낄 수 있다. 돼지고기 구이, 로스트 치킨, 생선 구이와 곁들이는 요리로 제격이며, 편히 먹을 수 있는 풍성한 한 끼로도 적합하다. 물냉이 버터의 경우 생선이나 구운 고기 또는 구운 채소 등 여러 요리에 곁들여 두루 쓸 수 있다.

≫ 4인분

루타바가 910g
물냉이 1단(약 60g)
코셔 솔트
검은 통후추

엑스트라 버진 올리브 오일
물냉이 버터 4큰술
*66쪽 참고

루타바가 · 물냉이 준비
루타바가는 껍질을 벗긴 뒤 큼직하게 썰고, 물냉이는 듬성듬성 썬다.

루타바가 삶기
커다란 냄비에 물을 넉넉히 붓고 짭짤하게 소금을 넉넉히 넣어 끓인다. 물이 끓으면 루타바가를 넣고 끓어오르면 불을 조금 줄여 푹 익을 때까지 20~25분 정도 삶는다.

완성
루타바가를 다 삶은 뒤 물을 말끔히 따라 버리고 커다란 포크로 으깨는데, 자잘한 덩어리가 남아 있도록 대강 으깨고 소금과 통후추를 넉넉히 갈아 넣고 올리브 오일을 한 번 크게 두른다. 여기에 물냉이를 넣어 골고루 섞어 그릇에 담는다. 위에 물냉이 버터를 올리고 올리브 오일을 한 번 더 두른 뒤 따뜻할 때 낸다.

사과와 햄을 곁들인 으깬 루타바가

Smashed Rutabaga with Apples and Ham

솔직히 말하자면 루타바가는 집에서 사과와 햄 같은 재료들과 조리하는 조촐한 홈쿡에 잘 어울린다. 레시피에 나오는 사과 대신 배를 써도 맛있다.

≫ 4~6인분

루타바가 680g
사과 2개
다진 햄 ½컵
엑스트라 버진 올리브 오일
마늘 2쪽
코셔 솔트
애플 사이드 비니거 1큰술
검은 통후추

루타바가 · 사과 준비
루타바가는 껍질을 벗겨 웨지 모양으로 썰고, 사과는 껍질을 벗겨 작게 썬다.

햄 준비
굵직하게 다지고 팬에 볶은 뒤 기름을 뺀다.

마늘 볶기
뚜껑 있는 커다란 팬에 올리브 오일을 두르고 중불에 올린다. 마늘을 대강 으깨 넣고 부드럽고 노릇해질 때까지 타지 않게 5분간 볶는다.

루타바가 · 사과 익히기
위의 팬에 루타바가와 사과를 넣어 겹치지 않게 둔 뒤 소금 ½작은술을 뿌려 간을 한다. 불을 약간 올리고 물 ¼컵을 부어 루타바가와 사과가 익을 때까지 뚜껑을 덮어 30분 정도 푹 익힌다.

완성
루타바가와 사과를 그릇에 담고 햄과 애플 사이드 비니거를 넣은 뒤 소금과 통후추를 넉넉히 갈아 뿌린 다음 루타바가와 사과를 작은 덩어리가 있는 정도로 으깬다. 간이 부족하면 소금과 통후추를 갈아 간을 맞추고 올리브 오일을 뿌려 마무리한다.

메이플 시럽, 후추, 로즈메리로 맛을 낸 루타바가 구이

Rutabaga with Maple Syrup, Black Pepper, and Rosemary

루타바가를 찌는 것이 편리하지만 향기로운 풍미와 더불어 특유의 불맛까지 선사하는 방법은 아무래도 구이를 따라올 수가 없다. 이 요리는 폭찹과 매우 잘 어울린다.

≫ 2~3인분

루타바가 230g
로즈메리 1줄기
엑스트라 버진 올리브 오일
코셔 솔트
검은 통후추
애플 사이드 비니거 2큰술
메이플 시럽 1큰술
칠리 플레이크 1½큰술

오븐을 약 200°C로 예열한다.

루타바가 · 로즈메리 준비
루타바가는 껍질을 벗기고 1.5cm 폭의 웨지 모양으로 썰고, 로즈메리는 곱게 다진다.

루타바가 굽기
루타바가를 그릇에 담고 올리브 오일을 두른 뒤 소금과 통후추를 넉넉히 갈아 뿌린 다음 오븐 팬에 겹쳐지지 않게 올린다. 오븐에 넣고 연한 갈색이 될 때까지 25~30분간 굽는다.

완성
구운 루타바가를 그릇에 담고 애플 사이드 비니거를 뿌려 버무린 뒤 루타바가가 식초를 충분히 흡수하도록 1분 정도 그대로 둔다. 메이플 시럽과 로즈메리, 칠리 플레이크를 넣어 섞고 간이 부족하면 소금과 통후추를 갈아 간을 맞춘다.

> **시장에서**
> 순도 B등급의 메이플 시럽¹을 넣으면 풍미가 기대 이상으로 살아난다.

1 A등급의 메이플 시럽은 색과 향이 아주 강렬하여, 조리에는 적합하지 않다. B등급은 쿠킹 시럽으로 불리며 단풍 향과 캐러멜 맛이 좋고, 테이블 시럽으로도 쓴다. 조리에 활용해도 풍미가 은은히 남아 있다.

Turnips
(Late Season)
완숙한 순무

나는 봄마다 샐러드나 슬로우(Slaw), 피클을 만들기 위해 순한 일본산 순무(101쪽 참고)를 선택하곤 한다. 가을이 되면 보라색 순무를 만나게 된다. 이 시기에 수확하는 다른 뿌리채소들과 함께 요리하면 순무가 가진 매콤한 후추 맛이 여러 뿌리채소가 가진 은은함과 달콤한 풍미와 어우러지며 독특한 시너지가 생성된다. 게다가 씹을 때마다 느껴지는 대담한 맛은 강렬한 한 방을 날릴 만한 재료들과 만나도 의외의 조화를 이루니 주저 없이 요리해보자.

고르는 방법
봄에는 잎과 줄기가 붙어 있는 작은 순무를 볼 수 있다. 반면 크고 성숙한 겨울의 순무는 줄기가 길게 자라 그 끝에 잎이 달려 있는 상태로 유통된다. 껍질 역시 뻣뻣하고 질겨서 벗겨내야 하는데, 겉이 나무처럼 너무 딱딱하다면 속살을 약간 함께 깎아내야 할 수도 있다.

오랜 저장 기간
순무는 비닐봉지에 담아 냉장고에 두면 2주 정도는 문제 없이 보관이 가능하다. 이 무렵에 나오는 순무는 알싸한 맛이 나서 닭고기나 돼지고기와 곁들여 굽거나 감자와 함께 으깨 먹으면 아주 맛있다. 수프에 넣어도 좋다.

알라 디아볼라 버터를 결들인 순무 찜
Half-Steamed Turnips with Alla Diavola Butter

마늘과 고추의 자극적인 맛을 가진 김치에서 영감을 받은 요리로 매운맛 대신 매운 풍미 가득한 버터를 추가했다. 덕분에 고급스러우면서도 온화한 맛이 느껴진다.

≫ 4인분

순무 680g
엑스트라 버진 올리브 오일
마늘 2쪽
코셔 솔트

검은 통후추
알라 디아볼라 버터 4큰술
*60쪽 참고

순무 준비
껍질을 벗기고 큰 것은 열십자(+)로 4등분하고, 작은 것은 반으로 썬다.

순무찌기
뚜껑 있는 커다란 팬에 올리브 오일을 두르고 중불에 올린다. 마늘을 대강 으깨 넣고 부드러워지고 향이 나며, 노릇해질 때까지 타지 않게 5분간 볶는다. 여기에 순무를 넣고 겹쳐지지 않게 두고 소금 ½작은술과 통후추를 갈아 간을 한다. 불을 약간 올리고 물 ¼컵을 부은 다음 바로 뚜껑을 덮어 순무가 부드럽게 익을 때까지 10분 정도 찐다. 찌는 동안 수분이 부족하면 중간중간 서너 번 정도 물을 약간씩 붓는다.

완성
큼직한 그릇에 익은 순무를 담고 알라 디아볼라 버터를 넣어 순무에 윤기가 돌도록 살살 버무리고 따뜻할 때 낸다.

비네그레트와 브레드크럼을 곁들인 순무 구이
Roasted Turnips with Caper-Raisin Vinaigrette and Breadcrumbs

달콤하면서도 톡 쏘는 맛을 가진 비네그레트는 완숙된 가을-겨울철 순무의 자극적인 얼얼함과 아주 잘 어울린다.

》 4인분

순무 680g
엑스트라 버진 올리브 오일
코셔 솔트
검은 통후추
레몬즙 ½개 분량

케이퍼 레이즌 비네그레트
⅓컵 *70쪽 참고
브레드크럼 ⅓컵
*55쪽 참고

오븐에 오븐 팬을 넣고 약 230°C로 예열한다.

순무 준비
껍질을 벗긴 뒤 1.5cm 폭의 웨지 모양으로 썰어 올리브 오일과 소금, 통후추를 갈아 버무린다.

순무 굽기
오븐이 예열 되면 뜨거워진 오븐 팬을 조심스럽게 꺼내어 순무의 자른 단면이 바닥으로 가게 가지런히 올려 오븐에 넣는다. 순무가 부드럽게 익고 가장자리가 갈색으로 변할 때까지 12~15분간 굽는다.

완성
커다란 그릇에 구운 순무를 담고 레몬즙과 케이퍼 레이즌 비네그레트를 넣어 버무린다. 간이 부족하면 소금과 통후추를 갈아 간을 맞추고 브레드크럼을 골고루 뿌려 낸다.

감자와 리크를 넣은 순무 수프
Turnip, Leek, and Potato Soup

한풀 꺾인 오래된 순무를 현명하게 이용하는 방법은 바로 수프를 만드는 것이다. 이 수프 레시피는 다양한 활용이 가능하다. 3가지 정도의 다른 채소를 더하여 덩어리가 씹히도록 끓이거나, 퓌레 상태로 갈아 매끄러운 수프로 만들어도 된다. 여기에 커다란 버터 한 덩이를 넣으면 고소하고 진한 풍미가 더해질 것이다.

≫ 4인분

순무 680g
감자 450g
마늘 3쪽
리크 1줄기
다진 타임 1½작은술
다진 로즈메리 1½작은술
엑스트라 버진 올리브 오일
월계수 잎 1장
칠리 플레이크 ¼작은술
코셔 솔트
검은 통후추

순무·감자 준비
순무와 감자는 껍질을 벗기고 듬성듬성 썬다

마늘·리크·허브 준비
마늘은 얇게 저며 썰고, 리크는 열십자(+)로 길게 4등분한 뒤 송송 썬다. 타임과 로즈메리는 곱게 다진다.

마늘과 리크 볶기
커다란 냄비에 올리브 오일을 두르고 약한 불에 올린다. 마늘을 넣어 향이 올라오도록 약 1분간 볶는다. 리크를 넣고 부드러워지고 특유의 향이 올라올 때까지 타지 않게 6분간 볶는다.

완성
위의 냄비에 순무와 감자를 모두 넣고 부드럽게 익을 정도로 10분간 볶는다. 물을 6컵을 붓고 타임과 로즈메리, 월계수 잎, 칠리 플레이크, 소금 2작은술을 넣은 뒤 감자가 부스러지고 순무가 푹 익을 때까지 25분간 끓인다. 통후추를 넉넉히 갈아 넣고 간이 부족하면 칠리 플레이크나 소금으로 간을 맞춘다. 이후부터는 원하는 질감과 농도의 수프를 만들면 된다. 끓이는 중간에 농도가 너무 되직하면 물을 약간 넣어 농도를 조절하고 불을 끈다.

*어느 정도 씹는 식감을 원하면 순무와 감자를 대강 으깨고, 아주 부드러운 식감을 원하면 블렌더에 넣어 곱게 간다. 블렌더에 갈았다면 냄비에 넣고 한소끔 끓인다.

프리카와 버섯, 아몬드를 넣은 순무 샐러드

Freekeh, Mushrooms, Turnips, Almonds

쉽게 접할 수 있는 재료는 아니지만 최근 들어 급부상하고 있는 프리카는 여러모로 훌륭한 곡물이다. 수확 과정에서 살짝 훈연한 어린 밀로 만들기 때문에 뜻밖의 여러 가지 풍미가 어우러진 맛을 지니고 있다. 식감은 쫄깃하지만 파로나 보리처럼 밀도가 높지는 않아 끈적이지 않는다.

≫ 4~6인분

프리카 1컵
마른 고추 1개
월계수 잎 1개
코셔 솔트
양송이버섯 450g
엑스트라 버진 올리브 오일
검은 통후추

순무 450g
쪽파 4줄기
구운 아몬드 ½컵
*56쪽 참고
양파 피클 ½컵 *100쪽 참고
레드 와인 식초 3큰술
칠리 플레이크

프리카 준비

중간 크기의 냄비에 프리카를 담고 프리카 위로 5cm 정도 올라오게 넉넉히 물을 붓는다. 마른 고추와 월계수 잎, 소금 1작은술을 넣어 팔팔 끓인다. 불을 약하게 줄여 프리카가 익을 때까지 15-20분간 뭉근히 삶는다. 체에 밭쳐 물을 거르고 고추와 월계수 잎을 제거한 뒤 접시나 쟁반에 옮겨 식힌다.

*빻지 않은 프리카는 좀 더 오래 삶아야 한다.

오븐을 약 230°C로 예열한다.

버섯 준비

표면에 붙은 이물질을 털어내고 큰 것은 열십자(+)로 4등분, 작은 것은 2등분한다. 올리브 오일에 버섯을 버무리고 소금과 통후추를 갈아 간을 한 다음 오븐팬에 서로 겹치지 않게 담은 뒤 오븐에 넣는다. 가장자리가 짙은 갈색이 되고 수분이 약간 빠질 때까지 15-25분간 굽는다. 굽는 동안 버섯이 골고루 익도록 한두 번 정도 섞고 다 구워지면 꺼내서 식힌다.

*버섯의 수분 함량에 따라 굽는 시간을 조절한다.

순무 준비

작은 것은 그대로, 큰 것은 반 자르거나 혹은 열십자(+)로 4등분해서 아주 얇게 슬라이스한다. 얼음물에 최소 20분 정도 담가 아삭한 식감을 살리고, 매콤한 맛을 뺀 뒤 키친타월에 올려 물기를 없앤다.

쪽파 · 아몬드 준비

쪽파는 아주 가늘게 어슷 썰어 얼음물에 20분 정도 담갔다가 물기를 빼고, 아몬드는 굵직하게 다진다.

*쪽파 손질하는 방법은 93쪽을 참고한다.

완성

커다란 그릇에 프리카를 넣고 버섯과 양파 피클, 쪽파, 순무 순으로 넣어 섞는다. 와인 식초와 칠리 플레이크 ¼작은술, 소금을 넣고 통후추를 넉넉히 갈아 뿌려 버무린다. 올리브 오일 ¼컵을 부어 섞은 뒤 소금과 후추, 와인 식초, 혹은 올리브 오일로 맛을 조절한 다음 마지막에 아몬드를 넣어 버무린다. 상온 상태에서 낸다.

Winter Squash
겨울 호박

겨울 호박의 세계는 작은 스위트 덤플링(Sweet Dumplings)에서부터 거대한 블루 허바드(Blue Hubbards)까지 매우 방대하지만, 종류에 상관없이 두 가지의 공통점을 갖고 있다. 하나는 호박의 속살은 모두 주황색이라는 것, 다른 하나는 맛이 달콤하다는 것이다. 이는 각자 고유한 특징을 지니고 있지만 서로 호환이 가능하다는 의미이다. 단, 스파게티 스쿼시(Spaghetti Squash)라 불리는 호박은 예외이다. 단호박(Kabocha)은 향긋하면서 맛이 더 좋고, 델리카타(Delicata) 호박은 전분 성분이 많아 훨씬 쫀쫀한 속살을 가지고 있다. 각양각색의 호박들이 풍성한 계절인 만큼 좋아하는 호박을 골라 원하는 대로 요리해보자.

설탕 아니면 향신료?

겨울 호박의 장점 중 하나는 달콤하면서도 진한 풍미를 선사하는 다양한 레시피에 두루 쓰일 수 있다는 것이다. 타고난 당분 덕분에 꿀, 브라운 버터, 견과류, 그리고 달콤한 맛을 내는 향신료들과 잘 어울릴 뿐만 아니라 매운 고추, 무성한 잎이 달린 허브, 시큼한 요거트 같은 재료들을 잠재우는 완충 역할까지도 가능하다. 호박은 굽거나 튀기거나 혹은 삶아도 좋고, 퓌레로 만들거나 가늘게 잘라 생으로도 먹을 수 있다.

껍질은 선택적으로 제거한다

겨울 호박을 다룰 때 기억해야 할 점이 두 가지 있다. 첫 번째는 견고하고 단단한 호박의 껍질을 손질하거나 자를 때에는 반드시 단단히 잡아 고정해야 한다는 것이다. 두 번째는 많은 종류의 호박이 깎거나 쪼개기에 불편한 모양을 가지고 있다는 점이다. 개인적으로 땅콩 호박(Butternut)의 경우 가장 손질이 쉬운 종류이며 맛 또한 훌륭하다고 생각한다. 껍질이 매끄럽고 질기긴 해도 작은 칼이나 필러로 쉽게 벗겨낼 수 있기 때문이다. 다른 종류의 호박은 딱딱하고 굵직한 굴곡이 있기 때문에 전처리를 하기 전까지는 손질이 쉽지 않은 편이다. 예를 들어, 도토리 호박(Acorn Squash)은 마치 톱니처럼 깊고 또렷한 주름이 있어 미리 굽거나 찐 다음에 자르고 속살을 파내야 한다.

만약 껍질을 벗기고 직접 써는 과정을 피하고 싶다면 작은 호박을 고르는 것이 바람직하다. 델리카타 호박(Delicata)과 스위트 덤플링 호박(Sweet Dumpling)은 둘 다 껍질까지 먹을 수 있는 작은 종류로, 준비 과정이 비교적 간단하다. 반으로 잘라 속에 든 씨를 파낸 뒤 원하는 대로 썰기만 하면 된다. 이와 반대로, 땅콩 호박, 도토리 호박, 단호박 등의 껍질은 그다지 연하지 않다. 이 호박들을 칼로 쉽게 자르려면 전자레인지에 통째로 넣어 1-2분간 돌린 다음 따뜻할 때 칼을 대어야 한다. 겨울 호박을 자르거나 손질하려면 한쪽 끝을 잘라 평평하게 만들어 도마 위에서 안정적으로 손질할 수 있게 해야 한다. 아주 단단한 껍질을 가진 호박이라면 칼끝으로 호박을 찔러 칼을 밀어 넣은 뒤 아래로 내리면서 썬다. 혹시 모를 사고에 대비하기 위해, 손가락은 칼이 움직이는 방향에 두지 말고 호박을 꽉 잡고 있어야 위험을 방지할 수 있다. 껍질은 조리 전이나 후에 벗겨도 상관없으나 씨는 조리 전에 없앤다. 이때 단단한 숟가락으로 씨와 주변의 섬유질까지 모두 긁어낸다. 깔끔하게 파내고 싶다면 수박이나 멜론을 작은 공 모양으로 파내는 도구인 볼러를 이용하면 된다.

영원한 것은 없다

겨울 호박이 겉보기에는 부서지지 않을 것 같은 단단한 외모를 하고 있지만 시간이 지나 어느 순간이 되면 썩고 건조한 상태로 변할 것이다. 겉에 멍이 없고 갈색 반점이 없는 것, 크기에 비해 묵직한 것이 좋다.

브라운 버터를 곁들인 생 호박 샐러드
Raw Winter Squash with Brown Butter, Pecans, and Currants

말 그대로 호박을 조리하지 않고 먹는 레시피이다. 일단 이 샐러드를 한번 먹어보면, 왜 그동안 호박을 익혀만 먹었는지 의아함이 들 것이다. 준비한 모든 재료를 섞은 다음 바로 식탁에 내놓아야 브라운 버터가 식지 않아 제 역할을 톡톡히 한다.

》 **4인분**

마른 커런트 ½컵
레드 와인 식초 ¼컵
쪽파 3줄기
구운 피칸 ½컵 *57쪽 참고
겨울 호박(늙은 호박 또는 땅콩 호박) 450g
칠리 플레이크 ½작은술
코셔 솔트
검은 통후추
브라운 버터 ¼컵 *67쪽 참고
엑스트라 버진 올리브 오일 3큰술
민트 잎 ½컵 살짝 눌러 담은 정도

커런트 준비
작은 그릇에 담고 와인 식초를 부어 30분 동안 불린다.

쪽파·피칸 준비
쪽파는 길게 어슷 썰어 얼음물에 20분 정도 담갔다가 물기를 제거한다. 피칸은 분량의 반은 굵직하게 다지고, 나머지 반은 눌러 으깬다.

*쪽파 손질하는 방법은 93쪽을 참고한다.

호박 준비
껍질을 벗기고 씨와 씨 주변의 섬유질까지 말끔히 긁어낸 뒤 살은 필러로 아주 얇고 길게 깎아낸다. 얇을수록 맛이 섬세하니 모양은 같지 않아도 최대한 얇게 깎는다.

*호박이 너무 딱딱해서 살을 깎아내기 어려울 때는 예리한 칼로 최대한 가늘게 채 썬다.

완성
커다란 그릇에 손질한 호박을 넣고 커런트와 커런트를 불린 와인 식초, 쪽파, 칠리 플레이크, 소금을 넣은 뒤 통후추를 넉넉히 갈아 넣고 골고루 버무린다. 균형 잡힌 맛과 강렬한 풍미가 나도록 간을 맞춘다. 여기에 브라운 버터를 따뜻하게 데워 붓고 올리브 오일 또는 호박 오일을 두른 뒤 다시 한번 버무린다. 마지막에 민트와 피칸을 넣고 섞어서 바로 낸다.

텃밭에서
채소는 대부분 땅에서 바로 뽑아야 가장 신선하고 맛도 최고이지만 겨울 호박은 수확한 뒤 밭에 일정 기간 놔두는 게 좋다. 햇빛과 공기의 순환이 호박을 더욱 달콤하게 하고 껍질을 충분히 단단하게 만들기 때문이다. 이렇게 단단해진 껍질은 호박의 저장 기간을 늘려 준다.

리크를 넣은 호박 리조토

Winter Squash and Leek Risotto

이 요리는 땅콩 호박으로 만드는 게 제일 좋다. 땅콩 호박은 단단한 속살과 커다란 전구 모양 덕에 손질하기도 쉽다. 사랑스러운 호박의 풍미가 진동하도록 육수에도 같은 호박을 넣어 조리한다.

》 4인분

- 겨울 호박 910g
- 리크 450g
- 채소 국물(또는 닭 육수) 약 8컵
- 무염 버터 2큰술
- 엑스트라 버진 올리브 오일
- 칠리 플레이크 ½ 작은술
- 코셔 솔트
- 쌀(카르나놀리) 2컵
- 드라이 화이트 와인 1컵
- 파르미지아노 레지아노 치즈 2컵 즉석에서 간 것
- 파슬리 ¼컵
- 세이지 1큰술

호박·리크 준비

호박은 껍질을 벗기고 길게 반 잘라 씨와 씨 주변의 섬유질까지 긁어낸 뒤 구멍이 큰 그레이터에 갈아 2컵을 만든다. 갈고 남은 호박은 듬성듬성 썬다. 리크는 열십자(+)로 길게 자른 뒤 송송 썬다.

*강판이 없을 때는 호박을 칼로 채 썰어 2컵을 만든다.

호박 삶기

냄비에 채소 국물을 붓고 끓어오르면 듬성듬성 썬 호박을 넣어 향이 날 때까지 30분 이상 끓인다.

호박과 쌀 볶기

커다란 냄비나 더치 오븐에 올리브 오일을 약간 두르고 중약불에 올린 뒤 버터를 넣어 녹인다. 그레이터에 간(채 썬) 호박을 분량의 반만 넣고 칠리 플레이크, 소금 1작은술을 더해 2분 정도 볶는다. 여기에 쌀을 넣어 윤기가 돌고 짙은 황금색이 될 때까지 5분간 볶는다. 리크와 소금 1작은술을 넣고 향이 올라올 때까지 중약불에서 10분간 더 볶은 다음 중강불로 올리고 와인을 붓는다. 바닥을 긁어가며 골고루 젓고 와인이 모두 날아갈 때까지 끓인다.

쌀 익히기

위의 냄비에 뜨거운 상태의 호박 삶은 국물을 쌀이 잠길 정도로 붓고 중약불에서 끓인다. 중간중간 바닥을 긁어가며 젓고 국물이 거의 다 줄어들 때쯤 호박 삶은 국물을 조금씩 추가해 가며 크리미한 상태가 유지하도록 한다. 쌀이 부드러워질 때까지 약 10분 정도 반복한다. 먹었을 때 쌀 가운데에 있는 배젖이 하얗게 보여야 식감이 좋다.

*쌀은 푹 퍼지게 삶지 말고 먹었을 때 쌀 가운데에 있는 배젖이 하얗게 보여야 식감이 좋다.

완성

쌀이 익으면 남겨 둔 그레이터에 간(채 썬) 호박을 넣고 호박 삶은 국물을 조금 더 넣은 뒤 호박이 부드러워질 때까지 끓인다. 치즈 1½컵과 파슬리, 세이지를 다져 넣고 잘 섞은 뒤 남은 치즈는 따로 담아낸다.

*치즈를 넣기 전의 리조토에 수분감이 충분해야 한다. 죽보다 수분이 많아야 치즈를 넣은 뒤 쫀쫀해지거나 마르지 않는다.

부엌에서

호두와 땅콩 같은 여러 견과류에서 기름을 얻는데, 일부 식물이나 채소의 씨앗에서도 기름이 나온다. 카놀라유를 만드는 유채씨와 참기름을 만드는 참깨가 대표적이다. 최근 새로운 씨앗 오일을 발견했는데, 바로 땅콩 호박의 씨를 볶아 만든 것이다. 스토니 브룩 홀하티드 푸드(www.wholeheartedfoods.com)라는 회사에서 생산하며 보통의 호박씨 오일과 비슷하다. 특히 오스트리아의 주방에서 호박씨 오일은 상당히 인기 있는 재료이다. 그 맛이 강렬할 뿐만 아니라 우아할 정도로 고소한 풍미를 지니고 있기 때문이다. 나는 이 오일을 채소나 수프 위에 살짝 뿌려내는 것을 매우 좋아한다.

폰티나 치즈를 넣은 아란치니

Fontina-Stuffed Arancini

리조토 볼 튀김이라 부를 수 있는 아란치니는 대체로 남은 리조토를 가지고 만든다. 그러나 나는 너무나 훌륭한 파티 음식인 아란치니를 위해 일부러 리조토를 만드는 것에 적극 찬성하는 쪽이다. 완성한 아란치니는 그대로 내도 좋고 토마토 소스 혹은 앞서 소개한 살사 베르데 소스(82쪽 참고)들 중 하나를 선택해 함께 내놓아도 된다.

》 32개 분량

리크를 넣은 호박 리조토
*428쪽 참고

폰티나 치즈(또는 잘 녹는 다른 치즈) 약 230g

브레드크럼(또는 판코 제품) 2컵 *55쪽 참고

식물성 튀김기름

리조토 볼 준비

428쪽을 참고해서 리조토를 만든다. 폰티나 치즈를 주사위 모양으로 32조각 낸다. 유산지에 기름을 바른 뒤 리조토를 약 1.5cm 두께로 넓게 펴서 식힌다. 리조토가 완전히 식으면 2큰술씩(또는 ¼컵 분량의 아이스크림 스쿱 하나씩) 떠서 폰티나 치즈를 한 조각씩 가운데에 넣고 동글동글하게 뭉쳐 32개를 만든다. 조금 끈적거려도 괜찮으며 치즈를 리조토 가운데에 넣고 보이지 않게 잘 여민다.

오븐을 약 190℃로 예열한다.

튀김 준비

오목하고 넓은 그릇에 브레드크럼을 담고, 리조토 볼에 브레드크럼이 잘 달라붙도록 굴려가며 꼼꼼히 묻힌다.

튀기기

커다란 팬에 튀김기름을 1.5cm 정도 붓고 190℃로 가열한 뒤 리조토 볼을 넣어 골고루 갈색이 될 때까지 굴려가며 약 2분간 튀기 듯 굽고 오븐 팬에 담는다.

완성

튀긴 리조토를 담은 오븐 팬을 오븐에 넣고 속의 치즈가 녹을 때까지 7~10분간 구워 아란치니를 완성한다. 오븐에서 꺼내자마자 가능한 빨리 식탁에 낸다.

*아란치니를 팬에서 튀긴 이후 실온에 오래 두었다면 굽는 시간이 15분까지 걸릴 수 있다.

꿀을 뿌려 먹는 호박 '도넛'
Delicata Squash "Donuts" with Pumpkin Seeds and Honey

내가 운영하는 레스토랑에서 가장 인기 있는 메뉴 중 하나로 도넛 모양의 재미있는 호박 튀김을 주문한 손님들은 언제나 흡족한 미소를 짓는다. 물론 제대로 된 튀김 기술이 필요하다. 튀김 냄비에 기름을 너무 많이 붓지 않도록 한다. 튀길 때 생기는 튀김 거품이 올라올만한 충분한 공간이 필요하기 때문이다.

≫ 두 입 크기의 애피타이저 20개 분량

델리카타 호박 910g
식물성 튀김기름(또는 올리브 오일)
옥수수 전분 ½컵
밀가루(중력분) ½컵
탄산수 1컵
코셔 솔트
검은 통후추
페코리노 로마노 치즈
칠리 플레이크
볶은 호박씨
꿀 2큰술
씨솔트 플레이키
레몬 웨지 *기호에 따라 준비

오븐을 약 200℃로 예열한다.

호박 준비

양 끝을 잘라내고 줄무늬가 생기도록 필러로 껍질을 띄엄띄엄 벗긴다. 둥근 모양을 살려 1.5cm 두께로 썬다. 숟가락이나 예리한 칼로 가운데에 달라붙어 있는 씨와 섬유질을 발라내 링 모양으로 만든다.

*껍질을 줄무늬로 깎아내면 먹기 편하고 완성했을 때 모양을 유지하는 데 도움이 된다.

호박 굽기

호박을 오븐 팬에 펼쳐 올려 오븐에 넣고 부드러워지도록 20분간 구운 뒤 꺼내서 식힌다.

*호박의 단단함 정도에 따라 굽는 시간을 조절하는데, 너무 푹 익히지 않는다. 이 과정까지는 미리 해두어도 된다.

튀김기름 준비

속이 깊은 냄비에 5cm 정도 튀김기름을 붓고 190℃로 가열한다. 기름의 온도가 오르는 동안 쟁반에 키친타월을 2장 겹쳐 깔고 냄비 옆에 둔다.

*기름 위로 6~7cm 정도 여유가 있는 깊이의 냄비를 준비해야 안전하다.

*온도계가 없을 때는 작은 빵 조각을 튀김기름에 넣고 옅은 갈색으로 변하면서 바삭해질 때까지 1분 정도 걸리면 적당한 온도다.

튀김 반죽 준비

튀김기름이 달궈지는 동안 옥수수 전분과 밀가루를 섞고 탄산수를 부어가며 묽은 반죽을 만들고 소금과 통후추를 갈아 간한다.

완성

호박을 반죽에 푹 담갔다가 여분의 반죽을 털어 가볍게 튀김옷을 입히고 튀김기름에 조심스럽게 넣는다. 한꺼번에 많이 넣으면 기름의 온도가 떨어져 호박에 기름이 스며드니 한 번에 서너 개씩 넣어가며 튀긴다. 튀김옷이 부풀어 오르고 바삭하게 튀겨지면 건져서 키친타월에 올려 기름을 뺀다.

담기

호박 튀김을 접시에 담고 페코리노 치즈를 갈아 듬뿍 올린 뒤 칠리 플레이크와 호박씨를 위에 뿌린다. 꿀을 가늘게 흩뿌리고 씨솔트 플레이키도 뿌린 다음 뜨거울 때 낸다. 기호에 따라 레몬 웨지를 곁들인다.

요거트, 호두, 스파이시 소스를 곁들인 구운 호박 샐러드

Roasted Squash with Yogurt, Walnuts, and Spiced Green Sauce

별다른 수고로움 없이 만들 수 있지만 깜짝 놀랄 정도로 맛있는 요리이다. 완성 접시에 담았을 때, 드라마틱한 효과를 주고 싶다면 여러 종류의 호박을 활용하자. 호박마다 잘린 단면의 모양이 달라 보기에도 아주 멋스럽다.

≫ 4인분

플레인 요거트 1½컵
*저지방 우유로 만든 것
다진 마늘 1쪽
레몬 제스트 ½작은술
코셔 솔트
겨울 호박 900g 내외
엑스트라 버진 올리브 오일
검은 통후추

화이트 와인 식초* 2큰술
스파이시 그린 소스 레시피의
½ 분량 *80쪽 참고
구운 호두 ¼컵 *57쪽 참고
땅콩 호박씨 오일(또는
호박씨 오일) *기호에 따라
준비

*화이트 와인 식초는 카츠(KATZ)의 쇼비뇽 블랑 식초(32쪽 참고) 같은 살짝 달콤한 것으로 준비한다.

요거트 크림 준비

그릇 위에 체를 올리고 체 위에 면 소재의 거즈를 얹는다. 여기에 플레인 요거트를 붓고 1시간 정도 두면 맑은 액체인 유장(乳漿)은 흘러내리고 단백질과 지방 성분만 남는다. 이렇게 수분이 빠진 요거트는 단단한 크림이 된다. 이 크림에 다진 마늘과 레몬 제스트, 소금 ¼작은술을 넣어 섞는다.

*요거트를 거르는 과정은 냉장고에 밤새 두고 진행해도 된다. 걸러진 유장은 영양분이 많으니 버리지 말고 다른 음료에 넣어 활용한다.

오븐을 약 200℃로 예열한다.

호박 준비

양 끝을 조금씩 잘라내고 예리한 칼이나 필러로 껍질을 깎는다. 세로로 반 갈라 숟가락으로 씨와 씨 주변의 섬유질까지 깨끗하게 긁어낸 다음 가로 1.5cm의 두께로 썬다.

호박 굽기

큼직한 그릇에 호박을 담고 올리브 오일 2큰술을 두른 다음 소금과 통후추를 넉넉히 갈아 뿌리고 골고루 버무린다. 양념한 호박을 오븐 팬에 펼쳐 담고 부드럽게 푹 익고 보기 좋은 갈색이 될 때까지 20~40분간 굽는다. 오븐에서 꺼낸 뒤 약간 식힌다.

*호박의 단단함 정도에 따라 굽는 시간을 조절한다.

완성

접시에 구운 호박을 가지런히 담고 요거트 크림을 선처럼 가늘게 골고루 보기 좋게 뿌린 다음 와인 식초와 스파이시 그린 소스를 보기 좋게 흩뿌린다. 구운 호두를 굵직하게 다져 뿌리고 호박씨 오일이나 올리브 오일을 살짝 두른 뒤 따뜻할 때 낸다.

부엌에서

조리 시간을 줄이기 위해 요거트의 유장을 걸러내는 대신 마트에서 파는 그릭 요거트나 라브네(Labneh) 등의 제품을 사용해도 된다. 하지만 개인적으로는 약간 묽고 부드러운 질감을 좋아하다보니 번거롭긴 해도 언제나 직접 걸러낸다.

호박 볼로네제

Pumpkin Bolognese

토마토로 만드는 전통적인 볼로네제 소스를 호박으로 대체한 레시피로 풍미가 더 은은하고 부드럽다. 후추는 넉넉하게 뿌려야 균형 잡힌 맛이 난다.

» 4인분

겨울 호박(늙은 호박) 900g 내외
엑스트라 버진 올리브 오일
코셔 솔트
검은 통후추
다진 쇠고기(항정살) 450g
다진 돼지고기(어깨살) 230g
다진 양파 1컵
다진 셀러리 ½컵
다진 당근 ½컵
드라이 화이트 와인 1컵
오크통에서 숙성하지 않은 것
우유 1컵
파스타 삶아서 준비
*기호에 따라 좋아하는 종류로 준비
파르미지아노 레지아노 치즈
즉석에서 간 것

오븐을 약 200°C로 예열한다.

호박 준비

껍질을 벗기지 않은 채로 웨지 모양으로 썰고 씨와 씨 주변의 섬유질을 숟가락으로 깨끗이 긁어낸다. 솔에 올리브 오일을 묻혀 호박에 바르고 소금과 통후추를 갈아 밑간한 다음 오븐 팬에 가지런히 올린다. 오븐에 넣고 호박이 푹 익을 때까지 중간에 한두 번 뒤집어 가며 25분 정도 굽는다. 잠시 식힌 뒤 살을 긁어내어 푸드 프로세서에 넣고 부드러운 퓌레 상태가 될 때까지 곱게 간다.

호박 소스 준비

냄비나 커다란 팬에 호박 퓌레를 옮겨 담고 중강불에 올린다. 주걱으로 바닥을 긁어가며 호박 퓌레의 수분이 거의 졸아들어 토마토 페이스트처럼 되직하고 진한 소스가 될 때까지 10~20분 정도 끓인다.

*호박의 수분 함량에 따라 조리 시간을 조절한다

고기와 채소 볶기

커다란 팬이나 더치 오븐에 올리브 오일을 두르고 중강불에 올린다. 다진 쇠고기와 돼지고기를 넣고 덩어리를 풀어가며 타지 않게 5-10분간 볶은 뒤 덜어낸다. 이때 고기의 색이 너무 진하게 익거나, 바삭하게 익어서는 안 된다.

고기를 볶은 팬에 다진 양파와 셀러리, 당근을 넣고 소금 1작은술과 통후추를 넉넉히 갈아 볶는다. 채소가 지글거리기 시작하면 중약불로 낮추고 향이 올라올 때까지 약 10분간 타지 않게 볶는다. 여기에 볶은 고기를 다시 넣고 와인을 부어 와인이 졸아들 때까지 10분간 끓인다.

완성

위의 팬에 호박 소스와 우유를 부어 섞는다. 소금과 통후추를 갈아 간을 하고 뚜껑을 덮어 약한 불에서 1시간 정도 뭉근히 끓인다. 소스가 마르지 않도록 끓이는 중간중간 확인하고, 수분이 부족하면 물을 약간 붓는다. 고기는 자잘한 조각으로 부서져야 지방이 제대로 빠져나오므로 최대한 쪼갠다. 소스가 완성되기 직전에 맛을 보고 간이 부족하면 소금과 통후추를 갈아 넣어 맞춘다.

담기

소스를 그릇에 담고 미리 준비한 삶은 파스타와 파르미지아노 치즈를 곁들여 낸다.

부엌에서

껍질이 딱딱하고 단단해서 손질하기 힘든 호박을 쉽게 손질하려면 자르기 전에 전자레인지에 한 번 돌린다. 익히기 위함이 아니라 칼이 쉽게 들어갈 정도로 살짝 데우는 것이므로 시간과 강도를 잘 조절해야 한다. 호박에 칼집을 내고 전자레인지에 넣은 뒤 중간 크기면 3분, 커다랗고 묵직한 호박이면 조금 더 오래 데운다. 꺼내서 식힌 뒤 껍질을 칼로 벗기거나 원하는 크기로 손질하면 된다.

감사의 인사

톰 페티, 밥 딜런, 부모님, 마사 홈버그, 앤 브램슨, 로라 다트, 애슐리 마티, A.J.미커, 미셸 이쉐-코헨, 라나타 디 비아시, 멜린다 조지, 벨라, 메인, 드웨인 소렌손, 샘 스미스, 찰리 트로터, 앤드류 파인버그, 마크 래드너, 데이빗 창, 포시즌 농장, 에이어스 크릭, 아티장, 댄 바버, 마리오 바탈리, 앨리스 워터스, 션 브록, 리버 카페, 제이미 올리버, 올 클레드, 르 크루제, 스타우브, 윌리엄-소노마, 브레빌, 모든 농부와 파머스 마켓, 식기세척기, 좋은 음악을 들려준 주크박스와 멀었던 길 그리고 변화하는 계절들에 감사한다.
조슈아 맥퍼든

안드레아 슬로네커, 다니엘라 센토니 그리고 리 에이젠과 아티장의 놀라운 팀워크, 만들 수 있는 최고의 책을 낼 수 있도록 의견을 조율해준 우리의 명민한 에디터인 앤 브램슨, 그리고, 그 누구보다 주변 사람들까지 자신처럼 열정 넘치도록 만든 조슈아 맥퍼든. 이외에 그가 가져온 엄청난 양의 로즈 와인과 내가 이미 알고 있다고 생각한 요리에 대한 다른 시선을 일깨워 준 가르침까지 모두 감사한다.
마사 홈버그

P.S.

겨울에는 토마토를 사지 마세요.
사랑을 담아,

조슈아

조슈아 맥퍼든 Joshua McFadden

오레곤 주 포틀랜드 소재의 트라토리아 스타일의 〈아바 진스 Ava Gene's〉 레스토랑의 오너 셰프이다. 샌프란시스코 〈라크 크릭 인 Lark Creek Inn〉과 〈로산느 Roxanne's〉, 뉴욕 〈프래니 Franny's〉, 〈루파 Lupa〉, 〈모모푸쿠 Momofuku〉, 그리고 〈블루힐 Blue Hill〉 등에서 수년간 일했다. 또한, 해변가에 위치한 메인 주의 선구자격인 포시즌 농장에서 재료와 요리에 대한 상관관계를 고민하고 경험한 바 있다. 그는 그곳에서 채소들을 직접 관찰하면서 뿌리부터 잎까지, 단계별로 성장하는 최고의 채소들을 다루는 법을 체득했다. 그 결과 그는 요리에 채소들의 가장 맛있는 순간을 이끌어냈고 이를 사람들에게 제대로 보여줄 수 있었다. 한편, 조슈아는 다른 사업 파트너와 함께 '서브마린 호스피탈리티 Submarine Hospitality'라는 회사를 설립, 〈아바 진스 Ava Gene's〉와 더불어 숭농 지역의 음식을 선보이는 〈터스크 Tusk〉를 소유한 외식업계의 떠오르는 유닝 인사이기도 하다. 특히, 이 두 레스토랑은 그의 철학에 따라 농장과 음식, 디자인 사이의 창의적인 협업을 지향하는 농장복합체에 대한 계획을 끊임없이 모색하고 있다.

마사 홈버그 Martha Holmberg

이 책의 공동 저자로 『파인 쿠킹 Fine Cooking』 매거진의 전 편집장이다. 『모던 소스 Modern Sauces』의 저자인 제프리 모겐탤러 Jeffrey Morgenthaler와 함께 쓴 『더 바 북 The Bar Book』을 비롯해 총 8권의 요리책을 내며 활발히 활동하고 있다. 현재 오레곤 주 포틀랜드에 거주하면서 국제 요리전문가 협회인 IACP (International Association of Culinary Professionals)의 CEO를 역임하고 있다.

인덱스

재료별

달걀·육류

달걀 76, 77, 78, 92, 116, 118, 129, 130, 134, 144 150, 162, 306, 342, 348, 400, 409

닭고기 189

돼지고기 434

쇠고기 180, 224, 368, 404, 434

양고기 130, 184, 284

가공육

구안치알레 164

살라미 110, 134, 202, 290

소시지 191, 200, 222, 282, 304, 366, 402

판체타 72, 129, 144, 270, 400

프로슈토 122, 128, 294, 334

햄 418

유제품

생크림 75, 192, 236, 250, 270, 334, 342, 359, 368, 400

우유 86, 276, 387, 398, 434

크렘 프레슈 112, 179, 199, 397

플레인 요거트 130, 210, 232, 242, 284, 312, 432

생선·해산물

대구 47

바지락 274

앤초비 70, 150, 188, 228, 330, 338

염장 대구 236, 398

오징어 182

통조림 정어리 162

통조림 참치 83, 250, 256

해산물 믹스 199

홍합 202, 368

흰살 생선 199

과일

건포도 70, 149, 174, 194, 346, 356

대추야자 156, 179, 187, 386, 409

마른 살구 130, 238

마른 자두 212, 232

마른 커런트 408, 427

마른 체리 231

멜론 310

사과 156, 192, 200, 418

아보카도 176

오렌지 73, 202, 326, 386, 390, 397, 406

올리브 147, 179, 206, 234, 247, 406

체리 160

케이퍼 70, 78, 82, 126, 182, 199, 234, 364

포도 352

홀 토마토 138, 228, 303

견과·씨앗

고수씨 113, 380

땅콩 160, 192, 254

아몬드 56, 108, 130, 156, 187, 200, 231, 340, 386, 424

양귀비씨 210, 380, 397

잣 74, 236, 248, 258, 270, 346, 408

캐슈넛 350

큐민씨 161, 380

펜넬씨 380

피스타치오 68, 136, 182, 238, 268, 337

피칸 87

호박씨 430

해바라기씨 142, 155, 176, 329

헤이즐넛 146, 252, 330, 352, 409

호두 115, 120, 194, 266, 332, 338, 357, 379, 432

이 책 52쪽에 소개된 필수 레시피별

그린 허브 마요네즈
76, 370

레몬 크림
75, 142

리코타 치즈 크림
69, 149, 222, 309, 337, 356

머시룸 버터
64, 65, 363

물냉이 버터
66, 359, 417

브라운 버터
67, 427

브레드크럼
55, 110, 115, 118, 130, 142, 150,

200, 222, 224, 226, 234, 236, 250, 255, 314, 330, 334, 355, 364, 366, 379, 422, 429

스파이시 그린 소스
80, 284, 328, 432

스파이시 피시소스
79, 180, 238, 252, 254

시트러스 비네그레트
329, 332, 397

아티초크 마요네즈
77

알라 디아볼라 버터
60, 208, 272, 420

잣 비네그레트
74, 248

채소 피클
고추 피클 176, 182, 189, 191, 234, 276, 350
당근 피클 126
양파 피클 144, 424
여러 채소 피클 65, 78

채소 피클 마요네즈
78

채소 피클 버터
65, 96

카르타 디 무지카
84, 279, 296

카치오 에 페페
62, 164

케이퍼 레이즌 비네그레트
70, 224, 255, 422

쿠스쿠스
90, 130, 202, 284

크루통
54, 188, 189, 247, 268, 280, 290, 309, 316

클래식 살사 베르데
82, 126, 151, 182

톤나토
83, 155, 247

통밀빵 또는 호밀빵
124, 133, 141, 149, 152

파로
89, 110, 134, 309, 337, 383

판체타 비네그레트
72, 144, 335

페이스트리 반죽
88, 384

풋마늘 버터
63, 208

프리카
90, 352, 424

프리코
58, 179

플랫브레드
86, 134, 312

피스타치오 버터
68, 174

피칸 반죽
87, 342

피클 살사 베르데
84, 298

옮긴이 김승범
대학과 대학원에서 영미희곡을 전공하고 현재 학생들에게 영어를 가르치고 있다.
여행과 미식을 즐겨 대한민국의 모든 국도를 돌며 『국도여행 바이블』을 썼다.
꾸준한 미식에 대한 관심으로 『Six Seasons』의 번역을 맡게 되었다. 현재 전 세계 허브와
향신료를 다룬 『향신료 경험 사전(가제, Encyclopedia of Herbs and Spices)』을 번역 중이다.

옮긴이 오승해
캐나다에서 베이킹&페이스트리 아트를 전공했고, 호주에서 파티세리와 이벤트 매니지먼트를
공부했다. 〈바앤다이닝〉, 〈COFFEE〉, 〈블루스트리트〉에서 일했다.
『타르틴 브레드』, 『브레드』, 『제프리 해멀먼의 BREAD』, 『라뒤레 마카롱 레시피』를 번역했고,
『2+1 딜리셔스 라이프』, 『메이드 바이 베이커』, 『메이드 바이 바리스타』의 저자이다.

Six Seasons

자연의 흐름에 따라 일 년을 여섯 계절로 나누어 보여주는 채소의 맛

펴낸 날 초판 1쇄 2022년 4월 20일
　　　　　초판 2쇄 2023년 10월 20일

지은이 조슈아 맥퍼든 · 마사 홈버그
옮긴이 김승범 · 오승해
펴낸이 김민경

편집 이채현
디자인 박은선
종이 디앤케이페이퍼
인쇄 도담프린팅
물류 해피데이

펴낸 곳 팬앤펜(pan.n.pen) 출판사
출판등록 제307-2015-17호
주소 서울시 성북구 삼양로 43 IS빌딩 201호
전화 02-6384-3141
팩스 02-6442-2449
이메일 panpenpub@gmail.com
온라인 에디터 조순진
블로그 blog.naver.com/pan-pen
인스타그램 @pan_n_pen

편집저작권 ⓒpan.n.pen, 2022

이 책은 저작권법에 따라 보호를 받는 저작물이므로 무단 전재와 복제를 금지합니다.
이 책 내용의 전부 또는 일부를 이용하려면 반드시 저작권자와 팬앤펜의 서면 동의를 받아야 합니다.
제본 및 인쇄가 잘못되었거나 파손된 책은 구입하신 곳에서 교환해드립니다.

ISBN 979-11-91739-04-6(13590)　값 45,000원

First published in the United States by Workman Publishing Co., Inc. under the title:
SIX SEASONS: A New Way with Vegetables

Copyright © 2017 Joshua McFadden and Martha Holmberg
Photographs copyright © 2017 Laura Dart
Additional photographs copyright © 2017 A.J. Meeker
Cover and interior illustrations by Melinda Josie
All rights reserved.

This Korean edition was published by PAN n PEN in [2022] by arrangement with Artisan Books, a division of Workman Publishing co., New York through KCC (Korea Copyright Center Inc.), Seoul.

이 책은 (주)한국저작권센터(KCC)를 통한 저작권자와의 독점계약으로 팬앤펜에서 출간되었습니다.
저작권법에 의해 한국 내에서 보호를 받는 저작물이므로 무단전재와 복제를 금합니다.

Cover design by Michelle Ishay-Cohen · Jacket photographs by Laura Dart · Design by Toni Tajima